上海三联人文经典书库

编委会主任　　陈启甸

主　　编　　陈　恒　黄　韬

编　委　会　（以姓氏笔画为序）
于　沛　　王　旭　　王晋新　　王晓德
王海利　　王晴佳　　卢汉超　　刘　昶
刘北成　　刘津渝　　刘新成　　向　荣
江晓原　　宋立宏　　张绪山　　张　强
李剑鸣　　杨巨平　　杨熙楠　　汪民安
范景中　　陈　新　　陈仲丹　　陈志强
陈　淳　　林子淳　　林在勇　　金寿福
侯建新　　查常平　　俞金尧　　贺照田
赵立行　　夏可君　　徐晓旭　　晏绍祥
高　毅　　郭小凌　　郭长刚　　钱乘旦
黄　洋　　彭　刚　　彭小瑜　　韩东育
魏楚雄

国家出版基金项目
NATIONAL PUBLICATION FOUNDATION

上海三联人文经典书库

120

过去的诞生

[美]扎卡里·赛尔·席夫曼 著

梅义征 译

THE BIRTH OF
THE PAST

SJPC
上海三联书店

"十四五"国家重点图书出版规划项目

国家出版基金资助项目

总　序

陈　恒

　　自百余年前中国学术开始现代转型以来，我国人文社会科学研究历经几代学者不懈努力已取得了可观成就。学术翻译在其中功不可没，严复的开创之功自不必多说，民国时期译介的西方学术著作更大大促进了汉语学术的发展，有助于我国学人开眼看世界，知外域除坚船利器外尚有学问典章可资引进。20 世纪 80 年代以来，中国学术界又开始了一轮至今势头不衰的引介国外学术著作之浪潮，这对中国知识界学术思想的积累和发展乃至对中国社会进步所起到的推动作用，可谓有目共睹。新一轮西学东渐的同时，中国学者在某些领域也进行了开创性研究，出版了不少重要的论著，发表了不少有价值的论文。借此如株苗之嫁接，已生成糅合东西学术精义的果实。我们有充分的理由企盼着，既有着自身深厚的民族传统为根基、呈现出鲜明的本土问题意识，又吸纳了国际学术界多方面成果的学术研究，将会日益滋长繁荣起来。

　　值得注意的是，20 世纪 80 年代以降，西方学术界自身的转型也越来越改变了其传统的学术形态和研究方法，学术史、科学史、考古史、宗教史、性别史、哲学史、艺术史、人类学、语言学、社会学、民俗学等学科的研究日益繁荣。研究方法、手段、内容日新月异，这些领域的变化在很大程度上改变了整个人文社会科学的面貌，也极大地影响了近年来中国学术界的学术取向。不同学科的学者出于深化各自专业研究的需要，对其他学科知识的渴求也越来越迫切，以求能开阔视野，迸发出学术灵感、思想火花。近年来，我们与国外学术界的交往日渐增强，合格的学术翻译队伍也日益扩大，同

过去的诞生

时我们也深信,学术垃圾的泛滥只是当今学术生产面相之一隅,高质量、原创作的学术著作也在当今的学术中坚和默坐书斋的读书种子中不断产生。然囿于种种原因,人文社会科学各学科的发展并不平衡,学术出版方面也有畸轻畸重的情形(比如国内还鲜有把国人在海外获得博士学位的优秀论文系统地引介到学术界)。

有鉴于此,我们计划组织出版"上海三联人文经典书库",将从译介西学成果、推出原创精品、整理已有典籍三方面展开。译介西学成果拟从西方近现代经典(自文艺复兴以来,但以二战前后的西学著作为主)、西方古代经典(文艺复兴前的西方原典)两方面着手;原创精品取"汉语思想系列"为范畴,不断向学术界推出汉语世界精品力作;整理已有典籍则以民国时期的翻译著作为主。现阶段我们拟从历史、考古、宗教、哲学、艺术等领域着手,在上述三个方面对学术宝库进行挖掘,从而为人文社会科学的发展作出一些贡献,以求为21世纪中国的学术大厦添一砖一瓦。

献给汉娜·霍尔本·格雷

和

卡尔·约西姆·温特劳布(1924—2004)

目 录

1

序

美国人都知道历史的作用非同寻常。法理学家、政治家、学界
权威与网络博客们习惯于借助历史来证明我们生活于其中的政府
应该如何组织、我们应该从事哪类战争、我们应该如何建造和支持
学校和大学以及应该以何种方式开发自然资源。但如吉尔·莱波
雷①及其他学者所言，绝大多数在这样一种话语环境中重新讲述的
历史实际上都是非历史的[1]。普通公民，包括政治家们，以为过去
的思想家们能够在一个他们本来就无法预见的今天为我们提供指
导：美利坚合众国的缔造者们能够告诉我们所需要知道的诸如女
权、核武甚至太空勘探等等所有一切东西。我们在问，耶稣到底应
该乘用何种交通工具，而没有想到他是骑着驴而非开车。

历史学家们看待过去的方式有很大的不同。像 L. P. 哈特
利②一样，他们以为"过去是异国，事事皆不同"。过去的社会和领
导者的确能提供我们可以从中学习并获益的榜样，但只有在我们
牢记其属于一个过去——这种过去是社会、文化、经济和政治发展
的一个连续体——的部分、所处位置与我们迥然有别时，我们才能
学习。我们评价某个同事和研究生的学术能力，关键就看其将此

---

① 吉尔·莱波雷(Jill Lepore)，现任美国哈佛大学第 41 位大卫·伍兹·肯珀美国史
 教授。——译者注
② 莱斯利·珀尔·哈特利(Leslie Poles Hartley)(1895—1972)，英国著名的小说家
 和短篇故事作家，"过去是异国，事事皆不同"是由其 1953 年出版的小说《居中
 人》(The Go-between)的开首语。——译者注

原则付诸实践的能力,我们也一直在努力对我们的本科生进行这方面的训练。

西方的知识界是何时开始以这些特定的术语思考过去的呢?在该书中,扎卡里·席夫曼提供了一个有力而引人入胜的答案。他用了近四分之一世纪的时间探究西方保存和想象过去方式的历史,具体体现在一系列现已成经典的文章、其对法国历史思想的卓越研究,以及一本富有预见性的合著中[2]。他的作品对其同事和年轻学者产生了深刻影响——譬如,哈佛大学著名历史学家安·布莱尔对信息管理史的卓越研究就是从阅读席夫曼的一篇文章开始的[3]。其思路清晰、行文简洁,即便在同行专家中都广受欢迎。

在席夫曼的新著中,对于他所描述的"我们"——也就是现代西方——将过去看作一个与我们现今所生活的国家完全不同的异域这种看法的根源进行了全面的论证。该论证饶有趣味、文体精妙,最终成为一篇篇幅与书本相当的文章,足以与过去的一些论述历史视野与意义的伟大文章相媲美。阅读席夫曼的作品,立即使人联想到以赛亚·伯林,R. G.科林伍德和亨利·斯图亚特·休斯等人的经典著作,但他的著作还建立在对文本的仔细研读及与古今许多解释者之间友好争论的基础上。这种涵盖广泛的论证与对特定证据进行深入集中解剖之间的结合赋予席夫曼的作品一种特殊的品质。

论述从古希腊时期开始,席夫曼——以修昔底德作为他的主要证人——认为,将这种看法归诸古代人,事实上是一种时代错误,一种对西方历史意识的犯罪。奥古斯丁将俗世的历史贬低为一种漫长而喧闹的梦魇。然而,与古希腊的那些俗世的历史学家相比,他及基督教会的其他思想家的贡献在于将过去看作一种连续体,因为他们生造了一个单一的、连续的"世间"概念。这种看法新颖、老到且有力,虽然正如席夫曼由圣者比德的著作所论证的那样,它建基于一种与绝大多数现代人绝然不同的对过去的因果理解之上。

半个多世纪以前,埃尔温·潘诺夫斯基论证说,文艺复兴的学者和艺术家获得了一种对过去的新认识——一种新的历史观。正如他们新的视角体系使其能够从一个固定的距离和三个维度观察周围的世界,他们的历史观也使其能以一种同样的方式观察古老的过去。中世纪的学者和艺术家们将古代拆散开,使形式与内容相分离,而文艺复兴时期的后继者们又将古代作为一种独特而连贯的嵌合体而重新组装起来[4]。

席夫曼同样认为,文艺复兴时期的人文主义者已经认识到古老的过去与他们不得不栖居其间的支离破碎的世界相距遥远,但他还揭示出,他们企图赋予过去以生命,不惜运用讽喻和其他传统工具,故意颠倒时空,误读过去。他们的历史意识存在于这种紧张之中,许多案例都显示出——席夫曼以特殊的关切探究了彼特拉克的例子——他们充满辩证的过去意识生机勃勃,充满能量。在有些情况下——当他们遭遇到与那些从古典作品中搜罗教训的作家以及与异域文化对峙时——人文主义者们给我们一种趋向多重视角的感觉。然而,他们从未放弃对那种可以为现时的行动提供直接遵循榜样的探寻。

结果是,甚至文艺复兴时期最为恢宏大气和富有原创力的学者——譬如像弗朗西斯科·帕特里齐和让·博丹那样在艺术史领域具有开拓性的作家——在思考和使用过去的概念时仍然纠缠于矛盾之网中。对博丹及其他后期人文主义者们运用笔记本来掌握、组织由于印刷术的快速发展而带来的成堆信息,并为之提供一种具有内在连贯性解释方面所作出的努力,席夫曼做了卓越的述评。他认为,尽管他们收集的资料丰富多样,但并没有形成一种内在一致而严谨的、单一的、以单个时间表为顺序的过去概念。

研究思想史的学者常常试图找寻某些特定的早期现代思想家,将之作为现代历史感的创造者[5]。席夫曼通过极其丰富而复杂的系列论证,审视了他所钟爱的蒙田从土著民的立场展开的对新世界征服的想象,又从他那里转到像卓越的法律学家洛伦佐·瓦拉和

过去的诞生

赫尔曼·康宁那样的自以为是的批评者,他们将中世纪的罗马法学家贬低为看不懂他们赖以执业的文本的人。席夫曼认为,以上诸例中,现代早期知识分子的"置于具体情境的举措",尽管很出色,但是为一种特定的情势和个体的偏见所驱动,而一般性的叙述总是倾向于对此进行模糊处理。

为一种真正全面的过去观点的形成奠定基础的重任是由启蒙运动、尤其是孟德斯鸠所完成的——席夫曼在一个非常具有创意的章节中做了这样的总结。在此,像在其他许多章节一样,席夫曼是一个儒雅但坚定的修正主义者。从 19 世纪直到莱因哈特·科泽勒克[①]和皮特·弗雷泽[②]近期发表的著作中,学者们一般都认为,只有到法国革命和拿破仑推翻了旧制度,对民族认同的浪漫意识兴起及演进后,欧洲人方才形成一种对过去的完整意识[6]。与之形成对照的是,席夫曼认为孟德斯鸠——用一种源自马勒伯朗士[③]的新认识论,但将之用于人文学科——首次成功地在过去中既发现了特定地域和时间的个体性,也发现了使其可以相互比较的普遍性的社会规则。

在书尾的跋中,席夫曼考察了处理过去概念的其他至关重要的方式。比如赫尔德的历史哲学强调民族和时代个体性;古文物研究则运用新的工具通过将器物置于合适的情境,重建仪式、信仰和制度。他认为,尽管方式各异,丰富多彩,但只有将这些传统与启蒙运动的"唯理主义"相融合方能创造出现代对过去的意识。这是一个大胆的命题,必将会引发人们的讨论。

《过去的诞生》不是一部综合性的历史书,而是一篇文章,内容

---

① 莱因哈特·科泽勒克(Reinhart Koselleck,1923—2006)德国历史学家,被誉为 20 世纪最著名的历史学家之一。——译者注

② 皮特·弗雷泽(Peter Fritzsche),现任伊利诺伊大学(厄尔巴尼—香槟)历史系教授。——译者注

③ 马勒伯朗士(Nicolas Malebranche,1638—1715)法国天主教教士,神学家和哲学家。——译者注

精挑细选,结构富有戏剧性。但它也是一本为人们走向广博而引人入胜的思想领域提供指导的读本。席夫曼研究方法的一个特殊优点在于其对历史学家和历史思想家阅读和解释资料的具体方式的强调。席夫曼通过借鉴丹尼尔·伍尔夫及其他学者的近期成果,将历史学家们对过去的看法与在其周遭十分活跃的阅读和解释的实践——私密的和公共的、静默的和有声的——相互联系起来[7]。通过将材料文本的历史与观念的历史相互连接,席夫曼赋予其作品一种绝大多数思想史著作所缺乏的扣人心弦的生动性和亲切感。

席夫曼的书是对一种深厚而宝贵的传统兼具充分说服力和吸引力的导读。这一传统,许多美国人——包括绝大多数学生已越来越感到陌生。席夫曼不仅讲述了这一思想传统如何成型,而且彰明了它的丰富性和生命力。席夫曼已经提供了绳索与岩钉,借此更多的读者将会攀上修昔底德峰和孟德斯鸠峰,欣赏到生机勃勃的绚丽前景。

安东尼·格拉夫顿
于普林斯顿大学

构　思

　　激发我写作此书的直觉产生于三十年前,当时我正以一个研究生惯有的迷糊状态,拖曳着沉重的步伐,穿行于芝加哥大学的一个院落。就在植物园池塘附近的某个地方,智识出现了短暂的清醒,此后这一时刻一直留居在我的记忆之中。此前,我曾长期思索文艺复兴时期"对过去的态度"这个在我的学位论文中一直难以捉摸的主题,此时自己却突然开始质疑这一构想的适当性,因其假定"过去"作为一种思想对象是存在的。这种假定那时就开始深深地困扰着我,在我意识的最末梢掠过那么一丝丝念头:我们称为"过去"的这一概念实体在文艺复兴时期并不存在。但在当时,我几乎没有能力来表达这一想法,更谈不上对其进行佐证;且每当我试图理解它时,无边的困惑就将我吞没,驱散了它的光亮。

　　我随后的学术生涯就像一次长时间的屏息前行,因为我一直在奋力找回通向那个直觉浮现与闪光之路。在我出版的第一本论述有关法国启蒙运动中相对主义问题的书中,我终于能够描述出启蒙时期和现代之间在对待过去态度方面的本质区别。那时,尽管我在教学中已经开始对上述假定提出公开的质疑,但还是将过去的观念当作理所当然的。在完成那本书的时候,我有幸见到伦纳德·巴坎,他当时正从将文学批评和艺术史二者相互结合的跨学科视角,对类似问题进行研究,这种研究方法的最终成果,具体体现于他那本论述有关文艺复兴时期考古与美学的权威著作中,书名就叫《发掘过去》(*Unearthing the Past*)。我们就如何建构过去的概念进行过诸多讨论,有些讨论发生在我参加一个特别富有启发性的暑期研讨班期间,该研讨班是国家人文基金的资助项目,由他负责管理。由此,我开始获得理解在植物园池塘边上所出现的顿悟的方法。我与康斯坦丁·法索因常在一起吃午餐而保持的长期联系又使这些方法得到进一步丰富。法索是一位研究近代早期的历史学家,接受过系统的、带有明显哲学倾向的中世纪研究的训练。康斯坦丁和我对他旨在解释现代历史意识性质的著作《历史的限度》(*Limits of History*)的数个草稿都进行了系统讨论,深深地影响了我自己对该主题的思考,本书在很大程度上就是以它为基础的。康斯坦丁撰写该著作期间,我正与另一位朋友、同样也是研究近代早期的历史学家迈克尔·E. 霍巴特共同撰写一本有关信息史方面的著作。霍巴特专注于研究伴随着现代科学和数学的兴起而产生的"分析的倾向"。迈克尔和我曾长期争论这种倾向在现代历史思想形成中的作用——其间我捍卫的是 19 世纪的历史主义,而反对的是 18 世纪唯理主义的主张——这些争论可以说在我自己都没有认识到的情况下,不知不觉地影响了我对该主题的思考。最后,我从另一个朋友和同事苏珊·E. 罗莎那里,学会了更为细致精微地评判启蒙运动对于一种新历史观的出现所起的作用。正是她鼓励我去研究孟德斯鸠,使我了解到近代早期分析倾向的全貌,对于这种分析倾向的影响,迈克尔·霍巴特给予了充分肯定,但在起初,我是持保留意见的。

在我奋力找回首次在植物园池塘边灵光一闪的直觉的过程中,这些朋友和学者给予了我至关重要的帮助,对此,我铭记于心,终身感激。但最需要感谢的是我芝加哥大学的老师们,当我跐着迷糊的脚步,穿行于大学的院落时,他们始终关注着我。汉娜·霍尔本·格雷首先将我带入文艺复兴史学研究并将我引向后来成为我学位论文的课题。她对文艺复兴历史思想的洞见对于我来说几乎丰富得难以消化。目前的这本书可以算是对她在几十年前毫不费力地做出的一些评注的微不足道的证明。如果说是她带我开启了学位论文的航行,卡尔·约希姆则是看护我安全到岸的人。在此过程中,他向我展示了作为一个自诩的历史主义者应当如何驾驭自己的航向,他还不断地向我展示如何运用这种方法来检验学者们的各种观点——尤其是那些初看起来很吸引人但进一步检视就会黯然失色的、一闪而过的观点——这是知识分子责任的最高准则。我在植物园池塘边所产生的顿悟经历了初始的混乱及随后的怀疑,竟然进而成为我质疑历史主义本身的基础。假如约希姆活着的话,也许这就是他所欣赏的反讽。

引用我另一位已逝挚友的一句不太好理解的话来说:"我只是我周围人之间的连接点。"我在植物园池塘边顿悟的历史似乎可以支持这个论断,尽管其措辞易引发争论。就这样,我以一颗受到师长们雕琢摩挲的心灵,体验了瞬间的直觉,它激发了我进一步探寻的欲望,而在探寻的过程中又与同事们的思想产生共鸣,从而建构了我的学术生活之路……至少看起来是如此。但反过来,在追溯这一观念孕育的过程中,或许我只是青睐一种将思想和行为置于相应背景的现代趋势,即依据空间和时间的参照点来解释它们,而不是运用其他方法。这个顿悟真的就发生在植物园池塘边吗? 或者,这个地点仅仅只是一个有助于记忆的位置符号,一个为唤起对实际发生在别处的事情的记忆而设置的灵符? 它有可能发生在大学教学主楼、或在我步行去校园的路上、或在前夜我卧床深思之时? 这一思想是我的导师们有意或无意地培育的,还是由于饮入过多咖啡——或喝得不够的结果? 或者是由于看到或闻到某种东西,触发了大脑中的随意联想? 上面所提及的各位朋友和同事,每个人的出现都是那么恰逢其时,因而在这个思想的产生中都起到了决定性的作用吗? 尽管我对他们的感激是真心实意的,但我是该要有多幸运才能拥有如此先知先觉且多才多艺的朋友啊! 可以肯定的是,对我在很长一段时间不断上升,接近那直觉之光的蹩脚的描绘,至多是诗的(或,说得更好听一点,"历史的")破格的一个生硬的例证。

过去的诞生

以上就是我为自己且根据自己的经历所编的故事。我的意图不在于生动阐释我的学术生涯——且所有这些解释都是值得怀疑的——而是通过集中体现于植物园池塘这个人造的、具象的时空维度来将之置于特定的背景。这种讲述故事的方式对我们有特殊的吸引力，它给人以真实感。（我的朋友尽管承认其自我意识乖僻，但还是以十足严肃的态度坚持这一看法。）我们运用空间或事件的参照点来理解所有实体和非实体的事物——我们的思想、我们自身、我们的政体、我们的文化以及它的产品（在我写这些话的时候，我左侧的墙上挂着我一位已逝挚友的珍藏品：一幅1930年代飞艇漂浮在中央公园上空的老照片，这是20世纪初现代主义的完美镜像）。"过去"就盘根错节于心灵的这种语境化的习惯，而其根源正是我所要寻找的。

该书尽管是我三十多年阅读的成果，但其更多的是一种合成的作品而非一本学术著作。为保持这种特性，我努力减少注释的使用，只要可能，就在文本中以叙述的方式直接注明那些对我影响至深的学术著作。对于原始资料，我一般都用小括号在正文中注明参考文献；经典资料的参考文献标出书名和章节数；对于晚近时期的原始资料我也在一直坚持使用这种标注法。一般而言，对于广为人知的原始资料，我通过其最常见的英文书名进行查阅；对那些不太为人所知的资料，则通过其母语书名进行查阅，并在小括号中将之翻译出来（有英文译本出版的著作的名字要么用斜体表示，要么用引号标出；而没有英文译本的著作的标题则不用斜体表示或用引号标出）。在参考书目节选中，该书四个部分我都各设了单独的一节，列出我在写作该部分时所参考的主要著作，以及我在该部分所参考的原始及第二手资料。总之，叙述中的引文与参考书目中相应部分的书目列表相结合，为读者提供了明确的参考信息，我也就省去了作注的必要。尽管参考书目中包括那些对我的综合研究做出了最直接贡献的著作，但它绝不代表我研究的全部。

在结束绪论之时，我要对西北伊利诺伊大学为帮助支付该书出版成本所提供的慷慨资助表示感谢。我尤其要感谢校长办公室、教务长办公室、文理学院院长办公室，它们尽管预算严格限制，仍为此资助大方解囊。我还要感谢约翰·霍普金斯大学出版社前执行编辑、已故的亨利·Y. K. 汤姆明智的指导，我在写作此书时，他的专业建议对我帮助甚多。从该出版社助理编辑苏珊娜·弗林奇堡那里我也获益良多。

最后，我要感谢我的家庭对我写作此书所花的漫长时间的忍耐。这些表扬话常常带有程式化味道，但对我而言却是真切而真心实意的。我的妻子艾米·特罗拉夫的很多周末都因我的写作习惯而牺牲，但她从未抱怨，尽管她自己高强度的职业使她的周末变得弥足珍贵；我的孩子亚伦和利亚以大度而宽容的态度容忍我长期沉迷于研究——以及研究之外的心不在焉。儿子已经够大了，且经历过我更早一部著作的写作；但我女儿一开始对于她的爹地下午两点方从书房出来，身上仍披着浴袍的形象却不适应。作者们似乎总要感谢他们的家人，但我知道再怎么向他们表达谢意也不够。

导　言

定义过去

　　我们应该摒弃所有关于历史是什么或应该是什么的通常观念，　　
转而对一个构成所有历史形式基础的东西进行认真细致的考察，
这就是过去和现在的区别。它是如此具有基础性，对于使思考过
去成为可能是如此必不可少，以至于可以当做历史学的创始原则。

——康斯坦丁·法索：《历史的限度》

　　本书的名字易招致非难，因其假定某个永远和从来都是处于死
亡状态的东西的诞生。为给此悖论一个合理解释，有人可能以为
我指的是那些将成为过去的东西的诞生；但如果我是这样想的，我
会将此书取名为"现在的诞生"——对于一个历史学家来说这是一
个值得质疑的课题。也可能有人以为我指的是"我们有关过去的
观念的诞生"，一种通过省略第一个介词短语而表达得更为雅致的
看法。然而，"我们有关过去的观念的诞生"与"过去的诞生"并不
是一回事：因为前一种表达假定存在一种我们对其有着特定看法
的过去，而后一种表达则指的是那种假定本身的诞生。我们将"过
去"的存在视为理所当然，是一种常识性的看法。然而，我要论证
的是，这种看法有其历史，它始于距离现今相对较近的时期，在文
艺复兴时期才出现，直到 18 世纪方才最终形成。此后它就成为一
种常识了。

　　因为这一论证几乎是完全反直觉的，公然违背了诸多未受质疑

的假定,为精确地阐明我主张什么和为什么如此主张,请允许我按照逻辑顺序(尽管有点费力)对之做一说明。

2　　　首先,在我们的日常生活中,我们理所当然地将过去十分简单地看作是现在以前的时间。就其本身而论,人们很少将之作为思考的对象,而更多地将它看作一个平凡的现实,为日常语言的时态和时间的流逝所标示,正如此刻的意识让位于下一刻后,此刻即成为回忆。

　　其次,如果我们确想劳心费力聚焦过去,将之作为思考的对象(我们多是将这一任务交给历史学家),我们往往会将这个平凡的观念与另一个混为一谈:即过去不仅仅处于现在之前,而且与现在也不同。这种对差异的洞察反映了一种意识:每个历史的存在都有其特定的背景,(举例来说)莎士比亚生活的世界——具体反映于它的语言、风俗、服饰和诸如此类的东西——与我们自己所生活的世界就不同。接着篇首所引康斯坦丁·法索的话,我可以断言这种对过去与现在之间差别的意识是"历史学的创始原则"(4)(那些熟悉后现代文艺评论语言的人需要注意:我所写的有关"对差别的洞察"与德里达的延异(différance)观念没有任何共同之处,后者是一个新词,表示由文字和符号所传递的意义不确定状态)。

　　第三,尽管我们往往将过去作为现在之前的时间,与将过去看作与现在不同的时间这二者相混同,但是这两种观念是有区别的。就其本身而言,时间在前并不必然意味着不同。因为这一原则构成了我们整个立论的基础,在此有必要花点时间对之做一简要说明。在前面,我将时间的流逝描述为"此刻的意识让位于下一刻"。从这一基础性的存在视角看,现在以前的时间构成为一种无差别的广延,都可以同样称为"不是现在"。即使我们想将之按年代进行排列,它在本质上仍然还是没有差别的。从《盎格鲁-萨克逊编年史(*Anglo-Saxon Chronicle*)》中摘录的一个片段就集中体现了这种同类的特质。

803　　是年,林迪斯法尼主教海格巴尔德于 6 月 24 日去世,(下年)6 月 11 日,厄格伯特接替他的位置,被奉为主教。同年,伊瑟尔赫德大主教在肯特去世,乌尔弗雷德被奉为大主教。

804　　是年,大主教乌尔弗雷德收到大披肩①。

805　　是年,国王卡斯列德在肯特去世,女修道院院长西奥布尔和赫尔德布尔特亦于同年去世。

806　　是年,9 月 1 日发生了一次月食。诺桑布利尔国王厄尔德伍尔夫被逐出王国。赫克斯汉姆主教恩布尔特去世……

812　　是年,查里曼国王去世。他在位 45 年。同年,大主教乌尔弗雷德和威塞克斯主教维格布尔特去了罗马。[1]

3

这部中世纪的编年史,至少由 13 个不同的僧侣所写,记载的时间跨度从耶稣的诞生到 1154 年,几乎是一年一年地记。当然,后面所记的绝大多数条目要比这些前期的条目精细详尽得多,但这种编年史的记载方式——将一次月食与诺桑布利尔国王的失败放在一起,将查理曼国王的去世与英格兰主教和大主教的罗马朝觐之行摆在一起——使得所有的记录内容从性质上看都是同等的。时间在先本身并不必然带来差异。构成"历史学的基础原则"的过去与现在之间的区别依凭的不仅仅是时间在先,除此之外还有其他东西;它反映的是一种对不同的历史实体存在于不同的历史环境和背景之下的持久不变的意识。

第四,这种意识的具体表现是一种当我们遇到明显与其自身环境和背景不相符的事物时所触发的时代错误观念(想象一下莎士

---

① pallium,源自罗马文 pallium 或 palla,一种毛织的披风,系天主教会的教士法衣,原为教皇专有,后教皇通过赠予大主教大披肩,表示授予他在自己辖区的教会司法管辖权。——译者注

比亚穿上牛仔和 T 恤的情景）。为方便起见，我将这种过去与现在不同的意识称为时代错误观念（*idea of anachronism*），因为这个观念能使我们在不同的历史情境之中做出区分。

第五，时代错误观念有其自身的历史。为阐明此点，我们只需要考虑一下以上所引的编年史中所记录的各个抽去了具体情境的事项，它将各不相同的事件混在一起而不管其相互之间差如云泥的背景。有人可能会反对说，仅仅一种抽去了具体情境的记录方式并不能排除一种时代错误观念的存在。不管怎样，我们现代人能够方便地查阅到年鉴、百科全书和因特网，这些被抽去了具体情境的信息存储与一种对历史背景的持久意识共存。然而，我们所记述的内容与中世纪编年史所记载的那些内容之间的区别在于，我们所讲述的内容对应的是巨量的有着具体情境的历史知识；而它们的内容，不管其具体目的是什么，都只是历史记录。由此可以合理地得出以下结论：要么这些编年史家没有时代错误意识，要么这种意识与我们所持的是如此不同，以至于在他们的历史记叙中不起任何作用。

第六，假如时代错误观念有其历史，我们可以假定其源自某个时间点。在此之前——由于缺乏一种过去与现在之间的区分——应该没有任何过去的观念。这一坦率的说法使那种反对意见更形突出：即我的论证只具有纯属语义学的意义，没有什么实质性的内容；我是通过对过去的概念予以狭隘的定义，使其建立在年代错误的观念之上，然后，我又将那个观念移除，使得人们无法依据逻辑对"过去"进行想象。这纯粹是学术上的瞎话！尽管符合逻辑——反对的意见会是这样——但记忆是一项人类一直皆有的功能，为过去的存在提供了实实在在的证明，且在每天的话语中也会无数次提及它。面对这种反对意见，我必须坚持：构成过去的，不仅仅是我们对昨天午餐吃了什么抑或是上次选举中投了谁的票的回忆；过去不仅仅先于现在且与现在不同。我们将这种不同的观念与时间上的在先混在一起——假定任何对一个较早事件的回忆都构成

4

了对过去存在的证明———一部分原因在于日常话语的不精确,另一部分原因则在于时代错误观念已经成为我们的第二天性。这一观念是如此深深地扎根于我们的内心,以至于若缺少它,我们会感到对前时的回忆简直不可能。然而,一旦我们在时间居先与观念不同之间做出区分,我们就面临一种可能:即"过去"有一个可以回溯到源点的发展过程,在此之前作为一个概念上的实体,它并不存在。

我坚持认为,时代错误观念源自文艺复兴时期。这一论断并没有多大创新。现代绝大多数对这个时期的解释都是以此为基础的,只是方式有所不同。更确切地说,我论证的新颖之处在于阐释了这一论断对于认识古代和中世纪乃至文艺复兴时期与现代思想的重要性。至于古代,我提出两条与直觉相反的论点:(1)古代历史学家并未撰写有关"过去"的书籍;(2)总体而言古代人没有时代错误观念。因为这些论点是本书所有部分的基础,我在此对之做一个概略性的介绍。

乍看起来,称古典时期的伟大历史学家们没有过去的观念似乎荒谬可笑。不管怎样,他们开创了历史的体裁,他们还能对过去的行为做细致的语言上的区分。实际上,希腊语和拉丁语区分了三类过去时态,分别表示过去开始(过去不定时或完全不定时)、在过去继续(过去未完成时)以及过去已经完成(完全定时)的动作;此外,这些语言还有其他借助于被语言学家称为"动词的体"和"语气"的手段来表达过去的方式,等等。相比较而言,英语只有简单的过去时态,要依靠动词的体和语气来表达过去的其他形式。古代人在此方面至少具有与我们同样的能力来描述过去的行为并以各种复杂巧妙的方式将它们相互联系起来。

然而,请记住,按其严格意义,构成过去的并不仅仅在于时间的居先,而且还在于与现在的不同。一种过去与现在之间不同的意识蕴含着一种"该"过去的整体性观念———一种包含了特定的人和事件的实体———它与所有其他此类实体都不同(伯里克利时期的

5

过去的诞生

雅典既不同于伊丽莎白时代的英国,又不同于现代美国),这些不同所反映的不是某种黑格尔的"时代精神",而是那些影响生活在某个特定时代的人们所做的无数选择的情感,这些情感与选择有助于形成共同的心理和身体特质,它们构成了这些特定的人和事件与其他的人和事件之间的区别。

然而,古典时期的历史学家们并没有察觉出这些不同。他们所构想出的不是"该"过去,无论它可能会包含哪类实体,而是以不同的时间框架为特点的多种多样的"过去",各不相连,不分伯仲。举例来说,我们将会看到,修昔底德在一个描述古代世界海上强国兴起的时间框架内开始他的历史叙述,随后转入另一个时间框架,描述雅典帝国的兴起,然后又进入另一个时间框架,描述引发伯罗奔尼撒战争的系列事件。所有这些时间框架及其他东西在历史著作的第 1 卷都是并存的,在第 2 卷中他又引入一个全新的时间框架,即以夏季和冬季为衡量标准的"战争时间"。

古代希腊人和罗马人不能将这些过去归入一个单独的实体——"该"过去——因为他们不能将这些时间框架整合在一起。他们面临一种比发现一种统一的时间计算方式——其本身也是一个非同一般的障碍——更大、也完全不同的文化上的障碍。我们会发现,古典历史学家们使用的时间系统不仅有各种各样定量的、线性的,而且还有定性的、片断式的。线性的时间框架——其随着所考虑的事件而变化——参考因果的时间链来描述事件,而片断式的框架在分析事件时不考虑任何时间的度量。各种程度和种类不同的框架的并存不利于一致性的过去观念的出现。

缺乏对过去的整体观念,古代人就不能对过去与现在进行系统的区分。换句话说,他们不可能有时代错误意识。这种论断听起来还是显得荒谬。他们怎么不能认识到他们的世界与其父辈和祖辈的世界之间的不同?这个问题尽管对于我们而言显而易见,但却掩盖了上面所描述的那个基本问题。他们先辈们的世界并未构成一个"世界"——一种具有一致性的思维实体——而是包含了由

不同的时间观念所定义的"多个世界"。由于缺乏这个具有一致性 6
的思维实体,古代人缺乏任何以一种系统的、前后一致的方式将过
去从现在撬走的支点。他们察觉出了过去与现在之间的"地方性"
区别——个别时代错误的事例,每个都界定在自己的时间框架之
内——但是他们没有将这些事例整合成有关过去与现在之间不同
的更大的、"全球性的"观点。与之相反,他们只是为了特定的修辞
需要顺带地注意到这些事例,过后,这些古典时代的作者们就将之
晾在一边,实际上使其陷入湮没无闻的状态。

　　有人可能还会在此点上提出反对意见,说不管怎样,他们还是
有时代错误的意识,只是与我们现代的不一样! 这一反对意见使
我们卷入一个棘手的问题:我的年代错误观点本身有年代错误吗?
换句话说,我是在假定我们现代的观点具有定义的作用吗? 难道
古代人对过去和现在之间不同的"地方性"意识不可以算作是对时
代错误的正当合理的意识? 在此,我必须承认有一定的不确定性,
因为作为一个历史学家,我在自己的思考中,总是对时代错误保持
警觉。当我重新阅读前段中的首句——"缺乏对过去的整体观念,
古代人就不能对过去与现在作系统的区分"——时,我的眼睛盯在
副词 *systematically*(系统地)上面,这一限定词是胡乱加上去的吗?
是否可能有一种不系统的时代错误观念? 如果基于纯粹的语义学
概念,我会不得不回答说"是";但如果基于逻辑,我倾向于说"否",
只要(复述法索的观点)过去与现在之间的区别是因其如此具有基
础性的意义,对于思考过去显得如此必要,以至于被看作是历史学
的创始原则。这一根本区别从定义看是系统的,意味着一种对过
去的整体观念,若没有它,区分本身就难以成立。

　　当然,逻辑不能用来对抗时代错误,甚至一种看起来如此基础
的区分也有可能被情境化。事实上,这恰恰就是我希望做的事。
我将法索对过去和现在所做的区分作为破除时代错误的释义学循
环的启发式装置,在此循环中,所有关于时代错误的观点仍然潜在
地存在时代错误。我使用此区分,将其看作是正确性已得到公认

的东西,以便探寻其在多大程度上是从历史中得出的结果。(在此我还想补充说明,这一努力仅构成我所深深仰慕的法索的《历史的限度》一书的微不足道的注脚)。可以说,即使我的时代错误的观点本身可能有时代错误,但我的意识是清醒的。

我希望通过这些迂回复杂的方式来显示,历史学家所称的"过去"是一种理智的建构。这一主张不仅仅是承认我们是依据自身的环境解释过去,更确切地说,它质疑我们所解释的被称为"过去"的这一物事的客观存在。过去本身作为一种与现在相区别的思考对象,更多是对某一特定历史时刻的理智构造,而非一个普遍性的约定。

请允许我通过与迈克尔·法拉第对"能量"[2]的发现做类比来说明我所说的是什么。法拉第对磁力和电力的研究说明了,他确信自然哲学家们一直各自孤立地研究的各种各样的自然力量实际上是相互联系的。在法拉第之前,人们认为各种各样的力量——划过天空的闪电、衣物之间摩擦所产生的静电的刺痛感、罗盘指针的持续运动——是不连贯而各自分开的。然而,在法拉第将磁力和电力联系起来之后,人们开始意识到,所有这些及其他力量都共同拥有某种东西——"能量",它最终成为爱因斯坦那个最著名公式的基础。同样(尽管在我的故事中不存在任何法拉第式的发明),在我们理智发展的某个时间点之前,有着"许多过去"——类似于自然哲学家各自孤立地研究的"各种力量"——每一个都被解释为与另一个不同;但经过某个关键的转折点之后,一种理智上的实体"过去"——类似于"能量"的概念——出现了,它以前并不存在,但它的出现使得以一种全新的方式思考世界成为可能。

我们不应将这种新的思考方式误以为是18世纪后期的"历史主义"的产物,尽管我的研究止于18世纪。弗雷德里希·麦纳克在其那部论述历史主义历史的经典著作《历史主义的起源》(1936)——英译后的书名改为《历史主义:一种新的历史观的兴起》——一书中,将历史主义描述为个体性和发展概念的汇合,人们以此通过展现一个实体如何历时而成其特有的状貌来解释其难以用言语形容的独特性。根据这种论证方式，我是独特的，因为我出生在一个特定且不可重复的时间和空间，此后，我在不断变化的环境中逐步成长，而我自身不断变化的自我反过来对环境形成独特的影响。如是构想的实体，在它们为其情境所形塑以至于实际上与其不可分开的意义上，绝对完全是历史的。

历史主义是时代错误观念的一个变种，但正如麦纳克实际承认的那样，这个意识本身并不源自历史主义。尽管他将英国和法国的启蒙主义者——伏尔泰、孟德斯鸠、休谟、吉本、罗伯逊都包括在历史主义的先驱之列，但他并没有认为他们是完全的历史主义者，因为他们将自己所处的启蒙时代看作据以评判其他时代的顶峰。这种偏见与表现在默泽尔、赫尔德和歌德等早期德国浪漫主义者身上的、将每一个历史实体放入自身情境来对待的真正的历史主义倾向是针锋相对的。当他们判断现在好于过去时，启蒙主义者就表现了一种非历史主义的时代错误观念。

他们意识的根源可推展到文艺复兴时期。与那些将过去与现在相比并发现前者不行的启蒙主义者不同，文艺复兴时期的人文主义者则是将二者相比，并发现后者不行。他们使古代文化重现辉煌的愿望反映了他们对过去和现在差别的深切意识。这种时代错误感表现为对遗失的古典时代手稿的搜寻、恢复古典文学作品文本原貌的愿望和将古典作品作为现代文学创作范本的模仿计划。

但是，严格说来，文艺复兴时期重新恢复古典文化的愿望——使其再生——是非历史的。确实，它开始时依凭的是麦纳克可能会称为辅助学科（$Hilfswissenschaften$）的、譬如语文学之类对历史学具有辅助作用的学科，它们使文艺复兴时期对古典时代的研究更为精确。这些辅助性的学科最后对近代早期历史学术的兴起以及随后启蒙运动时期历史编纂和浪漫主义时代历史主义的出现都有贡献。然而在启蒙时期，语文学尚未成为一门辅助学科，因为它应

过去的诞生

提供帮助的历史观点尚未形成。反之,语文学——用麦纳克的术语表示——适于表达一种没有发展观念与之相伴的个体性的观念。换句话说,文艺复兴时期所出现的时代错误观念很纯粹,未受到那种我们最终称其为历史思想的东西的玷污。

由此可以看出,时代错误的诞生不同于且早于过去的诞生。从最广义理解,过去是一个历史观念。历史认知尽管具有理智的力量和效用,但一直与过去保持着距离,将之定义为无法补救的"此外"和亡故入土者。然而,在文艺复兴时期,时代错误观念被用来定义过去,但并没有切断通向过去的通道。马基雅维利于1513年12月10日所写的那封描述他被逐出政治之外的生活如何单调乏味的著名信函,充分体现了文艺复兴时期过去的即时性。

> 晚上,我回到屋子,走进我的书房,在门边,我脱下穿了一整天、布满泥点且脏兮兮的衣服,换上宫廷正装。精心装束之后,我进入了古代人居住的宫廷,在那里,我受到热情款待,食用着专为我准备且生来即享用的食物。我不羞于和他们交谈并问询他们行动的理由,他们毕恭毕敬地回答我的问题。历经数小时我都不感到有任何的厌倦且忘记了所有的烦恼。我感受不到贫穷,死亡也吓不住我。我完完全全地沉浸在古代之中。[3]

"死亡也吓不住我"——在过去被历史化之前,还有什么话比之更能使人想起过去的活力!为高贵的交谈而精心装束,马基雅维利发觉自己不是经由时光隧道穿越到过去,而是直接超越了时间。

对过去诞生的研究不可避免地会遇到一个方法论上的基本问题,即:从何开始?康斯坦丁·法索通过简明有力且富于雄辩地论证了时代错误观念对于历史认知的核心作用,不经意间为我提供了一个起点。我对古希腊时期尚没有时代错误观念这一论点的顽固坚持,源自我长期以来为弄懂古代作者群中最难以理解、也最值得理解的修昔底德所付出的努力的结果,不能归因于法索。我对古希腊的看法为我的探究提供了一个逻辑的起点,在此方面,我一直寻根溯源到其文化的基石,即荷马。

　　我们都习惯于将荷马看作一个历史学家。而事实是,荷马神话是对实际发生事件的提炼和曲解。我会论证,荷马史诗不是为了描绘过去,而是唤起一种消弭现在与过去之间的区别的"过去造就现在"感。当口头的故事讲述让位于书面的叙述——尤其在希罗多德伟大的汇编当中——一种对过去的看法出现了:过去的表现形式多种多样,种类和程度各不相同。过去的丰富多样——在修昔底德那里表现得尤其明显——满足了远比一个现代历史学家所面对的更为宏大的叙事的需要,也是古代历史写作具有经久价值的原因所在。这种丰富多样性甚至在波利比阿围绕罗马帝国兴起的系列事件建构一种一致性观点的企图中也依然存在,并实际上阻止了李维式或塔西佗式的乡愁催生出一种"该"过去的观念。

　　我对古代历史编纂的考察引发出一个明显的疑问:假如古代的思想中没有"该"过去的容身之处,这个观念是如何产生的呢?古代人对人类活动缺乏一种能够将各种各样的"过去"聚拢为一个单一实体的统一构想。向创造这样一个实体迈出第一步的不是在历史编纂而是在神学领域,在古典文化基督教化之后。希波的奥古斯丁的《忏悔录》(*Confessions*)标志着西方思想的重大变迁:它抛弃了在哲学上超越现实世界的古典理想,转向更加注重存在的立场,它认为我们的意识内含于我们的俗世环境之中。这种立场支撑着奥古斯丁在《上帝之城》中所表述的世间观念,世间构成一种实体,包含人类所有神圣和世俗的活动,尽管在一开始,这种一致性仅在一定的空间存在而不具备时间性,因为世间居于上帝与魔鬼之间的中间地带。

　　圣经分析的"预表"模式将世间由一个空间实体转变为时间的实体。这种解释圣经的方式通过从上帝化身为耶稣基督——由是

10

旧约上的事件就成了新约的先兆——的视角来看待新约和旧约,将二者统一起来。但奥古斯丁将这种解释推演到上帝化身之外,将基督再临也包含其中。经奥古斯丁的创新,预表分析模式进而为所有的人类历史划出了界限。图尔的格里高利和圣者比德等人随后将之用来使世间神圣化,对于他们来说,其包含了神意在人类事务中的作用而不是简单地对人类行为领域设定限制。它因而获得了一种更显线性、更富时间性的特质。然而,神意最终会超越时间——在上帝的眼中,过去、现在和将来都是一样的。在上帝精神无所不在的观照下,基督教的同时性观念最终排除了过去的观念在中世纪出现的可能。

在文艺复兴时期,随着时代错误观念的出现,对现实的预表解释开始式微。在 14 世纪,意大利的人文主义者发现了古典拉丁文的表现力,认为其与中世纪粗俗的表达方式相比,更为精巧和老到。随着古典拉丁文的复兴,古典时代的作者以及他们所传播的文化也以各种常见的收录古典著作节选的通用部目集的形式流行起来。这些集子,连带构成其基础的古典修辞学,促使了对世界的观察由预表向"范例"转变,突出表现为对古典文学格式的模仿。这种模仿的冲动造成了一种自相矛盾的现象——一种"活着的过去",它作为一种文化准则,既不同于现在,又对现在具有至关重要的意义。早期最伟大的人文主义者弗朗西斯科·彼特拉克模范地展示了活着的过去的吸引力。他对自己所处的遗失了古典时代雄辩光芒的"黑暗年代"感到绝望,渴望跳过将他和古代隔开的"中间"年代,一头扎入古代的文化宝库。如此定义的过去并不存在于"回到那里"的时间之中,而是处于时间之外的领域、一种藉由模仿方可达到的象征性空间。

随着不断增长的过去与现在不同的意识日渐削弱了古典范型的现实意义,活着的过去这种自相矛盾的特征变得益发明显。人文主义的法律教育生动地展示了使罗马法律文本复活,以便更好地将之用于现代世界的企图如何逐渐揭示出它是一部过去社会的法律的过程。与此相应,让·博丹等16世纪法国的法理学家试图通过从最重要的民族所制定的最好法律中进行摘录的方式创造一部新的普适性法律。但是,随着人文主义学术研究整理出的巨量的习惯、法律和制度,复兴活着的过去的尝试最终却进一步扼杀了它。具有讽刺意味的是,文艺复兴时期时代错误观念的出现限制了——且最终从根基处破坏了——它所培育的范型。

16到17世纪,一种将实体历史化、情境化——在过去和现在之间进行系统的区分——的趋向开始出现。这种趋向部分是人文主义者阅读习惯的自然后果,其鼓励对古代伟大英雄的同理投入,此方面米歇尔·德·蒙田的著作足资佐证。然而,地域性的移情事例并不必然就会产生那种从一种一致的视角看待过去、使其远离现在的历史想象。尽管17世纪人文主义学术的发展为理解过去提供了更大的稳定性和一致性,它还是没能在过去与现在之间做一种持久的区分。在17世纪后期和18世纪早期由法国"古代和现代的论战"和英国的"书本之战"所引发的狂热是历史化的观点尚未占据上风的明证。它需要自身以外的支持来获得确信,这种外在的支持是从一种笛卡尔主义的、构建在关系基础上的真理观中获得的。

笛卡尔认识到,一条直线上的每一个点都是两个数字之比,每个比暗示了在相同关系中一个有序的数列。此点构成了他在解析几何方面划时代发明——他由此建立起线数的关联——的基础。笛卡尔在详述其一种经由衡量思考对象之间区间的推理链条,从"清晰明确"的观念向外扩展的思考方法时,进一步阐述了他对这种关系的洞察。他认为这种活动是理性的主要任务,它运用这种对比的方法从现存的关系中获取新知识。笛卡尔最有名的弟子和宣传者尼古拉斯·马勒伯朗士通过从中提炼出构成现代数学基础的数的基数和序数原则的本质,进一步补充了这种以关系为基础的知识观,他试图依据这些新生的数字思考原则,通过衡量所有观念——包括自然哲学和伦理学——之间的关系来对之进行评估。

12

过去的诞生

在他富有开创性的著作《论法的精神》中,孟德斯鸠从马勒伯朗士以关系为基础的真理观中构建出现代社会科学的原型。在该书中,他将法律定义为各种关系,他认为,他所探讨的真正主题,不是法律自身,而是他们所代表的各种关系以及这些关系的关系。他揭示所有这些的方法是:通过跨文化和跨历史的比较,(从实际中)衡量不同实体之间的距离,从而决定他们所属关系的顺序。风俗、法律、制度、国家、宗教、民族——所有这些及其他都属于关系的一般类型,其本身为诸多变量所修正。孟德斯鸠由是构想,任何一个既定实体都处在关系之中,从而在赋予其独特性的同时又使其具有典型性。一种持续的过去观念由这种关系的观点之中生发出来,它以合乎逻辑的方式将过去完整系统地从现在分离开来。

孟德斯鸠代表了这种分析模式的顶点,其数字思考的原则、方式和隐喻重塑了西方的思想。18 世纪的关系主义常常被拿来与珍视独特而非典型的 19 世纪的历史主义进行对照。但在孟德斯鸠以关系为基础看待世界的复杂性中,已经能够看出独特与典型之间巨大的张力,它加剧了过去与现在的紧张关系。就这样,产生于这种紧张的过去通过一种将任何既定实体与别的同类实体区分开来的比较方法从外在方面进行定义。随后兴起的历史主义则从内部看待过去,将每一个实体都看作其自身独特发展过程的产物。然而,在他们能够如此做以前,过去必须从定义它的关系之网中展现其所有情境上的差异。先须有过去的诞生,后方有历史化的可能。

以上概要足以表明,我所撰写的是一篇史学文章而不是对历史思想的综合性考察。我的目的是揭示被传统的考察方法所掩盖的历史认知中不为人所知的一面。因此,我的方法是高度选择性的,尽管(或者是因为)论证的时间范围很广。我将关注点明确定在西方,因为我不具备评判其他文化中过去观念的条件。在突出欧洲中心的前提下,我进一步限定了探究的范围,以使目标更为清晰可见。于是,我在研究希伯来的上帝尘世代言人观念时,仅涉及它经

13

由基督教进入西方文化主流的那个部分；甚至基督教圣经对过去的解释也只是后来作为对历史进行预表式解读的部分才出现。我对现代早期语文学和古文物研究——新近才出现的学术研究课题——的涉及仅仅限于它们对法国启蒙学者们试图解决的信息过量所起的作用。我将对旅行和旅行文学——同样是最近学界感兴趣的课题——的讨论限定在18世纪，因为尽管本文中提到的如希罗多德和蒙田等较早时期的一些人的游记在文化发展中地位亦很重要，但只有到那时它们才开始对欧洲的思想产生广泛的影响。最后，或许也是最引人关注的是，詹巴蒂斯塔·维柯这个史坛巨擘尽管在整个西方历史意识的演进过程中占有突出地位，我在史学史中将他仅仅当作一个局外人，一个证明规则的例外。假如我的学识更为丰富，或许可以在不牺牲我论证连贯性的前提下，找到弥补这样或那样缺陷的方法，但我无时无刻不面临着自身的局限。

　　尽管我可以说在史学史的某些方面进行了深入广泛的阅读，但在该书中找不到对那些研究我所涉主题的现代权威学者的综合分析。如我早先所说，这是一本合成性著作而非学术著作，我有权只引用或讨论那些最直接地影响我的思想的权威学者的作品。他们中的有些人已经老了——或许甚至已经过时了——即使他们的学术成果已不再流行，但只要对我的论证有帮助，我会毫不犹豫地引用它们。通过对题目和权威学者的挑选，我做好了论证的早期工作。我请读者关注就我们现代人对过去认识的陌生感所进行的论证本身。假如它经证明是有价值的，会有其他人对它做进一步的阐释。

第一部分

古　代

扁平应是也将是我们的外表，
未解释的柔和叮当声除外。
——华莱士·斯蒂文斯："无处描述"

扁平的世界

16   修昔底德可归入最伟大的历史学家之列,但他的著作在现代读者眼中,往最好处说极其难以理解,往最坏处说则可谓绝对乏味无聊。难以接近他的部分原因在于他即使描述最恐怖的事件都不带任何感情色彩;对事件中牵涉的各类复杂人物角色的描写——冷漠的政客、煽风点火的鼓动家、以自我为中心的流氓、金玉其外的傻瓜——他都是惜墨如金,表述至为简单。在描述英勇的围城之战后斯巴达人杀戮勇敢的普拉提亚人、雅典人因不幸的米洛斯人决意抵抗其帝国主义的侵略而将他们赶尽杀绝,以及柯西拉人之间在一场不可阻止的两败俱伤的大屠杀中相互残杀等惨烈场景时,他叙述的节奏也未见有明显加快的迹象。著名的"密提林辩论"的结果——当时雅典的公民大会撤回了其以前所作出的将叛乱城市密提林的所有成年男子都处决、所有的妇女儿童都变为奴隶的决定——是将叛乱领导者处死,"(被处死的)人数远远超过 1000人";这些人就这样伴随着冷冰冰的词句,退出了叙述的现场,而叙述本身还在如水那样流淌,以一种几乎是单一的语调,叙说着一个接一个的恐怖故事。密提林杀戮的执行者、雅典的鼓动家克里昂——他坚持认为他如果没能杀得更多,至少也有 1000 人——仅仅留下了"最凶暴的雅典人"的名头,对其羞辱是如此简洁,要不是有些学者将之作为修昔底德式愤怒的一个罕见例子紧紧盯住不放,他可能不会被注意。

当然,这种书写上的保留符合我们现在所称的"历史客观性"

的要求,而这一点,修昔底德远没有像对"准确"那样看重,尽管他自身就被普遍认为是这种优秀学术品质的卓越代表。确实,他没有将他的著作冠上"历史"之名,或许是因为这个术语与希罗多德说书式的著作联系在了一起。为防止有人将他的努力成果与其前辈的故事集相混淆,修昔底德公开舍弃了著作的娱乐性而追求教育性。为达此目的,他竭尽全力地表现得不偏不倚。整个叙述都是从追求准确的角度,按标志战争开战季节的夏冬相继的年代顺序来建构和组织的。修昔底德认为这种新的安排比传统的以一个城市的执政官的名字来计算日期的方式更加精确,因为他能以此在任何一个既定的年份内查找所发生的事件。然而,这种对准确的追求使叙述变得更为平淡,将之限于一种反复出现的格式,一种对季节的单调重复,(具有讽刺意味地)给人以不自然的感觉。 17

但对于现代读者而言,叙述难以理解的真正来源在其平淡无奇的外表之下。这部著作起首就是一个引人注目的声明:"雅典人修昔底德在着手写一部伯罗奔尼撒人和雅典人之间战争的历史。写作始于战争爆发的那一刻。我相信,它将是一场伟大的战争,比任何此前爆发的战争都值得叙述。"①由此,他马上就用十九章的篇幅(英文翻译12页左右)来做题外阐述,表面上看是为了证明伯罗奔尼撒战争是到那时为止所有战争中最伟大的。这一题外阐述以"比如"开始,四平八稳——在对希腊从远古到那时的物质环境进行富有想象力和精细的重构后——却突然以这句话结束:"我对早期的考察已经有了结果……"这个题外阐述是如此有名和富于洞察力,以至于人们习惯性地给它取了一个题目:"考古"。然而,不管其最终目的是什么,直接效果就是使现代读者如堕五里雾中。当修昔底德在详述古代移民的方式、有城墙的共同体的建立、物质资料的逐步积累以及最终海军和海上霸权的兴起时,伯罗奔尼撒

---

① 译者所译与谢德风所译略有出入,请参见《伯罗奔尼撒战争史》,〔古希腊〕修昔底德著,谢德风译,北京:商务印书馆,2014年,第2页。

战争很快就在读者面前消失不见了。修昔底德不提供对现状的直接论证,而是绕个大圈,迂回到遥远的过去。这只是许多此类迂回叙述的第一个,古典学者将这种方法称为"回转写作"。这些迂回叙述在开始时很难察觉,那些不熟悉修昔底德写作风格的读者只是慢慢才发现他们迷失在离题叙述的丛林之中。为重新抓住论述的主线,他们必须原路返回到好多页之前,去寻找导向迂回叙述的一两个字。

除回转写作之外,修昔底德在更小的范围内都表现出对离题的喜好。在"考古"的结束章,他从对远古冗长的离题叙述中转回正题,而该章本身又是一个小范围的离题叙述。该章(译文大致也就一段话)讨论了人们对远古和近世的普遍无知,主体内容则是关于对雅典庇西斯特拉图僭主统治被推翻的各种错误观点,而从此事发生到伯罗奔尼撒战争爆发也不过八十来年。读者很容易迷失在反对庇西斯特拉图的阴谋细节中不可自拔,因其本身就构成了一个独立成篇的叙事,且与主体论证之间关系非常薄弱。在回转写作中如果又发生了这样小范围的离题——而此类事情又不可避免——对于注意力不太集中的读者可真是灾难!

小约翰·H.芬利是一位可敬而睿智的古典学家,他将这些离题叙述(无论大小)都看作脚注和附录。他推测,由于缺乏任何我们习以为常的治学工具,修昔底德要把他所有的学术功力都集中于他认为对证明自己论证的真实性有必要的地方,回转写作及小范围类似的写作方法因而可以看作是修昔底德追求准确的副产品。但芬利也承认,某种程度上可以说作者并没有意识到这点。在任何节点,他都可能为自己撰写故事的细节和后果所吸引而心甘情愿地为其所左右。这样,故事中的次要成分得到了与主要成分同样完整的对待。另一个同样受人尊敬而明智的学者、语言学家埃里希·奥尔巴哈,对这种纠缠于细节的喜好追根溯源,发现在荷马史诗中也同样存在,而诗人在写作此诗时明显没有任何学术上的抱负。实际上,奥尔巴哈发现这种喜好在希腊和罗马的叙事作品中都同样存在。它是如此的普遍,以至于我们——将芬利强调的主次颠倒——首先可以将之看作一种无意识的心理习惯,这种习惯附带地起到了增强修昔底德叙事的学术性的效果[1]。他的思维状态的特殊构造,使他不可能将论证中我们认为是次要(和第三位的)层次的东西放在主层次之下。

这种思维特质造就了一个现代读者难以理解的、扁平的、几乎没有特点的历史领域。我们期待一位历史学家像艺术家依据消隐点的相关性调整景观的元素那样,从部分与整体相连的视角看待事件,比如构成一场战争的诸多事件。历史的视角会使一场战争的直接原因(比如说 1939 年 9 月 1 日德国入侵波兰)从属于其深层次原因(德国在 19 世纪作为一个民族国家发展较晚、第一次世界大战后它在凡尔赛遭受羞辱、世界范围的大危机削弱了魏玛共和国的基础、纳粹党兴起以及民族主义复兴)。这样战争就不仅仅体现为交战方之间的冲突,而是一次巨变,引发这种巨变的因素包括社会基础的变化、几十年前所发生的事件(凡尔赛条约)、与外交无关的各种力量(大危机)、根植于 19 世纪欧洲文化之中的意识形态(种族主义和民族主义)。依据历史学家的视角,所有这些因素各有其合适的位置——有的在前、有的在中、有的在后——从而也为读者提供了各类事件的具体历史方位。

当然,有人可能会提出反对,说修昔底德确实是以这种方式看待伯罗奔尼撒战争的,他在其称为导致战争的“真正的”和“直接的”原因之间做了区分。这一区分紧接在“考古”的后面,构成为整部著作的组织原则之一。确实,人们甚至还可以论证说——认同芬利的观点——“考古”本身就证明了修昔底德已经在相当的程度上“理解了他所处时代经济发展的意义”[2]:海军力量促成了一种新型国家的兴起——雅典及其商业、海运帝国,其不可避免地要与斯巴达那样传统的农耕与陆权国家发生冲突。不管怎样(有人可能会论证说),假如修昔底德没有察觉到各种深层次的历史力量已经到了最后关头,他怎会知道即将爆发的战争必将是一场伟大的战争呢?

然而,他刚刚在真正的和直接的原因之间做出区分,就很快进入到对后者——源于柯林斯和柯西拉的一场冲突——的详细讨论之中,以至于读者很快就忽略了前者这个从表面上看更为重要的主题。况且,在我们现代人看来,柯林斯和柯西拉之间的冲突明显是由于经济方面的原因。稍微瞥一下地图就可以发现,两个国家是小亚细亚希腊诸城市和意大利的希腊诸城市之间东西贸易通道上天生的竞争者,而雅典与柯林斯相邻激发了他们相互之间的商业竞争,这也为我们解释了在这场争吵中雅典站在与之相距更为遥远的柯西拉一边的原因。但是,修昔底德在书中从未将战争的直接原因归到这一经济因素之下。反之,他只是详尽叙述柯林斯和柯西拉(以及最终雅典)就遥远的城市埃庇丹努斯的内部事务而最终兵戎相见的细枝末节,而对该城邦内部事务的叙述也是同样详尽透彻到令人意识麻木。

当他进而考察战争的真正原因时——对日益强大的雅典力量的恐惧导致斯巴达站在柯林斯一边——他又对这个力量的源头未做任何分析。相反,他又开始了另一个著名的回转写作(现在被称作 Pentecontaetia[五十年间],源自希腊语),详细叙述波斯战争和伯罗奔尼撒战争期间雅典兴起并最终成为斯巴达对手的过程。像芬利这样的现代历史学家从该叙述中提炼出了雅典兴起的根本原因:它在波斯战争之后如何成为一个海洋强国;海洋强国是如何鼓励扩张民主的(划船的都是最穷的公民);民主又是如何助长了帝国主义(增加船只意味着需要更多的划船手,从而强化了民主制的政治控制力)。修昔底德自己完全知道这种模式,在他那个时代,这实际上是众所周知的,此点我们从所谓的"老寡头"——一个雅典守财奴——的尖刻评论中可以推断出来。他认同这些发展,并不是特别喜欢,但又找不到取代这些乌合之众统治的其他途径。尽管修昔底德对这些事件之间的关联了然于胸,但他并没有将它们用于解释在此五十年间雅典令人瞩目的崛起。更准确地说,他是一件事一件事地详述这一崛起的过程：在对波斯人的战争取得胜利后，希腊人是如何想办法解放他们在小亚细亚的同胞；斯巴达人是如何在这次东征中由于成事不足败事有余而失去了领导地位；雅典人是如何取代他们，组建了提洛同盟；当波斯人的威胁减弱，个别国家想离开同盟时，雅典是如何将它们一个一个地征服，从而形成了雅典帝国；当雅典的帝国主义范围不断扩大，获利更为丰厚时，又是怎样从成功走向成功的；而与此同时，斯巴达是如何眼睁睁地看着自己的势力不断削弱，并日增恐惧之心的。所有这些，修昔底德只是详细叙述那些表面发生的事件，而现代历史在对这一时期的阐述中突出强调的一些根本性力量，他并未提及，尽管他自己对此想必也是承认的。

或者说他会承认吗？我们由修昔底德在“考古”中有关海军的叙述、在“葬礼演说”中对民主制度的涉及，以及伯里克利政策演讲中有关雅典帝国的情况介绍，推测雅典扩张的内在动力。然而，即使他看出了这些因素之间的相互联系，他也没有赋予这种联系以解释的力量。由此，我们可以合理地怀疑他是否承认其是一种历史力量，一种从诸多事件中提取的矢量。他叙述的着力点恰好相反，他追求的是具体而非抽象，是可见的而非不可见的，是事件的表面现象而非构成其基础的东西。对于修昔底德来说，记叙事件本身就包含了对历史的解释，其意义是明白清晰的（如果叙述如此细致，怎么不可能呢？），不需要任何解释。在此，没有任何不可形容的力量起到了影响事件发展的作用，至少没有那种我们会承认的力量。

因此，我们在他的叙述中定义为主要、次要和第三层次的内容，在他眼里都是一样的。他没有有意识地带着某种观点来处理事件——没有以一种使一个事件比另一个事件更加重要的方式来解释它们——而只是简单地依次叙述它们（包括解释性的离题叙述），这样，没有一件事具有高于另一件事的解释价值。当然，重要的事件——雅典的瘟疫、柯西拉革命、派罗斯的攻占、米洛斯人的对话、西西里远征——贯穿整个历史，但它们仅仅发生在固有的记

叙框架内,而未构成记叙的框架。确实,如果从其所建构的历史画
面的均匀性来看,我们可以合理地质疑修昔底德对"事件"的理解
是否与我们一致。对于我们来说,一个事件具有突出地位——具有
某种"显著性"——而这一点恰恰就是他的记叙中所没有的。借用
一个数学上的区分,我们可以说他所叙述的不是一个封闭的事件
"数列"(边界为历史的视角所限定),而是一个开放的发生的事情
"序列"("发生了此事,然后发生了此事……"),将此类发生的事情
相互联系起来的是其相互接近、而非将各个事件结合在一起的因
果之链。

　　由于诸多学者所付出的辛劳,到现在为止我们的论证还(相
对)不是很费力。比如,埃里希·奥尔巴哈出色地描绘了古典叙事
"前景化"的特点,它不存在"背景",没有什么东西隐藏在暗处因而
需要解释。他将这种同样清楚地展示所有事件的习惯归于一种贵
族式的"文体划分",它用一种"高级文体"来记叙严肃的事情(历史
资料、史诗和悲剧),而用一种"低级文体"来处理俗事(喜剧和爱情
小说之类)。这种文体的划分阻止了对日常生活的严肃思考,而这
是历史的力量——从各类事件中提取的矢量——最容易显现的场
域。(从我身着某个第三世界国家生产的廉价衣服在电脑上码这
些字这一世俗的现实,我们可以推论出数字革命和经济的全球化。
而如果我将历史视野紧紧盯在诸如外交和战争之类的"严肃"事情
上,我就不会注意这些矢量。)另一个杰出的古典学家维吉尼亚·
亨特令人信服地揭示出,无论是希罗多德还是修昔底德都没有与
我们同样的关于"事件"的观念,更准确地说,他们将历史看作是由
普遍的和不可避免的"过程"所构成,他们是不断重复出现的模式,
一旦为某些发生的事情所触发,就会不可阻挡地展现出来。因此,
"考古"揭示了一个经由海洋强国到帝国的成长——明显属于一种
前5世纪中期的模式——的"过程",修昔底德按时间的先后对这个
过程进行复述,内容包括米诺斯、亚该亚以及最终雅典的兴起。这
种对历史模式的强调往往会剥夺"事件"的独特性,使他们变为"发

21

生的事情"[3]。

在这些学术研究成果的基础上,我们可以有把握地认定,修昔底德对历史的看法与我们的看法根本不同,"力量""事件""解释"都是现代历史认知的基础,其本身(正如奥尔巴哈所充分证明的那样)就是在历史过程中成长起来的。在完全为这种相对主义意识所浸润的情况下,我们不太可能假定修昔底德观察世界的方法会和我们一样——或至少是一旦我们意识到做出了这个假定,我们会拒绝接受它。但即使我们对相对性有充分意识,我们仍然会自由地假定,他具有一种"过去"的观念。不管怎样,历史学家——即便是近期事件的记录者——是写什么的呢? 当然,我们承认修昔底德对过去的看法会与我们有所不同,比如涉及不同的题材(是战争而不是经济),比方说包含不同的内容(是所发生的事情而非事件)。但这一限制性的说明仍然假定,他有一种将过去看作是存在于"回到那里"的时间之中的客观空间的意识。而构成这一假定基础的是另一个假定——同样有力甚至更为基础——"过去"与"现在"不同,不仅仅是时间在前,而且不一样。确实,这种不同将过去看作一个单独的领域。但从根本上讲,修昔底德叙事的扁平特征使过去作为一个在时间上与现在相区别的客观空间的存在都成问题。

此点,或有怀疑论者会提出反对意见说,仅仅因为修昔底德对过去的看法与我们不同就否认其持有过去的观念,我们正在犯时代错误。在导言中我已经探析了这一反对意见。现在,让我们审视一下,这一指责本身是如何突出了时代错误观念对于我们有关过去观念的重要性。我们是如此为这一意识所支配,以至于任何事情一旦脱离其具体的历史背景,在我们看来要么怪异,要么好笑(举例来说,在如今已成经典的英国喜剧片《巨蟒与圣杯》①中,中世

① 又译为《蒙迪佩登与圣杯》(*Monty Python and the Holy Grail*),1975 年在英国上映。本片讲述了亚瑟王和手下的圆桌武士们在寻找圣杯途中遇到的种种趣事。——译者注

过去的诞生

纪的骑士通过派遣那个野兽凭借"安提俄克的神圣手榴弹"护卫圣杯。)历史学家们将时代错误看作一项最恶劣的学术罪过而避之犹恐不及。我们甚至还炮制了自己特有的贬义词——"辉格历史"——来贬损那些以现在的做法和思想为圭臬对过去所做的评价。

相较而言,修昔底德已经意识到过去和现在之间的不同,但尚未将之提升为一个历史知识的原则。在"考古"中,他提到一些已经不再流行的过去习惯,比如总是携带武器以自卫、或在体育竞赛中系带子而不是裸体参赛,并以此作为希腊人物质和文化环境变化的例证,这些变化生动地展现了希腊进步的历程。这种对历史区别的意识不是修昔底德的发明,因为甚至荷马都表现出这种意识。尽管荷马生活在铁器时代,他歌颂过去的英雄们举起青铜武器,就像他们在"过去的日子里"会如此做的那样。然而,对于荷马和修昔底德来说,这种意识并没有形成一种持久系统的对过去和现在之间差别的认识。更准确地说,它还是一种地方性的现象、一种文学技巧或一个逻辑点,一旦用过之后,很快就忘记了。在论证完希腊人的进步之后,修昔底德几乎没有提到任何古老的习俗或历史的区别;荷马的英雄除了其手中的青铜武器比较重之外,作战方法和铁器时代的武士们一模一样。假如希腊人(或者就此而言还有罗马人)没有将过去与现在一贯地加以区分,我们可以合理地质疑他们是否有一种时代错误观念。

因多种原因,他们对过去概念的使用本质上还是工具性的。上文所提到的、由奥尔巴哈详述的古典文体的划分排除了一种时代错误观念产生的可能,因为过去和现在之间的不同最最明显地体现于日常生活的环境。(我用以写这些文字的电脑已经"过时"了,还有,尽管我可能认为我那些现成的衣服很时尚,它们可能也已经"老式"了。)当修昔底德嘲笑世俗的题材与历史的严肃性不符时,他将自己隔离在最适于构建我们称之为"历史背景"的经济、社会和文化领域之外。最近,研究古典时代的知名历史学家奥尔多·

斯齐亚沃尼提出了一个相关论证：罗马帝国时期的奴隶经济（引申开来也包括古典希腊时期）使得劳作的日常现实不为人所知，且在一种完全贵族式的文化氛围中成为某种可鄙和无足轻重的东西。随之而来的劳动价值理论的缺乏阻碍了经济和社会进步的观念，取而代之的是鼓励一种对世界静态的观点，其关注的是历史中反复出现的模式而非独立的事件，是普遍和不变而非偶发和可变。

我想以一种完全不同甚至更为基础的理由来对缺乏系统的时代错误观念的现象做一个补充解释：古代不是被构想为"该"过去，而是"诸多过去"，它们与对时间的各种不同观念相互交织。在没有确定何种过去应当重点对待、没有"从某一角度看问题"的情况下，当修昔底德变换对时间的看法，允许一种过去介入到另一个过去之中，就出现了历史视角扁平化的现象。"该"过去观念的缺乏妨碍了对过去与现在做系统的区分。它允许一种地方性的时代错误意识的存在，但并没有将之转化为一项历史知识的原则。

这种解释可能显得比奥尔巴哈和斯齐亚沃尼所提供的更为抽象、看起来更加远离古代生活的实际。然而，它具有优先性，因其在时间上先于他们的解释且更接近古代人在实际生活中关切的事情。就像我们将看到的那样，认为有多种过去的看法最终形成了历史著述这种特有样式，传统上都将修昔底德仅仅看作是这种样式的第二位创新者，排在比他年岁要长的同时代人希罗多德之后。不可否认，这种样式源自一种贵族的文化，但其萌芽却早于该文化所进行的文体划分。尽管我们从荷马时代那样的古代早期就能够发现这种划分的某些方面，相关的文学主张及其严格实施则要到古希腊文化已经让位于为罗马人所承袭的泛希腊文化之后。当然，奴隶制和人类同样古老，雅典的奴隶制尤其历史漫长，但就我们所知，雅典直到波斯战争后很久，奴隶制经济才发展成熟。相比之下，历史著述的这种样式恰恰从这场战争中出现，战争成为一个

24

过去的诞生

变革性事件,正好与社会由口述时代向读写时代的演进同时发生。我们表面上更为抽象的因素实际上与古代人的生活现实有着令人吃惊的直接关联,他们生活在一种英雄斗争的阴影之下,这种斗争(在现代人心目中)比得上荷马时代英雄们的行为或甚至使之黯然失色,它推动人们开始各种富有创新的尝试,以保存那种英雄主义的记忆,珍藏多重的过去。

在转向考察作为历史源头的口头文化之前,我必须补充申述一下。在接下来的论证中,我会愈益强调"该"过去的观念与多重的"过去"之间的区别。在某个时刻,有人可能会怀疑我究竟做没做过这个区分,特别是,有人会质疑现代人是否真的有一种"该"过去的观念。每个现代历史学家对他或她所叙述的事件显然会持一种立场,然而,并不是这些不同叙述加起来就等于"该"过去;确切地说,它构成诸多"过去"的集合。有些人可能会宣称,每个叙述主要表现为一种理智建构,其不能与一种客观的现实在时间上建立相互关联。确实,紧接着现代文学批评之后,有些人甚至可能会试图完全废除任何有关"该"过去的观念,而以一种"多种文本"的观念取而代之。文本被宽泛地解释为现今存在的人造物,由此来对时间上"回到那里"的过去进行任何推断都是完全不必要的。

否定过去的客观现实性的趋向源自一种对19世纪历史主义的反动。这种历史意识的现代(与后现代相对)形式将历史实体的独特性解释为在发展过程中与其环境相互作用的结果。它已经变成为一种根深蒂固的思维习惯,人们总是习惯将自己和周围的世界理解为历史发展的产物,并假定其他的事物也总是如此。他们很少认识到我们意识的这个层面是经由18世纪几种思想潮流的交汇融合、逐渐积淀而成的——也就是说其本身就是一个历史的积淀物。实际上,历史主义的思维习惯培育了将过去看作一种客观实体、一种超越我们各种叙述的文化上的既定存在的观念。这种观念为我们日常语言用法所强化,在那里,"过去"被设定为一种参照,其现实性很少受到质疑。在此章中,我将通过突出定冠词,逐

25

步将这一用法以及它所反映的思维习惯与其他观念区分开,也就是说,我将"该"过去与多重"过去"进行对比。这一区分仅仅用来阐明那个构成现代历史主义文化遗产的基础、但我们再也不视为理所当然的假设。

过去的现在

普里莫·莱维①对集中营生活的记叙向我们展示了故事讲述者的身影是无所不在、不可控制的，即使在奥斯维辛也是如此：

> 故事讲述者警觉地朝四周张望了一下，悄悄地从门外边进来了。他坐在瓦克斯曼的铺位上，很快在他周围就有一小群专心而沉默的听众。他总是带着一种听天由命和深入骨髓的忧伤，吟唱同一首以押韵的四行诗组成的冗长的意第绪语狂想曲。（但或许是因为我听的时间和地点，我才记住了它吗？）从我能听懂的几个单词分析，它应该是一首他自己创作的歌曲，他将集中营的所有生活事无巨细都包含在这首歌中。听众有的很慷慨，给故事讲述者一撮烟草或一点缝衣线，其他人聚精会神地听，但什么都不给。

莱维将集中营描述为在至为严酷的环境下所进行的一场"巨大的生物和社会实验"。正是这种严酷使我们能够通过在某种程度上与上述场景进行对比，分离出口头叙事的一些特征。由这些特

① 普里莫·莱维(Primo Levi, 1919 年 7 月 31 日—1987 年 4 月 11 日)，犹太裔意大利化学家、小说家。莱维是纳粹大屠杀的幸存者，曾被捕并关押至奥斯维辛集中营十一个月，直到苏联红军在 1945 年解放了这座集中营，他才重获自由。其在 1948 年出版的处女作《如果这是一个人》(*Se questo è un uomo*)即是纪录他在集中营中的生活。——译者注

征我们可以推断出由这种口头传统所培养的一种"过去创造现在"的观念。[4]

尽管莱维确实设法保存了一些有关他的经历的笔记,但这样保存记录会受到死刑的惩罚,这种约束自然助长了故事讲述。这种活动在夜晚进行,时间在晚上的囚饭供应过后到"熄灯"之前。故事讲述者明显精于此道并通过自己的手艺获取物质上的利益(尽管不是很可靠)。他用有助于记忆的押韵的四行诗"吟唱"他的故事,因为它"总是同样的故事"——假如莱维听不懂所说的话,他怎么能肯定? 很明显,吟唱在他听来都是一样的,尽管其细节在每次重新叙说的时候会有所改变。但就我们的目的而言,有两个特征最为突出:听众的沉默和故事的性质。对囚犯生物实验的严酷性——他们终日挨饿,累得要死——使他们沉默。否则,他们可能会与故事讲述者进行互动,且当他的故事讲述从一次进展到下一次时,别人也会更明显地察觉出来。最终,这个故事"包含了集中营的所有生活"——它关涉到现在——因为这些人确实没有任何未来,正如莱维在他的书中到处详述的那样,由于极端残酷的条件限制,他们被剥夺了自己的过去,完全沉陷在严酷无情的当下。

相较而言,古希腊时期的故事讲述至少从表面上看是关于过去的事——之所以说是"表面上",因为在文字出现以前和之后不久的社会,口述传统的真正主题关涉的是现在,即共同体的延续。但我们先将这一社会功能放在一边,转而关注口述传统的主观方面——它所自称的对过去的记叙。这一自称是口述传统的固有特征,源于对"信息要到产生这些信息的一代人之后才会传播"的确信。[5]据此,故事讲述在奥斯维辛可以说不会有任何结果。但在故事讲述确实牵涉到一种口头传统的情形下,我们可以在以正式语言(譬如史诗)讲述的故事和以日常语言讲述的故事(譬如叙事体的故事)之间做出区分。两种文体都会造成我们可以将之称为"过去创造现在"的结果,它将两个时间领域融为一体,在时间之外创造了一个象征性的空间。通过消解过去与现在的不同,这一空间

26

过去的诞生

建立起与过去的直接联系。古代希腊人最主要的是通过荷马史诗进入过去的象征性空间。而恰恰是这些史诗的成功最终固化了它们的形式和内容。当它们不再随着讲述它们的社会一起演进时，它们为叙事体裁的故事所补充，继续发挥历史作用。我们将考察这两种故事讲述的体裁，以便获得对自荷马到希罗多德时期通过口头和早期文字表达的对过去的各种观念的一些认识。

古代希腊人认为他们的遥远过去就是被"荷马"所纪念的特洛伊战争。这位来自爱奥尼亚、带有传奇色彩的盲诗人被认为创作了《伊利亚特》和《奥德赛》，尽管一些学者声称这些史诗有着悠久的印欧文化根源，但绝大部分学者都认为它们源自早期迈锡尼文明时期在希腊本土表演的武士歌曲，时间大致在公元前1500年左右。迈锡尼文明在其鼎盛时期（公元前1400年—前1200年），不仅获益于商业贸易，还从海盗活动中获利，它的劫掠者呈扇状流窜于地中海东部。奥德赛的众多绰号之一就是"城市的洗劫者"，这一时期被洗劫的众多城市之一是临近赫勒斯滂①的一个贸易中心，现今被普遍认为是"真正的"特洛伊。这个地点实际上先后有九个特洛伊，后者就建在前者的上面。到底是谁于公元前1250年左右摧毁了第七个特洛伊——是迈锡尼的海盗还是其他的掠夺者——现在仍然不清楚。但只要了解说不断演进的武士歌曲最终都包含了这些海盗的冒险，它们转而又与更早的故事相互交织在一起就够了。这种混有各种成分的作品在公元前12世纪迈锡尼文明崩溃到前8世纪，即古希腊历史上的"黑暗年代"，还在不断演化。

迈锡尼人有一种难以掌握的分音节的书写形式，过于繁琐，不适合日常使用；而黑暗时代的希腊人甚至将这门书写技术弄丢了。这样，英雄史诗就经过了很长时期的口头创作和传播。有人料想，它们原本是武士们晚上所唱的歌曲，他们或者围在迈锡尼贵族宫廷里的篝火旁，或者是在黑暗时代的某个乡村族长的住宅里。这

---

① 达达尼尔海峡的古称——译者注

些表演在唱者和听众之间可能会有某种程度的互动,从而逐步地影响了每首歌的变化。到后来,成功的武士们或许开始对有特殊能力的歌者提供赞助,正式或非正式地给他们酬劳。在此过程中,唱歌逐渐变成了一门手艺,是游吟诗人的看家本事。他们开始从无数的歌曲中提炼出基本的韵律格式、原型人物以及叙事主题。当希腊开始进入字母书写时代后(大致在公元前 8 世纪),这些游吟诗人的作品最终合并为我们现在所知的《伊利亚特》和《奥德赛》,这是经一个、两个还是数个歌者之手完成的?他们识字还是不识字?这些问题将永远是个谜。

尽管史诗据称叙说的是过去,它们实际上是用来认可现时的共同体、尤其是资助表演的武士精英所表现的理想、抱负和实践,史诗的社会功能是其创作的不可缺少的组成部分。在此方面,自发"在表演中创作"的口头模式似乎最适合荷马时代的游吟诗人,当然,他们可能也会进行一些预演和识记。游吟诗人会以确定好的韵律吟唱他们的诗歌,辅之以(比如说)棍杖的敲击,根据常备的"格式"和"主题"——韵律和叙事的要素——创作歌词,以适应在我们今天称作"长短格六音步韵律"中的一种不断演进的故事表演方式。格式与主题作为这种创作模式的基石,一直比较稳定,而故事的细节则随着听众趣味和经历的改变而不断发生变化。表演的成功要依靠听众对故事基本内容的事先了解,这样,听者就能毫不费力地跟上故事的节奏,并使自己专注于故事情节的发展。这一要 ²⁸求将过去附着于现在,要求故事的细节与情境要么是当下发生的,要么仍在听众的记忆之中。在有文字记载以前的文化中,记忆所及的时间从最长的一百二十五年左右——根据一代中最年轻的到三代之后最年轻的时间测算——到最少的一代不等。(这一范围不仅依据一个社会的平均寿命,还要看社会的时间测算系统所反映的时间框架——或者一代、君王统治时期、僧侣在位时期,或其他测算方法。)不管怎样,游吟诗人的过去仍处在与现在相当近的时间轨道上。

过去的诞生

不管社会的时间框架纵深如何,听众对游吟诗人所吟唱的过去的体验在本质上是没有时间性的。这方面的一个明显表征一直不太为人们所注意。游吟诗人生活于他们所吟唱的迈锡尼文明的遗址之中,然而,不管是他们自己还是他们的听者从没将歌曲与遗址联系在一起,尽管(举例说)《伊利亚特》第 2 卷中的"船舶目录"①特意提到了梯林斯和迈锡尼巨大的城墙。果真如此的话,像梯林斯和迈锡尼这样的名字对于荷马时代的希腊人来说可能没有什么地理学上的意义;尽管如此,他们将这些我们现今已知其主人的巨大的建造物看作是独眼巨人库克罗普斯这个神话种族所为的结果。这个认定在希腊人走出黑暗时代,其技术手段和智识上的成熟已经使他们能够将这些废墟与它们所维系的文化联系起来以后很久都没有任何变化。当然,我们不能期望他们从事现代的考古挖掘工作;但与此同时,我们还是对希腊人沉溺于有关迈锡尼帝王和英雄的史诗的同时,却相对缺乏探寻遗址的好奇心印象深刻。

伦纳德·巴坎在评价文艺复兴时期的罗马人对于他们所珍视的古典世界就埋在他们自己脚底下这一可能性表现出同样的漠不关心时,说,"你不可能拿着一个铁锹穿越想象的空间"(25)。像巴坎笔下的文艺复兴时期的罗马人一样,古代希腊人无意通过挖掘发现他们的过去,因为他们并没有将之与存在于某个空间/时间层面上的遗址等同起来。更确切地说,过去存在于时间之外的想象空间。这种想象空间的非时间性反映出荷马史诗的两个特点:其叙事情节"前景化"的性质和英雄的不老。这些特点在希腊听众与体现在史诗中的过去之间培育了一种直接的、不需要时间为媒介的联系。

史诗的口头表演使听众在一个接一个的生动故事当中,不知不觉身陷于恒在的当下。埃里希·奥尔巴哈在其杰作《模仿》
(*Mimesis*)著名的第一章分析《奥德赛》中奥德修斯在离家二十年

---

① 一译"船录",实在不知所云,译者觉得还是译为"船舶目录"较好。

后伪装成风尘仆仆的旅行者回乡的有关章节时，贴切地阐明了叙述的前景化特征。尽管他的妻子珀涅罗珀没有认出他，还是尽职地叫他们的忠实管家欧律克勒亚以一种传统的待客之道给他洗脚。当这个仆人给奥德修斯洗脚的时候，她的手指摸到奥德修斯腿上的一个泄露其身份的疤痕，那是奥德修斯年轻时候在一次狩猎野猪的活动中弄伤留下的。她突然意识到她的主人回来了。在此时，叙述突然回转到导致奥德修斯留下疤痕的那次与其祖父奥托吕科斯一起进行的狩猎活动，这个离题叙述详述了奥托吕科斯的家谱和性格、他对孙子持久的怜爱、年轻人对祖父的造访、欢迎奥德修斯的宴会、第二天的早起、狩猎的阶段、致命的伤口、奥德修斯的痊愈和回家、他父母的焦虑与见到儿子完好无损地回来时的释怀——就在这时，同样突然地，叙述又回到刚才撂下的地方，惊愕的欧律克勒亚将她主人的脚重新放进水盆。

这里是一连串自成一体的故事。奥尔巴哈描述了此类叙事如何将所要处理的情节统统放在前端，通过关注细节，不留死角，不置背景，将所有内容都展示出来。荷马（借用作者的习惯用法）从一个场景走到另一个场景，对每一处都殚精竭虑，细心描述，完全不管所述事情在我们看来对整个故事的相对重要性如何。他这种创作方法，就像身处当下，所有的一切都展现在眼前，所有的场景都被赋予同样的重要性。即使是我们称为"倒叙"的手法——一种从属于主情节的倒退性的情节变动——也会被当作一个个前置或接续的完整场景加以处理，以至于看起来几乎完全不像是一种倒叙。现今，我们自动地以其本来要求对叙事进行处理——我们是如此习惯于叙事情节布局的现代观点，但对一群完全沉浸在叙事进程中的古希腊的听众也许不会这样做的可能性却未能加以注意。对于这些听众来说，故事情节时间上的先后顺序安排或许没有每个场景的即时性那样重要。

在故事走向它的结局——奥德修斯杀死了 50 个在他离家期间终日围在他的妻子周围、消耗他生计的求婚者——的过程中，当我们自问几个由此叙述所引发的逻辑问题时,这种可能性就更为明显了。一个垂垂老矣的珀涅罗珀怎么能够吸引那么多处于人生盛年的追求者?尽管诗人一直流连于她的美丽,但我们现代人则不无嘲弄地假定是由于经济因素的作用。还有,一个已入暮年、脚有疾患的奥德修斯又是如何能够如此敏捷地将这些人全部杀死?一个头发花白、身经百战的老兵形象矗立在我们面前,但这绝非诗人的本意。在他及其听众的心目中,无论是珀涅罗珀还是奥德修斯都不可能有老的一天,虽然他们分开了二十年。在一个始终指向现在的故事中,时间的流逝不是一个重要因素。

当评述奥德修斯虽历尽艰辛,其内心最深处的自我从未改变,无休止的战争及流浪的经历没有在他的人格上留下任何印记时,奥尔巴哈注意到了这种不受时间影响的特征。但他忘记指出,奥德修斯无论是身体还是灵魂都没有根本的改变,流浪的岁月像旅行者脚上的污垢一样被水冲走了,那个对追求者迅速采取行动的英雄与二十年前离家的国王没有什么两样。二十年啊!我们相当确定地将之看作充满变故的一段时间,而古代的听众则当作时间的延续——一种模糊的连续体——来处理,故事的主人公在此期间各方面都没有任何变化。引用 M. I. 芬利的一句话,"他们和故事本身一样是非时间性的"[6]。

亚里士多德对诗歌(这里主要是指史诗)与历史之间所做的著名区分,或许最能体现这种非时间性的过去:"诗歌比历史更具哲学性、意义更为重大,因其表述的是本质,或者更确切地说是普遍性,而历史所表述的是独特性。所谓一种普遍性的表述,我是指对此种或此类人可能会或必然会说或做什么的表述——这是诗歌的目的,尽管它给角色附加了专有名称;所谓一种独特的表述,我是指,比如说,阿尔西比亚德对他做了什么或已经做了什么。"[7]

我们总是从历史与诗歌之间区分错误的一面,从一种声称已经用事实取代了神话的视角来处理这个经常被引用的段落。这段话之所以仍引发我们的兴趣,主要因其是这个哲学家对历史仅有的

30

重要评论,似乎他本来应该说得更多一些。然而,亚里士多德对此事的几近沉默显示他是荷马真正的传人。从希腊的观点看,受制于时间的历史事实充满了或然性,不能为知识提供任何合适的对象。谁关心阿尔西比亚德在此或其他特定时刻是做此事还是做其他事呢?显然,我们现代人关心,因为我们对世界的看法中珍视或然性,将世界看作是由事件所组成的,并将事件看作因果链上的连接物。但即使是修昔底德这个阿尔西比亚德所作所为的伟大记录者,也只能通过用历史的或然性平衡不受时间影响的普遍性来求得对事件的理解。于是,在历史作为一种文学体裁存在很久以前,荷马史诗体现了过去永恒的、活着的真理,它保持着一种我们有时限的、或然的观点所无法比拟的生命力和即时性。对于希腊的听众来说,过去就活在史诗中,并通过史诗直接与现在对话。

过去不仅与现在,还与未来直接对话。史诗的真正主题关涉共同体——一种过去、现在和未来的混合体——的存续。过去的做法为现在的共同体所赞成后,就成为彪炳未来的文化原型。因而,亚里士多德的普遍性与"此种或此类人可能会或必然会说或做什么"有关。我们认为是"非时间性"的构想实际上是"有时间的",与我们如此仔细区分的时间状态混杂在一起。确实,除非共同体同意将其过去投射到未来,普遍性就不可能存在。未来不仅仅是我们现今所认为的希望和梦想的简单的集合,它和过去一样,有同样完整、同样多的现实性,原因恰恰就是它是由过去所构建的。进一步说,这些投射——为整个共同体所授权和参与——有着超常的力量。我们的希望和梦想是私人的,而他们的希望和梦想却是公共的,体现在史诗的表演中;我们的公众期望始终都是争论和争吵的对象,而他们的公众期望却获得了更加一致的认同和坚守,因为这些期望实际上构成了全部的文化传承。我们固有的时代错误意识排除了荷马式的过去、现在与未来的混合物。这种在过去和现在之间所做的分析式区分尽管有用,但是以牺牲它们所具有的更加整全的生命视野为代价的。

过去的诞生

尽管荷马一直保持着对古代希腊人的魔力——我们现今对之略作反思仍能感受到，但是，当游吟的传统让位于一种致力于保存荷马天才的吟诵传统时，时间混合所具有的即时性开始减弱。至少在公元前7世纪到公元前6世纪，由于书写的影响，史诗的形式开始固定下来。（字母书写的最早例证出现在公元前8世纪后期，是一些诗歌片段，这引致一些学者猜测字母起源于希腊商人对腓尼基文字的改写以便在他们离家外出的漫长时间里能用以记住荷马的诗句。）尽管刚刚出现的读写对诗歌形式的稳定有作用，但可能还没有超出记忆辅助（aide-mémoire）的功能，在吟诵表演过程中诗歌肯定还在继续演变，只不过速度要慢许多。我们因此可以假设，在诗歌的世界和观众的世界之间——在神的英雄时代与人的时代之间——隔阂逐渐产生了，导致希腊人开始通过叙事散文来回忆32 他们更近的过去，这种叙事方式成为强化社会认同的附加手段。这种在日常语言中对故事讲述的强调产生了许多原始的资料。两个多世纪之后，希罗多德正是从中编造出一种新的对过去的观念。

一般认为，以日常散文式语言进行口头故事讲述的传统与史诗同时存在，从这种活动的普遍性看，甚至可能还要更早一些。然而，希腊这种口述传统的实际证据在很大程度上限于词源学的推论。希罗多德将自己称为"说书者（logios）"即"精于叙说（logoi）的人"，他看来操此业数十年，并最终将它们以书面形式汇聚起来，形成了《历史》一书。在希罗多德看来，"logoi"一词，类似于"叙事""讲述""说理"而非简单的"故事"，尽管希罗多德后来看法更为消极，将"logographoi"（叙事记录者）讥刺为一个以牺牲真理为代价的取悦公众的故事讲述者。"logographoi"一词包含了写作的活动，由此我们可以推断，到公元前5世纪后期，"精于叙说的人"开始从事记录传统的叙事而不是口头讲述这些故事。词源学因而暗示了至少直到公元前5世纪后期，口头的故事讲述与书写有长达几个世纪的共存现象。

现代的人类学和历史学研究,尤其是简·范西纳①在非洲的富有开拓性的田野调查,肯定了故事讲述者在开始受书写影响的社会中的作用。范西纳在有文字记录和无文字记录的故事之间做了一般性的区分。有文字记录的故事在经过许多代以后还能很好地保持对原作的忠实,而无文字记录的故事来源不明:"不存在复原任何原作的问题,甚至也不需要假定只有一部原作。"⁸范西纳发现,地位稳固的非洲王权为专司记录诸如官方纪事和王室世系之类信息的故事讲述者的存在提供了条件。然而,在权力更为分散的古希腊城邦(polis)世界,不可能像在非洲所发现的那样为记忆工作专门提供支持。因此,希腊大量的散文式叙事有可能是由无文字记录的故事所组成的,它们随着每一次的重述而发生改变。范西纳将这种创作称为"叙说(tales)",它与希罗多德对"logoi"的解释相近。

当代的人类学有助于发现希罗多德编造《历史》时所用的原材料。范西纳区分了四类叙说:(1)一般性、地方性或有关家庭的历史叙说;(2)教化式的叙说,尤其是关于起源的神话;(3)纯属娱乐性的"艺术"叙说;(4)传至后代的个人回忆。这几个种类都有一个共同点,因为"它们都在一定程度上记录了历史"。⁹构思"无诗意的"过去的方法和构想荷马史诗那样诗意的过去是一样的。范西纳尴尬地发现,无论叙说是"历史的""教化的",还是"艺术的",它们都描绘了一个围着现在转的过去。当他还是一个年轻的研究人员的时候,他对扎伊尔的库巴人的一份口述纪事貌似的精确性赞赏有加;但大约在二十年后,当他再次听到"同样"的纪事时,他认识到那只是对库巴人现今所相信的东西的一份可变的记录而非是对过去确实发生事情的记载。这种可变性是口头创作和此类无文

① 简·范西纳(Jan Vansina,1929—2017),比利时历史学家和人类学家,退休后任美国威斯康星大学麦迪逊分校的荣誉教授。是中非史研究权威和口述史学的主要创立者之一。——译者注

字记录的故事传播不可或缺的部分，它们与复述它们的社会一起演变。

当代人类学有关口述传统的证据能使我们为 logoi 的演变并最终成为希罗多德《历史》的组成部分想象一个可能的路线图。在此我们集中讨论范西纳称为"历史叙说"的东西。他将之细分为家族性、地方性和一般性或地区性故事。（注意，希罗多德从口头故事讲述的所有领域汲取灵感，既包括事实的，也包括虚构的，且他的那部大制作也反映出其他诸多方面的影响。）显赫的家族有其自己的口述历史，记叙先辈的丰功伟绩，穿插对家族源于神或英雄的根脉的回溯。这些叙述可能会父传子或由艺人为主人表演。通过不断地复述，单个的故事会逐渐发生越来越大的改变，但古代的听众对此并未加以注意。更有甚者，听众还会认为整个故事构成了一部从远古一直到现在的家族史，叙述中没有任何遗漏和缺口。但对于一个现代的观察者来说，这种完整性呈现出一种"沙漏"的模式，有一个狭隘而简略的中间地带，将对近期事件详细的记叙与久远的根源区分得很开。范西纳将这个狭隘的腰部称作"浮动的缺口"，因为它总是不断地向现在靠近，而处于沙漏底部的最古老的资料（总是）被忘记或与从沙漏顶部漏下的资料混杂在一起。[10]

不仅家族叙事是这样，地方性和地区性的叙事也是如此。各个显赫家族之间的竞争或合作可能会在故事讲述达到一定程度的定型后，进而推动为整个共同体所接受的一种非正式的叙事的出现（之所以是"非正式的"，因为绝大多数城邦缺乏那种有助于记下一种"官方"叙事的集权统治）。同样，地区性记叙的兴起，融合了各不一样的地方性叙事，以获得一种更大范围（尽管还是非正式的）的共识。精于叙说的说书者（logios）与这些发展同步出现，不仅家族，其他一些共同体也开始主办和酬谢有技能的故事朗诵活动。我们还可以进一步想象流动的说书者群体的演变，他们在城邦之间来回表演，巩固了一个地方的传承，而这种传承本身又通过各种泛希腊节庆活动上的表演而得到进一步的强化。

这些叙述,尤其是那些大型的制作,想必对希腊听众有着与荷马史诗同样的影响。时间决定去留,任何经久不衰的叙述都由不知不觉地自一个引向另一个的叙说所组成,以突出每个场景的情节;叙述因之而超越或然性而追求普遍性。如范西纳所指出的那样,叙说的历史性总是从属于另一个目的,"或者是教育,或者是娱乐、或者是证明权利"。[11] 我们处在一个过去创造现在的领域,其在公共表演中保持着它的即时性,并由此被投射到未来。这种散文式记叙的口述传统与字母识读共存,后者在一开始仅是作为记忆的辅助工具。确实,不仅公众表演中口头故事讲述到公元前 5 世纪仍然兴盛,甚至在整个希腊—罗马古代,口头朗诵一直是"发表"作品的主要方式。

在某个希罗多德能想到从大量的口头叙说中提炼出一本书写的历史之前,必定先存在一种散文写作的传统。尽管口头的散文式的叙事很久很久以前就存在,书面的散文式叙事出现得相对较晚,大约在公元前 6 世纪中期。希腊文中散文的词源——psilos logos("赤裸裸的语言")或 pedzos logos("用脚走路的语言")显示了其比诗歌明显次一等的地位,这一地位阻碍了其作为文学体裁的发展。但是,或多或少地受到公元前 7 世纪和公元前 6 世纪席卷地中海和黑海的殖民化浪潮的推动,希腊人的文化视野开阔了,一些思想家开始对诗歌遗产在文化上的主导地位提出挑战。挑战主要来自爱奥尼亚或小亚细亚的希腊城市,其中最为突出的是米利都。爱奥尼亚作为文化和贸易交汇点的地位有助于激发人们对自然世界新的、批判性思考,以之补充——如果不是代替的话——源于荷马和赫西俄德的神话观点。米利都的泰勒斯在公元前 6 世纪早期发起了这场哲学革命;他的学生阿那克西曼德(同样来自米利都)"写"了欧洲文学史上至今尚存的第一行散文,一句有关宇宙本质、或自然秩序的晦涩的陈述,对之学者们至今还在孜孜求解。

到公元前 6 世纪晚期和公元前 5 世纪早期,散文这股涓涓细流开始壮大,伊奥尼亚的作家们将探究的范围由自然哲学扩展到地

35

过去的诞生

理学、人种学、年代学和系谱学等新领域。我们知道与此次运动有关的一些人物的名字，尽管我们对他们的生平知之甚少，且只能从后世作家的作品所保留下来的片段中发现他们著作的只鳞片爪。他们当中的主要人物是阿那克西曼德的学生，米利都的赫卡泰奥斯。他生活于公元前 500 年前后，写了两本散文著作：《谱系》和《地球巡游》。就我们所知，前者试图对回溯至荷马的一大堆谱系的传说进行整理，后者则根据已知世界的巡游路线对每一个地区的风貌、人民和奇迹进行描述。另一个重要人物是来自波斯的赫拉尼库斯，他可能是希罗多德的同时代人，因修昔底德对其年代学方面成果的批评而被人们牢牢记住。其他的人——比如吕底亚人克珊托斯和兰普萨库斯的卡戎——写的主要是关于波斯的事情。

　　总体看来，这一批散文作家见证了文化视野的进一步拓展，希腊人现在开始积极评判史诗的遗产。赫卡泰奥斯的《谱系》一书就是这种新批判精神的前兆，它在一开始就责怪希腊人讲了"太多愚蠢的故事"。[12] 希罗多德是这些爱奥尼亚人的继承者。除拒绝轻信史诗外，他还像克珊托斯和卡戎一样，记录了波斯扩张史；像赫卡泰奥斯一样，长期沉迷于地理学和人种学方面的猎奇。尽管有这些需要归功之处，但爱奥尼亚作品数量之少使其不可能成为由《历史》的惊雷所肇始的散文大泛滥的预兆。

希罗多德的成就

《历史》的篇幅远超《伊利亚特》——此前唯一的一部关于一场希腊战争的长篇叙述,几乎接近后者的两倍。荷马记叙的是一场战争的最后一年,且主要是一个英雄的行为;而希罗多德记录的是希腊与波斯之间的两次大战,时间跨度长达十余年,此外还包括对导致这些战争的波斯力量在六十年间非同一般的扩张的追溯。他的人物角色阵容——包括像居鲁士、大流士和薛西斯那样不同凡响的人物,姑且不说希腊人——要远远超过荷马。确实,他的主题超越了战争,转到一个更大、更重要的题材——东方和西方之间敌对的根源,他认为,这种敌对,根植于文化冲突,从更根本上讲,根植于帝国的内驱力。

这一任务的繁重与复杂引致了一种全新的对过去的观念。希罗多德以一种时间呈线性、朝固定方向流逝的过去,取代史诗诗人和说书者的不受时间影响的过去,从而为他的那部大制作提供了组织原则。然而,这种构想并没有产生我们所有的过去就是时间上"回到那里"、以因果链与现在相连接的观念。在这样一种过去之中,一切事物必然取决于在其之前的事物,一个对希腊人而言没有什么意义的、充满偶然性的世界因之而出现,亚里士多德在其对诗歌与历史所做的区分中就对这种世界不屑一顾。但线性时间对于希罗多德是一个收纳无数 logoi(叙说)的巨大容器,这些叙说组成阐明普遍真理的各个独立片段。在每个片段内部所发生的事情的顺序对于其所要阐明的真理没有任何意义,它不受这类因果关系的影响。换句话说,线性时间将独立成篇的叙说——互不相干的叙事、记叙和论证——变成片段时间的例证。这样,希罗多德用由线性时间和片段时间这两个有区别的时间观念所组成的多重的过去取代了不受时间影响的过去。[13]

尽管希罗多德的爱奥尼亚前辈们曾批评过史诗传统,但他们只是质疑特定的故事和系谱关系;他们现存的作品中没有任何内容表明他们重新审视了史诗中奉为神圣的永恒过去的概念。在此方面,希罗多德有了全新的突破。这一成就是更大的批判性"探索"——他因在作品的开首行使用"historia"(历史)一词而闻名遐迩——过程的一部分,它要求世俗的、尤其是人类的事务都必须接受全新审查,具体体现在公元前5世纪"希腊启蒙运动"在医学、人种学、地理学、自然哲学和修辞学方面的发展之中。在这一范围广泛的探索当中,希罗多德以偶然性平衡普遍性。将他的作品标为"历史"——至少从我们对这个术语狭义的现代理解看——是犯了时代错误。尽管如此,他的著作表明了一种对这个世界偶然性的深深关切,从中他试图提炼出普遍性,它们因各类偶发事件的暂时性而变得更富有意义。无论是诗人、说书者(logioi),还是伊奥尼亚人,甚至他的同时代人都没有预见到此成就。用阿纳多·莫米利亚诺那句无人可模仿的话说就是"希罗多德之前没有任何希罗多德。"[14]

关于希罗多德的生平我们所知的与对其前辈的了解几乎是一样少。他大致于公元前490年左右出生于爱奥尼亚城市哈利卡纳苏斯,去世时间大致在公元前425年到公元前420年之间。有一种传说讲他在一次反对当地僭主的未遂政变后逃离了自己的城邦,这可能是后世的倾慕者为这个记录希腊抵抗波斯暴政斗争的人量身定制的杜撰故事。另一个值得质疑的传说讲他大致在公元前443年左右在意大利南部创立了图里殖民地,这是一个由雅典领导的泛希腊行动,使人回想起(是否如此令人怀疑)对抗波斯的泛希腊联盟。还有传说讲他在雅典和斯巴达多个地方停留过——

这些城邦的突出地位使这种说法存在一定的可能性,据他自己说,他曾广泛游览地中海东部和近东各地。但即使是这些可能发生的事最近都遭到一些过分苛刻的批评家的质疑,他们认为他声称的绝大多数旅行只是文字上的炫耀,因他记叙的地理位置很不准确。幸运的是,所有这些不确定性使我们能够自由地推测《历史》的可能起源,探究他那种新的过去观念产生的历程。

让我们先想象有这么一个人,业余时间精于叙说,生活在许多令人难以置信事件的余韵之中——公元前490年著名的马拉松战役的胜利、希腊各国史无前例地结成对抗薛西斯的联盟(自荷马时代以来希腊人的记忆中从未有过这样的联盟)、公元前480年和公元年479年的英勇战斗(温泉关、萨拉米斯、普拉蒂亚、米卡里)。简短地说,让我们设想一个生活在我们今天可能会称为(借用那些参加过第二次世界大战的人的话)一个"最伟大时代"的阴影下的人,而这个时代已经开始离场。与之相随的就是对其成就日渐消失的记忆,它主要保存于口头的叙说当中,而它们正不断被范西纳的"浮动的缺口"下湮没无闻的区域所吞没。当然,希罗多德可能不会这样看,但他会远比我们(运用我们以各种可想象的形式所不断积累和增加的记录)能够想象得更为深切地感受到迫在眉睫的失去,即过去的易逝性。让我们假设他的立身之作是出自一种对如何记住这些足以使荷马的英雄们相形见绌的事迹的焦虑以及对此的责任担当。

对于希罗多德到底在什么时候发现他的终身使命这一问题,可谓观点纷呈。但让我们假定(纯粹为了论证的需要)他早年就立下了志愿,为此游遍波斯和希腊,在收集到大量的记叙和故事后,开始创作后世称为《历史》的著作。(另一个受欢迎的推测——他原本像赫卡泰奥斯那样是从事人种学的研究的,只是到后来才发现自己真正的事业——也同样符合我们的目的。)尽管他对一些地区的描述时有差错,我们不需要像苛刻的批评家那样认为他所有关于旅行的记叙都不值得考虑。其实,我们完全有理由假定,至少他

38

过去的诞生

到过埃及(在《历史》中,有关埃及他写了整整一卷),因为该地区那时刚被波斯帝国吞并,而他一直在记录后者兴起的过程。即使他是从赫卡泰奥斯对人种学的研究中获取最初的灵感,他也很有可能沿着他前辈的足迹到埃及去过。

埃及给希罗多德留下了深刻印象,他在那里看到了一个远为古老和复杂的文明,其文字记载和遗存可回溯到几千年之前(约三百年后,罗马帝国那些由农民组成的士兵在征服希腊时,面对希腊文明也会体验到与此类似的敬畏之情)。希罗多德的线性的、方向明确的时间概念就源于他与埃及文化的接触与对峙。后来记录在《历史》第 2 卷的这段经历,使他将希腊人的诸神崇拜归于埃及宗教的影响,并因此将希腊神话归到一个埃及纪年之下。

希罗多德在第 2 卷中提到赫卡泰奥斯时,他描述了他在底比斯与埃及祭司的一个派别见面的场景。赫卡泰奥斯在几十年前曾到过此地。祭司们详述了赫卡泰奥斯如何将他的家族历史追溯到十六代以前的一位神。他们回应说他们已经过了 341 代,明证就是 341 个继承高级祭司位置的人的雕像,一下子打掉了赫卡泰奥斯的傲气。祭司在将希罗多德带到摆放这些雕像的大厅的时候,断言自这些雕像开始收集到那时——据希罗多德计算有一万一千三百四十年——没有任何神曾以凡人的面目出现过。这就是希罗多德有关谱系的想象!

这个有关祭司的传闻轶事对于希罗多德来说只是更突出了埃及和希腊的时间框架的巨大差距,因为希腊的"诸神时代"似乎正好处于埃及的"人的时代"。希罗多德为解决这一差距付出了大量的心血与智慧,最终创造了一种线性的、定向的时间来容纳他积累的叙说。他一开始就将埃及的宗教传统放在最前面,因为他们的古老为遗物和书写即祭司的口头记录所证明。用现代的话说,他采取了一种"扩散论"的宗教观,将希腊诸神的源头追溯至埃及的众神。如他后来在《历史》中宣称的那样,"几乎所有神的名字都是从埃及到希腊的"(2.50)。实际上希罗多德的埃及翻译者们通过在埃及和希腊诸神之间进行类比，可能无意识地培育了这一观点，而且，毫无疑问祭司们有意地强化了这一假定，因其能满足他们的虚荣心。但不管其来源如何，这种观点在据他所称为赫拉克勒斯的埃及神（学者们至今还在苦苦思索这个神祇的身份）与希腊同名的英雄神之间的关系方面给希罗多德提出了一个有趣的问题。在解决这一问题的过程中，希罗多德发现了线性时间框架，将希腊的事件归于埃及纪年之下[15]。

根据给希罗多德提供信息的祭司所言，当埃及原有的 8 个神变成古典诸神时代的 12 个神时，赫拉克勒斯出现了，时间大致在阿美西斯（公元前 525 年波斯征服埃及前的最后一个法老）王朝前一万七千年。为了检测这个信息——它意味着埃及的神比希腊的英雄要早许多，希罗多德前往腓尼基城市推罗，这里是赫拉克勒斯的一个古代庙宇所在地，时间至少可以追溯至二千三百年前。在推罗，希罗多德又看到另一座献给撒森·赫拉克勒斯的庙宇。这一发现促使他前往爱奥尼亚的萨索斯岛。在那里他找到一座腓尼基人建的赫拉克勒斯庙，时间在"安菲特律翁的儿子赫拉克勒斯在希腊出现之前的 5 代"（2.44）。对这最后一个赫拉克勒斯，埃及人并不知情，由此可知，（希罗多德得出结论）他肯定是一个时间要晚得多的形象——是一个英雄，而非一个神。对赫拉克勒斯的崇拜就是这样一个历经数千年的逐渐的扩散过程，从埃及开始，最早到推罗，后从推罗到萨索斯，再从萨索斯到希腊。

为解决这个问题，希罗多德花费了大量的时间、精力和金钱——从埃及跑到推罗、再到萨索斯，似乎都是为了查证某个日期，得到的回报是创立了一种带有固定查询点的时间框架，既暴露了同时也澄清了希腊传统的混乱局面。当我们考虑到希腊人没有自己统一的纪年，只有每个城邦各不相同的一系列地方性纪年体制，且大多还是口头的，几乎没有什么时间深度等这些情况时，这一成就的重要性就昭然若揭了。与这种混乱的状况相比，希罗多德利用祭司的书面和口头记录设计了一个年代表，起点始于赫拉

过去的诞生

克勒斯的出现,终点在阿美西斯王朝,时间跨度达一万七千年,且终点离希罗多德所处时代不过两代。从当时的观点看,希罗多德可以回到过去,将埃及和希腊的发展相互穿插在一起(后者始于他们自己的谱系传统)。于是,自赫拉克勒斯庙在推罗建立以来,二十三个世纪过去了,推罗之后是萨索斯建庙,萨索斯之后5代,希腊的赫拉克勒斯开始出现,而此时距离希罗多德所处的时代不过九百年的时间。狄奥尼索斯(比赫拉克勒斯年轻的神)首次出现于阿美西斯王朝前一千五百年,而在希腊的传说中,他才不过1000岁。至于潘,一位比赫拉克勒斯更为古老的神,在希腊人那里被说成仅仅起源于八百年前,"比自特洛伊战争结束至今的年岁都要短"(2.145)。依据《历史》中这一具有讽刺意味的注解,希罗多德会促使他的读者们就希腊传统的可靠性得出他们自己的结论。

在其游历期间,希罗多德从另一个远古的线性关联,即埃及自身陆地的形成过程中找到了埃及宗教和时间框架居先的确证。爱奥尼亚的自然哲学家和地理学家曾认为,埃及是由于尼罗河的淤积作用而形成的。尽管希罗多德的观点与此观点相左——他坚持认为埃及的土地和人民早在尼罗河三角洲形成之前就已存在,他还是认同他们关于冲积层的理论,认为,来自尼罗河的淤积物使埃及的原有土地(他声称原有土地以底比斯为中心)逐渐扩展到地中海。对于我们来说更为重要的是,希罗多德企图为这一过程构建一种时间框架。通过运用某些非常粗糙的对比,他测算出这一过程从发生到那时有一万多年。还有,他注意到,尼罗河的洪峰(根据埃及人的记载判断)在过去九百年间,增高了12英尺,这显示出,孟菲斯和大海之间的地区一直在抬升。应该承认,这些计算都非常不精确。尽管如此,它们有助于描述事件的一种定向关联,就像埃及宗教先向腓尼基地区,最后向希腊地区扩散一样。确实,埃及和希腊宗教的创立是在埃及陆地形成的背景下发生的,因而在一个真正"固定住"时间的过程中将过去与现在联系在一起(2.10—16)。

　　远古有记载的时间框架的存在之所以给希罗多德留下如此深刻的印象，恰恰因为他本人就是一个说书者，是一大堆未经整理的故事的继承人和所有者。希罗多德之前的说书人所讲的要么是单个故事，要么是有关（比如说）谱系或地理题材的各不相干的故事总汇。应该说，埃及纪年提供了将这些故事按时间整理成更大的故事集的手段，因而为故事讲述开辟了比以前所能想象到的更为广阔的前景。这样做，它还将本质上不受时间因素影响的"过去创造现在"的故事换置到一个按年代顺序纪事的领域，其中（回忆一下亚里士多德在历史和诗歌之间所做的区分）故事的偶发性有掩盖其普遍性的危险。这种威胁迫使希罗多德重新审视过去，这必然使他与荷马这个过去概念的主要构建者产生了直接的冲突。

　　《历史》的第一行明确地应和了荷马留存名誉的目标。确实，荷马的余韵贯穿这本同样是讲述东西方之间的一场英勇斗争的著作，前半部分像《奥德赛》（关于奇妙的东方），后半部分则像《伊利亚特》（关于战争的魅力与恐惧）。但希罗多德在一开始就有意识地将他的事业与荷马的作品区分开。第一行以拷问东西方的争端因何而起结束，希罗多德罗列了一些有关强奸和诱拐的神话——有关爱莪、欧罗巴和海伦的故事作为回答；但他很快就将这些斥之为毫不相关的因素。接着，他通过故意选择讲述波斯人而非希腊人对这些神话的理解，更为间接地对荷马的神话叙事给予打击。

　　赫卡泰奥斯也曾质疑过史诗诗人的轻信，但希罗多德远远超越了其前辈对个别故事的批判。他以宏伟的埃及时间框架作为评判的标杆，对古代的概念，以及由之而来的所有希腊远古传说的可靠性提出了挑战。这一成就体现在该书的第 2 卷——有关埃及的地理、风俗和历史的描述上，它给绝大多数现代读者的印象就是一篇过分冗长的离题叙述，夹在第 1 卷有关居鲁士兴起的更富"历史性"的叙述和第 3 卷有关居鲁士的继承者冈比西斯对埃及的战争之间。我们忽视了在第 2 卷中提出的宗教和地理时间框架的意义，因为希罗多德并没有公开将它们结合在一起以为《历史》构建

41

一个支配一切的年代顺序。尽管他清楚地认识到它们之间的关系，但他还是将埃及陆地和埃及宗教的形成当作两个不同的时间段来看待。他使它们淹没在不知不觉地从一个故事到下一个故事、从一卷到下一卷的叙述序列之中。确实，他的故事讲述有着如此令人喘不过气的特质，他不得不常常自己中断讲述，就像一件有趣的事使他想起另一件事，且常常由之又想到另外一个一样，使他在离题很远以后才回到最初引出所有穿插故事的探究主题。对于现代读者来说，至少这些"回转写作"使《历史》中线性时间框架的存在变得模糊——甚至看起来有点失真。

回转写作的技艺可以追溯至荷马，上文提到的《奥德赛》中打断了洗脚场景的狩猎野猪的故事就是例证。然而，希罗多德运用这一技艺的范围比荷马要大得多，他将之作为主要的写作手段，将包含无数叙说（logoi）的复杂的长篇散文式叙述串在一起。他将这些叙说通过"框式句子"——每篇故事的开端有导读，结尾有摘要——的方式结合在一起。"框式句子"这个词是研究希罗多德文体的知名学者亨利·伊梅瓦尔的发明，他在评论这种写作方式时称，"在概述这本著作的各个单元时，我们必须排除从属概念，因为希罗多德的叙说包括各种各样能想到的长度；它们转而又由其他的叙说所组成，且没有任何确定的主次单元的等级区分"（15）。由此点所推出的一个逻辑问题是：假如对于现代听众来说，回转写作使线性时间框架的存在变得模糊甚至失真，那么它们对希罗多德的希腊听众是否也会产生同样的效果呢？或换个方式提问题，一群在荷马式诗歌的熏陶下已经习惯于沉浸在故事的连续并依此全身心投入到每个故事当中的听众，会注意到并了解希罗多德创造性地按事件发生的时间顺序进行编排的重要性吗？

我们只能猜测二千五百年前听众的反应，但似乎希腊人——他们非常看重自己的宗教——很有可能不得不认可希罗多德关于希腊神起源于埃及的论断的重要性，因其反映出对荷马和赫西俄德这两个希腊文化的基础和支柱的公开批评。即使他的一些听众像现代的很多读者一样,成功地避开了希罗多德作品中按事件发生的时间顺序编排的部分,但当他们开始使用埃及的记录再对荷马的特洛伊围城的叙述进行再加工时,肯定如梦方醒。

在设定好希腊宗教的扩散主义模式后,希罗多德进而开始按时间顺序记录各个重要的法老。从第一个开始(米恩),到最后一个结束(阿美西斯),并且用了很大篇幅对希腊人称为普洛透斯的法老统治时期进行叙述。根据祭司对希罗多德的讲述,海伦的诱拐者帕里斯在返回特洛伊途中因恶劣天气而停留埃及的时候,普洛透斯为海伦提供了庇护所。他将那个恶棍打发走,待海伦如宾客,直到墨涅拉俄斯十年后最终将她接走。此前,他因误以为妻子被特洛伊人掠为俘虏而一直在错误地围攻特洛伊!希罗多德声称,荷马在书中多次提到帕里斯和墨涅拉俄斯到过埃及,从而为这个祭司的叙述的准确性提供了间接的佐证。假如这个证据还不够,希罗多德进而声称(带有一种明显胆怯的政治算计),假如仅仅是为了帕里斯能保住他的猎物,特洛伊人即使让自己的城市陷入危险达十分钟都是疯狂的举动——别说十年。很明显,海伦不在那里,且特洛伊人一直在争辩,只有神意的干预才使希腊人不能认识到此点。归根到底,荷马是以一种典型的诗性随意粉饰真相(2.112—20)。

即使在一个接一个串在一起的故事系列中,这一点也很明显。它与以前有关埃及的古老记载和埃及诸神的起源与扩散的故事紧紧应和,这一扩散过程历经数千年,与埃及陆地的形成过程一致且部分重合。因此,第2卷通过断言埃及记载、埃及宗教和(最重要的)一种将希腊文化纳入其中并为其重要方面提供解释的埃及时间框架的优先性,明确地为希腊本位主义提供了一剂解毒良方。尽管由于叙述上的前景化特点,读者陷在作者随手拈来的个别故事之中不可自拔,但希罗多德在第2卷中还是清楚地表明了要给他的希腊同胞们上一堂如何调整视野的课的意图,看法此点对理解《历史》的全部内容将有重要作用。

43

过去的诞生

但是,为什么要上这么一堂课呢?且它又是如何解释了本书的其他部分?历史视角的好处对于我们来说是如此显而易见,以至于遮蔽了希罗多德写作第 2 卷的真实目的。回想一下,当荷马史诗不断地为吟诵诗人和书写所固化,流传于家族、城市和各个地区的"叙说"在展现过去创造现在方面承担着更重要的角色。但是这些故事仍是互不相干、互不协调的。每个家族、每个城市、每个地区有其自己的"过去",它将近期与远古的叙述混杂于一起。对于一个现代观察者来说,每一个这样的混杂物通常都呈现出一种沙漏模式,其狭窄的腰身("浮动的缺口")将宽宽的两端隔开。然而,一个古代的希腊人不会察觉出这个模式,而只会看到一种一成不变地从一代流传到另一代的完整叙述。这样,赫卡泰奥斯就可以声称自己是 16 代之前的一位神祇的后裔而没有任何违和感,尽管他的家谱毫无疑问在中间阶段的内容非常之少。希罗多德在以一种不可重复的事件序列——埃及陆地的形成和埃及宗教的扩散——为特点的时间连续体中,确定诸神和英雄的荷马时代,从而大大地拓展了这个中间地带。这样,他改变了过去的外观,从我们现代的视角看,他通过固定神话的基础并扩大"沙漏"狭窄的腰身,清除了那个浮动的缺口。从实际角度讲,他创造了某种接近于我们的"历史时间"观念的东西。

但他的创造与我们的观念并不相同。把伊梅瓦尔的话再解释一下,就是我们在思考希罗多德式过去的结构时,必须排除现代的从属概念。我们将事件的发生过程放入一个定向的时间框架内予以解释;希罗多德则恰好相反,使定向的时间从属于故事之流。即使在第 2 卷中,他也没有强加一种单一的线性时间框架,而是将地理和宗教看作分开的(尽管明显相关)的叙事体系。他讲完一个故事后,以一种连续的方式,马上进入下一个,再到下一个。那么,对于希罗多德,线性时间的用处和重要性到底何在呢?

通过拓展最近和远古事件之间的中间地带,线性时间创造了一个空间,在此希罗多德可以将体现于无数的叙说之中的不同历史

44

传统加以整合和协调。假如我们根据时间表来排列它们,《历史》的关键叙事距离希罗多德的时代远远超过二百年,它们因而进入到范西纳的"浮动的缺口"的纵深处,赋予一个以前晦暗不明的时期以内容。没有人尝试去收集这些叙事并协调它们之间的关系——至少没有像希罗多德那样大范围地做,因为如果没有一种拓展的中间地带的理论假设,这一活动是无法想象的。这一假定仍然是"理论上的",因为其实际上并没有用来构建中间地带——时间表反映的是我们的思想状况,而非希罗多德的。他只是断言存在着一个大的时间范围——如果愿意的话,也可称为构架,然后,他就开始往里面填充各类叙事。形成这个范围的内部结构的,不是定向的时间之流而是连成串的叙事之流。换句话说,线性时间将未加区分的叙说转变为一个更大的叙事中的一连串的单个事件。这样做,就赋予它们一种非线性的时间性。对于希罗多德来说,线性时间的真正重要性在于它创立了一个"片断时间"。

让我们通过举例说明来试着理解片断时间这个奇怪的概念。在第 1 卷一开始就将强奸和诱拐的神话作为不相干的因素排除在东西方争战的叙事之外后,希罗多德将这场争战的真正根源追溯至吕底亚国王克罗苏斯对爱奥尼亚的征服,并从那里征取贡赋——外国统治希腊民族的首个正式而明确的标志。因为东方针对西方的帝国主义野心肇始于此,希罗多德明确地划定了其发生时间:克罗苏斯是统治吕底亚王国的美尔姆纳达伊王朝的第 5 代国王。美尔姆纳达伊王朝是从赫拉克利斯王朝那里取得权力的,后者的统治时间是 22 代,或者说 505 年。这里所表现的精确只是一种错觉而已。在第 2 卷中,希罗多德将祭司的 341 代换算成一万一千四百三十年,他特别指出,一代等于三十三年。而如果不嫌麻烦要捣鼓一下数学的话,这里一代明显等于二十三年。希罗多德提出 22 代、或五百零五年的真正意义与荷马提出奥德修斯离家二十年的意思差不到哪里去,即表示一个很长的时间段。[16]

古老的赫拉克利斯王朝的倒台富有戏剧色彩。王朝的最后一

过去的诞生

个国王坎道列斯被自己的幸运引向不义。由于对自己妻子的美丽无限骄傲，他强迫他心不甘情不愿的贴身侍卫基格斯躲在她寝宫里面看她脱衣。当发现这一公然的侮辱后，她引诱基格斯在同一个地方将国王杀死，为自己的名誉复仇。在与王后结婚，并建立新的美尔姆纳达伊王朝后，基格斯寻求通过德尔菲的神谕来巩固自己的统治。而德尔菲神谕预言赫拉克利斯家族会在5代之后向美尔姆纳达伊家族复仇，这样就预言了克罗苏斯的倒台。希罗多德随之就依据这个可怕的预言，一代一代地对美尔姆纳达伊王朝进行叙述，最后到克罗苏斯王朝。克罗苏斯被居鲁士打败，导致吕底亚王国并入波斯帝国，并使波斯王国与爱奥尼亚的希腊人、进而与他们希腊本土的同胞产生关联。

这些叙事由始于极为遥远的过去、终于极为晚近的过去的一系列事件所构成，与时间的关联显得比较松散。坎道列斯的不义行为开启了一个历经数世纪的、不可抗拒地走向确定结局的不义和报复的过程。他的妻子通过她的工具——基格斯实施报复本身就牵涉到一个不义的行为，因为贴身侍卫背叛了他誓言保护的国王，因而为由这个中心向外扩散的其他的报复与不义做好了准备。对于我们现代人来说，似乎希罗多德在此已经构建了一种（尽管奇特）因果链，因为基格斯的行为决定了克罗苏斯的命运，而这又转过来使爱奥尼亚的希腊人处于波斯的统治之下。但我们要注意，我们干巴巴的梗概掩盖了数不清的穿插性叙说，对它们的生动讲述中断了因果关联。在基格斯的兴起和克罗苏斯的倒台这个短暂的叙述时间段内，我们将书中所述的值得一记的故事，就最主要的列举一下，就包括海豚救阿里翁、梭伦在克罗苏斯宫廷所表现的智慧、雅典的庇西斯特拉图的僭主统治、斯巴达的来库古改革。希罗多德不是依据因果关系而是依据故事的自然走向来思考的，随着故事的走移，他在时间上忽前忽后，一会在这里，一会儿又跑到那里去了。在这些随处可见的离题叙述中间，只有一些支撑性的句子方才使读者回想起论证的总体线索。每个故事由于都夹杂在叙述中间,在有关东西方征战这个涵盖一切的主题中,它们就变成为一个个单独的事项,但是这个片断的意义并不取决于之前和之后发生的事情。

如何突出体现于片断中的普遍原则是首要考虑,至于它在叙述中的位置则(至多)在其次。坎道列斯被暗杀就是"正义的报应"这一普遍原则的例证。绝非巧合的是,它就发生在侮辱的地点——皇后的寝宫,且引发了一种伤害和报复循环发生的模式。对于多个世纪一直接受"命运"作用熏陶的希腊听众来说,克罗苏斯的倒台恰恰就是对基格斯背叛其国王的报复。习惯于发现谱系上细节的听众还会注意到,克罗苏斯将他的姐姐嫁给了米底国王阿斯提阿格斯,他曾不义地试图杀死尚在襁褓中的居鲁士。及至成年,居鲁士为报此仇,活捉了阿斯提阿格斯,夺取了他的王位,并将波斯从米底人手中解放出来。为报居鲁士伤害他姐夫之仇,克罗苏斯入侵波斯,(转而)成为波斯反过来入侵的牺牲品。这一伤害与复仇的循环与另一个循环同时发生且相互呼应。居鲁士篡夺权力是受到了米底人哈尔帕哥斯的唆使,后者一直在寻找机会报复自己的国王阿斯提阿格斯,因为国王在一次宴会上杀死了他的儿子,将其烹饪好后,让他这个不知情的父亲吃——这又是对一次早先伤害的报复。哈尔帕哥斯对阿斯提阿格斯的背叛使人想起基格斯对坎道列斯的背叛。还有——这次也非巧合,正是这个居鲁士的忠实支持者哈尔帕哥斯为波斯征服了爱奥尼亚,于是那个事件与多少代以前在皇后寝宫的初始冒犯之间在主题上产生了关联。以上的梗概使这些叙事看起来因果相连;然而,它们不是以年代顺序,而是以分散各处的片断形式来讲述,目的是呼应共同的主题而非显示一种因果关联。这些片断被看作是非线性时间的实例,它们尽管发生于确定的时间内,但其意义不受时间影响。

《历史》的整体性在于其片断时间的范围,它以一组故事结束,它们使其完成了一个全循环,回到它起始的地方。第一个故事应和基格斯事件。薛西斯败回波斯后,对其兄弟的妻子产生了单相思,促使他做出一项有害承诺,导致了对兄弟和妻子可怕的报复。这个国王刚愎自用的故事将一本由不断扩展的伤害与报复的循环(包括其他事情)构建起的著作带向收尾:基格斯事件导致波斯对爱奥尼亚的征服;征服引发了该地区反抗;反抗促使大流士起意惩罚支援叛乱的希腊人;这又促使薛西斯发动对希腊的入侵。此主题与彼主题相互交织,对于希腊的听众都同样熟悉。薛西斯对兄弟之妻的垂涎在一部充满此类行为的历史中,只是其狂妄自大的最后例证,最臭名昭著的莫过于他在赫勒斯滂上造桥,当一股海浪将桥冲毁时,他鞭击海水。在希腊人的伦理算计中,神对这种狂妄的行为回报以 atê,一种任性的盲目,其最终会导致 nemesis(涅墨西斯,报应女神),即不可避免的失败。

然而,对希腊人伦理算计的引证并没有损害《历史》一书潜在的整体性。伤害与复仇的循环、狂妄自大与终极报应,命运的反转(诠释《历史》的开首语)使小国变成大国,而曾经的大国又变成了小国(1.5)。帝国对每一次伤害都必须报复,否则它就显得软弱;它必须不断地向弱小的邻国扩张,以防自己停滞僵化。穷国——困境铸就坚强——通过征服富国而变得强大;而富国——傲慢但因财富而变得软弱——在帝国主义扩张的过程中最终成为它们所遭遇的穷国的猎物。而恰在其著作的最后部分,希罗多德又回到了叙述的起点——居鲁士带领粗野的波斯人对克罗苏斯治下的富足的吕底亚的征服。在结语部分,他讲述了居鲁士是怎样拒绝将他帝国的中心由波斯迁到吕底亚,因担心这样会使波斯变得软弱。希罗多德在伯罗奔尼撒战争的开始之际完成这部皇皇巨制,或许其本意就是向他的东道主雅典——一个本来贫穷但因波斯战争转变成一个富有侵略性的帝国的国家——传递某种信息。

概括而言,线性时间框架的存在使希罗多德能够将体量庞大的叙说分解为一个更大叙事的诸多片断,这个更大的叙事所占据的时间域限向后一直扩展,超越了最近的过去,深入到以前无人涉足的中间地带。于是,线性时间滋生出片断时间。但是每件事的意义还是不受时间影响,时间域限从叙事之流中形成自己的结构。两种形态的时间对应着两种形态的过去:属于线性、定向、充满偶然性的过去和由片断组成的、直接观照现在的普遍性的过去。在希罗多德之前,只有一种在散文与诗歌中描绘的过去,即在史诗和叙说中出现的未经区分的"往昔",这也是一个直接与现在对话的过去,然而,与希罗多德片断的过去不同,"往昔"不固定于任何时间框架,而是漂浮在以太中,一个处于时间之外的象征性或神秘的空间。希罗多德对荷马的评论等于向他的听众宣布要将这些"往昔"变成某种全新的东西,一种有固定的时间范围、由片断组成的过去。

在我们现代人看来,这一发明创建了一种异常扁平的历史画面,相较荷马前景化的现象——那种使受众专心于身边特定故事的趋向——更形严重。《奥德赛》在洗脚场景中穿插狩猎野猪的故事是荷马史诗中运用回转写作最为明显的例证之一。当然,这种写作方式在荷马时代很盛行,但一般都限于短的离题叙述,少有危及情节的现象。相比之下,希罗多德式的故事讲述从其固有特点来看是离题到了极致。举例来说,在他叙述美尔姆纳达伊王朝从基格斯到克罗苏斯五代国王的过程中,希罗多德碰巧提到在克罗苏斯的父亲当政时期的一件事,这件事与科林斯后来的统治者佩里安德有点关联。以这么一个穿插性的事件希罗多德当即就顺势转到一个有关佩里安德宫廷中一个名叫阿里翁的乐师的历险故事。他在从意大利返乡的途中被科林斯海员抢劫并扔进海里,但奇迹般地被海豚救起,最终得以返回科林斯揭露那些想将他置于死地的人。这个故事与正在讲述的事——吕底亚统治王朝的命运——实在离得太远,而这只是数以百计诸如此类的离题叙述之一,且经常是故事中套故事。我们所认为的重要历史事件就埋藏在这些汹涌而来的叙说之中。

只有当希罗多德着手处理更加晚近的问题——波斯对希腊本土的远征——时,叙述的时间性才有所加强,线性的、因果解释的

48

事例也相对更为突出。例如,在第 6 卷结尾,他讲述了率领雅典人在马拉松取得胜利的米提亚德的倒台。因近期的成功而洋洋自得的米提亚德说服雅典的公民大会提供给他一支舰队去征服波斯占领的岛屿帕洛斯,在那里,他很快陷入围困无果的僵局之中,并在自己摔伤腿后不得不放弃。在他返回雅典后,其政治对手将他告上法庭,他通过缴纳罚金侥幸逃脱,最后死于坏疽。所有这些都是以一种线性的方式、按事件发展的先后顺序来讲述的。说实在话,我们也期望希罗多德就此结束米提亚德的故事,以他的下台、丧失名誉和去世作为第 6 卷的结尾。希罗多德可不这样想,他选择中断线性叙述,回忆起米提亚德早期职业生涯中占领利姆诺斯岛这件事,由此他又进一步回溯,讨论起雅典人和最终定居利姆诺斯岛的皮拉斯基人之间自古以来的争吵。这卷就这样以一个离题叙述中的离题叙述而结束。尽管当它叙述更近的事件时,线性特点相对要明显一些,但《历史》从根本上讲还是片断式的。

49

　　片断式过去的发明不利于形成我们看作是"该"过去组成部分的那种历史视角。作为一个统摄一切的时间性架构,"该"过去依据每个事件对于叙述主题的意义将它们分别置于前景、中间地带和背景之中。希罗多德不是这样,他几乎不加选择地从一个故事到下一个故事再到下一个故事。在这个故事流中,没有现代意义上的事件——没有任何事因"更重要"、更明显地塑造着随后的发展格局而显得突出。人们所看到的不是事件,而是一件件发生的事情,促使不可变更的过程一个个得以运转的触媒,这些过程本身又是普遍现象的例证。尽管一个"正义报复"的例子在特定的时代对某些民族会有特定的结果,但在性质上与那个现象的其他任何例证没有一点差别。就它总是导致同样的结果而言,其作用不在于以特定的方式形塑事件,而是促使一系列可预测的行为和反应的发生。实际上,对于希罗多德而言,历史的价值正是在于这种可预测的因素,它为以审慎的态度处理人类事务提供了可能性。

　　在前面段落中,我将一件接一件地叙述的事项描述为"几乎不加选择",因其似乎是根据故事讲述脆弱的逻辑("……这使我们想起一个有关阿里翁和海豚的故事……")。但过分强调希罗多德说书者的角色使人看不到他那极富批判性智慧的运用,它在挑战荷马传统时已明显表现出来。尽管他继承了爱奥尼亚学派的批判精神,但最近的研究也显示出他论证的形式和内容很多都是受公元前5世纪所谓的希腊启蒙运动影响的结果。那种表面上不加选择的故事之流在很大程度上是当时批判性探究的思维方式的反映,这种探究尤其受到医学家、自然哲学家和智者之间争论的影响。究其本质而言,这种探究范围甚广,从评估埃及真正的地理学、确定为什么波斯人的头盖骨比埃及人薄的原因、描述塞西亚人奇怪的风俗,到解释故事的这个版本比那个版本更令人信服的理由,等。换句话说,希罗多德叙述的形式既有赖于他自己时代的思想论争,也要归功于故事讲述的迫切需要。尽管如此,这些形形色色的批判性探究的例证,就像更为传统的叙说那样,本身就是年代顺序构架之内的一件件事,并因之成为片断时间——它妨碍了"该"过去所特有的时间视角的形成——的例证。

修昔底德与线性时间的重塑

　　据说修昔底德急于仿效希罗多德,当听到希罗多德在雅典吟诵他的《历史》时,曾泪流满面……晚古时期的马索林罗斯①在为他写的传记中这样写道。这或许是一种臆想的形象,很像年轻的希罗多德企图推翻僭主统治的故事,但还是令人想起修昔底德和那个比他年长的同时代人的作品之间所产生的许多共鸣。尽管他很想消去这些回音,有意地拉开自己与 *logographoi*(叙事记录者)以及他们对不确定事件的记述之间的距离,但修昔底德的著作自一开始,也就是在"考古"中,就显示出相当多地借鉴希罗多德的成分,这本来是他孜孜以求将自己与其前辈加以区分的地方。"考古"本质上是一个有关遥远过去的思想实验,但假如希罗多德没有提出一个线性时间框架的假设,并以此将希腊神话纳入一个埃及的纪年;假如他没有将遥远的过去与现在联系在一起(至少从理论上),那么这一思想实验就完全无法想象。正是这种联系,使修昔底德得以在思想上置身过去,想象特洛伊战争之前人类生活应当具有的状貌。"考古"因而在无意之间成为希罗多德成就的丰碑。

　　然而,修昔底德公开贬低那个成就。尽管他只点名批判了赫拉尼库斯,实际目标无疑是希罗多德。在"考古"的结尾部分,他直截

---

① 马索林罗斯(Marcellinus),历史上叫此名的人很多。此马索林罗斯大约生活于 6 世纪,编过一本修昔底德的生平,多是从早期作家作品中摘录,再加上自己的评论而成的。其他情况史书没有什么记载。——译者注

了当地纠正了后者的两个错误,否定"传奇故事",赞成"有助于解释未来的对过去的一种准确知识"。"总之",他总结说,"我撰写的作品,不是一篇为了赢得暂时欢呼的文章,而是一种留之永久的财富。"(1.22)这一断言的含义(对此我们后面还要讨论)学者们一直有争论,但眼下我们能说的是,它主要建立在对线性时间所具有的分析功能的评价基础之上。线性时间对于希罗多德来说就是一个填塞无数叙说的容器,但对于修昔底德却是用于某种类似我们今天称为"历史分析"的东西的手段。

我们现代人与修昔底德在分析方式上的区别主要在于,我们的分析方式要求锁定一个单独的对象,即"该"过去,而修昔底德的分析方式包含多重过去,它们反映了片断时间与线性时间之间以及线性时间自身内部的区别。为适应他论证不断变化的需要,修昔底德频繁地对线性时间进行重塑。这种重塑的过程与线性框架和片断框架之间细微的变动结合在一起的时候,就使修昔底德的著作很难为现代读者所理解。我们对历史体裁的熟悉使我们期望一种从统摄一切的视角写作的作品,从而使一个事件连接起另一个事件。但我们所看到的是这样一部著作,它所连接的不是事件而是用来描述历史普遍模式的时间性框架。

R. G. 科林伍德对修昔底德的写作方式有一个著名的评价,那就是:与希罗多德更为温和的自我呈现相比,修昔底德的作品"粗糙、不自然、令人反感",并总结说,修昔底德写作"用心不良",试图将历史变成某种更加科学的东西。(29)然而,被科林伍德视为用心不良标志的东西,对于我们而言是一个在线性时间构架内发挥作用的分析思维的明证。这个构架要求修昔底德以一种系统的方式提出他的论证,不能有离题叙述。他不能像希罗多德那样,可以随意地讲述同一个故事的不同版本,反之,他将它们提炼为对指定事件的唯一叙述,以突出他叙述的逻辑理路。他很少离题,甚至使现代读者如此摸不着头脑的回转写作也是服务于他明确表示的分析目的。在修昔底德的著作中,赘述的例子是如此之少,以至于它

51

们会被看作反常现象而被一眼看出来；其中主要的一个——第 6 卷有关雅典推翻庇西斯特拉图僭主统治的长篇离题叙述——是证明分析规则的例外。只要仔细读一下这个段落就会发现它与被中断的、对西西里远征的叙述之间是怎样相互呼应的，庇西斯特拉图最后的僭主统治与八十年之后雅典公民大会的专横行为在这里被划上了等号。[17]

"考古"可以看作是这种新的分析叙事方法的宣言。表面看，其目的是显示伯罗奔尼撒战争是迄今为止最伟大的战争；但同时也是为了介绍线性时间作为一种历史分析手段的局限。修昔底德详述了从远古到现在的发展历程，标志就是海洋强国的持续兴起。根据传说，克里特的米诺斯国王建立了第一支海军，由此，修昔底德推测存在过一个海上的米诺斯帝国。这一成就最终为阿伽门农所超越，他连续十年发动海军远征特洛伊。考虑一下荷马时代舰船的容量就能知道，远征的规模以及与修昔底德所处时代相比其弱点所在。修昔底德说，大约三百年前（从伯罗奔尼撒战争结束时起算），科林斯人率先开发出现代造船术；大约二百六十年前，他们进行了第一次真正的海战，昭示了雅典人最终以之赢得他们的帝国和优势地位的海战类型。论证的要旨也清楚明白，它揭示了随着时间的推进而物质不断进步的历程。

"考古"的这种熟悉的感觉使我们满以为这就是在"叙述过去"，但实际上它是通过固有的一套历史分析方法来"创造一个过去"，这种方法因其对稀少信息使用方面的创新而更为引人注目。修昔底德对海洋强国的早期历史只有四个按年代顺序的检索点。——国王米诺斯和阿伽门农号称的海上帝国，科林斯的造船者和海军将领的创新，其中只有后两个可以确定大致的日期。我们现代关于米诺斯文明早于迈锡尼文明的知识掩盖了这一事实：米诺斯与阿伽门农之间的年代关系在修昔底德时代并不像今天这样一目了然。的确，他将这些人物当作时间的检索点，准确说算不上什么了不起的事，但这也绝非一个稀松平常的事，尤其是考虑到希腊人尚没有自己统一的远古纪年方式,更遑论使自己的纪年与非希腊的米诺斯的纪年相协调。[18] 可以说,修昔底德可能是第一个在作品中建立这种特定的年代顺序关系的人。说阿伽门农统治着一个海上帝国这一更为大胆的断定,依据就是荷马史诗中的一行诗句("占有许多岛屿,是所有阿尔戈斯人的王"),而所引证的最具有实质性意义的"事实"——即在伯罗奔尼撒战争前三百年一个名叫阿美诺克利的科林斯造船者为萨摩斯人造了四艘军舰,仔细想一想,似乎作为造船术的革命性突破的证据也颇怪异。(他可能源于萨摩斯岛上被大家族所保存下来的口头传说。为了保持与希腊口头传说的一致,这件事以及第一次海战日期的确定,至多是凭印象得到的,因而很不准确。)修昔底德明显能得到的信息很少,但他的分析显得如此严密,以至于我们很少想到去质疑它,毫无疑问,他的同时代人也会认为其新颖独到。

他意在于将这种对远古的分析作为他根据更为丰富的近期事件证据所能达成的结果的验证。它展现了一种溯及既往、从对现在的阅读中了解过去的推理方式。(否则,在历史资料如此缺乏的情形下,他又是如何着手的呢?)他以雅典海上帝国的现实为起点,纵贯"考古"都在探寻其以前的历史翻版,并对整个历史进行预测。他揭示了最成功的国家如何最终都成为了海洋强国,海洋强国又如何必然成为帝国,帝国如何必然通过海上远征寻求扩张,最终又如何必定都败于一个对立的联盟和/或内讧,而这两者恰恰都是其成功的后果。按这种方式,历史在时间的长河中螺旋前行,一个帝国取代另一个帝国——从米诺斯人到迈锡尼人到雅典人再到(言外之意)叙拉古人,后者据修昔底德的估计似乎有取代雅典的架势。当然,他突出地略过了波斯的例子,以免自己看起来太像希罗多德了,但这种反复发生的模式明显出自他的前辈。[19] 只不过希罗多德是以一件件事的方式构建这一模式,而修昔底德则试图在线性时间内展现其运作,以此为这个历史理性的结果而非文学想象的产物赢得更大的可信度。

53

　　然而，与我们现代的期望相反，修昔底德并没有使历史理性从属于线性时间。更确切地说，他所做的正好相反，是使线性时间从属于历史分析的需要。因此，他总是改变线性时间以适应不断变化的需要，赋予其不同的结构以支持不同的溯及既往的分析方式。而且，为与这个时间相对性的原则相适应，假如他感到片断时间更能适应他分析的需要，他偶尔还会青睐它而完全抛弃线性分析方法。

　　这种时间转换没有哪个地方像第1卷那样明显，给现代读者带来了诸多阅读上的困扰。在此，"考古"中对海洋强国兴起的粗线条概括让位于对战争直接原因细致入微的叙述。它尽管以一种高度线性的方式详述了最终导致斯巴达决定对雅典宣战的一长串的事件，但其开始时间却没有一个确定的起点。这一细致的叙述与"考古"中所描述的大图景没有任何关联。两者栖居于不同的线性时间框架之内。对战争直接原因的分析促使修昔底德思考其真正的内在根源，即斯巴达对雅典不断上升的力量的恐惧。对此，他以离题叙述"五十年间"的方式予以说明。这一节中断了以前线性记述的节奏，将读者的注意力转向五十年前，去探寻最终引发斯巴达恐惧的雅典帝国兴起的根源。修昔底德以线性方式呈现这些根源，但当他叙述到帝国已经变成既定事实时，他抛弃了线性时间而转向了片断时间。从"五十年间"的此点开始，读者尽管很轻易就能分辨出每个事件都是用以说明雅典的大胆和斯巴达的谨慎这两种民族性格之间对比的单个事项，但很难分辨出事件之间在时间顺序上的相互关系。[20] 然后，当修昔底德详述斯巴达真正宣战以及由此带来的外交上的争论时，片断时间又让位于线性时间。后来，线性叙述又为一系列片断的叙述所取代——关于赛昂人在雅典的政变图谋（公元前620年）、关于斯巴达将军鲍桑尼亚斯的去世（公元前470年）、关于迪米斯托克里的最后几年（公元前468年—462年），它们表面上都是为了解释外交上的争论，但却顺势转到了政治领导权的问题上。由这一主题，修昔底德重回线性框架，叙述伯

54

里克利在开战前夕的第一次政策演讲,它暴露了他是迪米斯托克里首次预言的海上战略最重要的支持者。

我们应注意到,修昔底德在第 1 卷结束时又回到了对海洋强国的思考这个起点,以免所有这些时间顺序的混乱使他的写作显得缺乏艺术性。很明显,构成该卷基础的是一种历史模式,尽管现代读者要从所有的时间转换中找到它极为困难。在第 2 卷开端,修昔底德又引入另外一个线性时间框架——以夏冬相继的新体系来衡量的"战争时间",但情况并没有什么好转。他为这个战争时期确定了一个起点时间,并用不少于 5 种不同的纪年方法进行确认:战争开始于《三十年休战协议》的第十五年、阿尔戈斯的克里希斯担任祭司之位的第四十八年、依尼西亚斯担任斯巴达监察官、皮托多鲁斯担任雅典的执政官、波提狄亚战争结束后的第六个月。很明显,假如他有一个统摄一切的"该"过去的构想,他就能够为第 1卷的许多地方提供一个主导性的时间顺序。

一旦进入"战争时间",修昔底德以夏冬相继的时间顺序详述所发生的事件时,叙述方式似乎稳定下来,以一种平稳节奏(有些人可能会说是单调)向前推进。据他的想法,这一连续过程始于公元前 431 年,终于公元前 404 年,它们构成这一战争的时间范围。他坚持认为这场战争持续了二十七年,尽管出现过一段"尼西亚斯和平"时期(前 421—前 413 年),但修昔底德斥之为以代理人战争为特点的武装休战时期。这一断言——在所谓第 5 卷的第二个序言中,修昔底德在向读者再次介绍自己时,对此作了详细的申述——显示了他对"战争时间"作为一个将雅典的失败包括在内的线性定向的连续过程的高度重视。

这一连续过程尽管重要,但其自身并不足以解释一场导致相对强大的国家失败的战争的结果。或者说,它只是简单地为溯及既往的推理划定了一个分析的领域。在此方面,它所起的作用与希罗多德的埃及纪年相类似,即一个用以填塞历史"材料"的容器。修昔底德兼用线性和片断讲述的方式对这些按时间顺序组织的材

55　料进行重新整理,以解释这场战争自相矛盾的结果。那个结果所表现出的不是一个单一的时间进展,而是在各自不同的时间框架中显示出来的趋势的逐步展现。

　　线性框架在第 2 卷第一部分居主导地位,它依次从"葬礼演说"叙述到雅典的瘟疫,再到伯里克利的第二次政策演讲。瘟疫成为这一序列的定向拐点,因为它的蹂躏彻底改变了雅典。伯里克利将所有人全部撤入城墙之内的做法进一步加剧了瘟疫的肆虐,人们开始批评他的领导。为了对自己的战略进行辩护,伯里克利感到有必要发表一次演讲。这些定向的一连串事件展示了一个主题,即私人利益对公共精神的侵蚀。"葬礼演说"展示了雅典人公民意识的维度;对瘟疫的叙述则显示了公民对使命的自豪感让位于一种以自我为中心的享乐主义为特征的、今朝有酒今朝醉的及时行乐观;伯里克利的政策演讲坚决捍卫公民的信念,反对私人自我利益的侵蚀。修昔底德以他对伯里克利的有名评价结束了第 2卷的这一部分,他将伯里克利看作公民意识的卓越代表,认为在他最终死于瘟疫之后,这种意识将被以私人利益为核心的朋党政治所取代,并因此耗尽了共同体的力量。整个线性顺序排列反映了以战争结果作为其立足点的追溯性推理的具体运作。

　　第 2 卷的第一部分以对伯里克利的评价结束,修昔底德为我们提供了一种从整体看待战争的关键视角。实际上,绝大多数读者都极少关注该卷的第二部分,它由一连串乏味的事件所组成,间以对斯巴达包围雅典的长期盟友普拉提亚以及雅典海军统帅福尔米翁在海上战胜伯罗奔尼撒人的详细叙述。假如我们关注这些叙述——修昔底德当然认为值得,我们就会因线性框架为片断框架所代替而失去对战争的正确判断。其中,普拉提亚事件为叙述一场围城战的主要阶段提供了样板——启动谈判、开始敌对行动、进行战事——这种叙述模式在本书中反复出现,尽管修昔底德在建立了统一模式后,往后的叙述要简略许多。同样,对福尔米翁胜利的叙述展示了海战的叙述模式,其具体体现就是雅典在航海技术和战术上无可争议的垄断地位,修昔底德对此作了详述,这样,以后只要简单地提一下就可以了。

因此,第2卷由多重时间框架所组成——既有线性的,又有片断的,它们从"战争时间"抽离出来并为连续发生的事所连接,后者采取了以时间连接而非因果关系连接的无固定结尾的连串形式("发生了一件事,然后又发生了一件事,然后又发生了一件事")。与这些间隙发生的事项不同,它们所连接的时间框架确定了覆盖全篇的主题,为其提供前后的连贯性。公共利益对抗私人利益的主题一再出现,最突出的一次是尼西亚斯和阿尔西比亚德对于雅典来说是致命的有关西西里远征的争论。甚至有关普拉提亚围攻和福尔米翁胜利等那些表面上看起来无关大局的事项都有更深的寓意。后来,随着政策日趋权宜,雅典人在鼓励普拉提亚人对抗斯巴达之后,却冷漠地抛弃了忠诚的普拉提亚人;还有,当雅典人在军事上、尤其在西西里因自不量力而招致失败时,伯罗奔尼撒人通过漫长的战争锤炼也"变成了海上力量",从而打破了雅典海上独霸的地位。修昔底德是从雅典失败的角度写作此书的,因而真心实意地希望读者很早就建立这些联系。其整体性不在于"战争时间"本身,而在于将这个时间重塑成新的根据追溯性分析察觉到的时间框架。

为什么这种追溯性分析的趋向本身并不是"该"过去观念的范例呢?确实(怀疑论者会认为)当修昔底德回顾战争时,他将之看做一个整体。他甚至通过坚持认为战争时间是二十七年而以自己的方式来定义这场战争。同样,在"考古"中他回顾了一段比战争要长得多的历史。实际上,在回顾过去的时候难道不是所有的人——现代人和古代人一样——都将过去看作一个统一体吗?他们在说话和写作中使用过去时态;他们构想"现在"和"那时""以前"和"以后"。有了这些反对的理由后,怀疑论者可能会得出结论说,修昔底德多重时间框架的运用纯粹是一种叙述的策略,并没有谈什么有关过去的构想。

过去的诞生

然而,过去的观念超越了日常语言中对时间的区分,后者(从以上诸例中可以看出)仅仅意指时间的在先。过去以其与现在的"不同"而定义自己,而不仅仅是时间在先的问题。更确切地说,它是一种持续的时代错误意识的结果。尽管修昔底德的时间框架实际上将过去与现在分开了,但它们的多重性妨碍了一种系统的时代错误观念的产生。那种观念可能会出现在一个特定的框架内,就像其在"考古"中所表现的那样(他在这里提到了不再流行的习惯),但他并没有将之运用至下一个框架(他在这里详述战争的直接原因)。修昔底德专注于定义个别的"过去"而不是"该"过去。

这种对目标的专注源自于,直到他所处的时代为止,过去在本质上与现在仍没有什么区别。在"考古"的一开始,修昔底德就评论说,他将自己不远的过去——伯罗奔尼撒战争前夕、他的少年时代和成年早期——都忘得一干二净了;在"五十年间"他重申了这一断言,并批判了赫拉尼库斯在时间顺序排列上的不准确;在其他地方他还一再强调雅典人对自己过去、尤其是对推翻庇西斯特拉图僭主统治的无知。回顾过去的时候,修昔底德想必能记起他少年时候成长的细节,但是他个人历史与任何更大的历史构架之间的联系至多是附带性的,甚或根本没有任何联系,因为即使是最近的政治事件都已经晦暗不明。或者,表达得不那么负面——因为前面句子所做的评判已经表现了太多的现代偏见:当修昔底德回顾过去的时候,他察觉出(从个人和政治两个方面)一个与现在密不可分地纠缠在一起的过去——一个过去造就的现在——这一传统纪念活动的产物。

在最近对希腊历史学起源的一次再评估中,马克·穆恩①描述了修昔底德年轻时代的雅典人对所发生事件进行纪念的一些方式。这一时期雅典国内的民主制度和雅典帝国都已成型。根据

① 马克·穆恩(Mark Munn):宾夕法尼亚州立大学历史系教授,研究领域为古代希腊史和希腊考古。——译者注

穆恩的描述,这些国内的成就通过合唱、悲剧、葬礼演说以及其他公共仪式来予以礼赞,所有这些都是将过去与现在杂糅在一处,利用神话和历史资料来明确共同体现时的抱负。于是,紧接着波斯战争,神话中的雅典人国王提修斯被重新解释为雅典抵抗蛮族的保护人,他的个人英雄主义与雅典人的公民英雄主义划上了等号,他们不仅打败了波斯人,而且通过巨大的努力将他们的统治扩展到色雷斯和小亚细亚。即使是表面上看来更具历史性的作品,譬如埃斯库罗斯的《波斯人》,最终都是为了认可新形成的雅典帝国,因为它始于自傲自大的薛西斯的垮台。穆恩在总结时,对这些及其他公众表演活动如是评论,"因此,过去在一定意义上是不受时间影响的,永恒的现在是一切,它总是包含着过去的意义。"(33)

要考虑这些纪念活动的效果,我们必须重新评估"回顾过去"对于像修昔底德这样的雅典人到底意味着什么。他想必不会将自己看作正在冉冉升起的雅典帝国或新近扩大的民主制度的孩子——就像(比如说)我们的父母或祖父母辈可能会将他们自己看作是大危机或新政的孩子一样,因为这样的一种观点需要在过去和现在之间做出区分,而这又是他不可能始终做到的。缺少了这一点,他处理日常语言的时态关系——"现在"和"那时"、"以前"和"以后"——的方式与我们就有所不同;至少,这些字眼缺少我们所赋予它们的那种定向的、线性的特性。当然,他很容易就能理解现时的事件可能就是前一个事件的直接结果,但在不断地将过去与现在搅和在一起的纪念活动不可阻挡的侵蚀面前,他不可能始终坚持这种分析立场。的确,根据穆恩的说法,正是这个问题促使修昔底德去写作历史,将区分过去事件的实际从现时的愿望中区分出来,这样,他和其同时代人可能就会做出理智的政治判断。对穆恩的结论我们只想补充说,理智的政治判断是根植于一种将线性时间作为定向序列的新看法。

伯罗奔尼撒战争时间长达二十七年的看法明显不是修昔底德

过去的诞生

眉头一皱就完全成型的,尽管在战争爆发时他就开始了写作。他必须从碎片中构建对伯罗奔尼撒战争的看法——一次演讲、一次围城、一次战斗、一次屠杀。或者,更恰当地说,他首先必须构建碎片——将它们从纪念性的系列活动中分开,然后才能从它们中间抽离出"战争的时间"。因此,这种线性框架的条理性在于从它的各个碎片之间抽出主题关联。当然,现代历史学家试图在过去的事件中确定持久性的力量或趋势时也会做类似的事。但是,现代历史学家的出发点——假定为一个线性的、定向的顺序——恰恰是修昔底德的终点。这一关键性的区别意味着他所叙述的各个碎片之间的联系是主题式而非因果式的。因为后者必然要假定线性框架的存在。可以说,修昔底德从意义存在于时间之外的主题构造了"战争时间"。

任何对"该"过去的看法——即使是仅仅限于对伯罗奔尼撒战争的看法——都面临着概念上的障碍的现象为希腊特有的哲学趋向进一步固化了。回想一下亚里士多德在区分诗歌与历史时对或然性的恐惧就行了。因果关系的时间链条本来就是依情况而定的,因此,这种东西对希腊人而言没有什么意义。"事实"——譬如阿尔西比亚德做了这件或那件特定的事情——之所以重要不在于事情本身,而在于揭示了某个潜在的普遍真理。阿尔西比亚德这些行为的意义在于(抛开其他不说)它们阐明了公共利益和私人利益日益紧张的关系。这种紧张随着瘟疫的影响和伯里克利的去世而"增长"——它具有时间的界限和一种线性的特质,但它不为它们所界定。可以预料到它会在雅典之外的其他政体一再发生。即使他能构想一个以因果关系之链为特征的过去,他也不能决定那个洞察本身的价值。反之,他还是要探寻为那些暂时性的关系所界定的永恒主题。

修昔底德的才能无疑体现在(除其他方面外)他所处理的各个主题之间相互关系的细致性、多样性和深度方面,这使他能够将其著作中各个互不相干的时间框架整合在一起。我们可以通过简要探析第 3 卷和第 5 卷与"考古"之间的一些关系来解释此类共鸣现象。从整体上看,第 3 卷是修昔底德所完成的 8 卷中最实在的。它反思了在战争过程中 logos(逻各斯)——既可理解为"理性"又可理解为"言说"——的转变[21]。这个主题将书中三个著名的叙述相互连接起来:密提林辩论、普拉提亚人审判以及柯西拉人革命。

公元前 427 年的密提林辩论的主题是来兹波斯岛上这个反叛城市的命运。这个城市的领导者背叛了与雅典的同盟并试图将整个岛交给斯巴达人。辩论发生之时,伯里克利已去世两年,克里昂("最凶暴的雅典人")执掌雅典的公民大会。他提出,正义要求对包括领导者和普通公民在内的所有密提林人进行最严酷的惩罚,因为他们每一个人在背叛雅典信任这件事上都沆瀣一气;与此同时,他质疑那些要求延长此事辩论时间的演说人的忠诚度,痛责公民大会沉溺于展示油腔滑调的滔滔宏论的演说比赛。作为回应,狄奥多图斯(否则会默默无闻的一个演说者)发表了一篇非常富有技巧的演说,捍卫辩论在决定公共政策方面的作用。他提出,因时制宜而非正义应当主导议决的过程。他总结道,基于此点,只有反叛的罪魁祸首方应遭受惩处,以免使那些臣服于雅典的城邦的普通民众离心离德,将每一次反叛都变为誓死之战。最终,狄奥多图斯的论点似乎略占上风,因为密提林的普通公民得免一死,尽管修昔底德顺带提到有 1000 个"乱党首领"被处死,其余人口被卖为奴隶,将这场逻各斯的胜利的效果不知不觉地减去很多。很明显,克里昂的正义观仍有一定的分量。

在第 3 卷的下一个重要叙述中,权宜的理念却在现实中化为始料未及的残酷行为。斯巴达人在普拉提亚人的英勇抵抗之下,欺骗他们说,只要他们投降,就给他们一个在斯巴达法官委员会面前接受公平审讯的机会,因为围城之战的起因是底比斯人攻占普拉提亚城市的企图没有得逞。于是普拉提亚人投降了,期望以此提出合理的抗辩,说他们只是抵抗明目张胆的侵略。他们从来就没

60

有料想到这个委员会是一个彻头彻尾的袋鼠法庭①⑩。问过他们的俘虏唯一一个意味深长的问题——其实就是："你们最近对我们做了什么"——后，法官选择了权宜，抛弃了正义，与他们的底比斯盟友站在一起，因为普拉提亚人勇敢抵抗底比斯人的偷袭而将他们处死。

在第 3 卷接近尾声时，对柯西拉革命的著名叙述中，权宜的论点成了各种令人发指的行为的掩饰，这些行为不是针对外国势力而是针对自己的家庭和邻居。公元前 427 年，柯西拉的一场反对亲雅典民主政体的寡头政变引发了双方激烈内战，其间，做困兽之斗的寡头烧毁了自己的仓库，摧毁了这个富有而强大城市的经济中心。雅典人对他们的盟友的自残行为惊愕万分，试图调和冲突的各方，但他们的干涉只是给民主势力对寡头势力的进攻起到了鼓劲打气的作用。随后的大规模屠杀超越了一切限度："儿子们被他们的父亲杀死，祈祷者被拉出神坛或直接在神坛上处死。"(3.81)在密提林辩论中初现端倪的逻各斯——理性和言说——的转变到此完结。如果孤立地看，密提林辩论似乎是狄奥多图斯所代表的理性对克里昂所代表的情感的胜利。但当全部读完第 3 卷的时候，狄奥多图斯对权宜的支持却预示了柯西拉革命中理性与言说的崩溃，因过分的党派偏见而生的权宜行为将美德变成了罪恶，将罪恶变成了美德。一旦话语失去了其意义，舆论就随之瓦解，接着就是派系主义甚嚣尘上，失去控制。在此急转直下的情势之下，最终只能以一派彻底消灭另一派来结束残局。这一严酷的认知结果为本书的其他部分投下了一道长长的阴影，对第 5 卷的影响尤甚。

该卷以对公元前 416 年的"米洛斯对话"的叙述最为知名。是年，雅典派了一支强大的远征军去攻占小岛米洛斯。在诉诸武力之前，他们试图通过对话来争取对手的归顺。最终，他们不能使米洛斯人相信抵抗没有任何希望。继之不可避免的是雅典围攻米洛

---

① 指不公正的非法法庭。——译者注

斯,将米洛斯人斩尽杀绝,以及将雅典殖民者重新安置在岛上。

读者即使是试图从其具体情境之中来理解,也常常带着某种敬意来看待这个著名的对话,对它作突出的强调。其实,整个第5卷散乱的背景与这个对话并不相配,它前面是一系列干巴巴的、一字一句引述的条约。绝大多数学者都猜想,假如修昔底德完成了这部著作,他会将它们删除或解释它们的意思。然而,这些条约的语言——满是最庄严的誓言——与签约者的期望和行动正好相反,他们认为这些条约纯粹是损人利己的伎俩。很明显,话语已经改变了它们的意义,不仅柯西拉是如此,在整个希腊都是这样。在此背景之下,米洛斯对话看起来不仅是强权政治(Machtpolitik)的一次残酷的运用,也是一次通过直接对话恢复话语意义的英勇尝试。尽管雅典人在以后道出了想成为神和人共同的强国这一难以接受的真相,但在开始时倒摆出了高贵的姿态,提出不需要在多数人面前油腔滑调地高谈阔论,而是与米洛斯的领导者进行直接的观点交换。对真相必定会水落石出、理性会占上风信心满满是雅典人不可磨灭的标记,对于他们来说,只要尽最大努力去发现,每一个问题都有解决方法。对话的最终失败不仅凸显了米洛斯人过分的道德主义,而且更加暴露了他们的对手误入歧途的理性主义。

对话必定会失败这一结局从一开始就明摆在那里。雅典人建议双方考虑什么是合适的,而非什么是正确的。米洛斯人回以巧妙的反驳,它对正义和荣誉、公平和正确的诉诸可能比雅典人所认识到的要更加符合权宜:"你们对此也像任何人一样深感兴趣,因为你们的失败将引发最严厉的报复,并成为供全世界反思的例子"。①(5.90)这一观点当即被雅典人丢在一边,他们争辩说,敌对的帝国之间相互对待的方法与他们对待臣服的城邦不同。从伯罗奔尼撒战争结果的视角——以及斯巴达对雅典的残酷对待——来写此对话,修昔底德的用意是一种彻头彻尾的反讽。雅典的短视

---

① 请参考谢德风译《伯罗奔尼撒战争史》下册,第466页。——译者注。

使它只关注眼前、关注国家现有的可用资源,而对未来不作任何打算。相比之下,米洛斯的短视促使它只关注未来,而对其现有的资源则不作任何考虑。因二者的视角和眼下的关注点不同,双方的对话只能是各唱各的调,其他任何期望都只能是天真幼稚的表现。

第3卷开始的逻各斯的溃败,到米洛斯对话达到了极致。一旦话语失去了意义——一旦权宜和自我利益成为行动的标尺——人们就不可能找到任何理性论证的坚实基础,即使权宜逻辑本身也不行。这种结论的失望感与前几卷相对乐观的语调形成强烈的对照。"考古"描述了(至少是表面上)走向海洋强国的过程。第1卷随后的叙述对此过程进行佐证,记述了雅典帝国的兴起及成长过程,尤其是在伯里克利睿智引导下的成长过程。实际上,伯里克利的海军政策反映了与"考古"中所展示的相同的对资源的理性算计与分析。然而,"考古"是以一种令人吃惊的忧郁调子结束的,使人不禁质疑其所显示的对理性和进步力量充满信任的乐观情绪:"米底战争是过去时代最伟大的成就,仍能通过两次海上作战和两次陆上作战就迅速决定了胜负。而伯罗奔尼撒(战争)拖了太长的时间,但尽管其长,相对于它给希腊带来的长期不幸而言又是异常之短。"①(1.23)随后就是一个浓缩的人造苦难的目录——众多的战争和革命、大规模的流血伤亡与放逐。甚至自然都参与了浩劫,以地震、饥荒和瘟疫进一步加重了人类所造成的这些无以复加的灾难。

对伯罗奔尼撒战争所造成的地狱般灾难,寥寥数笔的揭露紧跟在修昔底德为千秋万代书写的声言后面。或许,在此情境之下,我们应当理解他的言外之意,那就是,物质的进步可能带来普遍的不幸,理性可能导致失算,由此审视,修昔底德劝告人们要审慎行事,以免聪明反被聪明误。这一道德训诫确实是所有时代都需要的,它不是来自于简单因果关系的线性叙述,而是来自于个别的、相互

---

① 参见谢德风译本,上册,第20页。——译者注

之间产生强烈共鸣的时间框架,既有片断的,又有线性的,且它们所传递的元批判信息完全是反讽的,因为修昔底德告诫人们不要过分热衷于使用他自己的研究方法,不要过分轻信理性分析的作用。

这一信息的永恒价值不仅在于它对人类易犯错的本性的强调,而且在于对那种展示线性时间的分析方式的终极怀疑。对于修昔底德来说,和希罗多德一样,历史考察的丰富性在于不同种类的线性过去之间和线性时间组成的过去与片断时间组成的过去之间多种多样的相互作用。任何将这种多样性降为对事件单一的、统摄一切的解释——"该"过去——的企图都会使他们的研究陷入困境。它会将过去与现在割离,使过去埋于尘埃,只能通过具体场景的发掘还原方能了解。反之,希罗多德和修昔底德成功地将荷马所保存的由过去所创造的现在,以及说书者(*logioi*)移植到一个时间性的领域而没有将其扼杀,并通过使他们融入现实而使过去的教训更显深刻、更富有意义。

希腊化时期的创新

　　毁灭性的伯罗奔尼撒战争标志着希腊文明的衰亡,尽管那时希腊哲学的伟大时代才曙光乍现。战争的最后几年,希腊世界的政治重心也开始从纷争不断的希腊城邦国家向大一些的政治实体转向,先是波斯(战争最后阶段的平衡力量),最后是马其顿。公元前4世纪早期和中期底比斯的兴起以及雅典的复兴没有改变希腊政治上动乱的局面,马其顿的菲利普正是巧妙地利用这一局面征服了希腊本土。当其子亚历山大将马其顿的疆域扩展到埃及、波斯和印度的时候,他也同时将希腊文化扩展到其狭隘的希腊区域之外,涵盖了更大的地域范围,催生出希腊化的,或"像希腊的"文化。

　　希腊文化的扩张推动了历史写作的传播和历史视野的拓展。公元前4—3世纪,历史写作的兴趣从希腊本土开始扩展到更大的希腊语世界。譬如,西西里发育出一种特别丰富的史学传统,集大成者是陶洛米尼乌姆的蒂迈欧(c. 345 - c. 250 BC),他写了一部长达38卷的希腊西部通史(目前仅有残部留存)。蒂迈欧也可算是历史视野拓展的典型。因为他可能是第一个依据希腊奥林匹亚赛会来记录事件发生时间的人,尽管对他是否一直使用此方法纪年尚不清楚。这一纪年体系具有将各种以前按照诸如执政官任期、祭司任期和国王在位时间等当地的习惯纪年方法记录的相隔遥远的事件相互协调起来的潜在可能。

　　这种纪年体系发展的顶点就是波利比阿(c. 205 - c. 125BC)的伟大的世界史。尽管他自认是修昔底德思想的继承者,但其世界史的灵感却是来源于塞姆的埃福罗斯(c. 400 - c. 330 BC)。从目前留存下来的文本片段——以及其他古代作家的评论——来看,埃福罗斯撰写了一本按照他所处时代的标准,在时间和空间两个方面都具有全球性视野的历史。相比之下,波利比阿所写的历史只能说是空间上具有全球性。他想以此方法凸显主要发生在他自己所处时代的独特成就:罗马将那时已知的世界统为一体。波利比阿以奥林匹亚纪年体系来记述这一成就,这让他能够使各种各样的事件都服务于那个共同的目的——那个称为"世界"(Oecumene)的统一的地中海世界的形成。

64

有人可能期望从波利比阿对事件的一元化观点中生发出"该"过去的观念,尽管其回溯历史的时间不长。他严格意义上的历史叙述始于第140届奥林匹亚赛会期间的第二次布匿战争爆发,这一日期在现代读者眼中有时间深度的意味,而且他的叙述有一种明确无误的线性特质,因果关系之链非常牢固,仅偶尔为转向片断时间所中断。尽管在其世界史中明显表现出时间框架上的可能性,但波利比阿显然不可能构想一个统一的古代过去。他不仅和修昔底德一样,总是重塑线性时间系统以适应各种需要,而且在结尾时,展示了一种与该书中占主导地位的线性特点完全不相融的片断时间结构。总之,这些不同的构架没有相同的时间定性,因而使一个时间上"回到那里"的过去不可能出现。

波利比阿曾是一个强大的希腊国家联盟——亚该亚联盟的骑兵统帅,后作为担保该联盟听话的1000个著名人质之一,在罗马一个镀金牢笼中待了十六年。尽管亚该亚联盟在罗马发动第三次马其顿战争(171—167 BC)期间小心翼翼地保持着与罗马的同盟关系,但在罗马征服希腊后,他们想保持一丁点政治独立的企图还是引发了罗马的嫉恨以及随之而来的扣留人质的举动。与其他那些实际分散监禁在意大利各地的同胞不同,波利比阿是作为执政官埃米利乌斯·保禄士的"客人"寄居罗马的。保禄士是此前战役的获胜将军,波利比阿在其与马其顿作战期间就熟悉了。他当保禄士的儿子们的家庭教师，并成为他们的朋友；其中的一个——普布利乌斯·西庇阿·埃米利乌斯——在第三次布匿战争中因最终摧毁了迦太基而成为他那个时代最伟大的罗马人。当罗马势力正处鼎盛之时，波利比阿利用这一优势，主要着眼于希腊读者，构想出一个按时间记述并解释罗马五十年令人震惊的勃兴历程的计划，从公元前216年它在坎尼惨败于汉尼拔开始，到公元前167年第三次马其顿战争取得决定性的胜利、扫除对罗马霸权最后的挑战为止。最终，在以32卷的篇幅完成对罗马成为霸权之路的分析后，波利比阿又写了8卷论述自公元前167年到公元前146年罗马霸权的行使情况，而正是公元前146年他的朋友西庇阿·埃米利乌斯将迦太基夷为平地。40卷中，只有前5卷完整保存下来，其余各卷只剩下散见于各处的残篇（有些较长）。

尽管正式历史叙述始于第140届奥林匹亚赛会（四年的时间跨度，始于第二次布匿战争的序幕，终于罗马人在坎尼的惨败），波利比阿以2卷的篇幅为序，对之前五十年的历史进行概述，内容包括罗马完成对意大利的征服、它与迦太基争端的开始、它在第一次布匿战争好不容易取得的胜利、它随后对撒丁岛和科西嘉的占领以及迦太基试图通过向西班牙扩张以重新恢复帝国的版图——这一扩张最终导致了第二次布匿战争。除了这些发生在意大利、西西里、北非和西班牙的事件外，波利比阿还详述了亚得里亚海另一边的事情，因为伊里利亚和马其顿也感觉到了正在兴起的罗马力量，它挑起马其顿一方与另一方埃托利亚人和亚该亚联盟为抢夺希腊的主导权而相互撕咬。

波利比阿以一种高频度的线性叙事方式讲述了这些事件，它很快就发展出自身的动能，一件事接着一件事，似乎想一口气将所有的事都讲完。为防止读者在似乎无休无止的事件中迷失方向，波利比阿必须时不时地停下来提醒读者不要忘了他写作的目的。特别值得注意的是叙述中所使用的纪年体系。在声明正式历史叙述始于第140届奥林匹亚赛会后（1.3），他宣布有必要先叙述自129

届奥林匹亚赛会后的事件作为开场——也就是,自公元前264—261年这个四年的跨度开始,从而将第一次布匿战争包括在内。在这里,他又以序言的形式讲述了罗马前一个世纪对意大利的征服,且完全放弃了运用奥林匹亚赛会纪年的方法,转而记下"羊河海战之后第十九年、留特克拉战役之前十六年,是年,斯巴达批准与波斯国王签署被称为安达西德和平的和平协议;老狄奥尼索斯在厄勒普洛斯河的战斗中击败了意大利南部希腊殖民地的希腊人后,正在围攻利基翁;高卢人在强占罗马后,占领了除卡彼托山以外的所有地区。"(1.6)波利比阿用以确立这一起始日期(387/386BC)的不是奥林匹亚赛会纪年方法,而是通过提及在那个遥远的时代影响各个大国——雅典、斯巴达、底比斯、波斯和叙拉古——的事件。与这些大国相比,当时罗马还是一个无足轻重的弱小国家,前途未卜。罗马无足轻重,使用奥林匹亚赛会纪年方法就不合时宜,因为那个后来统一地中海的国家尚不存在;但其轮廓在第一次布匿战争之时已经明显,因而到那时就可以依据那个普适的方法纪年。使用不同类型的纪年体系,以不同的时间框架反映不同类型的过去,突出了过去与现在之间的不连贯性,削弱了叙述的线性特征。[22]

　　然而,读者看不出这种不连贯性,因为一旦将其起始年份确定后,波利比阿很快就使读者淹没于各类发生之事的洪流中,它们奔腾呼啸着一路向第129届奥林匹亚赛会期间的第一次布匿战争爆发这个时间点冲去。尽管波利比阿之前在第1卷的开首就提到过这一个日期,但在他叙述的内容中却没有出现;叙述以罗马每年执政官的选举作为时间标记,从罗马征服意大利到第一次布匿战争以后一气呵成,无任何间歇和停顿。这一衡量时间的标准在记述亚得里亚海对面的伊里利亚、马其顿和希腊情况的第2卷就变了,在那里,该地区统治者的上台和下台成为主要的纪年参考点。波利比阿在这种时间的多样性当中混入一长串的叙事,间以穿插他到哪里去过,准备到哪里和为什么要写这样的离题叙述。直到第3

66

卷中第二次布匿战争爆发时才正式开始使用奥林匹亚赛会的纪年体系。从此点开始,著作开始了一种可以预见的按时间先后顺序记述的节奏,每两卷记述一个奥林匹亚赛会时间跨度的事件。叙事的奔涌掩盖了纪年体系的多样性。正如唐纳德 J. 威尔科克斯所说,"在罗马征服以前,有多种时间,每个依据其自己的方式来测算,有其自己的安排和意义。在罗马征服之后,只有一种时间,需要一种新的测算标准。"本质上,每种测算时间的方法就构成了一个过去,与之相应的是,"世界"(Oecumene)——时间的统一——的形成意味着一种新型过去的产生。

叙述的线性方式使得这种新型过去看起来像是单个事件的产物,但它并非如此。更确切地说,它处在一长串事项的末端,而这一长串事项本身又被分成不同类型的联系,它们终止于现在,但并没有对现在如何形成提供实际的解释。在著作的一开始,[66]波利比阿本来想以一个与占主导地位的线性叙述方式迥然不同的片断时间的例子给出那个特定的解释:"因为谁会那么无用或懒惰,以至于不想知道罗马人是通过什么手段、在何种政体之下,以不到五十三年的时间将几乎所有居住在这个世界上的人都臣服于他们单一政府形式之下这一历史上独一无二的事件呢?"(1.1)第 6卷——波利比阿有关罗马政制性质的离题叙述——通过叙述一种成功阻止(尽管是暂时的)政制不断循环变动的"混合政制",实际上是以一种完全非线性的方式解释了他那个时代的显著发展。

67　　这个循环以一个人的统治开始,一开始是原始的君主制(基于某个独裁者或首领的指令),后让位于君王制(基于正义和道德劝导的观念),最终蜕变为僭主政治;这种一人统治形式后又让位于贵族政治,其后逐渐蜕化为寡头政治;寡头政治导向民主政治及其退化的形式:暴民统治……它又促使某个独裁者再次出现。在波利比阿看来,罗马人通过一种君主制、贵族制、民主制因素共存且相互制衡的混合政制设法阻止了这种循环。罗马式的混合政制尤其值得注意,因为它是在共和制的早期自然出现的,而不是由立法者强加的(如来库古为斯巴达人所做的那样)。罗马政制的自然力量转而又为罗马人的当地习惯和风俗所强化,它们鼓励一种服从、自我牺牲和以共同体为上的精神。然而,这些支持力量不能完全抵消另外一种自然过程的影响——出生、成熟和衰替的生物模式,它最终甚至会压垮罗马人的混合政制,从而重新开始政制变化不可避免的循环。波利比阿并没有完全调和这两种自然的模式,也许是因为罗马不断的成长使他得以将衰替放在一边,而集中注意力于这个混合政制所带来的稳定[23]。

第6卷在一个关键点——罗马命运的低谷——上中断了叙述,当时罗马在坎尼灾难性的失败激发了盟友的反叛,并促使马其顿的菲利普五世与汉尼拔结盟。罗马似乎陷入万劫不复的境地。它在一连串前期的失败之后,不仅承受住了这些巨大的打击,而且很快绝地反弹,进而主宰世界的这一事实,对于波利比阿来说,需要一种特别的解释,因而必须打乱新确立的奥林匹亚赛会纪年的时间顺序,且完全超越线性时间的界限。第6卷是一段非常长的以片断时间为基调的离题叙述,但在其中,触发事件的那些永恒反复的过程被置于相较以前更为严密的审视之下。与模糊的希罗多德式的诉诸 metabolê——即命运的反转,使得无足轻重的国家变得强大,而强大的国家变得无足轻重——不同,波利比阿试图发现政治变化的动力机制并对之进行详细的分析。他所描述的循环有某些线性的特征——君主制后面总是贵族制,贵族制后面总是民主制——但是这个循环,因其是永恒的,本质上与时间的自然进程是两回事。

波利比阿的叙述最终凸显了线性时间框架与片断时间框架之间的非连续性。相比其他古代作家,他本来更有可能调和二者——他可以通过叙述一个国家政制发展的循环过程帮助解释事件发展的结果,从而将此循环强行纳入线性叙述的轨道。在第6卷之后尤其适合这种叙述方式,因为波利比阿已经将多种线性时间减少为一种——奥林匹亚赛会纪年,而且他所采用的片断时间的形式是

68

如此扣人心弦,以至于掩盖了他随后间或对单件事的离题叙述。然而,历史遗留下来的残篇中没有发现他将两种时间体系调和起来的证据。在他头脑中,它们还是缺乏共同的基础。他像一个真正的希腊人那样,只有通过上升到摆脱了所有独特性、更为普遍的解释层面,方能理解引致罗马兴起的一大堆纷繁复杂的事项。

尽管波利比阿以奥林匹亚赛会作为纪年依据的方式最终没有流行起来,但他的编年体例还是影响了随后的作家们,其中最为著名的就是李维和塔西佗。这些历史学家们以执政官就任年份来组织他们的叙述,每年都以罗马共和国当年选举的两位执政官的名字命名。在一个完全由罗马人主宰的世界里使用罗马传统的纪年方式可能比希腊的奥林匹亚纪年方式更有意义,它在将发生的时间和地点各异的事件协调组织起来方面也同样管用。李维和塔西佗将由编年体例所带来的叙述的统一性与一种明显的怀旧感、一种对罗马帝国的建立破坏了自耕农的淳朴美德之前的"过去美好时光"的念想结合了起来。人们可能会从这种弥漫的怀旧情怀中至少发现某种过去与现在系统性区分的暗示,它可以成为"该"过去观念的基础。但具有反讽意味的是,编年体例赋予了叙述以统一性,但也阻碍了过去与现在的区分。

"人们总是颂扬老时光,同时在现实中找茬。"[24] 马基雅维利在《论提图斯·李维前十书》中所说的这句话,既指古代,亦指当今。在《伊利亚特》中,智慧的老内斯特试图调和愤怒的阿喀琉斯和傲慢的阿伽门农,他说,在老时光——当人还真正是人的时候——他们还是听从他的劝告的。在《工作与时日》中,赫西俄德以人类降生于黄金时代的神话使对过去的理想化表述得以永久留存。但是李维和塔西佗——包括在他们之前的塞勒斯特——所表现出来的怀旧情调表达的不仅仅是那种人类所特有的将老时光理想化的自然趋向。准确地说,它源于现实中发生的事件,具体说来就是自第一次布匿战争之后意大利自耕农的衰落。这一过程随着罗马成为一个帝国而加速,导致了格拉古兄弟的土地改革,最终引发内

69

战——先是马留和苏拉之间，后是庞培和凯撒之间，并摧毁了共和国。然而，在他富有开拓性的论述喀提林谋叛的专著中，塞勒斯特并没有将这场内斗归因于包括经济、社会和政治在内的复杂的历史过程，而是归因于与财富的增长相对的道德的沉沦。他将喀提林描画为一个传统的罗马人，但后来变坏了，将罗马人所特有的活力、智谋和勇气用在试图占有共和国而不是为它服务上。塞勒斯特的怀旧——假如我们也可以这样叫的话——不是怀念一个泛黄的过去的世界，而是那些根植于本土的美德，它们已被追求财富的拙劣愿望活生生地扭曲成罪恶。

尽管李维在一个更大的时间框架——一部罗马自建立到他自己所处时代的历史——内阐发了这一主题，在有关过去与现在之间的区分上他并没有获得任何更大的时间视角。他以哀叹古代简单纯朴的一去不复返作为叙述的开端，但他所采用的编年体例并没有将旧时描绘得与现今相隔很远。他的历史叙述始于罗马建城，有关此事的一些约定俗成的看法使他能够以一定的准确性确定年代（譬如，李维书中有一节这样结束："于是，罗马建立三百一十年后，拥有执政官权利的军事首领首次上台。"[4.7]）他本来可以将罗马的建城作为随后所有事件的时间起点，由此建立一个延续至今的线性年代顺序。但他却是以各种各样的方式确定事件的年代——国王的统治时期、战争的年数以及（最重要的）每年的执政官任期。罗马人保存了一个官方的执政官名录，里面附有他们所做出的贡献，但李维的读者不一定能很方便地接触到这份名录，也不可能将这些执政官的名字转变为一个有意义的年代顺序。没有一个统摄一切的线性顺序提供结构和方向，编年体例只能为片断时间的各类例证大开方便之门。在叙述从一个执政官任期到下一个执政官任期推进的过程中，李维详述（举例来说）了贵族和平民之间不断激化的斗争，其最终导致阶层协和（concordia）产生，它成为罗马帝国兴起的基础。但这一主题被许许多多相互之间以及与大的主题之间很少线性关联的阐释美德与邪恶的故事所切断；更确切的说,它们作为独立的、因编年体例而散见各处的事项而存在。这些对片断时间的频繁运用使李维能够最大限度地探索那些激发他写作的道德议题;这些议题根植于现在而非过去,而且李维通过片断化的处理方式突出了这些议题,让他的读者能感受到它们的生命和活力[25]。

70   意大利古典学学者迪安·比亚吉奥·孔蒂在其对拉丁文学权威的述评中,将李维对过去的态度概括为:"简要地说,过去的神话不仅对于当代人**有**意义,而且**赋予**他们的行动以意义,因为它可以通过实例阐释他们自身意识形态的需要。"(371)当李维将历史当作"治疗精神病态的最好药方"(1.1)时,他表达的就是一种"意识形态的需要"、一种构成"罗马特征"的一组相互之间松散连接的联想,它们寓于每个罗马人的内心且需要(或者更确切地说是等待)不断地唤醒。李维所开出的治疗药方就包含在历史片断的内容之中,他所表现出的怀旧不是对某种已经消失在过去的东西的怀念,而是对埋藏于当今的某种东西的怀念。

在塔西佗那里,这种模式基本保持不变,尽管"罗马特征"被重新定义以适应元首制独裁时代的需要。在《阿古利可拉》一书中,塔西佗回忆了他岳父的生平,展示了一个人在不激起元首妒意的情形下可以获得的那种声名;在《日耳曼尼亚志》一书中,他不仅突出了北方蛮族的孔武有力,以之含蓄地与罗马人的道德腐败相对照;而且还暗示有必要复兴罗马的德性来抵御这一威胁。在《历史》中,他描述了老共和国价值观的衰落并进一步详述了在元首制下生活所必须的新的帝国价值观;在《阿古利可拉》中,他首次对它们做了探讨。只有在《编年史》中,他似乎屈服于一种无处不在的忧郁与失望。但即使这样,当写到像日尔曼尼库斯和科尔布罗这样的军人在抗击日耳曼人和波斯人的战斗中提升了罗马的荣耀时,还是让人眼睛一亮。确实,随着他对现实的看法日趋消极,塔西佗表达出一种越来越强烈的意识形态的需要。历史的药方,连同其片断化的处理方式,对他而言还是同李维一样有效的。即使他在最为悲观失望的时刻担心当代人不可能从他的历史著作中获益，他还是希望未来或许可以。

我对古代史学和古代历史意识的分析，利用了"该"过去这个现代的单一概念和古代对多种多样"过去"的构想之间关键的区别。在结束我的分析之前，我想简要审视一下这个多样性的过去概念的意义，以免我们一边空谈多样性过去的概念，一边却掉入习以为常的思维模式——将"该"过去的存在当作一种理所当然的普遍真理。我们习以为常的思维习惯可能会使我们总是这样构想古代的多样性过去概念，似乎每个过去都有对"该"过去独有的视角，似乎每一种观点都保持了过去与现在之间的远近距离感。因为我倾向于夸大古代性和现代性之间的对立，这种可能性更形增大了，特别是我会过分强调现代的过去观念的一致性。对此，有人可能会合情合理地声称，有多少种历史观点，就有多少种过去。那么是什么将这样的一些多种过去的观念与古代的多种过去观念区分开来呢？

关键但违反直觉的答案就是：历史理解的所有现代形式以及它们所描绘的过去，甚至包括那些强调连续性贬低变化的长时段（la longue durée）社会学视野，都以一种时代错误意识、一种对过去与现在根本不同的意识为标记。古代的历史叙述中所缺少的正是这一特点。古代的作家们在局部层面表现出了一种时代错误意识——譬如，荷马让阿喀琉斯挥舞的是青铜宝剑——但这种意识并没有超越局部的范围而对整个叙述产生影响。它只具有工具性的意义而非系统设计；它出现在一个时间框架内，但不会出现在下一个时间框架中，因为用来处理不同的问题和议题的各个时间框架之间大相径庭。由于缺乏一种系统的时代错误意识，古代人不可能始终将过去与现在区分开，因而也就没有一种过去的观念。在此，我有意地省略了从特定的文章引用的标记以强调一个更重要的论点，即：我们认为理所当然的那种意识维度在古代思想中是完全缺乏的。他们所构想的不是"过去"，而是已经过去的事情。这是关键区分,因为(这是我反复强调的)时间在先并不必然意味着一种过去与现在不同的意识——它并没有形成作为一种理智建构的过去。

或许,我的观点的反直觉特征仍显突兀,因为这个"多样过去"的表达还是要求助于我否定其存在的概念。让我们试着从另一个途径来探讨此问题。我们现在不用否定的方式论证——即说古代人没有系统地将过去与现在分开的时代错误意识,而试着用一种肯定的方式;说得更明确一些,让我们试着确定一下多样的过去"感觉"像什么?也就是说,它们是如何被体验的。在他那篇富有启发性的论文"历史、多种历史以及时间的形式结构"中,莱因哈特·科泽勒克为我们提供了一扇窥见这种意识的窗口。他认为,有三种前现代的时间体验形式:

1. 事件在它们各类过程性情境中前后的不可逆性;

2. 事件的重复性;要么是以事件的一种推定身份的形式,诸如星座回归之类;要么是根据事件的象征或类型进行组合。

3. 非同时代事件的同时代性((Gleichzeitigkeit der Ungleichzeitigen)[26]

我们对前两种体验形式很熟悉,但对第三种显然感觉很陌生,且并不仅仅是因为德文生涩难懂。

科泽勒克这个奇怪的概念是用来特指"历史时间的预兆性结构"——譬如波利比阿的政制变化的循环,"因为每一种预测料想要发生的事件都是根植于现在,从这个方面可以说是已经存在,尽管在实际上它们还尚未发生"。修昔底德的"考古"是这种非同时代事件的同时代性的集中体现,因为他以一种线性的时间构架展示了通过海上霸权获得物质进步的反复出现的模式,它始于遥远的古代,终于伯里克利时期的雅典,而且在一个不断扩展的螺旋中指向未来。回想一下维吉尼亚·亨特是如何将这种模式描述成一个不可避免的、当其被发生的事情所触发时就会不可抗拒地展开的过程；以及这一过程又是如何使希腊人看不清我们称为"事件"这东西的意义。这个过程永远处于现在时——"同时代的"，尽管并非它所有特点都如此。我们要注意这样的过程与现代的"历史力量"——从事件中提炼的历史变革的矢量——观念完全是两回事，因为它们所关涉的不是事件而是一件件发生的事情。事件产生新的事物，而发生的事情触发可以预期的过程，尽管它们可能发生在一个不断发展的线性框架内。就它们的可预见性而言，一个过程的所有阶段从其内在（immanent）的意义上讲都是同时代的。但这个英语词，尽管比科泽勒克的德语表达的直译要雅致，但未能抓住内涵于原文中的同步性。Die Gleichzeitigkeit der Ungleich-zeitigen 意指历史过程的所有阶段的同时共存，阶段之所以能成为历时性的，仅是因为同时可以对它们进行把握。这种历史观所隐含的同时性使过去与现在的一种系统区分变得不可能。

作为一种时间体验的模式，非同时代事件的同时代性包括片断和线性两种时间的例证，因为反复出现的历史过程在二者任一时间框架内都可以运行。于是，向海洋强国发展的未来阶段内在于修昔底德对遥远过去的线性叙述的任一给定点；政制循环的未来阶段内在于波利比阿对政制变化的片断性叙述的任一给定点。实际上——在此我们可以实质性地超越科泽勒克对这一表述更为狭隘的用法，当一个古代历史叙述从一种时间或片断的框架切换到另一个框架的时候，非同时代事件的同时代性原则不仅在这些时间框架内，而且还在它们之间发挥作用。这些我所称的"多样的过去"都是同时代的，因为每一个都意指不同的同时性的过程或模式。这些模式，不管是向海洋强国发展也好、政制变化也好，还是命运的反转、伤害与报复，都可以预见。每一种模式都内化于对战争季节、奥林匹亚赛会、执政官任期或其他事项的单调叙述之中，其上则是无处不在发生的海量事项所组成的扁平的表面。海量事项的这种没有任何特征的一致性——没有我们认为"事件"所必须

73

71

具有的那些显著的特性——强化了这些多样过去的共时性。其在人们的体验中，就表现为所有的过去都是同时代的，不管是在哪个特定的过程（顷刻）发生。这样，反复出现的主题的共时性就可以将历史整合在一起，强调普遍性，同时压制或然性。

我们试着通过李维的历史著述描述一下古代人对同时性的体验——尽管粗略和不完整。假如他写的不是我们所知的那种过去，那他写些什么呢？应当承认，李维的历史视野包括 7 个世纪，里面满是那些促使一个弱小而无足轻重的共同体转变为世界上最强大国家的个人和事件；也应当承认，他感受到了这几个世纪的分量——体验到罗马所取得成就的巨大——且敬仰那些英雄，因为正是他们的智慧、勇气和自我牺牲的精神才使这一切成为可能。然而，尽管李维采用了一种编年的方法，但他不是历时性地叙述罗马的成就，而是一件事一件事地叙述，以一系列的故事歌颂成就罗马的伟大美德，谴责那些可能会摧毁它的邪恶。稍许考虑一下就可看出，这些故事是模式化的，罗马王政时代国王塔尔昆的儿子对卢克丽霞的垂涎与共和制早期 10 人团成员阿庇乌斯·克劳迪乌斯对维吉尼亚的垂涎相似，包括两个妇女的命运和为她们复仇的人的行为；同样，卢基乌斯·尤尼乌斯·布鲁图斯、普布利乌斯·贺拉斯和提图斯·曼里乌斯都会因家庭成员对国家不忠或不服从它的执法官员而毫不犹豫地将他们处死——只要花时间找，这样的典型模式还可以数出很多。李维因太富于道德主义色彩，人们不太愿意将这些模式称为已经为修昔底德和波利比阿所揭示的分析意义上的模式。尽管如此，它们在连续不断发生的各类故事中会不断出现并且遵循着可以预见的途径。这些故事所阐释的道德真理因而从根本上共同拥有一种同时代性，不管到底是哪一个实际起作用。

这种同时代性构成李维历史的基础，它完全不关乎过去；更确切地说，他通过与体现罗马伟大的古代人交流来写作历史，大致就像罗马的男性家长与他的祖先住在一起，他们的遗容面具从房屋

74

的中庭密切地关注着他——（我们还可以补充说）他在各种公共仪式上会以家族的名义展示这些遗容面具。李维试图提醒他的同时代人，有必要——一种期望——忠诚于对祖先的诺言，以免他那一代破坏其先辈所取得的巨大成就。假如逝者居于与现在不同的过去，他们就不会对现在发挥如此大的支配力或表现出如此大的解决其意识形态需要的能力。这种支配力与我们现代意义上的一种受人尊崇的过去的支配力完全不一样，譬如，体现于《美利坚合众国宪法》的支配力——年代久远，被法学专家们反复耙梳以探寻"国父们"的"本来"意图。李维所感受到的他的父老们（patres）所施加的压力——以及随之而来的责任——更加沉重，因为他们仍然与他在一起。尽管他们已经去世，但并未离开；他们去了……但并未进入过去。

第二部分

基督教世界

现在的时间和过去的时间
或许都会出现于未来的时间，
而未来的时间又寓于过去的时间。
假如所有的时间都永远存在
所有的时间都必将无法挽回。

T. S.艾略特:《烧毁的诺顿》①

---

① 本诗歌的翻译参考了搜狗百科上的翻译,但译者有改动。请参见：http：//baike.
sogou. com/v66803881. htm? fromTitle＝％E7％83％A7％E6％AF％81％E7％
9A％84％E8％AF％BA％E9％A1％BF——译者注

不能由彼及此

78　　　在古代众多的过去与现代单一的过去之间存在着一条不可逾越的鸿沟，尽管我们看不出来。从我们这边往回看，我们会想当然地以为前面的观念催生了后面的观念，古典思想的某个特征或某些特征经过演化，其间或许与其他因素相结合，逐渐产生了我们看作是"该"过去的观念。我们因而可以方便地求助于有关西方文明是两种传统——希腊罗马传统和犹太—基督教传统——融合的产物这一老生常谈，认为这种融合使注重对事件进行实证探究的希腊精神与希伯来人特有的上帝在尘世的目的性行动的观念相互结合，为我们西方所特有的历史感奠定了基础。这一说法对于将文明这样一个难以驾驭的实体概念化有很大用处，但它只不过是我们对过去的一种人为构想，带有不可磨灭的时代错误意识的印记。由于感觉过去与现在根本不同，我们自然而然地设想出一个连续而非有中断的过程，试图从中解释过去的观念如何从一种演进到另外一种。然而——尽管听起来有点玩弄辞藻，这种将过去与现在相连接的冲动恰恰揭示出源自我们时代错误意识核心的一种时代错误。

　　　上述有关西方文明的惯常说法尽管实用，但它掩盖了我们有关过去的观念形成的各个过程。对这些过程审视得越仔细，上述那些习以为常的解释就越站不住脚。且不要说在古典时代的多种过去之间缺乏一个共同的基础，更遑论它们与希伯来人有关上帝在尘世的行动的观念之间更无共同基础可言。当我们不断重复这些老生常谈的时候,我们假定在希伯来文化的影响下,对事件的理解有那么一种向历史的定向构想不断发展的经验性冲动,好像一种事物与另一种事物结合必然会产出第三种事物,从而莫名其妙地创造了那个基础。尽管希腊人发明了历史这个文学体裁,但在古典时代不存在单一的过往时代的观念,从根本上讲,古典时代存在两种不同形式的过去——线性的和片断的,而且线性的过去随着其所描述的不同现象而不断变化。因此,古典的历史叙述在线性叙事和片断叙事之间不断转换,且在线性叙事的框架内又不断从一种纪年方式转到另一种纪年方式,使现代的读者倍感困惑与不耐。这些过去不可化约的多样性足以否定它们与希伯来人有关上帝在尘世的行动的观念之间有任何直接的关联。

那么,我们到底如何由彼及此呢,简短的回答是:我们不能。从这些林林总总的过去到一种单一的过去这种思维上的跨越原本是不可能的。我们从自己这边不能看到此点,因为我们很容易设想成众多的过去只是同一个目标——"该"过去的不同场景,我们将它作为一个思维范畴,视为理所当然的存在物。但这个范畴在另一边并不存在,古代人既不会去想什么跨越,也认为无此必要。此点又将我们拽回到这一思维范畴是如何起源的问题上来。假如它不是一出来就是完备的,那么肯定在一开始是某种别的东西,某种与我们认为是"历史的"那些事项无关的东西。确实,一种新的思考方式的最早征兆在于对古典情感有意识的拒斥,因为甚至在过去作为一种思维范畴可能开始出现之前,这种情感就必须清除。

希波主教奥里利厄斯·奥古斯丁——更为人所知的称呼是圣奥古斯丁——在这一过程中起了决定性的作用。尽管我们如果想从他的著作中寻找任何现代对过去态度的踪迹,必定会徒劳无功。奥古斯丁个人可以说是他那个时代古典文化所造就的最为著名的人物之一,但他自己却抛开了那个传统,转向了一种对人类生存的新构想,这使他能够将之看作一个各部分相互协调的整体,发生在一个明确为人类的行动而设定的空间。这个空间与人类的生存关系相较历史空间更为紧密。时间作为一种恒定的此时此地感（sense of the here-and-now）被包含其中，除去了其原有的流逝的观念。奥古斯丁的生存空间可以算是我们有关过去的观念在逻辑上的先驱，其原因就在于它限定了所有的人类行为，使它们全部接受同类解释。

在设想过去之前，必须将形形色色的人类行为当作一个单一概念实体的组成部分。片断时间不能构建这种统一体，因为它排除了作为人类状态的一个方面的线性时间；而线性时间本身也不能提供一个充足的框架，因为它一直陷在或然性的泥沼中，让人看不到普遍真理。的确，一种人类行为空间的一致性观念必须发生在时间一致性观念之前，因为时间是不可言喻的，用 T. S. 艾略特流畅的表达，是"无法挽回的"，它指出了（在一个层面上）意识流动不居的特性，其作用的发挥总在事实之后。正如莱因哈特·科泽勒克所说，"时间不是不言自明的，也不可凭直觉感受"，因此，各类现代历史思维依靠的是空间隐喻[1]。我们认为"时代"构成了一个"时域"，各类事件形成了一个"系列"，时间是按顺序"不断进展"——这些表达都反映了这一事实：时间首先体现为空间的运动。在人们可以将过去设想为离现在很遥远之前，首先必须将人类多彩多姿、纷繁复杂的世界看作是一个独特的空间实体。奥古斯丁将这个新的实体称为"世间"（sæculum），但它并不等于现代意义上的"俗世"（secular）。更确切地说，它是神圣与世俗相互交织、过去、现在与将来在此时此地交汇的场域。

救赎的问题使得这个新的实体与其自然环境截然不同。只有人类属于被拯救的范围，因为只有人类感到需要一个救世主。对救赎必要性的意识形塑了人类的行为世界，赋予它一种神学的统一，具体则显示在一种圣经的解释方法中，它在新旧约之间寻找相似之处，藉此旧约中的人物或事件"预示"着他（它）们在新约中的"圆满"。奥古斯丁将这种"预表式的"解释方式扩展到圣经中所载的事件之外，将时间终结点都纳入其中，那时基督所有的预言都会兑现。这样,他用了一种神学的方法限定了人类行为的空间。他将此空间之内圣经中所载的事件与后圣经时代的事件之间做了异常明确的区分。尽管上帝揭示了圣经所载事件的意义,但他将后圣经时代事件的意义留待最后审判的时候才揭晓。

奥古斯丁的信徒和后继者们虽滥用他所选择的神学方法,但情有可宥。通过将预表解释的范围扩展到时间终止,奥古斯丁模糊了自己为圣经所载事件和圣经后事件之间所划的界限,从而鼓励人们对当代事件做预表解释。图尔的格里高利出生时,奥古斯丁去世已有一个多世纪。他的《历史十书》,完整体现了“世间”的精髓,书中无数的“奇迹与杀戮”显示了神圣与世俗的相互交织。[2] 然而,格里高利没有在圣经所载事件和圣经后事件之间做区分,因为他是在旧约圣经所载事件与自己时代的事件之间做预表式的比拟。在下两个世纪中,预表分析方式逐渐突破圣经的范围,最后在运用上已没有任何限制。圣者比德在《英格兰人教会史》中就以两个当代事件做预表式的比拟,根本未提圣经。

这些预表式比拟使比德得以构建事件之间的关联,从而(为现代读者)制造出历史因果的幻象。但只要仔细审视这些关联,就会发现,结果经常跑到原因的前面去了,从而揭示出时间在“世间”所具有的潜在同时性,即过去、现在和未来于此时此地交汇。但不管怎样,这种关联在我们看来像是历史性的,具有讽刺意味的恰恰就在这里。通过剥离对世界预表解释的圣经依据,比德将事件看作神意的指导与安排,否则,它们依然是图里的格里高利所认为的奇迹和杀戮的混乱组合。这样,他就赋予“世间”一种叙述的秩序,这是从空间实体转向时间实体的第一步。这种时间维度的出现构成现代有关过去观念的前缘,在此,过去和现在之间的区分最终将颠覆“世间”所内含的时间的同时性。

我们现在必须下沉(descent)到神学领域去探寻过去的起源,我使用下沉一词是经过深思熟虑的,因为这是一个恐怖的世界,对于那些毫无防备的人来说满是陷阱与圈套。奥古斯丁将是我们的向

过去的诞生

导,我们坚持从剖析其生平这一常规进路开始,依据是皮特·布朗和其他后来者的作品。我希望不仅仅追溯他们的思想发展阶段,而是要揭示他们的探索之路是如何导向了一种始未料及的方向,导向了过去的诞生;当然,其间的崎岖曲折在所难免。在此过程中,我还要通过奥古斯丁的生平自述证明,他并不具有我们现代人的过去观念。只有除去这种顽固的自以为是,我们方能接受这个(陌生的)时间的同时性的神学概念。奥古斯丁从《忏悔录》到《上帝之城》都在诠释这个概念;在《上帝之城》中,它成为"世间"的内核,图里的格里高利和比德后来开始将"世间"转变成为一个历史空间。

祈祷的力量

奥古斯丁《忏悔录》的开首就为整部著作奠定了基调：

主啊，您真伟大，值得大加赞美；您有无穷的力量，无限的智慧。而人，您的创造物的一分子，期望称颂您；这个人，忍受着生命的短暂，自己就是自身罪行（甚至还有上帝所拒斥的傲慢）的证据；但这个人，您的创造物的一分子，期望称颂您；不管您是怎样刺激他，他还是以称颂您为乐；因为您是为自己而创造我们，我们的心只有在您那里找到安身之处方得安宁。主啊，请让我知道和了解我应该首先做什么，是先向您求告，还是称颂您？到底哪一个为先，是知晓您，还是向您求告？但谁在不知晓您（因为他有可能请求的不是您而是另一个对象）的情况下能够正确地向您求告呢？或者您愿意先行被人求告，这样您才会被知晓？但是他们怎么会向一个尚未信仰的对象求告呢？如果没有传道者，他们又怎能去信仰呢？还有，寻找主的人，将称颂主；因为，只有寻找方能发现；发现主，他们才会称颂主。主，我在求告中寻找您；我会向您求告，信仰您；因为您已经向我们启示。主啊，我的信仰求告于您，那是您所赋予我的，是您通过圣子的仁爱、通过传道者的帮助从我内心激发出来的。①③

　　这就是《忏悔录》第一章的全部,该书可以算是西方文学中最长的持续祈祷。当奥古斯丁由带有更多"个人"色彩的前几卷写到更富"哲学"味的结尾几卷时,语调中包含的情感也变得越来越炽热。任何一个宗教信徒都应知道,祈祷绝非易事,几乎可以说是难于上青天("当我们向您求告时,我们怎么能确定不是向另外一个对象求告呢?")。任何"以祈祷祈求主"的观念——似乎人们可以向某种人形的神祇求告而不会亵渎神圣——都是粗鄙的,必须从思考中移除。真正祈祷的关键是对上帝难以想象的神秘性进行异常专注的冥思,其中,那个永无止境的"坚守职责"的问题仅仅只是众多障碍当中的第一个,也是最小的一个。

　　"伟大的主啊,对您致以最高的赞美……"(Magnus es, domine, et laudabilis valde....),奥古斯丁以赞美诗中的这一行诗句开启了他著述的征程。赞美诗本身就是一个完整自足的特定类型祈祷,一种"confessio"或"告白",源自拉丁文动词"confiteri"(忏悔)。不幸的是,现代英语用法助长了对这个术语的多种多样的误解。它所唤起的诸如审讯室招供、内容污秽的"和盘托出"的书籍、或黑暗的告解室和私语秘密等意象,与奥古斯丁的本意相距甚远(赎罪的圣事,连带用于举办此事的私密的空间,当时尚不存在)。还有,所有这些英文意思都是用主格形式,使人想起的是一种"行为"而不是"做"。相比之下,原初的拉丁文术语的意思更加接近它由之而来的动词,表示的是正在"忏悔"的行为。该行为有多种我们现代所没有的意思:奥古斯丁在赞美告白(confessio laudis)中称颂上帝,在信仰告白(confessio fidei)中宣示对他的信仰,并在罪的

83

────────────────

① 对于此类经典的翻译,译者心中充满敬畏之情。译者注意参考国内译界先辈的译文,但在译者认为一些明显与原意不符的地方,会做一些改动。力求与本书的整体文风一致。以上翻译参考了 http://book.aiisen.com/confessions-zh.html,但依据译者自己的理解和忠于原文的原则,做了重要修改。——译者注

告白(confessio peccati)中承认自己的罪行,总之,这些行为就是为了见证、或者说主动证明上帝的荣耀。

每一种告白对崇拜者都有非同寻常的要求。譬如,一开始所做的赞美告白就包含着料想不到的深意。这种表面上看对上帝无限伟大的直截了当的宣示,同时也会唤起我们自身的软弱无力感,让我们感到与他的距离远到不可思议,并激发起对他的深深渴望。这些情感滋生出一堆的忧虑:这个不可逾越的鸿沟有多宽?是赞美上帝还是向他求告?不知晓他如何向他求告?尚未信仰他如何能知晓他?没有一个传道者的帮助如何能信仰他?所有这些令人焦虑的探寻——实际上还有更多——都来自一个简单的赞美告白!

假如奥古斯丁的目的仅仅是使我们纠缠于解经,那么他的著作就不会拥有如此多的读者。他不仅想以他所说的内容,而且以他说这些内容的方式——更确切地说,是他说这些内容的动作本身来吸引我们。他那无休无止、令人眼花缭乱的告白有一种摄人心魄的效果,这不仅是因其使人倍感焦虑的问题堆积,还有这些问题所唤起的奇怪的熟悉感。奥古斯丁尽管公开袒露自己的灵魂,但断然拒绝直接向他的读者言说。詹姆斯·奥唐纳在他对该著作不可或缺的评论中,将著作开首几行的效果比作"进入一个房间,碰巧发现一个人在与一个并不在房间的某人讲话,"一个人是如此专注于所说的内容,以至于几乎不关注我们是否在场。[4]奥古斯丁如此专心致志地向上帝倾诉的行为因而是自我确证的,我们不知不觉地被带入一种崭新的内在真实而将平庸的外在真实弃置一旁。没有任何古典文学作品为我们准备了这样的一个开头。

它使我们深深扎根于现在、在祈祷的此时此刻。这种"现时性"与前景化的古代文学作品所描绘的"永恒的现在"有本质区别。后者从一个场景到另一个场景,将每一个场景事无巨细一股脑儿地呈现在你面前,以至于将前一个同样详细备至的场景从你的思想中移除。这种前景化的叙述的一致性在于其各个片断性主题的高度关联,所叙述的每一件事的意义在于它所阐释的普遍真理,而不是它在事件因果关联中的位置。在前景化的古代文学中,片断时间胜过线性时间。

奥古斯丁在古典文化的滋养中长大,不仅同时保留着两种时间观念,且深知二者孰轻孰重。在《忏悔录》中他将他的生活经历看作一种线性序列,而在《上帝之城》中,则是将宗教和世俗历史的事件做同时化处理。实际上,根据唐纳德 J. 威尔考克斯的说法,他甚至将个人和历史的时间整合在一起,将它们都看作是由上帝创造的单一时间序列的组成部分(122)。尽管持有这种线性观点,但他还是青睐片断时间的事例。《忏悔录》第 2 卷中著名的偷梨事件在文中就是突然想起来的,第 6 卷中有关亚吕皮乌被角斗士所引诱的场景的不同寻常的故事也是一样的。两个故事的主题相互连接,因为都是朋友引着朋友走入歧途。梨树的故事使人想起圣经中的失乐园,而亚吕皮乌的嗜血则显示了那个原初事件的诸种结果。这些及其他各式各样的故事都是为了证明一种功用超越线性时间的神性模式。

然而,在叙述这些事时,奥古斯丁所召唤的不是永恒而恰恰是俗世的当下:他正处其间、正在向上帝告白的时刻。这种文学上的效果是一种精心的安排,为的是让我们直面生存的现实,激发我们精神的升华。奥古斯丁认为所有人类都注定生活于由上帝创造的时间之限、尘世之中,而上帝自身是超越时间和尘世的,从而将人类与他隔离开来。世俗的忧虑、渴望和野心所产生的持续不断的压力使我们看不到神意之手无处不在发挥着作用。然而,在我们残缺而迷茫的灵魂深处,有着一种东西渴望上帝,期望完整地与他聚在一起,这种神秘的相聚不仅超越了我们凡俗的精神与肉体,也超越了我们作为人类个体的凡尘身份。即使在我们的心灵似乎因误入歧途太深而离上帝过远的时候,接近上帝之路也寓于自身,它经由灵魂,借助祈祷,在告白中重新发现和见证上帝的存在。

与古代文学前景化的特点形成明显对比的是,奥古斯丁通过剥去世界的虚假表面而非通过粉饰它、通过揭示神意的存在和生命的迫切需求来创建自己的"此时此刻",它出现于实实在在的回忆过程中、在灵魂奋力发现隐藏真理的拼搏中。奥古斯丁强调回忆的行为而非被回忆的事物,他对过去本身了无兴趣。卡尔·约阿希姆·温特劳布在他对《忏悔录》鞭辟入里的分析中,就注意到奥古斯丁"急于处理这种个人的过去",对它的回忆仅仅是为了澄清当前的自我(36)。因此,温特劳布认为,《忏悔录》带有"自传性的"前几卷只不过是他后面有关时间、记忆和圣经的意义的带有"哲理性"的几卷的前奏,在那里,他更为直接而频繁地向逻各斯开战。

这种针对逻各斯的战斗依然根植于奥古斯丁的意识正处于活跃——他将之称为attentio(注意)——的此刻(now),这是他由之寻找上帝的门户。过去不可能离开构想过去的思维而存在,它只不过是当前的一个回忆行为;同样,未来也不过是当前的预期行为。因此,在《忏悔录》中,奥古斯丁谈及"过去事的现时性,现在事的现时性和将来事的现时性"(11.20)。我们的意识寓于此刻并关注此刻,而此刻是一个不可言喻的点,它"间居"于对已逝的回忆和对即将到来的期待之间、"间居"于除了关注的心灵以外别无任何内在真实性的过去和未来之间。通过将所有的时间都化为此刻,奥古斯丁试图推翻我们对时间流逝的世俗观念,因其使人看不到时间创造者的在场。实际上,奥古斯丁在思维的回忆、洞察与期望的三位一体中看到了神性的暗示。通过对灵魂的深入探究,他发现上帝就在祈祷的此刻。

但令人惊异的是,奥古斯丁否认了我们有可能通过祈祷超越时间之限。通往上帝之路是走不通的,尽管我们极端渴望与上帝完整地融为一体,但我们永远都是陷入时间之网的、灵魂支离破碎的生物。我们有的只是一种灵魂的忙碌(distentio animi)(加里·威尔斯将之意译为"处处牵扯的灵魂"),牵扯于过去与未来之间,不停地在回忆与期望之间来回穿梭,关注点不断变换,从来不知停歇,但就是始终找不到上升到天堂与上帝相会的支点。奥古斯丁将我们比作"朝圣者"——"peregrini",字面的意思是指与上帝切断

85

过去的诞生

联系、陷入时间泥潭的"异族人"。一旦我们承认了尘世与上帝的疏离,我们未实现的渴望自然而然会在祈祷的过程中体现出来,正如我们充满爱意地见证着我们的创造者。这一行为理所当然就是灵魂的一场正在进行的修炼(exercitatio animi),它不断清除世俗世界的幻影,使我们更加敏锐地意识到自身生存的境况,从而随时准备在渴望终于成真时接受超越时间的最终奖赏。

奥古斯丁在他选定的祈祷形式中,通过否定现世存在精神上超越的可能性,以一种全新的方式强调了现在的特殊地位。尽管在《声辩》或《克里托》中,苏格拉底鼓动他的雅典同胞要照看好自己的灵魂而非物质的财富,他那种自我关注尚不是"彻底自反的"(借用查尔斯·泰勒对奥古斯丁权威分析中的用语)。苏格拉底训练与他对话的人对世界以及影响世界的观念进行逻辑思考的能力,目的是超越世界,掌握使思维运作有效发挥作用的普遍真理。相较之下,奥古斯丁转向内在思考,将注意力集中于心灵本身的活动。当他"照看"自身时,他意识到自己的存在;他真正作为一个陷入时间之网的世俗实体"出现"在自己面前。

86　　他自始至终的现在定向确立了一个固定的视点、一种解释他自己乃至全人类生活历程的经久不变的视角,它凌驾于线性和片断时间的多种过去之上。我们在此处于一个关键点,因为奥古斯丁自始至终的现在定向或许可能使他系统地、永久地将过去与现在区分开来,并产生"该"过去作为一种自主的知识实体所特有的时代错误意识。然而,结果是恰好相反:过去、现在和将来在他那里都融入当下(Now),它们之间没有任何质的差别,从而排除了我们所理解的过去观念产生的任何可能性。

当然,奥古斯丁并不否认他有过去。他在孩提时代,曾偷过别人家的梨。但他坚持认为,他的孩提时代已经再也不存在了,"我自己不复存在的孩提时代是在亦复存在的过去。"(11. 18)要不是奥古斯丁由此得出"过去"只不过是现在的一种回忆行为这个结论,该断言也许没有什么特别的意义。仅仅是由于日常语言的含混不清，过去方能在此刻之外具有一种指涉的意义。简妮特·科尔曼在其对古代和中世纪的记忆富有挑战性的研究中认为，"从某种程度上讲，奥古斯丁这个罗马演说家摧毁了与当下有重要区别的过去，从而使所有的基督徒处于无记忆的矛盾境况之中。"(100) 尽管他们的宗教以信仰一件创造性事件——耶稣降世——为特点，但他们所崇拜的不是一个"历史的"而是一个"活生生"的耶稣，他的永恒真理一直存在。奥古斯丁在祈祷中召唤这种基督教的"现时感"，以之巧妙地将我们拉入当下，使我们和他一样感受其生机和活力。实际上，这种基于存在的立场没有给自主性过去的存在留下任何空间。

这一断言可能还是有点反直觉的意味。《上帝之城》被公认为是"第一部基督教哲学史"，它的作者怎么可能不将过去看作一个自主的实体呢？在此，我们必须在"真实的"和"历史的"事件之间做出关键的区分。奥古斯丁注意到了真实的事件，譬如耶稣降世、偷梨事件以及对罗马的洗劫（稍后会涉及）——但它们无论从古典还是从现代看，都不具有历史的意义。尽管它们存在于一个线性的框架内，但他对它们的理解不是依据他们发生时间的先后顺序，尽管它们也可能具有片断的特质，但其所阐明的人类真理对于他来说几乎没有任何解释性的价值。确切地说，不管它们有什么意义都是由上帝通过圣经揭示的。既然上帝的话语限于圣经所记载的事件，他对人类的终极安排就仍是未知的，尽管某些轮廓从我们所了解的神意中能猜知一二。因此，圣经的光芒揭示出各类事件只是永恒整体的世俗部分。

基督既是圣经的巅峰，又是全书的要害所在。从创世纪以下，整个叙述都是指向他的；且他也是理解书中所有事件的关键。耶稣降世的事实——上帝降生为人形——自始至终影响了圣经的叙述，赋予人类的时间体验非同寻常的意义。寻求真理的心灵不需要从俗世上升到永恒，即使有此可能；反之，只需要沉入到此刻，沉入到上帝创造的真正本质之中。奥古斯丁将所有的时间都化为当下,并没有收窄、反而极大地扩充了他的视野,由之他能够超越因果的物质局限或片断主题的表面共鸣,在事件之间发现关联。通过沉入此刻,他开拓性地发现了一种新的现实层面,使他得以同时理解他自己的生活和所有人类的历程。他不需要我们所理解的历史。

以罗素和维特根斯坦为代表的现代哲学家们可能会从逻辑上挑战奥古斯丁的时间观念,但事实依然是:他对存在的洞察源于神学、而非哲学,[5] 它只不过是对道成肉身新增信心的副产品,也正是此点促使他写作《忏悔录》。现在,我们有必要转向叙述《忏悔录》中所载的奥古斯丁的生平。此叙述主要服务于两个目的:第一,它将追溯奥古斯丁拒绝经由冥思获得升华的古典理想并接纳当下(now)的历程。第二,它将揭示出,从奥古斯丁对自己生平的看法中可以看出,他并没有将过去看作与现在不同的部分。《忏悔录》中对于他的思想发展及他对此的思考起着至关重要作用的是一种使徒保罗式的罪与救赎观念,它强调耶稣降世的真实和即时。在《上帝之城》中,奥古斯丁仍试图保持耶稣降世的即时性,尽管基督再临的诺言变得越来越难以实现。物质世界面对这种神圣的命令所表现出的不可思议的持续性最终会将基督教的"现时感"转变为某种原始基督徒从未想到的东西——某种为过去的出现奠定基础的现在定向。

突破到"当下"

奥古斯丁的现时观念可以从犹太教那里找到根源，它将包括神和人在内的所有行为都置于无穷无尽的时间长河中。严格地说，希伯来人将这条时间长河分成创世以前的时代、现时代以及随着弥赛亚降临而来的时代，但他们也时常以两分的方式表达这种三分，即现时代（弥赛亚降临前）和将来时代（弥赛亚降临后）。对于我们来说重要之点在于所有这些时代都存在于时间之中。希伯来人没有像希腊人那样在时间与永恒之间进行区分（这使人想起亚里士多德在或然性和普遍性之间所做的区分），而是认为即使是创世纪以前的时代和弥赛亚降临以后的时代都是"上帝时间永无止境的延续"的组成部分[6]。原初的基督徒只稍稍调整了一下这个时间系统。他们所宣称的弥赛亚实际上已经来临仅仅预示着"上帝时间"的一个新阶段已经迫在眉睫，其将随着基督再临而马上开始。

随着原始基督教观念日趋希腊化——部分地受到诺斯替教将希腊哲学与东方神秘主义相混合的影响，基督再临后的"上帝时间"开始与超越时间之外的永恒划上了等号。与此同时，一种称为基督幻影说的学说开始流传，它否定基督是人，从而也否定了耶稣降世作为一个事件的意义。还有，带诺斯替教倾向的基督教徒普遍看轻旧约及其对上帝在现世行动的历史记载。迫于这些影响的压力，早期（与原初相对）基督教徒已不再重视耶稣降世的历史性，随之在由时间主宰的世界与不受时间影响的世界之间做了更严格的区分。既然耶稣降世象征着某种精神性的东西而非历史的事件，由时间主导的世界在不受时间影响的永恒面前就相形见绌了。

我们将会看到，在其青年时期，奥古斯丁曾与某种形式的诺斯替教有过交集，后经由柏拉图主义转向罗马公教。实际上，他现存的最早作品写于他完成皈依后不久，是一些基督教哲学对话，意在鼓励沿着柏拉图主义者所设定的路线，通过冥思达至天界，不断接近不受时间影响、超越了物质羁绊的上帝。然而在其皈依罗马公教后的十年间，奥古斯丁实现了更具有根本性的转变，这次是转向使徒保罗式的罪与救赎观念。随后，他就对通过冥思达至天界的现实可能性提出疑问，并转而声称，人性的彻底堕落，使人类与上帝之间过于疏离，他们要接近上帝，就必须有一个中间人，这人就是耶稣，他是上帝自己化成的人。因此，奥古斯丁开始更严肃地看待耶稣降世的实在性。这一事件同时彰显了失乐园和耶稣再临的重要性，使得耶稣复活和基督再临之间不断增长的漫长时间不再是难熬的漫长黑夜。从他当时的视角，奥古斯丁能够期待耶稣再临和永恒拯救的诺言，但当时与耶稣再临之间的漫长时间从本质上仍是疏隔的，使人倍感与上帝的疏离。困在现时持续不断的意识当中，奥古斯丁近乎不切实际地渴望见到某个他无法靠近的上帝，这使得他只能成为一个朝圣者，一个注定在时间中跋涉的异乡人。

奥古斯丁对现世朝圣之旅本质的洞察能力与其所取代的不受时间影响的、冥思上帝同在的理想直接相对，后者流行于古典时代，奥古斯丁的前几次皈依都深受其影响——信奉西塞罗的智慧、转信摩尼教、附庸新柏拉图主义、最后转向罗马公教。为防止多次改变信仰的奥古斯丁给人以不负责任的感觉，我们必须通过证实奥古斯丁自始至终都是一个真正的基督徒来审视他思想上艰难曲折的变化历程。他的母亲莫妮卡就是一个受洗的罗马公教徒，自小就将他培养成一个慕道友。由于这一身份，无论从字面还是象征意义上，他只能呆在教堂圣所之外的前厅，里面无论发生什么事,他这个未受洗的人都一无所知。要跨过此门槛,就必须接受洗礼,而这首先就意味着生活上要保证遵循教会的道德约束。如果没有一种忏悔仪式减轻这种负担,入门者就面临着因不断的道德过失而被逐出基督教共同体的危险。受洗需要一种承诺,因此尽管莫妮卡一再催促,奥古斯丁对此一直举棋不定。由于被置于前厅,他最后就游离到外面,从一种诺斯替派的基督教中去寻求智慧,后还是被柏拉图哲学拉回基督教正统。

奥古斯丁19岁时,对西塞罗一篇名为《霍尔登修》——现已佚失——的对话录的研读燃起了他对智慧的热爱以及通过思想升华追求永恒真理的渴望。"这些话语使我内心如一团熊熊燃烧的火一样激动不已。"(忏悔录,3.4)两年前,也就是371年,年轻的奥古斯丁从他的故乡北非的塔加斯特移居至迦太基,完成他已经非常精通的修辞学方面的学业并开始攻读法律,为以后在帝国行政部门获取一个职位做准备。就像许多远离家乡奔赴大城市上大学的青少年一样,奥古斯丁很快陷入那种他以后公开谴责的放荡生活。我们现代人总是喜欢强调他像当时那些向上层社会流动的年轻人那样,先有一个二等婚姻,娶了一个"小老婆",而将一等婚姻留待他们成年以后,作为推进事业发展的一种手段,尽管奥古斯丁与她一起忠诚相守十五年,且养了一个孩子。与他强烈的性欲相比毫不逊色的是他对剧院的狂热,它的吸引力培养了他对戏剧的见识。

《霍尔登修》将这个19岁少年的心思引向了更高级的东西,并对其以后的发展产生了持久的影响。如加里·威尔斯所言,"西塞罗的对话包含了一种奥古斯丁后来自己会经历的自相矛盾,那就是大修辞学家雄辩地驳斥修辞学"。(27)从奥古斯丁和其他人所保留的残章断篇我们大致可以看出,西塞罗要求他的读者公开放弃世俗的东西,为提升智慧而爱智慧。年轻的奥古斯丁将这一训诫牢牢记在心中,作为基督教的一个慕道友,自然而然地将圣经作为智慧的源头(他觉得《霍尔登修》中未提任何基督教的字眼着实令人懊恼)。但令他丧气的是,在旧约中,满是看起来相互之间毫无关联的故事；而新约冗长而含糊、自相矛盾之处多多，且在一开始就简单地将基督纳入到一个希伯来部落的谱系之中。西塞罗那种对智慧的精致要求在此得不到任何回应！

由于不喜欢圣经的粗糙，奥古斯丁转而在摩尼教派这个准基督教唯理主义的早期形式中寻找慰藉。摩尼是3世纪波斯的一个圣人和殉道者，他将琐罗亚斯德教的二元主义与一种综合了古巴比伦思想、佛教和清除了所有旧约成分的基督教因素的混合物相互结合在一起，创建了一种诺斯替信仰，倡导通过掌握人类的真实境况获得拯救。摩尼宣扬在善与恶——即光明与黑暗之间有一场宇宙范围的较量，它使人类（曾经是由光明组成的）困于地球的黑暗之中。通过了解这种较量，"灵魂——接受告诫并恢复原始的记忆——识别其存在的根源……为自己获得与上帝和解的品质"。[7]此说教保证，那些完全入教的"上帝选民"——那些过着禁欲克己生活的人——将会获得拯救，并对像奥古斯丁那样尚未入门的"受话人"也做了承诺。在此，他发现了一种信仰，它应和着西塞罗的要求，拒斥世俗的一切，同时保留着基督的名字（摩尼教的三位一体神中，基督居第二位，第三位是摩尼自己）。这个教派使他还能够看轻旧约的故事，并对自己在年轻时候不能像圣人那样过禁欲的生活提出合理的解释。他可以很轻易地将这些不可避免的道德过失归于黑暗的势力，就像（加里·威尔斯敏锐地指出）我们现代人会将我们自己的冲动归于某种置我们最好的意图于不顾的、弗洛伊德称之为潜意识的力量一样。（29）

91　　奥古斯丁与摩尼教之间不清不楚的关系至少持续了9年，甚至还成为其实际的代言人，将那些辩论能力逊于他的朋友和熟人拉进教内。但他渐渐开始怀疑自己曾一度感觉十分满意的二元主义。它与当时流行的试图以更实在的语言解释物质世界的自然哲学的宇宙观背道而驰，且奥古斯丁自己在修辞学上的素养促使他以西塞罗式的演说家所惯有的怀疑主义态度去检视宇宙观争论中两方的观点。他越这样做，就越倾向于传统的宇宙观。他曾试图消除这种日益增长的疑虑,但在与摩尼教非洲最重要的传道者福斯图斯见面后,他更是大失所望,因为福斯图斯虽然个人具有超凡魅力但知识却很浅陋。在《忏悔录》中,奥古斯丁以成熟以后的眼界这样写道:"假如我能构想出一种精神实体,我立马就会驳斥(摩尼教的)所有发明并将它从我的思想中清除出去。"(5.14)但是年轻的奥古斯丁尚不知道此类抽象之物。

在此期间,他开始走上了哲学之路。大约 380 年,他写了第一本书《论美与匀称》,那时他的年纪在 26 或 27 岁。奥古斯丁最终因该书浓厚的摩尼教特点而看不起它,这可能就是他想方设法使它湮没无闻的原因。但从他在《忏悔录》中对它的叙述,我们可以推断出他开始期望某种形式的从实体到精神的思维能力的提升。尽管他站在二元主义的立场上思考美丑之间的美学对立,但他将前者(美)看作一个统一体,一个"单子",而后者(丑)则是一种分裂体,一种"二分体"。(4.15)他进一步在低级的外在美和高级的内在美之间做出区分:"这一想法从我内心最深处奔涌而入我的脑海"。(4.13,本书作者的翻译)在此,从分裂体的丑陋到外在美的表象再到内在美的实在,我们可以感受到思维能力提升的种种迹象。年轻的奥古斯丁甚至将内在美看作理性、真理和善之所在。尽管还处在摩尼教的影响之下,但他显然以一种审美层次的理念为杠杆,开始摆脱其二元主义的束缚。

大约在公元 386 年,他转向新柏拉图主义,这使他得到彻底解放。383 年,他离开迦太基到意大利,利用他在摩尼教的关系在罗马获得了一个教授修辞学的职位,但他很快就厌烦于每到收束脩时学生的各种规避手段。随着社交圈的不断扩大,他引起了元老院议员西马库斯的注意,他是当时很有影响力的一个异教徒诗人、演说家,受罗马皇帝指派,负责为帝国宫庭所在地米兰市甄选下一个修辞学教授。这一角色实际上就是帝国的"宣传部长",负责为宫廷的任命和发布的政策唱颂歌。西马库斯当时正在为异教徒抵抗以米兰主教、他的堂兄弟安布罗斯为首的罗马公教的进攻殿后,

92

无疑对安置一个摩尼教的异端在帝国宫廷这个想法感到高兴。奥古斯丁没有让他的恩主打消这个念头。尽管他对这个教派日益怀疑，他还是将此任命看作他职业生涯中登峰造极的成就而欢欣不已。384 年，他带上未经正式聘娶的妻子和孩子前往米兰，第二年，他的母亲莫妮卡也来米兰与他团聚。

作为一个学养日厚的修辞学家，奥古斯丁早就开始对摩尼教二元主义的刻板僵化提出疑问。但这种二元主义对他而言还有一些残余的吸引力，因为它提供了一种更为精到的神学观念和对邪恶更为直截了当的解释。与莫妮卡所信仰的非洲宗教教义中所体现的简单的人格化神祇不同，摩尼教精心构建了一种神性的想象，将之视作遍布宇宙的某种力量或光明，且这种光明（根据定义）区别于黑暗，这样它就不可能直接纠缠于邪恶的存在之中。

然而，在米兰，奥古斯丁逐渐被集聚在安布罗斯周围的基督教的新柏拉图主义者所吸引，在那里，他见识了一种"精神实体"观念，其提供了一种更为精致的神性观。尽管摩尼教徒并没有将光明之神人格化，他们还是需要依据物质实体来构想它，想象对光明的理解，不管是多么超凡，都要借助于感觉。与之相比，新柏拉图主义者将神看作一个精神实体，对它的理解是通过一个远远超越物质世界的思维抽象过程，他们的上帝是一个与人完全不同的实体；他们还肯定了奥古斯丁关于存在是由"高等"的精神领域到"低等"的物质领域的连续体的看法，这一点他最早在《论美与匀称》一书中就提及过。这一看法将黑暗解释为光明的缺乏，而不是一个独立的宇宙力量，因而避免了恶的问题。

皮埃尔·库塞尔在其对《忏悔录》富有开拓性的研究著作中认为，奥古斯丁最终皈依的是哲学而非宗教。确实，（正如詹姆斯·奥唐纳在对该书的评注中所说），奥古斯丁首次提及"柏拉图主义者们的著作"是在《忏悔录》第 7 卷第九章，正处于该书的中间，对于一个谙于行文节律的修辞学家来说绝非巧合。然而，一系列因素——并非所有都是精神性——凑在一起将奥古斯丁推出了哲学这个过路小站,并使他直奔宗教而去。甚至在接触柏拉图主义者的著作之前,他就已经是安布罗斯教会的一个慕道友了。这一举动在一开始既是出于权宜,也是出于确信。安布罗斯在这个日益罗马公教化的城市是一个厉害角色。且他的母亲莫妮卡到达米兰后,就为自己的儿子与一位信罗马公教的女继承人缔结了正式婚约,这无疑使他更加倾向于正统。(他将那位未订婚约的妻子送回老家并在等待其未来的新娘成年的时候又找了一个妾——一种喜欢阶段婚姻的一夫一妻主义者的做派)。

尽管动机带有工具主义色彩,回归罗马公教教会还是使奥古斯丁真正从精神上受益。安布罗斯的弥撒逐渐向他展示了一种新的讽喻式的阅读圣经方式,它使得即使是旧约中那些难以对付的故事都展现出隐含意义。安布罗斯有关上帝非物质性和灵魂超脱肉体的说教与新柏拉图主义相互呼应,催生出一种比奥古斯丁以前所知的精神化更为充分的罗马公教形式。从那时起,主要在安布罗斯的顾问、并最终成为其继任者的基督教柏拉图主义者辛普里西努斯的影响下,他开始以一种新的视角阅读圣经。

正是那位辛普里西努斯最早建议这位慕道友重读保罗书信。奥古斯丁以前曾认为保罗书信的写作前后不连贯,甚至自相矛盾,但现在从保罗书信中他发现了"精神"与"肉体""内在的"人与"外在的"人之间的对比,一种对通过沉思达到精神超越的理想的确认:"我在柏拉图主义者那里发现的所有真理在这里也同样能找到"。(7.21)在摩尼教那里,智慧是深奥的,限于吸收单一真理,如今智慧成为接近上帝的途径,而上帝本身也被构想为完全不同于人的实体。

保罗书信不仅证实了新柏拉图主义的洞察力,而且将他们理智化的精神性与罗马公教发自内心的虔诚连接起来,基督在其中通过代祷发挥纽带作用,由他将人从尘世生存的深渊提升至最高的精神层面。奥古斯丁确实需要基督帮助他冲破束缚自己的习俗的枷锁。尽管他渴望抛弃世俗的野心,寻求在退隐中沉思,但他仍然深感精神超越之路为优柔寡断、为不愿舍弃自己习惯生活的本性所阻遏。像其同时代的许多人一样,他将转向上帝看作是对世俗所有表现形式的抛弃。因此,受洗甚至与明媒正娶的婚姻都是不相容的,他不仅需要放弃色欲,而且要放弃他历经艰辛所取得的一切。

94　　　　他内心深处对上帝的渴望和对世俗物质的依恋之间恼人的争斗,在公元386年夏季随着他在米兰公园内闻名退迹的皈依而达到了顶点。在那撕心裂肺的斗争与痛苦时刻,他打开了保罗书信中的一卷,随意指向某一段(罗马书13:14),该段结尾是这样的:"用主耶稣武装你们自己,不要再在本性和本性的欲望上花心思。"(《忏悔录》8.12)阅读到此,奥古斯丁突然感觉自己从犹疑不决中解脱出来了,对像保罗那样将自己完全交付给耶稣充满了信心。理性已经证明不能提供接近上帝之途,但现在奥古斯丁认识到他已不必再独自战斗了。

他将自己交付上帝预示着古典智慧理念的死亡,因其戏剧化地展示了不假外力的人类理性不能超越精神上的犹疑不决。但奥古斯丁尚未认识到自己必须踏上尘世的朝圣之旅,因为他仍以为在上帝的帮助下理性可以达到精神的顶点。为准备受洗,他及其家人朋友们退居到加西夏库姆一个借来的别墅,过起了对基督教进行哲学思考的潜修生活。接二连三问世的作品证实了皈依所带给他的智力上的释放,仅仅五个月的时间,奥古斯丁就完成了4部哲学对话,还拟定出其他对话的大纲。他为基督教学问所制定的蓝图:《论秩序》(De ordine),是这一时期多产的集中体现。在此,他将世界上一些显而易见的"邪恶"归于人类不能理解上帝创造物的内在秩序。我们能够理解这个秩序,并通过以人文学科为基础,以哲学的沉思为顶点的系统学习计划接近上帝。这样,在依托哲学与上帝接近的想象中,智慧与基督教结合在了一起。

奥古斯丁于387年春季由安布罗斯主持受洗后,隐居在加西夏库姆的一帮人就分开了。奥古斯丁打算与他的儿子和母亲一起回到他故乡非洲的塔加斯特，在那里他们希望在自家重新过上在加西夏库姆那样基督徒的退隐生活。但是，内战阻断了海路，将他们三人困在奥斯提亚。在那里，奥古斯丁和莫妮卡第一次也是唯一的一次共同分享了冥思的成果。站在他们栖居之地（非常有意义，这一点我们会看到）的窗边，俯瞰前面一座静谧的花园，他们安详而快乐地谈论着圣徒的幸福。"当爱之火在我们内心燃烧得愈益炽烈，将我们抬得更高，更接近永恒的上帝，我们的思绪涵盖天上地下所有种类及各个层次的物质的东西，"并远远地划过天际，射向神性的真正超验智慧。"在那电光石火的一刹那，我们伸出双手，触碰到了它。"可最终还是叹息着、不情愿地重新回到物质世界。（忏悔录，9.10）此次精神升华的期望还是没有实现，两周后，莫妮卡就死于热病，留下奥古斯丁在凡俗之中挣扎。

　　到目前为止，我们通过奥古斯丁在《忏悔录》中的叙述，重构了他直到奥斯提亚为止的生活经历。在这个节骨眼上，所谓自传性的几卷结束了，让位于后几卷对回忆、时间和解经原则的所谓哲学思考。这种题材上的突然转变给我们一种颇为怪异的反常感觉，因为奥古斯丁将他至为重要的转折——由以新柏拉图主义解读保罗书信转到带着更为强烈的原罪与救赎更为这两个对比鲜明的意识地审读这个使徒——从其精神探索的筚路蓝缕中省去了。这一转变发生于莫妮卡去世后十年左右，它对奥古斯丁具有如此强烈的影响，正是此事促使他撰写《忏悔录》。对于如此重要的事件竟然只字未提，尽管其影响贯穿全书，集中表现于对通过冥思达至天界可能性的否定以及他向当下（now）彻底自反的转向。

　　有人可能会说，奥古斯丁对保罗书信的重新研读是虎头蛇尾，仅仅意味着他在米兰花园经历痛苦期间对一个皈依的使徒的一种更为精到的理解，试图以此来对这种反常进行辩解。或者还会有人声称，我所称的"皈依"实际上是一个相当缓慢、因而是不易察觉的心灵变化过程。然而，在他生命行将结束之时回顾自己作品的著作《弃言》（*Retractationes*）中，奥古斯丁叙述了在写作对保罗形成

95

新看法的那部分所经历的斗争，这部分同时也是作为对他在米兰时的朋友和导师辛普里西努斯所提出来的有关圣经诠释的一些难题的回应。在思索这些问题的时候，奥古斯丁积极地辩驳"上帝的恩典"观点，但却被这个观点所说服，并成为这个观点的拥护者，认为只有它才揭示了保罗书信的真正含义。(《弃言》2.1)由是，奥古斯丁才感到自己在真正意义上抛弃了此前一直指引他的通过冥思达至天界的理念，最终转向了人类异化观，其具体细节他在忏悔录中做了详细论述。

我们可以通过再次申述奥古斯丁不是写一部自传，而是以告白来部分地解释为什么他将这一部分在对其生平的叙述中省略掉。作为此次活动的见证，读者——作为房间中未被意识到的存在——只需要知道莫妮卡成功地发现她那任性的儿子已经浪子回头就行了。她就是无处不在的上帝的恩典的化身，奥古斯丁以告白的方式来赞美它。然而，在提出这一解释的时候，我们还必须承认，正在进行的活动的压力——它那实实在在的在场感——掩盖了激发奥古斯丁以告白代替冥思的关键事件。换句话说，对当下的全神贯注排除了将其过去看作与现在不同的实在，以及因某个特别重要事件而突出过去的可能性。《忏悔录》中"自传性"的部分揭示了上帝的无处不在，显示了他如何在奥古斯丁生活中持续地发挥作用——在他处于襁褓中时、在他童年时代、在他的少年时代、在他成人以后……在他对过去的回忆之中，过去表面的"实在性"遮蔽了这个内在的真理。上帝的无所不在因此消弭了过去、现在以及（就此而言）将来之间的任何差别。似乎是随着对莫妮卡去世的叙述，奥古斯丁在一个已显冗长的证明中到达了一个自然的停顿点，在此，即书中的第10卷到13卷，他转而更为直接地向逻各斯开战。后面的这几卷是他真正重要的部分，尽管在我们现代人看来他似乎在叙述他精神艰苦求索的中途戛然而止，突然改变了主题。

自莫妮卡去世到奥古斯丁对保罗书信形成新的洞见这十年间发生了太多的事，而我们竟然还要从《忏悔录》以外的作品中去重构这一跌宕起伏的时期。尽管奥古斯丁最终还是于388年回到他非洲的故乡,甚至还能继续撰写有关基督教哲学方面的对话,但其生活的节律发生了根本性的改变。他发现自己日益被从自己隐居之地拖入非洲教会的圈子,其面临摩尼教、异教徒和多纳图派分裂者的攻击,亟需像他自己这样为宗教献身的俗人的帮助。在他的儿子和一个亲爱的朋友连接去世后,或许是为了转移注意力,不至使自己在悲痛中不可自拔,奥古斯丁向这种拉力屈服了。391年,他移居希波城,表面上是为了建一所修道院,但最终却被当地主教强制授予教士之职,395年他最终接替了主教职位。

作为一位曾一度非常有名的摩尼教徒,这位新教士很快就跻身反对这个宗教异端的战斗之中,此事又促使他重新思考恶的问题,并由此再次审视保罗的书信。在392年夏天与摩尼教首要人物福都纳长达两天的辩论中,奥古斯丁气势如虹地断言,我们的罪孽源于我们的自由意志,而非受到宇宙黑暗力量的支配。"不自愿为罪者绝不会为罪。"(《针对福都纳的行动或辩解》,20)为反对这一大胆断言,福都纳自己引用了这个使徒的话,使徒断言,"肉体渴望对抗精神,精神渴望对抗肉体,因此,你们不会做自己所愿望的事情";使徒还说,"我看到了在我的成员中存在另一种法律,与我内心的法律针锋相对。"(同上,21)奥古斯丁在反驳中将这些所谓的非自愿的行为归于习惯的力量(consuetudo),他说,观照自己的内心,看看我们愿意犯罪的结果:"当任由那种犯罪的意愿驱使而做了某事,从这一行为中所得的有害的甜蜜与快乐占据了心灵,而心灵是如此为自身的习惯所左右,以致于后来它不可能克服习惯通过犯罪而为自己所塑造的东西",习惯因而构成了"肉体的心灵"。(同上,22)

很明显,在他反驳福都纳的过程中,奥古斯丁一直在思考习惯的力量。在《论音乐》(De musica)——大致构思于加西夏库姆,387年开始写作,但到391年左右方完成——的对话中,奥古斯丁提出,肉体的快乐由习惯刻印在灵魂之上,通过记忆保存了它们的

97

力量,随着一次又一次的重新激发,它们会益发难以克制(6.5,6.14)。尽管习惯的力量尚不足以阻挠通过冥思达至天界的计划——音乐就是可以为心灵趋向上帝做准备的人文科学之一,奥古斯丁最终还是以此为基础构建了对其骄横力量的一种解释。在他《对主的登山宝训①的评注》(De sermone Domini in monte)中,他以其卓越的心理敏锐性解释说,肉欲通过犯罪得以扑灭,但对该罪行的回忆会燃起更为炽烈的快感,快感本身又需要满足,从而逐渐产生了一种犯罪的习惯,这种习惯是如此顽固,只能借助基督之力方可克服。(1.12)这位拥有过人理智的古典哲人竟然要匍匐在低等的习惯力量之下,该是多么的耻辱!

奥古斯丁一直在为其最终的转变做着准备,396 年左右他对上文提及的辛普里西努斯就解经方面所提出的一些问题的回应,促使他对人类的理性与意志做出决定性的再评价,最后转变的机会随之而来。他那位朋友最令人困惑的问题关涉到保罗在《罗马书》9∶13 所引用的上帝话语的意义:"我爱雅各,但恨以扫"。以扫做了什么招致了上帝之恨呢?在他的回应文章"至辛普里西努斯——论各种问题"(De quaestionibus ad Simplicianum)中,奥古斯丁根据整个书信来解释这段话,书信的本意是以神意——尤其是以一种拣选的观念,神的恩典由此进入意志,激励它转向上帝——约束人类的意志。人类绝不可能通过自己所为来受领此礼物。选择权完全在上帝那边,"否则恩典便不成其为恩典"(bk.1,quest.2.2)。奥古斯丁由认识到人类的意志为骄狂的习惯所奴役,进而认为人必须完全依靠上帝的恩典,否则不能自立。那么这是否就意味着上帝是非正义的呢?(因为确定无疑的是尚处襁褓期的以扫未做任何招上帝之恨的事)在此,奥古斯丁重述了保罗的评论,即:上帝通过使一些人心软同时使另一些人心硬来证明他爱的力量。

对保罗书信的重新研读完全颠覆了以前新柏拉图主义的理解

---

① 《圣经·新约·马太福音》第五章到第七章。

方式,从根本上否定了作为奥古斯丁前几次转变基础的冥思范式。但现在,他又遇到了新问题:怎样接触到一个处于人类掌控之外的上帝?"谁能在对您一无所知的情况下正确地求告于您? 他们怎么会向一个尚未信仰的对象求告呢? 如果没有传道者,他们又怎能去信仰呢?"作为《忏悔录》开首的这一充满焦虑的质疑源自这样的一个人,他别无选择只能从其自身内部找寻上帝存在的可能。由于不能升至天界,他必须下沉于现实;他必须将哲学带入现实、引入自我之中、引入知者的心灵、引入回忆、引入到灵魂堕落的深处。用皮特·布朗一句鞭辟入里的话说,"《忏悔录》的写作是一种治疗的举措。"[8]

这种自我分析最不寻常之处在于奥古斯丁坚决拒绝丢弃早先转变时所形成的各种前期自我的印记。他仍深切地意识到自己过去的分量。甚至在告白的过程中,他直接体验上帝在他内心中的作用,体验"一种与我正常状况很不相同的感觉,一种内向的快乐感",在正处狂喜之时,"我那沉重的痛苦负担又将我重新拉入尘世,我又成了我习惯的猎物,它们将我紧紧裹挟住了(《忏悔录》10.40)。"一个对回忆的力量如此敏感的人不可能抛弃一种同样处在现场的过去,否则,此种疗法就谈不上彻底。为寻求一种替代的方法,他尝试着某种更为极端同时也更为困难的东西。他着力在一个动态的现在、在它那现实存在的历时性特征中探究过去的罪恶与将来的福报——人类的意志和神恩——之间的神秘整合,在回忆过去的行为中寻找上帝的身影。

因此,《忏悔录》中所谓自传性的前9卷在引人注目的关于回忆的第10卷那里方告结束。在该卷中,奥古斯丁深入探究了他的世俗性的核心、那个在前几卷的告白中追溯了自己生活轨迹的现实存在的根源。(有关此章是后来加上去的虚假的论证在奥唐纳对该文详尽的评注中已被否定。)"让我知晓您,我的知者,让我像您知我一样知晓您(10.1 作者自己的翻译)。"随着这一祷告——这种赞美的告白(*confessio laudis*),奥古斯丁沉入自己的内心去发现上

99　帝,"当我爱上帝时我还爱什么呢？远远超越于我灵魂之上的这一存在到底是谁？如果我要接近他,必须通过我的灵魂。"(10.7)下沉进入自我转变为上升去接近上帝,这种上升所经的阶段(并非巧合)与在奥斯提亚的上升类似,关键的区别在于奥古斯丁现在是求诸自身之内而非自身之外。"我到后来才学会爱你,你就在我的内心,而我在自身之外(*intus eras et ego foris*)。"(10.27,作者自己翻译)

奥古斯丁对上帝的追寻促使他超越自己的感性存在进入到记忆的宝库之中,那里有他曾经经历或能够想象的所有东西,"里面有天空、大地和海洋在随时听从我的调遣。"(10.8)当他探索这个位于他心灵范围之内容量巨大的官能的奇迹时,奥古斯丁发现自己被无情地拉出自身之外:"尽管它是我本质的一部分,但我不能理解我之所以为我的所有一切……心灵过于狭隘,不足以完全容纳下自身。但它所不能容纳的那部分在哪里呢？"(10.8)心灵理解人文学科,比如语法或算术规则不是靠感觉,而是靠体认。由于某种未知的原因而深植于记忆之中的真理是如何到达那里的？同样,心灵能意识到无形体的感情,比如悲伤和快乐——它们的原型只能通过某种神秘的途径进入心灵。遗忘这一矛盾现象集中体现了这一不解之谜,因为依据定义,它就是记忆的缺失,然而不知什么原因我们还是能够认出我们所遗忘的事物。

"啊,主啊,我在这片田野上辛苦工作,而我工作的田野就是我的自我。"(10.16)奥古斯丁殚精竭虑地在他自己心灵之中探索,寻找他所渴望的"神佑幸福"(*beata vita*)感的根源,它由何而来？它是某种想象的东西、或是隐隐约约记得的东西、甚或是只有在发现时才会认出的"被遗忘"的东西？这些可能性都暗示《忏悔录》受到了普罗提诺的影响,依此而言,人类超验的灵魂,虽由于堕落而支离破碎,但仍保留了其以前状态的某些印记并一直在寻求重获失乐园前的完整性。但奥古斯丁将这种对新柏拉图式超越的渴望转而向内,在他对上帝的追寻中发现其现世存在的完整性。心灵沉入记忆,承担起凡俗灵魂追寻上帝之旅的角色,并将对过去罪的记忆和未来福报的希望紧密结合在一起。

奥古斯丁对回忆的探究自然而然地使他卷入到时间的问题,这就是下一卷的主题。"那么,什么是时间?倘若无人相问,我确实知道它是什么。"(11.14)在再次经过艰苦耙梳,费力而小心翼翼地向前推演之后,奥古斯丁得出结论:尽管是日常用语,"过去"和"未来"只存在于此时此刻正在观照它们的灵魂之中。"过去事情的现在是回忆,现在事情的现在是直接的感知,而未来事情的现在是期望"(11.20),灵魂的统一寓于此时此刻。对此,奥古斯丁通过分析一个回忆的例子做了阐释:

> 设想我将背诵一首我所知道的赞美诗。在我开始前,我期待的官能被它的整体所占领(*tenditur*);但一旦我开始后,那些我从期待的区域移出并置于过去的赞美诗句现在占据了我的回忆,我的行动分为(*distenditur*)回忆与期望,前者回顾我已经背诵的那部分,而后者期待着我仍需背诵的部分。但我注意的官能一直在场,通过它,将来的变成过去的(*praesens tamen adest attentio mea*,*per quam traicitur quod erat futurum*,*ut fiat praeteritum*)。(11.28)

意识(*attentio*)"间居"于对未来的期望和对过去的回忆之间,制造出时间流逝的表象,其持续的时间与我们眼下所讨论的主题相契合:"对整个赞美诗来说是如此的东西,对它的各个部分和每个音节也同样如此……对人的整个生活——他的行动只是生活的部分——是如此,对整个人类的历史——每个人的生活只是它的一部分——也是如此"。不管时间衡量标准如何,未来和过去都是我们处于不可言喻的现时中的意识的功能。因此,加里·威尔斯说,"心灵在非时间状态下撮合了各个时代这种奇怪的相互作用"。(91)

过去的诞生

告白消解了习惯的力量。在此过程中,奥古斯丁的意识间居于过去的罪与未来的福报之间。对神佑幸福的期待使他能够观照过去而不激活储存于记忆中之诸罪。通过牢记上帝的允诺,奥古斯丁构建起对过去的评判视角,将"间居"转变成为"内居":"我所期待的不是今生所有且必定会消失的东西,而是我的永恒目标,我专注于此目标,不会为其他目标分心(non distentus, sed extentus, non secundum distentionem, sed secundum intentionem)"。(11.29)在有关回忆和时间的几卷中,奥古斯丁将哲学带入现实,带入他正处其中的生活,在那里,上帝在他心灵中的出现整合了他散乱的自我,使他的人格归于统一。无所不在的上帝一直在他心中召唤着他——即使在他几乎不能听见的时候都是如此,并耐心地将他一直带到像现在这样能以回应召唤为乐。

《忏悔录》断言,生活是持续地追寻上帝的朝圣之旅。当奥古斯丁否定了思想升华的可能性之时,他将基督徒置于告白他们对上帝难以企及的渴望这一当下的行为之中,它发生并集中注意力于一个难以形容的时刻,它将过去、现在和将来结合在一起。在回忆、关注与期待的三位一体中,未来的重要性远远高于过去,因为超越时间的神佑幸福的允诺,将灵魂由间居状态转变为居内状态,既统一了它,又将它从习惯的力量中解放出来。尽管有这些益处,根据定义,期望仍是未完成的,使基督教徒从根本上疏离于世界。如 H. I. 马鲁所说,时间以"两重性"为其特征。

尽管《忏悔录》讲述了奥古斯丁如何成为一个朝圣者的故事,但其相对于正在进行的告白只是第二位的、确切地说是顺带的成分。因此,尽管他最终的转变所历经的艰难奋斗对他是如此关键,且是如此史无前例,但在书中却只字未提。告白排除了保持时代错误意识的可能性,因其会凸显过去与现在之间的不同,而这会使灵魂散乱而不是使其成为一个整体。实际上,奥古斯丁对现在的全神贯注使其不允许一个自主性过去的存在。后者在他的心中只是作为灵魂追寻上帝的朝圣之旅的一种历练(exercitatio animi)而存在。温特劳布评论说，就此而言，"对过去的分析绝非简单的回忆，"(39)或者以不同的方式表达说，当奥古斯丁关注自己的过去时，他不是越过自己或在自身之外，而是从其自身内部去看。我们所使用的过去这个词对于奥古斯丁来说，没有独立存在的空间。

奥古斯丁借助圣经阐释其生活的倾向强化了各个时态之间的共存与交织。他在一定程度上是将圣经看作不折不扣的真理来阅读的。在他看来，亚当确实生活于伊甸园，他确实吃了禁果，且作为直接后果，他确实体验到对自己赤身裸体的羞耻感。与他的一些同时代人不同，奥古斯丁坚持按照圣经的字面意思来理解，以防人们通过将上帝的行为仅仅看作是某种象征而减损了其庄严的神圣性。但奥古斯丁同时也坚持认为，不能将字面的意思看作圣经的主要含义，事实的叙述构成了"基础而非全部意思的展现"。[9] 举例来说，亚伯拉罕有两个儿子，一个是其奴隶夏甲所生，一个为其妻子所生，这本身是一个简单的事实，但其与存在的旧约和新约两部圣约书相关，而这种相关性阐明了基督徒而非犹太人才是亚伯拉罕的真正继承者。圣经所传递的事实标示着只有在事后方能显明其他真实情况。[10]

回顾性分析的此类特定形式通常称为对圣经的"象征"或"预表"的解释，分别源于拉丁文的 figura（形状、象征）或希腊文的 typos（象征）。根据此类对事件的解读方式，亚伯拉罕的两个儿子"预示"着两部圣约书，圣约书"应验"了儿子的借喻，或者（用预表的语言解释）儿子与圣约书的关系是"象征"对"象征所代表的原型"。后面我们还会更为详细地审视此种圣经分析模式。在此只需说，奥古斯丁解释新旧约之间相互影响的预表方式使他习惯于从整体上追溯思考他的生活经历与圣经之间的相互影响[11]。

奥利弗·温德尔·霍尔姆斯可能认为"一个人就十几岁时偷了一只梨的行为而小题大做"是一件"稀奇古怪的事"，但对于奥古斯丁来说这一行为（《忏悔录》的第 2 卷叙述了此事）就是在果树下重演失乐园的一幕[12]。同样（在同一卷中），他描述随其父亲到公共浴

102

过去的诞生

室洗澡的时候,其父亲以展示自己儿子的男子汉特征为乐,在此,他重演了亚当羞见自身赤身裸体的一幕。还有(如上所注)花园——尤其是米兰和奥斯提亚的花园——在《忏悔录》中占有突出地位。实际上,《创世纪》中的主题贯穿该书的始终,其倒数第2卷就是对圣经中有关创世纪叙述的分析。

设若我们将这些共鸣"仅仅"看作是象征性的,我们将会看不到奥古斯丁思想中的一个根本特征。他的行为不仅象征着失乐园而且从那里获得了它们的原初实在性——反过来亦如此。这样说也行:失乐园从这些行为中、从对他堕落的识别中获得其实在性。圣经叙述的更深含义——超越其不折不扣的真实——当置于他偷窃梨子这一具体情境之中加以观察,就变得可以理解了,因其戏剧性地阐释了伊甸园中所发生事件的意义。这出戏发生于现在,而非过去,发生在将二者连接起来的回溯行为之中。这样,过去从现在这里获得其实在性,这种实在性不是"历史的",而是"现实的",其所包含的基督教的根本真理成为信仰者所体验和感受的某种东西。当奥古斯丁说"过去事情的现在"时,我们应当从其字面来加以理解。呈现在他内心的过去要优先于作为其自身之外的某种东西的过去。确实,在一种贯穿各种时态的基督教意识中,过去是从现在获得其意义的[13]。

圣经以这种意识形式阐明了各种时态之间的联系。当现代的评注者们强调奥古斯丁生平的线性叙述——聚焦他告白的副产品而非告白活动本身——时,他们看不到奥古斯丁意识中最为突出的事实:现时的记忆构建个人的过去。没有圣经的启示,记忆可能已经无望地丢失了,其致命的弱点使它不可能赋予一种由表面上看起来(且确确实实)满是容易遗忘的事情组成的存在以意义,其中即使是一些最小的事——比如一件孩提时代的恶作剧、洗澡时所说的话——有可能都相当重要。圣经通过使那些看起来无足轻重但显示了奥古斯丁如此苦苦求索真理的事情免于湮没无闻而阐释了他的生活经历;反过来,他的生活经历通过揭示蕴藏于圣经表面叙述之中的意义而阐释了圣经,否则这种意义可能永远都不会为人所理解。因此,就像一位学者评论奥古斯丁解释圣经的方法:"我们从摩西或保罗或《福音书》的著者那里学不到什么可以理解的东西,我们通过自己在永恒的真理中看到那些东西来学习它们。但圣经的话语是将我们的注意力引向在没有他们的情况下我们能看到——但很少会看到——的东西的标志"。在《忏悔录》中,过去、现在和将来在受到永恒世界启发的基督教意识中连接在一起[14]。

"世间"观念

看起来矛盾的是,奥古斯丁式的基督教意识——根植于当下——与一种时间上前进的观念共存。他疏离于上帝的感觉被一种对未来奇特的乐观主义所缓和。说其"奇特",因为现在与基督再临之间的时间距离仍是完全说不清道不明的。在他的布道中,他公开谴责其为一分一分、一点一点地缓慢走向死亡的时间,在《忏悔录》中,他哀叹它背负着几乎难以忍受的渴望。然而,它也同样为罗马公教教会所取得的一个又一个胜利所充满。尽管奥古斯丁汲汲于朝圣之旅,他终其一生都是一个柏拉图主义者,对哲学有着深深的热爱,像安布罗斯和辛普里西努斯这些罗马公教思想家那样,柏拉图的学说已经成为其思想的一部分,奥古斯丁将罗马公教教会看作一种极度向内的精神性的载体,负责将那些曾难以把握的哲学真理向尽可能广的听众传播。

这种对罗马公教的理想化的观点与一种更为普遍的自满相吻合,即帝国的皈依标志着一个基督教时代(tempora christiana)的肇始,见证了圣经预言在当代的实现。早期的基督教徒曾将这种表述作为一种指称基督降临以后时代价值中立的表达方式,但到公元 4 世纪,它开始具有意识形态方面的含义,尤其是康斯坦丁大帝正式赋予基督教合法地位以后。康斯坦丁的宫廷主教优西比乌斯在其开创性的教会史著作中,声称罗马帝国负有传播基督教的神圣使命,它为基督诞生于奥古斯都的"罗马治世"(pax romana)所证明。随后的教会史著作进一步阐释了这种天佑观,将基督教的

104

迅速传播看作是圣经预言在当代的实现。基督教时代的概念因而成为基督教在公元4世纪胜利进军的标识。

一开始，奥古斯丁不承认这个概念的意识形态内涵。在他早期的布道和对话录中，他公开认为，除圣经已经揭示的内容之外，个人绝不可能理解上帝的人类计划的本质。圣经时代与现在之间的时空距离对于人类是完全不可理解的。当然，上帝从未停止在那个时空中发挥作用，但他已不再公开他的意图。大致在撰写《忏悔录》前后，他开始减弱对在近期事件中确认上帝计划这一做法的严厉指责，主要原因在于基督教所取得的显著胜利，最终导致390年狄奥多西赦令宣布异教徒为非法。为当时的热情所裹挟，奥古斯丁尽管早先不愿声明自己知晓上帝对后圣经时代的计划，还是姗姗来迟地加入到基督教时代的合唱之中。在新兴的罗马公教教会和高奏凯歌的基督教所带来的令人兴奋的时代，奥古斯丁发现自己日渐被一种与根植于当下的基督教意识不相容的进步观念所吸引。

410年西哥特人对罗马的劫掠促使人们对基督教时代和罗马公教继续拓展的可能性提出疑问，也向奥古斯丁揭示了进步意识形态与他宣称的意识之间的差异。在此次事件之前，他可以很方便而不假思索地将个人的告白行为置于宗教进展的总体框架之内，但罗马遭劫事件使他感到有必要为基督教意识寻找一个新的、能更好地与这个多灾多难的世界相对应的情境。在《上帝之城》中，他表达了一种历史——神学的存在观，将他个人对时间异化的看法扩展到整个他称之为"世间"的社会。

罗伯特·马尔库斯在其对奥古斯丁历史和社会神学的权威研究中，将"世间"一词宽泛地定义为"人和时间的世界"（Ⅷ），它源于古典拉丁文中表示"时代""世代"或"世纪"的词，但与圣经的拉丁文翻译中的"世界"和"世俗性"有着更为广泛的联系。在《忏悔录》中它只是偶尔出现，并保留了其古典和圣经的含义。在《上帝之城》中，奥古斯丁大量使用该词及其衍生词，这一点，鉴于其历史关

过去的诞生

切或许是可以理解的,但它同时具有了一种更为细腻的意义。如今,它不再表示区别于神圣世界的世俗世界,而被用来界定神圣与世俗相互交织、其所形成的交织物只有等到最后审判日方得解脱的空间。或用另一句话来形容,"世间"包含了亚当所有后代——过去、现在和未来的,获得拯救和被罚下地狱的——的凡俗生活。尽管奥古斯丁对时间的态度还是矛盾的,且基督教徒在其中仍是朝圣者,但当被拯救的和被罚下地狱的生命被看成是在同一时空管道内相互交织时,他们异化的环境得到了更为细致的处理。

世间观念在历史层面是奥古斯丁自反意识①对有关存在的推论。在《忏悔录》中他将时间描述为自我的一种间居,是期望与回忆之间不可言喻的连接点,不管心灵关注的对象是一首赞美诗,还是人类生活,或一般意义上的历史。基督教时代的概念从表面上看补充了这种个性化的观点,使得奥古斯丁能够将自己强烈的告白冲动地纳入到基督教进步的模式之中。当罗马洗劫事件迫使他抛弃这一架构时,他遭遇到自己个性化的时间观所固有的难以解释的问题。他的心智存在于他身体之内,赋予自己意识以连贯性,但"人类的历史没有任何躯体"[15]。他如今需要寻找一种历史一致性的原则来替代进步的意识形态。世间的观念通过将时空纳入到末世的框架,提供了此种原则,"人和时间的世界"在某程度上处于上帝和魔鬼之间,构成了个人在其中选择预定命运,接续完成其永存的神定目标的世俗场域。世间作为奥古斯丁彻底自反性的历史对应,既存在于时间之内,又超越于时间之外,将那些——套用加里·威尔斯的话——最终在非时间状态下撮合的事情都包括在内。世间是存在于当下的空间。

奥古斯丁这一新的历史连贯性原则意在解决一度被帝国的基督教化掩盖、但如今因西哥特人洗劫罗马而凸显的一些问题。基

---

① radical reflexivity,按字面翻译应当是对自我意识的意识,译者在此译成自反意识,希望不要引起误解。——译者注

督教时代的概念为耶稣降世和基督再临之间不断增加的时间范围提供了一种便利的天启式的解释。一些人甚至声称，他们的时代见证了上帝千年王国在尘世的建立，耶稣再临将紧随其后。对历史的天佑观以及与此相关的千年盛世的幻想，消解了进一步考虑耶稣降世之后的那段历史时期性质的必要性，尽管这段时间在持续变长。罗马遭劫粉碎了这些假象，并使对耶稣降世之后时间一直不断延长这一奇怪现象进行解释成为必要。

耶稣降世以后的时期因罗马帝国统治和更具有根本意义的基督教胜利而尤其重要。二者的发展曾很轻易地解释为圣经预言的实现。然而，在罗马遭劫以后，基督徒需要重新评估他们和帝国的关系，以防将他们的信仰过分紧密地与帝国的命运捆绑在一起。出于同样原因，一旦上帝的王国很明显并非仅在眼前，有关教会组织的争论随之加剧了。教会是一个坚守宗教纯洁最高标准的虔诚共同体，还是一个普遍性的、对信仰方面达不到那些标准的人同样开放的组织？假如是后者，人们如何在世俗的组织和天国的对应之间进行区分？奥古斯丁在《上帝之城》中着手解决这些问题，借用罗伯特·马尔库斯贴切的表述，奥古斯丁通过该书明确表达了"一种世间的神学"[16]。

尽管这篇皇皇巨制的写作是由罗马遭劫所触发，但其构思先于此事件，因为奥古斯丁以前一直想就天国之城和尘世之城的主题写一本书，早前的教父们，如特土良也曾对此做过探讨。奥古斯丁个人对此主题的兴趣可能要归因于他当希波主教的实际经历。在那里，他的罗马公教理想不可避免地要与更注重肉欲的基督教发生冲突。此外，他还必须与顽固的多纳图派针锋相对，他们宣称建立了非洲唯一真正的教会，没有被那些最后一次大清洗中背弃信仰的人所玷污。多纳图派教徒——一开始在希波比罗马公教派的教徒多，在非洲与之势均力敌——的排外性教会质疑罗马公教的进展及其体现的哲学理想。这些社会现实可能激发奥古斯丁开始重新思考尘世与天国之城的关系，但罗马遭劫事件促使他将这一主题纳入到一个完全不同的计划——通过与古典文化对比来界定基督教从而为它辩护——之中。罗马遭劫事件使此辩护变得非常必要,一方面需要捍卫基督教,反击一股复兴的异教势力的批评,另一方面也需要强化基督教徒自己的决心,因为他们当时感到已经失去了上帝的恩宠。

奥古斯丁写作《上帝之城》大致在 412 年,尽管他自写作一开始就对整部作品有一个总体构想,完成这部作品还是花了将近十五年的时间。在第 1 卷结尾,他概括地描绘了著作的大致结构,但对前 10 卷,他做了详述;这几卷主要通过对古典文化进行重新评价来捍卫基督教,驳斥异教徒的批评。尽管基督教在 4 世纪取得了很大的发展,但异教仍然拥有像诗人兼元老院议员西马库斯那样强有力且善言辞的拥趸,西马库斯曾将奥古斯丁提拔到米兰宫廷当修辞学教授。在 4 世纪后期,这些人甚至还面向那些对传统的罗马价值观持温和护卫态度的文化人发起了一场颇有规模的异教复兴运动。他们从共和国后期和帝国早期的一些大作家中吸收支持者,其中包括西塞罗、塞勒斯特、李维、维吉尔,尤其是瓦尔罗这位罗马当时最著名的古文物学者。奥古斯丁认为这种文化上对罗马传统的呼唤,对于自身理想信念已遭重创的基督教是一个危险威胁,在《上帝之城》的前 10 卷中,他正面回应这一进攻,运用从像瓦尔罗那样的经典作家的作品中所提取的论据,对其每一点都给予了还击,以从根本上摧毁他们所维护的传统。他将有教养的异教徒和那些在罗马遭劫后对异教的怀旧更感兴趣的基督教精英作为自己研究著作的阅读群体。

奥古斯丁在前 10 卷尽自己所学,最大限度地撕毁异教的文化假象之后,在第 11 卷到 22 卷,他转而着手构建一种新的人类生存理论。他讲述了天国与尘世之城的根源、相互交织及最终结果——城(city)在这里是"社会"或"联合"的意思。奥古斯丁为润饰这一发展历程,附加上长篇大段的题外论述,以处理各种各样的哲学和神学问题。这些离题论述为圣经对人类及其历史的叙述提供支

107

持,以对抗古典传统的影响,自成一体。奥古斯丁所阐明的圣经叙述的纲要显示出他更大的目标在于证明一种扎根于当下的基督教意识。

他描述了亚当及其同类被创造出来后,原本和天使一起生活在天国之城,同样沐浴于创造者的光辉之中(卷11—12),但捣蛋的天使导致上帝将他们打入地狱,他们在那里建立了魔鬼之城,并从那里引诱亚当犯罪。由于亚当是由人类而非天使的质料制成,犯罪的亚当堕入的不是地狱而是易腐败的、物质的世界。"你是泥土并将回归泥土"。(卷13—14)在这里,亚当的儿子该隐和亚伯分别建立了"人类之城"和"上帝之城",各以两种爱的一种为特征:"尘世之城体现的是爱自我,甚至于蔑视上帝;而天国之城体现的是爱上帝,甚至于蔑视自我"。(14.28)亚伯将自己当作一个尘世里的"朝圣者",鄙视任何永久性的居所。因妒忌弟弟对上帝的虔诚,该隐杀害了亚伯并建立第一座城镇,这是尘世之城的肇始,它以罗慕路斯兄弟的另一场互相残杀而告完成。(第15卷)奥古斯丁追溯了两个城的历史,一开始记述了上帝之城从诺亚、亚伯拉罕、大卫一直到基督的发展历程。(卷16—17)同样,他探寻了人类之城在古代大帝国的发展轨迹,在时间上使它们与圣经所记事件相一致。第18卷到最后4卷探讨在最后审判日两个城市的结局,两种爱都会在这一天得到其各自的回报,等待人类之城中爱自我者的是永世的天谴,而等待上帝之城中的"圣徒"则是永恒得救。 108

"天国之城""上帝之城""人类之城""尘世之城""魔鬼之城"这些词,奥古斯丁在写作的许多年中以及在长达数百页的书中并非自始至终都是一以贯之地使用的。(如果他真的这么做了,他无疑会毁掉一系列精彩的隐喻。)天国之城和上帝之城基本可以互换使用,另有一个要么世俗要么永恒的指称,后者意指那些注定拥有永恒生命的人。尘世之城和人类之城的意思则更为模棱两可,奥古斯丁经常互换着使用它们,尽管它们的世俗指称可能各不相同,他还偶尔将它们与"魔鬼之城"等同,从而进一步将事情弄得混淆不清。但严格地说,上帝之城和魔鬼之城都不属于这个世界,它们作为末世的实体而存在,只有等到时间结束之时方才全部显现出来,到那时人类到底属于哪个城的居民会通过其永恒的回报而为外人所知。"尘世之城"最好被理解为是将被拯救的和注定要下地狱的人要完成他们神定命运的世俗舞台,因此,我们或许可以从理论上将它与一种更为露骨地带有异教色彩的"人类之城"区分开来,需要注意的只是奥古斯丁实际并不总是保持这种区分(他的缺乏明晰反映了基督教正在一个古老的异教文化中兴起并正在改变它的事实,这使其地位模糊不清)。魔王及其爪牙以恶魔——物质世界的异教神——的面目出现于尘世之城,引诱人们搞偶像崇拜。与异教徒将物质性的存在本身当作目标顶礼膜拜不同,基督教徒仅将之当作达到更高目的——爱上帝——的一个手段。就其目标超越于此世而言,基督徒是朝圣者,是天国之城的未来公民。但如奥古斯丁所详述的那样,他们找不到亚伯从回避固定住处中所发现的不同寻常的快乐,而是过上了尘世之城的生活。但,他们最终与那个城的疏远并不妨碍他们现时参与其中。实际上,他们很愿意将之作为其忠诚天国的一种世俗表现而对待。譬如,他们支持有助于维护尘世和平的人类法律和制度,对于他们而言,它们的存在本身并非目的,而是他们所渴望的永恒和平的一种反映。因此,在尘世之城中基督徒和异教徒的生活相互交织在一起,但他们的生活目标各不相同。这种交织形成了世间,在其中被拯救者和被诅咒者为其各自的目标而努力。

奥古斯丁的世间概念涵摄了在一个更宽广的历史框架内个体生存在现世的异化,这个框架被构想为有限的、线性的但非进步的。世间源于亚当堕入的尘世之城,成于耶稣降世,终结于耶稣再临。前两个事件如上帝在圣经中所揭示的那样,涵括了人类为接受福音做准备的时期;在耶稣降世和耶稣再临之间的终局阶段,称之为基督教时代仅具有其最初的无关价值评判的含义。尽管圣经预言了历史的终局在耶稣再临,圣经问世后所发生的事件的即时图景仍是混沌不明的。这一时期包括罗马公教会的兴起、帝国的基督教化、罗马遭劫以及其他所有上帝为人类安排好的事情,它们之间没有任何差别。只有从将那些由上帝预先确定好的对象移居于上帝之城和魔鬼之城这一有限的意义上,方可以说事件是胜利或进步的。

奥古斯丁通过他"世间的神学"解决了由罗马遭劫所引发的主要问题。首先,他将耶稣降世之后的时间解释为上帝通过神意事先已经安排好的人类个体选择来充实两座末世之城的过程;其次,他证明了:尽管近期遭受了挫折,基督徒还是必须生活在国家之中,因为国家的目标是神意的一种粗略反映,尽管人类法律的极端不完善凸显了他们与上帝疏离的悲惨境遇;其三,他将世上可见的、制度化的教会与天国圣徒的聚会区分开来。尽管奥古斯丁将可见的教会描述为在俗世的朝圣之旅中的上帝之城,他还是坚持认为,这里面也有很多人注定得不到拯救。实际上,他仅仅在天国之城的人口与基督教在罗马世界的传播之间建立了一种松散的关联,他的世间神学严格限定了历史的意义,从而将信仰与事件不可预测的性质隔离开来。既然事件的发展进程超出了我们的理解之外,我们就应当只关注人类生存的最终目标并依此过好自己的生活。

《上帝之城》在最大可能的范围内说明了奥古斯丁的自反意识应用于人类整体的结果。尘世之城处于上帝和魔王之间,有两类公民居住其间,在最后审判日到来之时,他们要么上天堂,要么下地狱。假如这种间居像摩尼教所宣传的那样,处在力量相等的两个极端之间,时间就会变得毫无意义。但对于奥古斯丁这个柏拉图主义者而言,恶只是善的缺乏,因此,人类的间居就成为通向神定目标的中间站,对被拯救者和被诅咒者都是如此。间居只是人类持续新陈代谢、由未来转为过去的环境,其间,在时间流逝中永存的神定目标将一如既往地得以实现。双城的主题将奥古斯丁关于时间是受制于记忆和期望的不可言喻的现在这种个人观点整体

110

转换到历史场域，在那里，记忆、关注与期望三者的统一象征着世俗之中的永恒。奥古斯丁只是简单地转换了一下圣经中上帝的视角，在那里，人类的暂时性受制于一种一直存在的永恒性，而奥古斯丁将观察人类场景的视角由内转向了由外。

我们应当提防当代将世俗的存在看作一种连续体的倾向，因为这一观念赋予事件一种奥古斯丁明确予以拒绝的内在意义。他坚持认为，事件除了圣经中已经显明的以外，没有任何可以辨识的意义。这一原则适用于所有的事件，无论他个人生活经历还是范围更广的历史事件都是如此。尽管《忏悔录》描绘了一段生活经历，但其完全从属于正在进行的告白，而告白本身是一种持续承认并臣服于上帝荣耀的行为。告白排除了自传的可能性。同样，尽管《上帝之城》提出了一种始于失乐园、终于耶稣再临的线性历史框架，圣经问世之后发生的事件除了一些细枝末节的方面，皆不适用因果分析。历史的真正意义只有到世界末日方才知晓。只有上帝掌握了解答一切问题的锁钥。这一视角看不起所有我们称为"历史性"事件的价值，尽管奥古斯丁的框架包含了一种线性的时间广域。他所关注的不是这个广域本身，而是发生于其中的重大行为。世间构建的与其说是一种时间性的连续体，不如说是一种持续的行为空间，它的目的是什么、什么时候完成只有上帝才知道。

评注者们争论《上帝之城》是否提供了某种"历史哲学"、某种"历史的神学"或者某种"对历史的神学解释"[17]。所有这些吹毛求疵的争论都未抓住问题的要害，因为历史一词（在这些评注者看来）假定了过去观念的存在，而这恰恰是奥古斯丁所没有的。双城观念在任何常规意义上都不是历史观念：它没有追溯从尘世到天国、从过去到未来的进展；实际上，它没有包含任何进展的意思在内。反之，他矫正了内含于基督教时代观念之中的进步意识形态。为回应这种幻觉，奥古斯丁试图重新将关注点放在不可言喻的存在瞬间，将之重新构思为神圣与世俗之间不可分割的融合。

这种对人类境况本质的洞察建立在心灵的修炼（*exercitatio*

111

animi）之上，奥古斯丁在《忏悔录》中所表现的个人时间观就是这种修炼的结果。现代的读者们总是认为这种修炼过于古怪或学究气而予以忽视，然而，对于奥古斯丁来说，它不仅是一种学术的修炼，而是对过去、现在和未来相互渗透的一种真实的表达。它确证了他在阅读圣经时所体验到的一体感。正如圣经通过引导个人回忆过去的过程，弥补了个人记忆的弱点，它引导着人类将历史作为整体的任何思考，在暂时之中揭示了永恒，尽管这种圣经视角将历史看作是自足的，有明确的开始和结尾，但它在过去、现在和将来之间培植的那种超越于那些具体时态的直接关联，排除了产生任何经久的、区分过去与现在的时代错误意识的可能性。

重构的"世间"

　　奥古斯丁的一大不幸就是有一个影响力很大但误解他的弟子，或者传说是这样。大约 414 年，极有可能是为奥古斯丁在基督教方面的学识所吸引，保卢斯·欧若修从其故乡西班牙旅行到非洲的希波城，在他导师那里呆了一年后，他又到巴勒斯坦随圣哲罗姆学习了一年。之后，欧若修接受奥古斯丁的委托，着手撰写一部反异教徒的著作，这就是后来的《反异教徒历史七书》(*Historiarum libri VII adversus paganos*)。按照奥古斯丁的预想，这应该是一部进一步为基督教做辩解的著作，通过充实主要在《上帝之城》第 3 卷中勾勒的论据，证明异教徒时代的罗马历史中所发生的事件比基督教时代的罗马所发生的事件给罗马造成的灾难并不小些，因此，基督教不需要为近期所发生的罗马遭劫事件承担任何责任。欧若修作为一个尽职尽责的学生立即闷声不响地开始这一工作，但在写作过程中，他通过阐明自基督降临后，文明的问题得到持续的改进，从而用一种进步观侵蚀了世间概念。这样，他的导师从前门阻挡住的东西，他从后门将它放了进来，赋予奥古斯丁漫无目的运转的当下以某种自以为是的方向和目标感。因为中世纪的历史学家们更有可能阅读《历史七书》而非《上帝之城》——他们认为前者是理解后者的捷径，他们糊里糊涂地接受了一种完全非奥古斯丁的世间观，在那里，世间被理解为线性、定向的时空领域，上帝通过事件的先后顺序宣示他的意图。

　　这一约定俗成的故事将奥古斯丁看作受害方，他那细腻的情感在他那笨拙的学生将世间神圣化的冲动中遭到了践踏。欧若修超出了自己的本分是毋庸置疑的,但这一事实并不能使我们无视奥古斯丁对世间作为一个既非神圣又非世俗的自主空间已经死亡的默认。要理解他是如何对侵蚀自己的观念起到了推波助澜的作用,我们必须回到奥古斯丁对圣经的预表式看法,这一主题我在前面论述《忏悔录》时曾简单涉及。奥古斯丁试图在理论上通过明确区分圣经所记载的事件和圣经问世之后发生的事件来限制象征比拟方法的范围,使预表式的解释方式仅适用于圣经。但实际上,他将预表式解释扩展到圣经中所发生的事件之外,将耶稣再临也包括在内,从而为人类从开始到结束的历史设定范围。预表式解释应用范围的扩展,使得其后的思想家能够通过将近期事件解释为上帝最后审判的预兆而神化世间。

　　奥古斯丁通过重构预表解释、使其包括所有人类历史的做法产生了极其重要的后果,不仅改变了世间的性质,而且为一种统一的过去观念的出现准备了条件。作为某种不确定的空间,世间仅是存在的当下,其间发生事件的意义处于人类的理解之外。但当他将耶稣再临也涵盖在预表解释方式之内时,他的后继者就能逐步将世间构想为一种时间而非空间的实体,以区分过去和现在之间的因果关系为特点。但是,只要预表解释方式仍然是理解世间的关键,世间由空间观念完全转变为时间观念尚不可能实现,因为它所揭示的因果关系并非总是受年代顺序的支配。在重构的世间,未来有一种回到过去的特殊方式。

　　奥古斯丁在圣经的象征或预表解读法的发展过程中发挥了关键作用[18]。如上文所及,这种解读圣经方法的名称源于拉丁文的figura(形状、象征)或希腊文的 typos(象征),其通过一种回溯性的分析方式,将《新约》中的人物和事件与《旧约》中的"象征"或"模型"连接在一起。用一个普通的例子来说明这个问题,亚当代表着象征或模型,而耶稣则是"应验"或"象征所代表的原型"。在此配对中,亚当和耶稣都是真实的人,是行走于世的血肉之躯,但如果

113

过去的诞生

不从耶稣的角度来加以观察，就不可能理解亚当在神定的计划中的完整意义，因为正是耶稣的道成肉身完成或应验了这个象征。这个例子将人与人进行比拟，但象征式比拟可以在所有可以想象的联合中存在，譬如在人和事件之间、人和制度之间、事件与事件之间、事件与制度之间等等。预表方法至少可以追溯到保罗书信，在那里使徒运用预表的方式解释摩西律法，以使犹太人的历史与基督徒发生关联。譬如，在《加拉太书》中，保罗重述了亚伯拉罕的两个分别由奴隶夏甲和他的妻子撒拉所生的儿子的故事，它预示着在基督心中真正教会的诞生，它将人类从犹太法律的制约中解放出来。保罗的比拟尚缺乏系统性，其后的教父们对新旧约之间可相比拟的事物做了更为彻底的分析；其中，尤其是特士良反对将象征理解为某种讽喻的表达，坚持认为（引用埃里希·奥尔巴哈的话），"象征是某种真实和历史的东西，它表明某个同样真实和历史的其他东西。"[19] 通过这种方法，他保存了《旧约》叙述完整的实在性，倘若不是这样，它就可能会沦为只是新约的影子而已。

　　特士良是基督教会早期处境艰难时的皈依者（约公元190年左右），在当时的基督徒看来，教会刚刚成立不久并奋力求生的事实印证了耶稣再临的紧迫性。由耶稣降世所预示的新时代只是真理最终胜利之前的最后对峙，对胜利的期望排除了考虑"后圣经时代历史"有可能不断延长的任何必要。实际上，象征与其所代表的原型之间象征式的比拟限制了从创世到现今的事件的总数，基督徒对一个行将结束的世界不需要任何其他的历史解释方式。所有这些随着耶稣降世之后世界始终不出现任何末日迹象以及康士坦丁给予基督教合法地位这一突发事件而逐渐改变了。诚如罗伯特·马尔库斯所言，"皇帝的皈依，紧接着数代内社会大范围的基督教化，似乎显著地、且确实地比道成肉身所形成的分水岭更为明显地改变了基督教的生存环境。"[20] 基督教已不再是一个处境艰难的、114 其为求生存而从事的斗争象征着"最后的日子"的少数群体，他们的胜利来得如此突然，以至于威胁到他们在作为一种四面受敌的信仰群体时所有的那种身份意识。一种基督教的进步观念帮助将现今皇帝的教会与过去殉道者的教会重新联系在一起,但其构建在一种脆弱的自信之上,即认为现时代就是基督教时代,它见证着上帝预言的最终实现。罗马遭劫必将消除这种幻觉及其所滋长的连续意识。

在此关键点上,奥古斯丁重构了对现实的预表解释,使之能够涵括圣经之后的历史,在过去、现在和将来之间建立起一种新型的联系,以排除世事变迁的干扰,确认上帝的诺言。尽管他仍愿意接受对圣经的讽喻性解读,但一直坚持认为圣经的叙述有着内在的真实性,对此他以特土良那样的现实主义方式做了详尽的预表式阐述。《上帝之城》中满是普通的象征比拟,如诺亚方舟和教会、摩西和基督、夏甲和旧约、撒拉和新约、雅各和基督徒、以扫和犹太人等等。在这些关系中,奥古斯丁坚持象征和应验二者真实具体的性质,但他断言,一个象征在尘世获得应验本身可以视为对最后审判日到来之时天国应验的允诺,从而为这些普通的比拟增加了一种新的元素:"尽管圣经所预言之事已成事实,但仍然以某种方式勾勒了未来事件的象征(figuram deliniat futurorum)"。[21] 天国的未来因此可与旧约中希伯来人的尘世二分体和新约中的基督徒相比拟。

这种预表关系的三重视野暗含在特土良和其他早期教会作家的思想之中,他们都认为过去、现在和将来在上帝那里都是一样的。但奥古斯丁明示了这三重关系,尤其在 396 年之后,他在辛普里西努斯的鼓励之下,最后转向保罗书信,并开始着手写作《忏悔录》。在"至辛普里西努斯——论各种问题"一文中,奥古斯丁赞成强调时间的三维统一于上帝的神意预定观念:"除了对未来的知识外,什么叫预知呢?而对于超越所有时间的上帝而言什么叫作未来?假如上帝的知识包含了这些,它们对他而言就不是未来而是现在;因此,它不能叫作预知,而是知识。"[22] 预表的三重视野构成了与上帝知识(预知)的完美类比,在奥古斯丁"回复福斯图斯"

(Contra Faustinum)一文中可以看出这一点,它是奥古斯丁表述预表关系最清晰的文章之一:"我们都知道,旧约包含了对俗事的允诺,这就是它称为旧约的原因,对永恒和天国的指望属于新约;但是对未来事情的指望存在于这些世俗的象征之中,当世界末日降临于我们头上时,它们将在我们中间得到应验,这些并非我个人的臆想,而是使徒的解释——如保罗所说——显示了这些。"[23] 在这一预表关系的表达中,上帝预先规定了一切,过去、现在和未来在此成为一体。

"回复福斯图斯"一文大致写作于 398 年,从中摘录的以上一段话,清楚地暗示着末日已经临近,这种对宗教的成功将导向一个不可避免的结局的确信,与奥古斯丁新确立的对基督教进步观念的信奉相一致。在罗马遭劫使基督教时代的假象破灭之后,三重的预表见解被奥古斯丁作为界定圣经问世之后不断变长的时间的一种手段,赋予了其新的重要性;他将这段时间与上帝在离现今不断远去的道成肉身时期所做的诺言紧紧联系在一起。不管世事如何变迁,上帝将在耶稣再临之时兑现道成肉身时所做的诺言,其实在性——被拯救者的狂喜和遭天罚者的极度痛苦——奥古斯丁在《上帝之城》的末尾几卷做了详述。在他心中,耶稣再临是与道成肉身一样真实的事件,尽管它尚在未来。在奥古斯丁看来,这种未来的具体实在性进一步证明了时间在世间永远处于现在状态,因为世间就是由神意所界定的空间,在那里过去、现在和未来共存互融。这种视角使得世事的兴替对于一个基督徒来说无足轻重,因为上帝的诺言一直存在于当下。

这种三重预表的见解与奥古斯丁的历史神学是如此契合,以至于他忽视了其内含的逻辑上的不足[24]。如果再临时的耶稣与道成肉身时的耶稣系同一人,那么后者又如何能够兑现前者的诺言呢?(预表性关系是在两个不同的实体之间),道成肉身又如何能够"预示"耶稣再临?(前者通常都被描述为"开启"或"宣示"了后者。)耶稣再临又将如何使道成肉身的意义完全为基督徒所理解?(据其

中定义,他们已经信仰并将自己托付给了基督。)最后,道成肉身如
何要到耶稣再临时方得完成?(前者的意义对于信仰者来说是不
证自明的。)或许,奥古斯丁可以单独回答以上任何一个问题,譬
如,坚持说再临的耶稣与道成肉身时的耶稣不同(尽管这样的一种
断言肯定会引发一场神学上的混乱),但如果全部加在一起,这些
不正常的现象就超出了三重体系的承载力,引发人们怀疑奥古斯
丁是否过分滥用了预表解释的方法。极有可能是他对耶稣再临的
具体实在性的强调掩盖了这些反常现象,使他得以毫无顾忌地将
预表分析方法应用于未来。

通过将预表解释方法的范围扩展到所有的人类历史,奥古斯丁 116
不知不觉地使其后继者们得以逾越他自己在圣经时代和后圣经时
代之间所划的界线。在罗马遭劫之后,他再次确认了二者之间的
分离,断言超出圣经之外,不可能知晓上帝的意志,其部分原因就
在于耶稣再临使得圣经问世之后的事件都显得微不足道。即使是
最剧烈的动荡都只是当下个人行为的背景而已:"因此,在同样的
打击之下,邪恶之人痛恨并亵渎上帝,而善良之人则向上帝祷告并
赞美他",(《上帝之城》1.8)然而,将预表解释延伸应用于未来,使
奥古斯丁时时将这些个别行为当做最终结果的预兆。在《上帝之
城》第1卷中,他以一种毫不留情的严厉声称,那些在罗马遭劫事
件中丧失身家性命者自有其可咎之处,"一些人因无任何财富交出
而受到折磨……然而,这些人或许对财富还有贪欲之心,不愿意顺
从上帝的安排,安于清贫。"(1.10)这一态度接近于一种对事件的
神定解释。尽管奥古斯丁小心翼翼地留在分界线的这一边,声言
人们除非通过圣经,否则不可能知晓上帝的意志,他所走之路是如
此难走的羊肠小径,那些试图跟着他走的人不可避免地要滑向另
一边。

在他《反异教徒历史七书》中,欧若修以优西比乌斯式的基督
教进步观和奥古斯丁式的预表关系为质料,形成了一种对历史的

过去的诞生

神定解释。欧若修的历史写作主要依据优西比乌斯[①]的著作,尤其是他的《编年史》,该书曾由圣哲罗姆改编和扩充。优西比乌斯为在论辩中使人们承认基督教的古老,对圣经使用的是一种字面(而非象征)的解释方法。他在《教会史》一书开首就声称,基督(圣子)监督创世的过程,且通过希伯来的族长(亚伯拉罕、以撒、雅各、摩西、约书亚)体现自己的意志。希伯来族长们的真正宗教最终因错误地倚重犹太法律而误入歧途,促使上帝惩罚犹太人和他们的王国,在经历无休止的战争和内讧之后,罗马最终建立了普遍的和平并为一种真正宗教的(重新)宣示提供了世界范围的听众。耶稣降世推进了宗教在整个帝国的迅速传播与成功。优西比乌斯将随后罗马对基督徒的迫害解释为上帝对那些因成功而变得松懈的信徒之间派性纷争的惩罚,这在《耶利米书》和《诗篇》中早有预言。在结束时,他将康斯坦丁大帝称为新摩西,他在上帝将他的对手马克森狄(新法老)淹死在台伯河后获得了罗马(新乐土)。在优西比乌斯眼中,圣经中的事件确确实实地预示着当代的事件。

欧若修借鉴了优西比乌斯不仅将基督教与罗马紧密联系在一起,而且总是将圣经所记载事件与当代联系在一起的做法。与优西比乌斯从字面解释这些联系不同,欧若修(这位奥古斯丁的勤勉尽职的学生)总是从象征的角度来看待它们。在某种程度上,这种倾向内含于奥古斯丁的委托,它鼓励欧若修在异教时代和基督教时代之间寻找相似点,以证明灾祸并非后者所独有。但是,欧若修常常超出这个简单的职责之外,赋予这些比拟以一种明显的预表"感"。譬如,在第 2 卷,他从对巴比伦遭劫与罗马遭劫之间的比拟中得出了神的启示:

> 因此,巴比伦自建城 1164 年后,其财富被米底人和他们的

---

① 作者这里指的是凯撒利亚的优西比乌斯(Eusebius of Caesarea)(260? —340),凯撒利亚主教,曾著有《基督教教会史》《君士坦丁传》《编年史》等。——译者注

国王、同时也是巴比伦省长的亚尔巴图斯洗劫一空,且被剥夺
了王国地位,国王自己被赶下台。然而,这个城市本身在之后
还坚持了一段时间未臣服。同样,罗马在建城同样长的时间之
后,遭到哥特人和他们的国王、也是罗马伯爵阿拉列的入侵,
它的财富被掠走,但主权并未丧失。她依然存在并行使统治
权,没有臣服于别人,尽管根据(上帝)秘而不宣的法令两个城
市之间这个相似特点被如此安排,前者其省长亚尔巴图斯夺取
了权力,而后者的省长阿塔罗斯则试图进行统治,然而,只有
在罗马由于基督教皇帝的帮助,这一不虔诚的企图被挫败了。
(2.3)

　　这两个事件之间的相关性更带有象征意义而非直接关联。巴
比伦遭劫并不能预言罗马遭劫;但将两者做比较时,后者通过显示
基督教出现后上帝减缓了蛮族的暴行从而填补了前者的意义。当
然,欧若修超越了奥古斯丁所交代的任务,在叙述中注入了一种进
步的基调,但即使是奥古斯丁都要羡慕(或许是不情愿地)他的门
生在两个事件之间所做的富有创意的类比,令人叫绝的是两个所
谓的省长的名字都相近。在普遍感到这类勉强的证据无法抗拒的
信徒中,只有像奥古斯丁这样的人方能坚决否认上帝之手在真正
发挥作用。
　　从技术上分析,只要不涉及圣经,上述的例证就不是预表式
的,但人们可以很容易地看出,一旦包括了圣经中发生的事件,对
相似点的探寻可以变成一种明显的预表式表述。譬如,在第 6 卷,
欧若修描述了公元前 29 年奥古斯都·凯撒在共和国内战的最后
战役中击败安东尼后凯旋罗马的情景。在他 1 月 6 日进城的那
天,罗马人关闭了门神亚努斯庙的大门,意味着罗马,因而也是整
个世界最终获得了和平。这一事件使欧若修回想起上帝通过基
督发布的永恒和平的诺言:"任何一个信仰者、甚或不承认这种信
仰的人都不会不知道在这同一天,即 1 月 6 日,我们过主显节,即

118

主的圣礼出现或显现；因此，如实记载这一事件是恰当的，因为从各方面看，凯撒的帝国都可能是为基督的来临而准备的。"欧若修从这一比拟中得出的结论是典型的优西比乌斯式的，即上帝规定了用罗马帝国来传播基督教，但他是通过象征而非字面的理解得出此结论的。只有从主显节的视角方可看出神庙大门关闭的全部意义。

《反异教徒历史七书》反映了优西比乌斯的强大影响，尤其是他将圣经上记载的事件与圣经问世之后发生的事件相互联系起来的做法。但是欧若修是通过预表的方式建立起这种联系的，由此可以看出奥古斯丁对他的影响也同等重要。当然，欧若修对预表方式的倚重也可能源自他的另一个导师圣哲罗姆，他也经常运用这种分析方式，但在运用这种方式的彻底性和系统性方面比不上奥古斯丁。后者不仅将圣经作为理解历史的锁钥，还将这种预表理解方式延伸到将耶稣再临包括在内，从而以之界定了所有的人类事件。当门徒根据导师的要求承担起比较异教和基督教时代的任务，运用导师自己的方法来探索神圣事件与世俗事件之间的关联时，谁可以责备他呢？

欧若修所承担的任务的性质必然限制了他运用预表方法进行解释的机会。在绝大部分地方，他只能满足于罗列基督教之前的古代时期的系列战争和不幸。然而，罗马帝国在西方的衰落扩大了对当代事件进行借喻分析的可能，因其越来越像圣经中记载的事件。在 4 世纪后期和 5 世纪早期，人们还可能继续抱有罗马对世界的统治为基督的诞生所认可的幻想，但到 6 世纪后，甚至这种幻想都消失不见了。查士丁尼为重新征服意大利所做的巨大努力，对历史学家、图尔主教格里高利几乎没有留下任何印象，支配他的世界的是相互争斗的法兰克诸王和王子。在一个深谙圣经和早期基督教教父著作的人心中，法兰克诸王之间的猜忌、阴谋和勾连像极了以色列诸王之间的蝇营狗苟。格里高利实在无法抗拒那种以圣经中国王的故事为依据来理解当代事件的冲动，因此，他毫

119

无困难地在他自己的世界和旧约的世界之间进行预表式的类比。一个半世纪之后,圣者比德完全剥除了预表方法与圣经之间的关系。这样,他将世间由一个包含人类所有活动的空间实体转变为一个记录上帝在尘世有目的行为的时间实体。

图尔的格里高利与"世间"

自欧若修以后，在罗马帝国统治过的西方，历史写作一直处于停滞不前的状态，到图尔的格里高利（公元 539—594）时，境况才有所改观，他以"首部基督徒对基督教时代的叙述"[25] 的作者而声名卓著。不幸的是，这部杰出的作品在几个世纪中一直被严重曲解，包括其据说的书名——《法兰克人史》，格里高利自己如果知道肯定都不会承认。这部著作的结尾有一份他所写作品的一览表，在那上面，格里高利将这本书称为"decem libros Historiarum"，按字面翻译就是《十卷历史书》或者可以更通俗地称作《历史十书》。马丁·亨泽尔曼通过对这部作品认真细致的研究，更青睐通俗的译名。他论证说，格里高利使用 historia 一词的变体既针对历史的卷数，又指作为事件进程的历史，实际上，对他来说，10 卷构成了一种更抽象意义上的"连续的历史"。[26] 这样，格里高利就与历史的古典用法相背离了，后者仅仅意指由历史学家所写作的一种文学体裁，与任何更为广泛的意义无涉。我们所做的语文学的附加说明有着更为重要的意义，它意味着格里高利对该词更为宽泛地使用，表明他将人类行动的领域构想为一种统一的整体。但是，不要被历史这个词的称呼所引诱，进而将这个统一体看作是时间性的，认为其源自将过去与现在连在一起的因果关系链。更确切地说，这个统一体还是空间性的。格里高利的历史就是奥古斯丁给世间所下定义的具体展现，即神圣与世俗相互交织，过去、现在和未来共存于当下的空间。将他的著作冠以"法兰克人史"的名字是对它彻头彻

120

尾的曲解。

那么,这首部基督徒对基督教时代的叙述为什么遭到如此彻底的误解呢?尽管格里高利在书的结尾请求继任他主教职位的人,"你们永远不要让这些书遭到毁坏、改写或通过删减一些章节的方式部分地重写",(10.31)加洛林王朝的宣传家们在7世纪中后期还是对本书进行了大肆删改,将之由10卷删至6卷,以便将之变为一部法兰克诸王史。随后该书的6卷本和10卷本都流传于世,直到12世纪时,学者最终得出结论说,卷数多的才是正版(得出这一结论的路径可能被那种以为老版书一开始都较短,随着后来不断有增补而越来越长的公认假定所掩盖)。

重新发现格里高利真实意图的进程又被现代一种贬低格里高利、将他看作一个"黑暗"时代所特有的粗鲁而容易上当的作家的倾向而减缓了。也许格里高利自己应当为这一印象负责。在这篇著作的前言中,他大肆哀叹他所处时代学问的荒芜,而具体体现就是他自己写作的乡土风格。假如他作此声明只是一种修辞学上的别出心裁,意在给他的叙述增加可信度,那就是成功过头了。这些及其他地方的一些自我贬低的话语导致自己在别人眼中只是一个简单的年代记编者的形象,只是以(引用李维斯·索普的翻译)"杂乱无章"的编排顺序记录事件。"杂乱无章"——对格里高利在第2卷首行的蛮族化的拉丁语"mixte confusequae"〔sic〕的翻译——既概括又验证了我们对该叙述的反应。然而,我们对格里高利精神世界的理解如此严重脱节,以至于他本意在阐明历史事实、叙说天国之城与尘世之城相互混同的世间,而我们却将之当作他对自己粗疏的承认。[27] 只有通过描绘这种混同,格里高利方能阐明上帝之城在人类事务中的作用。

这部史书的第1卷意味深长地以一段信仰的告白作为开始,"这样,无论是谁读到我这本书都不会怀疑我是一个罗马公教徒"。那些对格里高利长篇大段地背诵尼西亚信经抱以宽容或不耐烦态度的人,等着他做完这个愚蠢的仪式,正式开始他自己的表演时,他们实际上还是并未理解格里高利的意思。格里高利从事历史写作的目的恰恰就在此，即揭示基督的教会这个尘世朝圣之旅中的上帝之城。尽管被拯救者与那些被天谴者的生活相互交织在一起——构成一个杂乱无章的人类行为领域，基督徒必须永远记住"圣徒们"组成了一个真实而独特的共同体，所有人都应当热望成为其中的一员。在格里高利眼中，上帝之城并不仅仅是世界末日降临时方存在的实体，而是实实在在存在于这个世界——不仅存在于将来，同样存在于过去和现在，其边界为尼西亚信经所划定。

这个城市为上帝所预知、预定，他"在他自己的基督，也就是说在他自己的圣子身上"创造了天国与尘世，"圣子是万物之源"。在此，格里高利的言辞纯粹是优西比乌斯式的，但后者对基督教的古老性的论证已经失去了逐字逐句的特征，而完全变为象征式的。基督作为由上帝变成的人而主宰创世，而不仅仅是一个脱离了躯体束缚的圣子，堕落前的亚当与基督的关系则是象征与象征所代表的原型（Adam，antequam peccaret，tipum Redemptoris domini praetulisset [1.1]）的关系。同样，正如夏娃是由亚当的肋骨做成的，教会（ecclesia）来自基督身体侧面的伤口。预表关系，不管是公开的还是隐含的，在第 1 卷的首章纷至沓来，将基督、创世、亚当、夏娃和教会相互搅合在一张超越了世俗区别的异常密切的意义之网中。

与之相同的预表模式反复发生，贯穿整个第 1 卷，该卷时间跨度从创世纪一直到圣马丁的去世，前后五千五百九十六年：诺亚方舟是母教的"概念"（tipum）；(1.4)约瑟以他对神的旨意的臣服成为耶稣基督的"前兆"（（typum）；(1.9)红海的分开是洗礼的"象征"（tipum）；巴比伦之囚是灵魂为罪所奴役的"象征"（typum）；而解放犹太人、恢复圣殿的所罗巴伯则含蓄地预表了基督。(1.15)第 7 卷集中体现了这种预表的方式，对优西比乌斯关于基督曾在亚伯拉罕面前现身的断言，格里高利明显增加了一种预表的色彩，认为亚伯拉罕据称曾准备在加略山拿以撒做牺牲。道成肉身和耶稣复活占据了该卷的核心章节,最后以图尔的第三个也是最杰出的主教圣马丁的去世结束,在叙述基督升天和马丁去世的中间安插了一章记述马丁的出生。在此,格里高利记述了马丁出生之时正处康斯坦丁统治期间,且与真正十字架遗址的发现正好一致。他因此通过真正十字架的发现和有关出生章节的标题,暗示了马丁和基督之间以及康斯坦丁和奥古斯都王朝之间的预表关系。在运用预表形象的过程中,格里高利明显抹去了奥古斯丁在圣经时代和后圣经时代之间所做的区分。

　　正如亨泽尔曼通过对突出地安排在每卷的卷首、卷中和卷末的章节进行认真细致的分析后所揭示的那样,格里高利的历史不仅富含预表的参照,而且其结构本身就是预表式的。第 2 卷的序言章在法兰克人及其诸王和希伯来人及其诸王之间构建起纵贯全书的基础性的预表关系。在此,格里高利对出自旧约历史书中的五对祭司、国王和先知做了相互对比,包括:正义的国王/祭司撒母耳和渎神的祭司菲尼亚斯,大卫王和非力士人的"国王"歌利亚以及以神圣的先知以利沙、以利亚以及好国王希西家为一方,以犹太人为另一方。在余下的几卷中,格里高利揭示了这些圣经中的原型在当代的应验。第 3 卷的序言将神圣的主教圣希勒里与异教祭司阿里乌、正统的国王克洛维斯与异端的阿拉列之间做了对比,从而应验了在前一卷序言中所述说的撒母耳和菲尼亚斯,大卫和歌利亚之间的预表式的对比关系。在随后的几卷中,教会的主教——包括格里高利自己在内——与法兰克人诸王的关系应验了旧约先知的象征,显示了通往正义的途径。贯穿《历史十书》全书的预表结构揭示了以色列诸王和先知与法兰克人诸王和主教之间根本上的相似性。

122

　　这种共时性服务于一种道德的目的。格里高利这部精心构造的作品远非对法兰克人行迹的简单记录,而是描述在一个圣徒和犯罪者的行为相杂共存的世间,**基督的教会**(ecclesia Christi)的实在性。人们需要向导带领通过这个丛林,以免与上帝的计划和目的失之交臂。这个计划为希伯来人和法兰克人之间的预表关系以及共存于圣经时代和当代的"奇迹和杀戮"(用沃尔特·哥法特激发情感的语句)所共同揭示。因此,只有抛开《旧约》中上帝的原型作用,孤立地进行观察,神圣的行为与丑恶的行为"混合"在一起看起来才像是"混乱的"。格里高利始终强调这一神定的模式,不惜以牺牲叙述的流畅和历史的连贯性为代价。他为了将善恶的事例并置,不惜随意打断因果的链条,打乱情节主线,省略关键细节,甚至中途停止对事件的叙述,这类情形在许多章节、甚至许多卷中都存在。实际上,这种"杂乱无章"的模式体现了上帝的意旨,因为只有这样,世间的生活才会提供宗教的训诫,而连续的幸运反而可能会掩盖它。

两个例子可以阐明格里高利致力说明的神意的训诫。第1卷夹在叙述圣马丁的出生和去世之间的、名为"贞洁的爱人"的倒数第二章,看起来就像一种离题叙述。尽管它篇幅长得不同寻常且相当详细,现代读者们还是不假思虑地将之斥为被一个粗鲁作家在更为重要的材料之中穿插的一个易使人受骗的故事。故事的主要内容是:一个年轻的新娘在她结婚那天哀叹不能将自己的身体奉献给基督,新郎为她的宗教献身精神所感动,同意了她的愿望。在他们长期的婚姻生活中,他们一直睡在一起,但从不过夫妻生活。在她去世后,妻子透过灵柩与她的丈夫充满爱意地交谈,因为他给了她一个未受污染的身体去侍奉基督。丈夫自己去世并下葬之后的早晨,人们发现坟墓中他们原来以墙隔开的墓室并排在一起。

这个故事使人回想起格里高利早先所写的红海的分开——洗礼的一个象征(tipum)。在此,他将世间比作海(hoc saeculo, quod figuraliter mare dicitur),因不同的人而朝不同的方向分开。有些人(像那位贞洁的妻子那样)第一小时就通过了:"他们是那些通过洗礼获得再生的人,因而直到生命终结长眠于地下,都能保持不受任何肉体污秽的玷污"。(1.10)其他人(如那位节制的丈夫)在其生命的后期"受雇工作于主的葡萄园",具体要看他们什么时候摆脱对肉欲的依赖。贞洁爱人的故事阐明了通向神圣的不同道路,同时证明圣徒就生活在我们中间。基督、马丁、贞洁的妻子、节制的丈夫以及无数其他依然行走于这个世界上的人都属于同一个神圣的共同体——基督的教会,它此时此地如天堂般的存在为神圣的奇迹所证实。

阿尔比主教圣萨维西去世的故事进一步印证了上帝之城在天国与尘世同在。这个故事放在第 7 卷开首的显著位置,位于第 5、6 卷对不敬上帝的国王希尔佩里克和他那邪恶的王后弗雷德贡德的讲述,和第 7 卷到第 9 卷对好国王贡特拉姆事迹的讲述之间的关键交接点上。(格里高利作为图尔的主教,和希尔佩里克和弗雷德贡德有多次冲突,在卷 5 和卷 6 中含蓄地将自己比作对亚哈和耶洗别做出不利预言的以利亚,而使第 7 卷到第 9 卷中贡特拉姆应验了希西家的角色。)圣萨维西在卷 5 结尾预言的希尔佩里克王朝的灭亡发生于卷 6 的结尾,从而为从叙述不敬上帝的国王的故事转向叙述正义国王的故事扫除了障碍。然而,在第 7 卷的第一章格里高利以长篇叙述圣萨维西的两次死亡而引人注目(且不出所料)地中断了连贯的叙述。

像"贞洁的爱人"中那位贞洁的妻子一样,萨维西还是一个俗人时就决心将自己的身体奉献给上帝。但最后他决定完全抛弃世俗的生活,进入到一个修道院,在那里他虔心敬奉上帝并最终成为修道院院长。他不仅不以新的职位为傲,反而更进一步退隐于修道院之内,同时不间断地为他人热烈地祈祷。常常有病人经过他代为祈祷后恢复了健康。当他最终死亡时,他的教友彻夜守护着他的躯体,但到早晨的时候,先是躯体动了一动,然后他又重新活了过来。尽管教友们苦苦哀求,他不言不语、不吃不喝长达三天之后方才谈及他在天堂的经历。他描述他站在圣徒中间,他们包括天使、殉道者和圣者,他们都沐浴在比任何光线都要明亮的绚烂云彩的光辉之中,他们除了呼吸空气中的馥郁香气之外,不需要任何

124

其他的营养。然后，一个来自云端的声音说道："让这个人回到尘世去吧，我们的教会不需要他。"不顾他的抗议，但保证他最终会回到那里，他被送回人间，他靠天国的芳香之气维持了三天时间，直至打破沉默。格里高利在结尾部分叙述了萨维西的后期生活，担任一段时间修道院院长后，他转任阿尔比的主教，在那里他劝告其他人总是以上帝所要求的那种方式行事，这样，"假如上帝决定将你从这个世界召回，你得到的可能就不是他的审判，而是他的安宁。"

萨维西主教去世时被称为圣者，他曾预言其末日的邪恶国王希尔佩里克也于同年死去。在闲暇时不妨想想他们截然不同的命运，永远不要忘记上帝之城就在当下。尽管在天国有其位置，但圣徒就活在我们中间，有些甚至在这个尘世中靠天国的芳香之气维持自己的生命（虽说只有几天时间）。哪一个有良心的人会公然违抗这样一个圣者？圣萨维西的故事，表面上看像是离题叙述，实际上是为讲述好国王贡特拉姆的事迹奠定基础，他尊重他的主教和预言家，顺从上帝的意志，证明了他对基督的教会的虔诚。

格里高利的世间是一个空间而非时间的实体。确实，他对当代事件的叙述是按年份进行的，《历史十书》全书内容涉及的时间（根据他的计算）达 5792 年。这是一个相当长的时间……几乎与奥德修斯流浪的时间一样长。关键在于格里高利和荷马及希罗多德一样，将一个很长的时间范围当作一个时间段，一个没有任何年代参考点的不定的连续体。但是（有人可能会反对说）道成肉身又是怎么回事呢？难道那个事件的重要性使格里高利的时间连续体与荷马的有区别吗？不可否认，道成肉身与耶稣复活占据了第 1 卷的核心几章，但基督在本书的开始和结尾都占据了重要地位。实际上，基督出现于创世中、基督被亚当和夏娃所预表、基督在亚伯拉罕面前现身、基督在约瑟对神旨意的臣服中被预表、基督被所罗巴伯所预表……基督无处不在，甚至（尤其）出现在"我们新的"神圣的"权威"圣马丁诞生之时。（1.39）实际上，基督的无处不在掩盖

125

了将他的降世作为一个标志性事件的重要性。

但是(有人可能继续反对说)像克洛维斯、希尔佩里克和贡特拉姆那样的人确实是对他们各自的世界都有独特影响的人物。不可否认,格里高利展示了近代和当代的国王和主教的生动往事,他们比起圣经中的对应人物形象要醒目得多。然而,他们的重要性不在于他们的行为——格里高利对这些行为的叙述进行随意裁剪以服务于他的宗教目的,而在于他们实际上与圣经中的人物具有相似点。当代人物被用来说明正在展现的圣经图景的连续性,其中,上帝意在通过将善恶杂陈一处而促使人们关注到他以及他在尘世的教会(ecclesia)。因此,格里高利的五千七百九十二年构成了一个空间而非时间的范围,一种被对现实的预表解释捆绑在一起且同质的人类行为领域。

当奥古斯丁将预表解释方法扩展到耶稣再临时,他几乎没有预料到它的结果,但他将圣经所反映的历史与圣经后的历史分开的直觉是恰当的。当格里高利公开侵犯这一边界——当他开始将圣经作为理解当代发展的指导时,他不知不觉地侵蚀了圣经中所记载事件的鲜明的现实性,使它们沦落到仅仅具有象征的地位。由于受到当代对过去和现在之间进行区分的蒙蔽,我们未认识到,这一努力的效果是双向的:当代的事件于格里高利具有和圣经所记载事件同样的象征意义。将预表解释方法延展到圣经问世以后的时代时,就消除了所有事件的独特性,即使是那些格里高利如此典型生动地记述的事件也不例外。

具有讽刺意味的是,格里高利的历史观的同质性使他最为接近奥古斯丁对世间的定义。格里高利曾阅读过欧若修的作品,对他也非常仰慕,但与欧若修不同,他并没有用一种进步的观念玷污世间。在某种程度上,后继国家的骚乱不安并不能安顿这种对基督教的乐观看法,但是一旦格里高利发现了法兰克的诸王及人民与以色列诸王和人民之间的联系,他就消解了所有历史的意义,至少是作为系列事件的意义。他的象征比拟将进步观念从世间清除出去,重申世事的兴替变迁从根本上只是上帝对人类狂妄的警示以及对人类忠诚的考验。像奥古斯丁一样,格里高利坚称,这种不确定的图景将一直持续到最后审判的到来,对它的暗示出现在《历史十书》的第10卷和最后1卷。[28] 只有到那时,上帝才会揭晓这些事件的意义。

格里高利将当代的事件比附于圣经所记载的事件,就我所知,他没有设想预表关系存在于圣经问世之后的成对事件之间。当然,他确是将康斯坦丁时代与奥古斯都时代进行比拟,但后者还是有理由归属于圣经时代(尽管是与新约而非旧约有联系);而且他确实在他和圣马丁之间设想出了一种关系,但后者与其说是预示不如说是在类似于优西比乌斯在其《教会史》中确立的主教职位继承序列中先于格里高利。最后,他确实在列举当代事件时常常打乱年代顺序——这(我们将会看到)可能成为一个预表关系的表征,但他这样做只是为了达到突出的效果而不是为了在毫无关联的事件之间建立某种预表关系。[29] 对于格里高利来说,预表关系必须以圣经为基础,体现上帝话语的真理性。

比德解除了这个束缚,使预表解释从其诠释的依据中解放出来,使之能够成为一种自足的对世界的看法。当然,它还将继续服务于神学的目的,揭示上帝的意志在时间中的运作。奥古斯丁将那种知识限定于了解圣经中所揭示的一切,格里高利将圣经中的这些启示与当代的发展联系起来,比德沿着格里高利所开辟的道路,将英国历史与圣经联系起来,进而显示近代的一个事件预示着另一事件,由之产生出一种对上帝在尘世有目的地行动的新意识。这样做,他就在将世间由一个空间的实体转变为一个时间实体方面推进了一大步。但不无讽刺的是,比德的基督教时间观随意违反我们现代的时序观,通过允许未来回到过去,打乱了过去、现在和未来之间的时间界限。

从未来回到过去：
比德及预表现实观

　　人们常常在蛮族历史的早期记述者中间，将图尔的格里高利和圣者比德进行对比，认为后者要远胜于前者。比德（673—735）自 9世纪后被冠以"圣者"之名，终身生活于诺森布里亚的盎格鲁-萨克逊王国的本笃会修道院中：一开始在韦尔茅斯的圣彼得修道院；后来从童年时代起，就一直待在贾罗附近的圣保罗修道院。他为人们通常所见的画像就是一个在隐居静修中写作的与世隔绝的僧侣，这足以解释他的《英格兰人教会史》在学术和叙事方面的长处，与格里高利的《历史十书》对法兰克的叙述相比，该书对盎格鲁-萨克逊人的叙述更加连贯和引人入胜。这一老生常谈确认并强化了我们现代的偏见：以明确划分的因果界线为特征的连贯性叙事是历史叙述自然演化而成的标准。从这个角度看，与比德的相比，格里高利的历史显得"原始"，因为法兰克人和他们的历史记录者的时代和环境都没有前者那么安定。现今（希望如此）人们至少可以感觉出这一解释有一丝丝同义反复的味道，因为它有赖于关于历史叙述的正确叙事标准的判断，而该判断却忽视了这一事实：格里高利所达到的目标恰恰是他所想要的，即描述上帝想要人们体验的好坏杂陈的世间。在格里高利的世界，没有现代历史连贯性观念的容身之地，这也使得随后比德所写出的接近这些标准的作品显得更为不自然，更加反常。那么，依据我们的标准，到底是什么使他能够构建这样一种连贯的叙事呢?

要回答这个问题,我们必须重新回到奥古斯丁的预表见解,他将其扩展到基督再临。这一创新赋予奥古斯丁的历史观以强烈的末世色彩——人们只能在最后审判日方知道圣经问世之后所发生事件的意义,到时上帝会对人类的行为给予永恒的奖赏或惩罚。优西比乌斯和欧若修都没有这种末世观,他们认为上帝通过基督教和罗马帝国的结合所取得的胜利已经做出了在尘世显而易见的审判。欧若修甚至在他史书的第 2 卷开首引人注目地宣布,在人类事务中人们不需要通过圣经来体察上帝的旨意,"因此,没有读过圣经的人都感觉得到,读过圣经的人都承认:所有的权力和所有的命令都来自上帝。"正如耶稣降生于奥古斯都时代所昭明的那样,上帝既通过圣经,也通过事件来显示其旨意。

图尔的格里高利并没有这种确信——这种脆弱的自负随着罗马帝国在西方的覆灭一去不复返了。在他历史著作的结尾,他忧郁地提及最后审判日的临近。在格里高利看来,最后审判的性质不能从事件中预知,部分是因为它只为上帝所知,部分是因为它在不断变化之中。在他历史著作中最令人恐惧的段落之一是,格里高利描述了国王洛萨为巩固自己的权力,残忍地杀害了他的两个侄子,当时两个侄子还是小孩,当他亲自手刃他们的时候,他们苦苦哀求叔叔能饶他们一命。(3.18)十个简短的章节之后,格里高利叙述了洛萨被敌军围困,绝望之下,皈依上帝,并在神的干预下得救(一场暴风雨夹杂冰雹横扫围困敌军,而他的营地却未受任何影响)的经过。显然,任何时候忏悔都不晚,就像洛萨再次证明的那样:在他 51 岁,也是他统治的最后一年,他在圣马丁墓前告白了他所有的恶行。格里高利在他历史著作的最后一卷论述末世时,开首重申了及时忏悔的主题,其以教皇格里高利一世对受瘟疫打击的罗马人民的劝谕开始:"你们任何人都不要因为深重的罪孽而绝望。"尽管末日已经临近,直到生命的最后时刻,结果都还是可争取的。

　　比德的末世观与格里高利一样，但不认同它的不确定性。在比德看来，上帝审判的不可改变性从事件的结果就显而易见。他以预表的方式解释英格兰人民和他们教会的历史：如格里高利笔下的法兰克人一样，比德笔下的盎格鲁-萨克逊人也是上帝的选民，新以色列人，但两者方法上的相似到此为止。格里高利将近代的事件以一一对应的形式比附于圣经所记载的事件，而比德创立了一个往外延伸的预表链，即从圣经到圣经问世之后的一个接一个的事件。这些预表链——依据一种叙事的顺序但并不总是依据年代的顺序——是比德的历史见解具有更大连贯性的原因。他将事件之网编织得如此严密无缝，以至于掩盖了叙事流与年代顺序分道扬镳的地方——在那里未来回到过去，为事件的进程增添了额外的动力。比德的末世观使得这种倒退的举动成为可能，因为他将最后的审判看作是永恒应验在时间长河中所采取的行动，尘世的结果预示着上帝的回报。不可否认，这种见解远远超出了奥古斯丁将预表范围扩展到耶稣再临时所想要的东西；但假如没有奥古斯丁的创新，比德在预表解释方面的末世视角根本就不可能产生。

　　比德以欧若修的方式开始他的历史著述，对其叙述的主题做一个地理上的概览，以确定英格兰在已知世界中的地位。但这一传统的开场手法迅即转入预表的领域："现今在不列颠，与 5 卷神圣法律相一致，有五种语言和四个民族——英格兰人、不列颠人、爱尔兰人和皮克特人，每个民族都有自己的语言，但都在学习上帝真理的过程中被第五种语言——拉丁语——联合在一起，它由于人们对圣经的学习已经成为共同的媒介"。(1.1)从摩西律法的 5 卷到不列颠的五种语言，象征比拟确定无疑——上帝对这个岛国的人民有特殊的安排。而且，似乎是为了进一步将事情挑明，比德的这部史书就分为 5 卷，特别对英格兰的人民和教会进行叙述，主要讲述这些盎格鲁-萨克逊人在岛上定居、皈依基督教并迅速成为罗马公教信仰的重要引导者之一的历程。依据比德对历史的预表解释，英格兰人是上帝的新选民。

过去的诞生

他们接受品质低下的不列颠人的邀请，来到这个岛上。作为这个岛上的原住民，不列颠人早先就归顺了罗马并皈依了基督教。尽管比德关于圣阿尔班殉道的故事令人动容，(1.7)但他断定不列颠人是不可靠的基督徒，容易受到任何种类异教的诱惑，因为他们愿意"倾听任何新颖的东西，从来不愿始终如一地坚持任何东西"。(1.8)。在罗马人放弃这个岛屿后，不列颠人摆脱了基督教的约束，恣意妄为，直到遭受一场可怕瘟疫的侵袭："但即使他们的朋友死亡或者对自己死亡的恐惧仍不足以将那些幸存者从他们的罪行和使其注定要承受的精神死亡中召回"。(1.14)，因此，他们遭到了由爱尔兰人和皮克特人施加的进一步的惩罚，后者开始侵扰他们的土地。被这些侵袭弄得焦头烂额的不列颠人请求日耳曼人——萨克逊人、盎格鲁人和朱特人——施以援手。"这一决定，如其效果所显示的那样，似乎是由上帝所安排的作为对他们邪恶的一种惩罚。"(1.14)

比德在此明显采用了一种圣经的语调：上帝用瘟疫、爱尔兰人和皮克特人的侵袭以及盎格鲁-萨克逊人的到来这些事件，给了无信仰的不列颠人以应得的报应。但他将这个神的报应的故事赋予了一种被末世论所形塑的预表方式。他对事件的解释是从最后审判日、从上面所述的不列颠人的罪行使其注定要承受的"精神死亡"往回推。（注意，比较一下格里高利的叙述：洛萨的邪恶并不必然就预示着他将遭到永恒的惩罚。）比德对神意更大的确信源自其末世观，其将预表解释扩展到耶稣再临，尘世的行为转变为其在永恒中最终应验的预示。

从比德对坎特伯雷的奥古斯丁到不列颠传教的叙述就可明显地看出这种末世观。奥古斯丁最终以"英格兰的使徒"而知名，当不列颠人忽视了将盎格鲁-萨克逊人转变为基督徒之后，他被教皇格里高利一世派到这个岛上向盎格鲁-萨克逊人布道。比德将这种疏忽看作不列颠人邪恶的最终且不可辩驳的明证；要不是上帝惦记着他的选民，赋予格里高利一世灵感，使他在596年给他们派遣了一个使徒，不列颠人的马虎态度可能会使盎格鲁-萨克逊人遭受永恒的天谴。对奥古斯丁传教的叙述始于第 1 卷第二十二章，紧接在西罗马帝国灭亡之后（1.21），标志着比德的英格兰人和他们教会历史的真正开始。

对奥古斯丁传教的叙述终于第 2 卷的第二章，接着比德开始叙述最终引发 615 年切斯特战争的诸多事件，该场战争导致无信仰的不列颠人遭到屠杀。奥古斯丁到达岛上后，他和随从的传教士在肯特定居下来，他们生活的示范作用足以激发当地国王艾塞尔伯特于 597 年皈依。随后教皇格里高利封奥古斯丁为英格兰主教。在艾塞尔伯特的帮助之下，奥古斯丁凭借此职，于 603 年召集英格兰教会的领袖开了一次会议，意在矫正他们的异教倾向（他们不在规定的日期过复活节），这样他们就能够与罗马公教会一起引导盎格鲁-萨克逊人皈依。尽管有诸多奇迹证实了公教会立场的真理性，不列颠人仍然冥顽不灵。对此，奥古斯丁预言："假如他们拒绝接受与基督徒同胞的和平，他们就将被迫接受由敌人发起的战争；假如他们拒绝向英格兰人宣讲生命之道，他们终将遭受由自己引致的死亡的惩罚。"这个预言在切斯特战争中变成了现实。诺森布里安人的异教徒国王埃塞尔弗里德不仅消灭了不列颠人，而且连不列颠人中的假教士也不放过，班戈的僧侣被杀得几乎一个不剩。"因此，主教奥古斯丁的预言——没有信仰的不列颠人拒绝了永恒拯救，将招致在尘世被摧毁的惩罚——在他死后很久得到应验。"

比德的预表关系追溯至旧约和希伯来人，他们预示着英格兰人。但与格里高利不同，比德不仅仅满足于象征与应验的一一对应。反之，他创建了一个因果链：不列颠人未向新选民传教（厚颜无耻地将盎格鲁-萨克逊人抛向精神死亡的境地）预示着不列颠人在那些他们本应将之发落到地狱的人所发动的战争中真实死亡；而这本身又预示着上帝对"拒绝永恒拯救"的不列颠人的最终审判。这个因果链的基点不在过去而在未来，在上帝的最终审判。131

这种末世的视角使得这个因果关联可以察觉,尽管在切斯特战争与预示它的事件之间相隔了十二年之久。比德一直对纪年很敏感,但只有在讨论的事件之间建立起没有留下任何叙事缝隙的预表关系之后,他才注意到它们之间在时间上的差距。因此,在历史审判反映了最后审判这一特定意义上,未来引导着事件的进程。[30]

比德的叙事不仅有从过去到未来的,还有从未来到过去的。通过让未来返回到过去,比德为自己对事件的预表解释增添了额外的动力。要不是因为比德明显专擅于年代研究,人们还有可能将这种叙事的特性归于年代学上的幼稚。作为《论时间》和《论时间的测算》两篇论文的作者,比德婉转曲折的说法显示出,他一直都知道他在什么时候颠倒了事件的顺序。举例说,在第1卷的第十六章,比德讲述了罗马人安布罗修斯·奥勒里安努斯的故事。他带领不列颠人取得了对盎格鲁人的"第一次"胜利,此后不久就在巴顿山战役中完败(回想一下垂头丧气的不列颠人曾请求盎格鲁-萨克逊人帮助抵御爱尔兰人和皮克特人)。该章以一个年代方面的参考为结束:"该事件发生于他们(盎格鲁-萨克逊人)到达不列颠后四十四年左右,但对此我在后面有论述"。下一章以"在他们到来的前几年……"这一行字起首,接着开始讲述日耳曼努斯和卢泊思主教的故事。他们从高卢来到不列颠,帮助不列颠人与伯拉纠派异端战斗,最终带领不列颠人打败了萨克逊人和皮克特人的联合军队。这场战役在第二十章做了详述,它由祈祷而胜,日耳曼努斯和卢泊思带领不列颠的军队高喊"哈利路亚",回声震慑住了异教徒。"这样两位主教兵不血刃就战胜了敌人,是通过信仰而非力量取得的胜利。"

在这些章节中,叙事流从一个以人类的方式所取得的血腥的胜利进展到以神圣的方式所取得的不流血的胜利。然而,为构建此种叙事方式,比德不得不颠倒事件的年代顺序:日耳曼努斯和卢泊思在盎格鲁-萨克逊人到来之前就来到不列颠,而巴顿山战役发生于他们到来四十四年之后。比德故意颠倒事件的顺序以便以一种预表的方式来阐述它们。安布罗修斯的最高成就就是巴顿山战役的胜利，预示了日耳曼努斯和卢泊思的成就，他们所取得的神的胜利——纯粹依靠信仰所取得的——应验了人类胜利的意义。一种末世论的视角使得这种颠倒在比德眼中完全合情合理，因为过去、现在和将来在上帝的最后审判中都紧紧地结合在一起[31]。

就本书讨论的主题而言，比德完成了世间由空间向时间实体的转变。前者包含了表面看起来毫无目的的人世变迁，而后者详细叙述了上帝在尘世有目的的行动。然而，将比德的世间连在一起的对现实的预表理解使得它的时间性与我们现代人所期望的完全不同。我们将他的预表关联当做因果关联来理解，但实际上比德常常将"结果"置于"原因"之前。即使我们发觉了这些时间上的颠倒，我们总是将它们看作是反常的情况，一个应该是连贯一致地按年代顺序叙事中的离奇古怪的失误。但我们应当将它们看作是通向一种潜在末世的窗口，它们使比德能从尚处于未来的耶稣再临往回看。这种末世论的视角决定了比德叙事中各个事件的真实关系，即没有年代顺序的时间关系。

尽管比德宏大的历史叙事直到中世纪晚期方出现继承者，但其间其他类型的历史写作开始崭露头角，最引人注目的具体表现是形式各异的编年史。这种体裁同样以体现于预表关系的末世观为特色。中世纪的编年史家在确立事件的顺序方面显出了很大的精确性和独创性，他们发明出并行的年代确定体系以区分在不同领域同时发生的事件。尽管如此，编年史家们还是可以自由地将人和事件从他们精心阐述的时间前后关系中剥离出来，将它们与其他来自大不相同的时空背景的人和事件搭配在一起。就像汉斯-维尔纳·戈茨所说的那样："一种预表的思维方式使得编年史家们能够在地点和时间方面分隔很远的事件之间发现（或者甚至构建）一种相互的关联"；这种"非时间关系"的形式源自一种末世论的视角，"其基础是确信所有历史都是上帝拯救过程的揭示"[32]。

这种思维的预表习惯到 12 世纪已经成为人们的第二天性，完

过去的诞生

整表达于但丁的《神曲》。但丁对现实预表解释的细节在此就不赘言，许多学者对此都有研究，其中，埃里希·奥尔巴哈在若干知名的研究论著中做了详尽的描述。这里只说一点就够了：但丁对从一种预表的视角地狱中罪人的描述使人有一种身临其境之感，个体在生前的定义性特征在地狱被放大，成为遭受折磨的具体根据。换句话说，在地狱中的个体应验了该个体的生前性格。其在世上的生存预示了他永恒的境况。还有什么比此能更好地表达从未来回到过去的末世观吗？

我们离奥古斯丁的《忏悔录》已经很遥远了，但是他在书中所表达的那种感情有一种持久的影响。奥古斯丁表达了一种根植于当下的基督教意识，对此，其绝大多数同时代人仅是朦朦胧胧地感觉到（它引发他们的深度共鸣是这部著作广受欢迎的原因）。尽管这种意识贬低了古典时代线性的和由单个事件组成的"诸多过去"，它同样没有给"该"过去的发展留下任何空间。不仅他基于存在的立场排除了这种观念存在的可能性，而且他对圣经的预表解释方式也产生了同样的效果，而后者又因他在自己生活与圣经之间进行比拟的倾向而变相强化了。这些倾向揭示了过去、现在和未来在当下的共存状态，未给一种区别于现在的过去留下任何空间。还有什么比奥古斯丁将他最有意义的一次转变从其精神求索之旅中略去这一点能更好地证明该论点呢？从他沉入当下的立场，他不会将过去看作一种自主的概念实体。

在《上帝之城》中，奥古斯丁通过"世间"观念，将其关于存在的个人立场转向社会层面。此观念标志着过去的诞生过程中的一个重要进步，因为它使基督徒能够将人类的行为看作一个整体，从而有可能超越古典时代碎片式的过去。但世间仍然扎根于当下，因为奥古斯丁将之看作空间性而非时间性的实体——神圣与世俗相互主动缠结在一起的地方。但具有讽刺意味的是，当他将对现实的预表解释扩展到耶稣再临时，他给予他的后继者们一种颠覆这个空间——将世间神圣化——的方法，这一举措使得他们可能对整

133

个"世间"做预表解释，不仅包括圣经中记载的事件，而且也包括圣经问世之后所发生的事件。欧若修是第一个发现这种可能性的人，图尔的格里高利将之转化为他撰写历史的组织原则，在法兰克人和以色列人之间做预表性类比。

在比德那里，预表分析方式已完全成为一种对现实的独立自主的看法，摆脱了对圣经的依附。尽管比德在英格兰人和以色列人之间做预表式的类比，但他同时也在与圣经没有任何直接联系的当代事件之间进行预表式的类比，他将它们作为上帝在尘世的行动表现来叙述，这些预表关联赋予其超常的叙事连贯性，由此将世间由一个空间的实体转变为一个时间性的实体。但比德对时间的理解与我们殊少类同之处，他是将时间的结束作为起点，由此往前推。这一特点反映了奥古斯丁那种根植于当下，过去、现在和未来融为一体的基督教视野的持久影响。尽管奥古斯丁、格里高利和比德口头上也会常提到过去，将之作为现在之前的时间，但他们不可能想到（用简妮特·科尔曼的话说）"过去的过去性"是某种与现在完全不同的东西。（294）没有"过去性"……，就不存在过去。

134

第三部分

文艺复兴

除了赞美罗马,历史还能是什么?

　　　　——弗朗西斯科·彼特拉克:《反对某个贬低意大利的人》

每个实例都站不住脚。

　　　　——米歇尔·德·蒙田:《随笔》

活着的过去

拉斐尔的油画"雅典学院"是文艺复兴全盛时期艺术的代表作,它装饰着梵蒂冈教皇寓所的一个称为"签字室"(Stanza della Segnatura)的房间,之所以叫这个名称,是因为早先教皇特别法庭成员就在那里开会。拉斐尔于 1508 年左右开始装饰这个房间时,人们想用它来存放教皇尤利乌斯二世的藏书,并将之作为他个人的书房。教皇委托拉斐尔做四副壁画,以阐明智慧作为真、美和善的统一这个一般性的主题。拉斐尔将两个最大的墙面保留下来,用于描绘神圣和世俗之真。他的第一个成果:"圣灵的辩论",象征着教会作为天国与尘世的结合所具有的神圣之真。与之正相对的是他的第二部作品:雅典学院,它描绘的是由一些伟大的哲学家聚在一起所体现的世俗之真,在两面边墙上,他分别绘上了"帕纳苏斯山"(通过描绘缪斯和诗人围在阿波罗旁边表现美的景象)和"三德图"(代表善)。尽管年轻的拉斐尔将这四幅作品(再加上房顶天花上的壁画)设想为一个主题性的整体,但在绘制的过程中,艺术创造力得到不断激发,信心不断增强,在"雅典学院"这幅画中,其创作的天才得到完整体现(参看本书封面图解)。

根据伦纳德·巴坎切中肯綮的评判,这幅壁画是"文艺复兴与古代之间时代冲突的完美镜像"。[1]"雅典学院"作为文艺复兴人文主义及其重新发现古典过去的丰碑,以我们可以将之描述为"历史正确"的方式描绘了一群伟大的古代哲学家,每个人物形象都衣着得体,同伴得宜,人物手捧的书本或拿的工具能完美地体现出其工作特点。在正中心站着柏拉图和亚里士多德,以通过系列拱门在他们之间逐渐消失的没影点作为背景,老师拿着一本他自己写的《蒂迈欧》,手向上指向支配物质世界的永恒理念,学生则拿着他自己写的《伦理学》,手势向外指向作为所有知识来源的物质世界。在这两个对比鲜明的人物形象两边,其他人在各式各样的群体里或站或坐,每个小群体都专注于自己的讨论。只有两个人离群索居,一个人——传统上人们都认为是那位藐视社会习俗和物质享受的犬儒第欧根尼——衣不蔽体,独自四肢伸开肆意地躺在中间;另一个人则是忧郁的赫拉克利特,他坐在醒目位置,沉溺于悲哀的思考之中。这幅画将这些人物全部集中于一个理想化的雅典拱廊(stoa)之中,它既象征着古典时代交谈的空间,又将古典时代的集体智慧涵摄其中。

但仔细一想,有人可能会认为背景有点不协调。拉斐尔将他的那些先贤安排在向一系列巨大的拱门上升的台阶上,其中两个拱门在他们之间支撑着一个透气的穹顶,上面带柱子的窗户勾勒出少量的云彩漂浮在蓝天之上。这个想象中的拱廊更多地要归功于布拉曼特的超凡想象力——使人回想起他为圣彼得大教堂的重建所拟定的方案——而非古典时代雅典的柱厅。确实,在右前方的一群人物形象中有一个——或者是欧几里得、或者是阿基米德——与布拉曼特就很像;而且,赫拉克利特与米开朗基罗相像,柏拉图与达芬奇相像,阿培里兹①与拉斐尔相像(画中直视我们的那位)。此外,还有许多其他推定的或可能的形象换置,形成了一个小型的学者圈。当然,称颂当代人在文艺复兴时期的绘画行业中属稀松平常之事,尤其是资助人常常最后都出现在被资助者的作品中以示感谢,但拉斐尔的形象换置则是为了将他自己及与之志同道合的艺术家们提升到哲学家和先贤的地位。这样做,他唤起了一种超

① Apelles,公元前 4 世纪古希腊画家。——译者注

过去的诞生

越时间和地理限制的理想共同体意识,在赫拉克利特(米开朗基罗)左边的人群中,带着头巾的阿维洛依①靠近毕达哥拉斯的肩膀站着,尽管这个中世纪西班牙的阿拉伯人与那个(推定的)前苏格拉底时期的希腊人之间相隔有一千多年,距离1000多英里。在阿培里兹(拉斐尔)旁边站着琐罗亚斯德和托勒密。3个人物(或许我们应该说是4个)之间时间和空间的距离都相当大。其实,当我们将眼光从画面的中心移向画外,师生之间在地理和年代上的接近就让位于一种不可能的场面和背景:来自不同时代、不同地域的人物汇聚在一起,他们本来不可能相遇、或访问雅典、或站在同一个柱廊里。将古代的人物换上现代的面孔迎合并强化了那种将来自各种不同背景的历史人物混杂在一起的一般倾向。

当然,房间内的其他壁画也显示了类似的混合。例如,"圣灵的辩论"是一个双层画面,天国的人物排列在漂浮于上空的半圆形云彩之上,与之平行的是一群尘世的人物弧状环绕在一个神坛周围行圣礼。天国的人物圈子将旧约和新约的人物聚在一起,而尘世的圈子则包括各个时代的圣徒。同样,"帕纳苏斯山"描绘了一群古代和现代诗人聚在阿波罗和缪斯周围的情景。在以上所说的每一幅壁画中所存在的混合,尽管我们料想来自于神的共同体——或是基督徒或是异教徒的神,它们超越了时间和地点的具体形态。但巴坎指出,"雅典学院"的目的是要占据"一个实在的空间,其中存在真正的互动,它们的含义要根据学问的最新发展来加以理解。"这幅壁画将教皇尤利乌斯称颂为第二个奥古斯都,他"鼓励将古代所有的一切集合在一个真正的现实空间,实际上就是这个布拉曼特自己的圣彼得大教堂的空间"。(14)这样它就表达了一种对过去的见解,它既是历史的,又是非时间性的,从而既歌颂了古

① Averroës,(1126—1198),西班牙一阿拉伯哲学家,以对亚里士多德著作的评注而知名,对中世纪的基督教神学有着十分重要的影响。——译者注。

代的伟大,又消除了其与现代之间的距离。壁画不是将过去置于一个远离现在的地方,而是强调了它在我称为"活着的过去"之中的在场。

细心的读者会记得,我在第一部分用过"过去创造的现在"这个术语,意指荷马和那些说书者(*logioi*)通过展示过去与现在根本一致而使过去与现在建立起直接的关联。然而,拉斐尔的活着的过去与之完全不同。它从骨子里都是古代的,比荷马的工具主义的"老时光"具有更加彻底、更加真切的古代性。它既是"过去的"(与现在不同),同时又是"活着的"(就在眼前且生气勃勃),此种情形就产生了一个怪异的问题:什么东西能够同时既是过去的又是现在的呢?

首先想到的当然是返祖,那些明显的过去遗存或倒退回过去的现象。确实,有些过去的遗存不那么明显,比如那个耳熟能详的说孩子的行为应该像"淑女"和"绅士"的告诫——当人们停下来想这句话的来源的时候——与早就不存在的骑士世界有关联。但一旦它们的本来面目被揭示出来,返祖现象被理解为注意到某种东西明显与现在相隔久远,那么从历史发展的特定角度看是不合时宜的。然而在文艺复兴期间,时代错误观念界定过去的"过去性"不是将它与现在分开而是将它推入现在之中,这样,二者可以主动地相互吸收、相互影响。根据这一相互作用的动力机制——我在后会做详细分析——人们会说,我们提出上述问题是不恰当的,因为使用了一种自动而本能地将过去与现在分开的架构。反之,我们应当将活着的过去设想为一个共时的空间建构,它保持了时间上的差异,但同时消灭了时间。

伦纳德·巴坎通过弗洛伊德心理学的类比帮助我们构想了这一个奇怪的空间,它(像拉斐尔的画一样)同样反映出对古典文化深深的热爱。弗洛伊德将他的心理学建立在"精神生活中,任何曾经形成的东西都不会消亡"(17)这一原则基础之上。在《文明及其

141

不满者》——该书将心灵史与文化史联系起来——中，弗洛伊德以罗马这个他心中有关过去的完美象征的考古发掘为参考提出了此原则。在一开始，他描述了这个现代城市，指出它同时又是连续的考古地层的现场。然后，他将这个历史的罗马与某个想象中所有的考古层同时共存的罗马做对比。例如，在想象中的罗马，人们可以看到帕拉丁山顶，最早的原始定居点与罗马皇帝的宫殿并存。不仅不同时间段的建筑物共存，而且同一建筑物的不同形态会相互叠加在一起，就像处于一张全息图中，"被卡法雷利宫殿所占据的地方——这个宫殿不必移走——又建有朱庇特·卡皮托林努斯神庙，且这个神庙不仅仅呈现出帝国时代的罗马人所看到的最新的样子，同时也呈现出最早的、属于伊特鲁里亚文明时期的形式并饰以赤陶土的瓦檐饰。"（18）

弗洛伊德最终放弃了这个为精神生活的持久性所做的类比，因为叠加建筑物的喀迈拉（即不可能实现的想法）经证明不可能形成思维图像（在他那个时候还没有全息图）。然而，在他放弃类比之前，他以对古代和现代罗马的精微了解表现出对这个欧洲文化母城的深深热爱。巴坎指出，这个 19 世纪出生于摩拉维亚的犹太人感到阻隔于这个城市所代表的东西之外，犹如拉斐尔感到阻隔于古代的一切一样。弗洛伊德的罗马至少是象征性和历史性并重的，他将之作为一个过去和现在共存但又消灭了时间的同步空间的样本就毫不奇怪了。

冒着某种论证风险走到这一步后，我们大胆尝试参照"不同时代事件的同时代性"对活着的过去做进一步阐释。我在第一部分结尾概括古代多样过去的传统时采用了这个表述。回想一下莱因哈特·科泽勒克是如何运用这一表达来描述前现代时间体验的一个方面，根据这种体验，（比如说）波利比阿历史循环的所有阶段都包含在其中任何既定的阶段之中；同样，回想一下我们是如何由这一公式推知并进而概括出古代以不同计时法为特点的多样过去的体验,所有这些都内在于历史学家和读者的思维之中,排除了产生任何有关"该"过去独特看法的可能性。我们现在可以在这一古代同步性体验之上再加上文艺复兴的体验,在后者那里,不同的过去都是明显可辨的"过去",同时仍然处于现在。142

与像修昔底德那样的古代历史学家按顺序处理——以一种在排除时间深度和历史独特性观念的同时保持一种叙事连贯性的前景化方式——与过去的多种时间框架不同,文艺复兴时期阅读古代历史的人们能按照它们的时间性和历史性来体会这些作品,但基本不考虑它们之间的叙事关联,从而使每一种历史叙述看起来都自成一体。他们与其说是想学习"罗马历史",不如说是想阅读罗马历史学家的著作;同样,他们较少考虑"古典诗歌"而更多地考虑古典作家,比如说,维吉尔和贺拉斯。此外,如我们即将看到的那样,他们将罗马历史学家和古典诗人的作品整理成各种通用部目集,里面都是一些互不连贯的古代文化的零星碎片,且全都可爱地恢复到其原初的纯洁。这些文化上的习惯造就了一种文艺复兴时期所特有的对不同时代事件进行共时性诠释的方法,其特点就是将各类历史个别的过去置于一个共时性的篮子里同等看待。在这样一个精神世界里,拉斐尔就能够将自己画成阿培里兹并将这幅混成像与琐罗亚斯德和托勒密的历史再现的真实画像并置在一起而没有任何违和感。然而,就我们现代人的思维方式而言,这种活着的过去是一个名副其实的怪兽!

它的怪异性源自以参照各种各样的古典模板来进行不拘一格的读写方式训练为特点的人文主义教育科目的安排,其目的就在于企图复兴古代的文学和文化。我们在后面将探讨意大利人文主义的兴起,但目前我们将它与另一个新的科目——大致在同一时期,即 14 世纪初期开始由北欧输入意大利的经院哲学——做一个简单的比较。在这两股运动之间最终引发的激烈竞争之中,人文主义者明确显示出在 *studia humanitatis*,即人文研究方面的优势,包括语法、修辞、历史、诗歌和伦理学,语法和修辞(而非经院逻辑学)有利于增强人们的交流能力(而逻辑学仅仅提供分析的技术),历史、诗歌和伦理学(而不是形而上学和自然哲学)有利于提升人们的思考和行动的能力(而形而上学和自然哲学仅仅描述抽象的人和自然)。这种教育体系通过 *imitatio*(模仿),即模仿古典范例的方式运作,因为古代人被认为已完整掌握了演说和修辞的技巧,运用它可以最为扣人心弦的方式展现人类思想和行为。人文主义者相信,他们的模仿方案,不仅能够恢复古典语言和文学的光辉,而且能够重现蕴藏在古代作品的语言和形式之中且由其表达的古典文明的辉煌。他们的经院对手们将他们讥刺为思维混乱的道德主义者,这只能使他们将论争的热情倾注于对所有古代东西的膜拜之上,他们感到与古代之间被"黑暗的时代"所隔离。这个时代以经院哲学新词汇的野蛮性为表征,失去了古典修辞学的光芒。

当一个人是为模仿而阅读时,他就会盯着范例。当某种东西成为突出的榜样或某个普遍真理的鲜明例证时,它就具有示范性。因此,它潜在地体现了一种自相矛盾,因为它同时既具有独特性又具有普遍性。当然,经院的逻辑学家们会率先承认在一个知识的等级序列中,某种东西既具有独特性又具有普遍性,但人文主义者们规避逻辑,青睐实践性的真理,从而在他们范例观念的核心处强化了这种潜在的悖论。这种潜在性在古代没有变成显性,因为古典文学的前景化特征使古代的读者沉浸于眼前每个细节丰富的场景上,它们生动地阐释了当时社群所普遍公认的社会和道德准则。尽管每个场景的丰富细节——故事中套着故事——使它充满着例证,但每个例子都削弱了前面例子的效用,从而使得它们看起来既是独特的,又是普遍的。

文艺复兴时期阅读古典文学杂集的人们所接触到的是大量引人入胜的轶事和叙述,他们往往会以自己看到它们的方式来消化它们——一件事接一件事、一个故事接一个故事、一个文本接一个文本。他们正好是因这些范例的古典风格和主题、因它们与现代的不同而看重它们,他们往往设想每一个例子——以及作为例子来源的文本——都有历史特色。文本的独特性不可避免地促使人们推导出文本语境的独特性,从而进一步导致对整个范例观念的怀疑。如一个古典的文本最终被视为希腊或罗马所特有的——并且更进一步说,属于雅典或爱奥尼亚,或者罗马共和国或罗马帝国时期的作品,它就失去了典范性,为历史和文化的相对主义所消解。确实,几乎就在差异发现之时,消解的过程即告开始;换句话说,它在文艺复兴刚刚兴起之时即告开始,且一直贯穿于这一时期。从我们的视角看,这一过程似乎满是混乱与迷失。对一些人确实是这样,但它为其他人通过模仿的方式弥补过去与现在之间的鸿沟提供了一次特别的机会。文艺复兴的时间范围为这一方案的活力所界定,它在前行的过程中不断侵蚀着自己的根基,直到它不再具有任何活力的那一刻为止。

144

我们现在转向分析人文主义运动及由它所引发的时代错误观念。此运动试图通过为方便模仿而设计的阅读方案恢复失去的古典文化。一旦我们明确提出了作为人文主义模仿方案基础的原则,我们就可以进而考察它在最早也是最有影响的人文主义者之一弗朗西斯科·彼特拉克那里实际运作的情况。对于彼特拉克来说,活着的过去与模仿有着密不可分的联系,它激活了前者,没有这种模仿,活着的过去将不可想象。在彼特拉克的作品中我们可以看到,过去与现在的混合如何为自我表达开启了创造性的可能,强化了他对自己历史独特性的意识。随着时间的推移,他所助力灌输的阅读习惯开始削弱模仿古典榜样的可能性,它们与现代性之间相距遥远,减弱了它们的典范意义。古典文本最终被置于古典的语境中予以考察,进一步强化了历史和文化相对主义的意识。紧随这一发展之后,接受过人文主义训练的思想家们——比如法学家让·博丹——开始构想新的、表现过去与现在相互一致的象征空

155

间的形式,其与拉斐尔的"雅典学院"构成了一种文学上的类比。然而,博丹对这个空间的更为"字面化"的处理,使这个空间不断具体化,从而逐步抽去了其所包含的象征意义。

时代错误的诞生

本书以这一命题为前提：一种持续的对时代错误的认识仅仅到文艺复兴时期方出现。这一命题的新颖性仅在于我旗帜鲜明地提出了它以及我由之所得出的结论。除此以外，其轮廓来自雅各布·布克哈特的那本划时代的著作问世以来的一些主要著作对这一时期的解释。布克哈特在他的《意大利文艺复兴时期的文化》（1860）中，认为文艺复兴的明确特征是"个体的发展"，他的意思从最广义说就是一种个体性或独特性意识的兴起，它既适用于人，也适用于人对世界的理解。埃尔温·帕诺夫斯基在《文艺复兴与西方艺术的文艺复兴》（1960）中，进一步将这一观念修饰为"艺术形式和内容的重新整合。"凭此，文艺复兴的艺术家们最终将一个像维吉尔那样的对象描绘成一个穿着托加袍的古典诗人，而非穿着僧袍的中世纪经院学者。这一发展是日益增强的时代错误意识的集中体现。近期许多学者进一步探讨了在范围广泛的各类活动中——在语文学兴起的过程中、在文学与艺术创作中以及在政治和历史思想领域——这种意识的诸种表现[2]。

由此命题我得出另一个简单但符合逻辑的结论：过去观念的首次萌动——将过去定义为不仅先于现在而且与之根本不同——发端于文艺复兴时期，随着时代错误意识的诞生而出现，尽管由是产生的活着的过去与我们现代表示时间上"回到那里"的过去观念几无类似之处。我们现在准备考虑这个起始点，但是，假如不首先对时代错误观念做更加细致一些的考察以便能精确地说明所出现的东西,我们就不可能对之作详细的探讨。对我们而言,时代错误观念有两个方面:一方面,它意味着将一个历史实体置于其具体情境之外;另一方面,它意味着认识到这种处置方式的不合适。我试图追溯的正是后面这个"对时代错误的意识",但它呈现出的多种形式与前面"犯时代错误"有关。那么,现在就让我们来考虑可能产生时代错误的不同路径。

文学评论家托马斯 M. 格林或许是该课题研究方面最为突出的现代学者,在他精心阐述的类型学中包含五种时代错误:(1)"天真的"时代错误,以"一种缺乏强烈历史感的文化"为特征,典型代表就是(比如说)中世纪将维吉尔描绘成穿戴着僧侣的风帽、与世隔绝的经院学者;(2)"过分的"时代错误,一心一意地坚持某个令人可鄙的与当代用法相冲突的榜样——"死板的西塞罗崇拜者将基督教的上帝称为'万能的天神朱庇特'就是滥用,因为作者希望控制历史,他这样做不是出于无知,而是出于一种错误、僵化和不合时宜的体统";(3)"意外的"时代错误,其也试图控制历史,但是通过坚持一个被不恰当或不完全理解的榜样——比如文艺复兴时期因为那些曾建于地上的榜样建筑在发现时都被埋于地下,导致人们以为古代人喜欢穴居,为模仿他们一度流行建造"洞室";(4)"创造性的"时代错误,最明显的是体现于模仿的最高形式之中,它利用对过去与现在之间的差别意识作为自我表达的起点,这方面我们在探讨彼特拉克的作品时会看到;(5)"悲情的"或"悲剧性的"时代错误,它促使人意识到变化的不可避免性,所有的人类创造因而都是"过时的"。人们可以在格林的类型学中感受到在犯时代错误与意识到时代错误之间的边界存在着一定程度的相互渗透性,这有可能帮助激发艺术和文学的创造力。[3]

146 对时代错误的意识本身要早于文艺复兴。我曾提到过古代的作家们在随意而零散地提及老时光和不再流行的习俗时,是如何利用地方性、工具性的时代错误意识的。在写作中显示出的这种有限的意识在阅读中也有表现,特别是公元前 2 世纪亚历山大文学学派的批评家们就明确表达了此点,其主要人物萨莫色雷斯的亚里达古对《伊利亚特》和《奥德赛》的文体做了全面系统的研究,能够确定书中的什么地方一个单词或用法似乎不合适。然而,阅读方面的此种精确在古代似乎并没有产生任何影响。因为它淹没于作家们那种从尽可能多的不同来源吸取文学上灵感的喜好。古代文学上的折衷主义就这样排除了产生一种对时代错误更为系统持久认知的可能[4]。

当它最后开始出现之时,就像格林的类型学所揭示的那样,这种相较以前更为系统的时代错误意识带有一系列具体感知方面的差异。在他所列的 5 个类别中,有 3 类明显表现为不同的对时代错误的认知,与糊里糊涂地犯时代错误有区别:过分的、创造性的和悲情的时代错误类型都在有意识地、企图以不同的方式利用过去与现在之间的不同。在这些类别之外,我们还必须加上我们自己的一个类别,它——对格林说句公道话——实际上内涵在以上 3 个类别之中:认识到不合时宜是一个"错误",归根到底,这一最后的感知种类将会逐渐使其他三类黯然失色,过去与现在之间的历时性的对接多半(但不是全部)会取代共时性的相遇。

一种过去与现在之间持久不变的区别由文艺复兴时期对古典时代的研究发展而来。促成这一发展的原因很复杂,但我们可以简要地描绘其中一个主要的历史动因。教皇和神圣罗马帝国之间自 11 世纪到 13 世纪的长期争斗在北部和中部意大利造成了一个权力真空,一大批独立的小城市共和国顺势而起,这些广为人知的"公社"成为滋生政治斗争的温床,一小撮家族及其同盟者利用封建关系和亲属的纽带关系相互斗争,抢夺领导权。"公社"一词可能源自"共同协商"或"共同"审议事项,但它通常也意味着一种新兴的具有制衡作用的力量对公共利益和整个共同体的关注。于是,一种公德心和公民自豪感与个人和家族之间火热的权力竞争同步兴起,它推动了民事机构的建立。这两个因素(和其他诸多因素一起)促成了古典文化的复兴。

147

过去的诞生

公社中市民生活的紧张与复杂催生了一种在欧洲其他地方无法望其项背的对修辞技巧——说话和写作中的说服艺术——的兴趣。以此为业的人强调公文写作的公证艺术（ars dictaminis），其在外交、商业和政治方面应用广泛。一开始教授写作课的老师（dictatores）还满足于利用中世纪的手稿和样板，但最终他们开始转向古典作品。部分原因在于，他们日益意识到古典拉丁文比当代（中世纪）的拉丁文更加灵活和成熟，因而能更好地适应当时他们所处的复杂的政治和社会环境；部分原因在于，他们日益意识到古典文化是一种与他们自己很相近的城市文化，他们能指望从中找到经久的市民准则。从激发学习古典语言和文学的双重刺激中出现了一种对古代和现代之间差别的持久意识，即现代（中世纪）世界已不复有古典修辞法的光彩以及作为其基础的公民理想；通过复原古典拉丁修辞法，就可以恢复古典文化的荣耀。

由此构建的过去不存在任何我们现代人普遍将之联系在一起的"过去性"；它没有被置于一个远离现在的时段。因为这样一个时段尚不存在。其本质特征与其说是过去性，倒不如说是一种对"不处于现在"的事物的一种意识，尽管这一表达可做多种理解。过去在"不同于现在"这个意义上不处于现在，这种不同明显体现于古典与中世纪之间在拉丁文及文学方面的区别中；但它也可以在"缺失"的意义上不处于现在，因为"不同"的特征是由完全不同的文本（它们自身常常是错误百出、残缺不全和支离破碎的）所表达的，它们暗示了一种更大的缺失。依据后现代文学批评的说法，这种缺失存在于古典文学作品的文本之中，它们体现了某种失去的东西的踪迹。人文主义者试图通过模仿（imitatio）——对古典榜样的模仿——的方案来复活这些失去的东西。

处于这一伟大事业核心的是那种将恢复的事物界定为不同于现在的失落感，但人文主义者并没有像我们现代人通常所做的那样，将失去的东西置于过去文化或文明的大背景之下，尽管他们自豪于他们就生活在古代遗迹的附近。伦纳德·巴坎的《发掘过去》

一书研究了文艺复兴时期人们对从这些遗址中挖掘出来的雕刻作品的反应,描述了这些发现如何使人油然而生一种"差距"感:"不仅仅是古代与现代之间、或物品和对它们的评头论足之间的时间间隔,还有存在于艺术的源头和归宿之间的、我们或许可以称其为能隙——火花间隙——的东西。"(xxxi)这些遗存所特有的残缺不全引起种种反应,其关键特质突出地展现于对"帕斯奎诺"这个希腊化时期的大理石雕品的反应之中。这个雕品由两个连在一起的残缺不全的雕像——一个戴着头盔但已经完全损坏,另外一个只能从一小块胸部进行推测——组成。16 世纪的罗马人写诗文肆意对这个残缺的雕品(它立在奥尔西尼府邸[Palazzo Orsini]前面)进行讽刺揶揄,称它像两个夸夸其谈的路人。(由是产生了欧洲"讽刺诗"[pasquinade]——公开讥刺公职人员的诗歌——的传统。)巴坎将帕斯奎诺比作一个不仅会说话而且要求回应的人物形象:"从根本上讲,帕斯奎诺具有对话的特征,他对观看者说,观看者对他说。"(233)这样,帕斯奎诺激发的差距感在某种程度上显示了文艺复兴时期过去所具有的活着的特质。

我们现代人看不到这种活着的特质,因为我们以为这样的对话关注的是一个时间上"回到那里"的过去。这令人不禁想起流放中马基雅维利的样子——甩掉他满是泥泞的农夫靴,穿上他的元老院的长袍。穿得工工整整之后,他方才感到适合与古代人交流,将他单调无聊的乡居生活抛诸脑后,让过去的荣耀充盈脑海。然而,假如他想到自己是时间上的返回,他本就可以省去换衣之烦,因为这样的交谈就是一个诉诸逝者的独白。但是,正如我已经指出的那样,马基雅维利 1513 年 12 月 10 日的信充分显示,古代人回应了他的询问:"我并不羞于与他们交谈,问询他们行动的理由,他们彬彬有礼地回答了我。"[5] 在这个对话性的空间——其界限为古人所寓寄的文本所划定,他必须穿戴整齐,以防他们误以为他是一个农夫。因此,帕斯奎诺和李维的手抄本引发了同样的回应。

在文艺复兴时期,文本在具体历史情境之外还有着自己的生命,因为读者(至少是在一开始)对这些情境一无所知。在中世纪普林尼被人们认为既是一个自然历史学家,又是一个文学人物。甚至彼特拉克(如维罗纳的学者们后来所揭示的那样)都不知道普林尼实际上是两个人,分别是叔叔和侄子。彼特拉克一生中具有划界意义的时刻是 1345 年,发生在维罗纳城,当时他发现了西塞罗与他朋友阿提库斯和他的兄弟昆图斯的书信集,书信揭示他所钟爱的西塞罗不仅是一个演说家、哲学家,还是他那个时代伟大的政治家和伪君子。(实际上,这些书信自那以后就成为研究罗马共和国最后日子的第一手资料,为帮助人们了解那个关键时期的险恶政治起到了关键作用。)彼特拉克尽管历史知识有限,但比起"某个名人"——佛罗伦萨教会法律师约翰内斯·安德里要好得多,后者认为文本删节者瓦勒留·马克西姆是最伟大的伦理学家,认为柏拉图和西塞罗是诗人,从未听说过浦劳塔斯,并且将罗马文学的年代顺序完全搞乱。[6] 在一开始,人文主义者的模仿方案瞄准的是古典文本,将文本的语境排除在外,只是通过几代人文主义者倾注于对这些文本的研究之后对这些文本的具体背景方逐步有所了解。

　　当然,当彼特拉克痛斥他的同代人缺乏历史知识之时,尽管他自己这方面知识也不算完备,他毕竟指出了它的重要性。但他并没有像我们那样重视它。人文主义者的模仿方案更为关注的是对过去创造性的仿效而非再造。在《特洛伊之光》(*The Light in Troy*)中,托马斯·M.格林确定了四个梯度的模仿形式:(1)生搬硬套式的在一个单一的榜样后面亦步亦趋;(2)兼收并蓄式的在多个榜样中做取舍;(3)"启发"式的突出文本与榜样之间的不同;(4)"辩证"式的在文本和榜样之间引发形如对话的互动(38—48)。后两种形式紧密相关,作者利用的都是历史的年代错误——即过去和现在之间的区别意识来界定他们自己和榜样的关系。内在于最高模仿形式之中的时代错误意识促使那些最有能力的作家们摆脱对古代单纯的再造,转而将之作为自我表现的跳板。在模仿的梯度体系中,再造是赞美的最低形式,仅是迈向更全面地介入活着的过去的预备阶段。

在保罗·奥斯卡·克里斯特勒①富有开创意义的学术研究之后,人文主义这个词已经失去了作为一种与经院神学相对的"人的哲学"的模糊身份,拥有"人文学习"(*studia humanitatis*)这个更为精确的含义,即包含语法、修辞、历史、诗学和伦理的人文科目。虽其精确,但这一名称极少涉及到科目得以实施和开发的模仿过程。巴坎《发掘过去》的天才之处,部分就体现在他通过对在艺术学院和工作室所创作的绘画的分析,——"当材料按照古代理解而按照现代表现时"——使模仿的实际运作变得可见,在那里学生从导师处学艺,学生和导师都在模仿古代的榜样(287)。在文学创作中追寻这一过程要困难得多,但我们可以通过更多地从内部将人文主义看作一种阅读的方法,少从外部将之看作一种人文科目来着手这一工作。作为对写作的补充,阅读是一扇通向活着的过去的窗子。[7]

150

在其《柏拉图与意大利文艺复兴》一书中,詹姆斯·汉金斯曾试图对中世纪后期和文艺复兴时期的阅读策略做一个初步的分类,区分出7种阅读方式,包含5种发展充分的方式——"冥思式"、"教义式""经院式""讽喻式"和"模仿式"——和两种新出现的方式——"批评式"和"审美式"。[8]在发展充分的方式中,模仿式阅读明确地与人文主义联系在一起。它(根据汉金斯的说法)被看作是古代"伦理批评"方式的复兴,"这种方式力图通过挑选一系列被认为能体现有教养阶层所认可的道德观(*ethos*)或价值观的正典精品,将它们确立为模仿的对象在社会上传播"。(1:22)这种阅读方式与早一些的、中世纪式的阅读方式——冥思式、教义式、经院式、讽喻式——并存,其中,尤其教义式对于模仿式是一个很好的

---

① Paul Oskar Kristeller,(1905-1999)哥伦比亚大学哲学教授,20世纪学术界公认的文艺复兴研究权威。——译者注。

补充。教义式的阅读将一个权威文本作为"一个道德教训和所有人文和科学的百科知识赖以维系的框架"来使用。（1：19）对权威文本的大量注解会将之转变为一种"记忆的殿堂"。当文本是正规的古典精品时，其所显示的信息既被看作是事务（res）（人文主义话语的内容），又被看作是话语（verba）（形式的最好范例）。

阅读向渐次被我们现今视为笔记方式转变的趋向为其他三种已经发展成熟的阅读方式所进一步加强。冥思式阅读割裂章节与文本语境的联系，贬抑批评性分析，而鼓励读者让章节"像糖果溶入口中一样溶入大脑之中，"（1：18）显示其神意的内蕴。这些冥思的章节在做进一步的压缩和提炼之后，安身于作品选或者叫作"佳作集"（florilegia），成为中世纪传教者做布道的题材。经院式的阅读将各行业——法律、神学和医学等——的关键文本提炼成教授易教、学生易记的摘要和论点。讽喻式阅读常常演变为教义式阅读，往往注重译解文本中与其弦外之音有关的每个因素。以上所有 5 类当时已发展完备的阅读方式助推了人们对在我们现代人眼中支离破碎、互不关联的文本的接受。

在汉金斯所列的 7 种阅读方式中，只有两种新出现的方式与我们现今认可为"阅读"的本质性的东西相一致。新兴的强调文本之间差异的批评性阅读方式在 15 世纪后期开始出现，它利用时代错误观念来确定正确无误的古典文本以及它们的语境（在这里我们可以看出将不合时宜标注为错误的那种感知能力的首次亮相）。审美式阅读——也就是我们现在所说的"快乐阅读"——在 16 世纪开始出现，汉金斯强调所有这些阅读形式，尤其是前五种，在文艺复兴时期是共存的，任何一个读者都会用上他或她那个时代的这几种得到充分发展的阅读方式。人文主义者接触与描绘活着的过去的文本的方式因而与我们现代人依据自己的阅读习惯期望的方式可能会不同。尤其是前五种阅读形式都趋向于将文本拆成互不相干的信息包，最后一般都成为页边注和不同手抄本的对象。在文艺复兴时期，阅读本质上与做笔记密不可分。

阅读与做笔记的融合通过强调满是可供模仿和摘录的榜样的古典文化的示范性质,强化了人文主义者的模仿方案。在"人文学习"科目中,语法和修辞提供了表达的手段,历史、诗歌和伦理学则构成了它的内容。人文主义者就这样试图恢复被称为"*exemplum*"(榜样或示范)的古典话语结构,因为他们认为"示范"作为一种修辞学证明方式,在推动人类意志于复杂的世界中趋向负责任的行为方面要优于逻辑学。古典历史学家、诗人和伦理学家的作品体现了人文主义者话语的理想内容,它们确实具有"示范性",既阐明了话语的最佳状态,又包含了有关应当仿效的品德和应当避免的邪恶的最经久的范例。"范例修辞学"(借用蒂莫西·汉普顿的说法)使中世纪的预表性思维习惯相形见绌,后者对现实的预表理解方式将过去、现在和将来一同束缚于上帝的意志之中;而前者倾向于更多地关注人类行为世界,从中人文主义者提炼出诸多普遍有效的道德准则,具体反映在他们所做笔记的标题之中。本质上,每一个摘编都代表了一个活着的过去的范例,它为古代所认可,能为现代所应用。

具有反讽意味的是,模仿的冲动在其自身就播下了失败的种子。当他们阅读的时候,人文主义者虽然一直在注意发现异乎寻常的榜样,但也学会了从典范生活的角度看待典范的行为并将那种生活置于更为广阔的历史背景之中,置于汉普顿称为"长期意图"的叙事之中。[9]与中世纪预表式阅读习惯强调横贯一切时间的神意不同,人文主义的阅读习惯最终促使人们注意到过去的他者性(汉普顿等批评家称之为"他性"[alterity]),其显得与现在越来越不同。最终,对这些区别的意识会从根本上削弱古典文化的范例意义,引发人们质疑整个模仿方案以及与之紧密相关的复活过去的真正可能性。

我对人文主义历史浮光掠影式的描述——界定一场始于 14 世纪早期结束于 16 世纪晚期的运动——比实际看起来要纯粹得多。在"人文学习"演化为"人文学科"的同时,人文主义与其说是"终

152

结",不如说是蜕变为语文学——对古典文本的学术复原。语文学的出现——基于将不合时宜当作错误——并没有立即减损其他时代错误见解的影响,它们仍然对主流的文学创作有启发(现如今依然如此)。因此,我们现代人眼中的一场"范例危机"可能并没有被人文主义者及其后继人所体验到。[10](人文主义者的笔记体到 18 世纪仍然被普遍应用,这一点,托马斯·杰弗逊的作品就是明证。)实际上,时代错误的诞生与人文主义同延,其在他者性与范例之间引发了长时期的创造性互动。意识到时代错误远未诱发一种令人萎靡不振的相对主义,而是向人文主义者提供了一种艺术创作的合适契机,由此产生的机会或掩饰、或驱散、或强化了运动核心的紧张状态,不一而足。我们现在转而讨论源于时代错误的创造性紧张以及它对活着的过去的证明。

彼特拉克的"哥白尼式的飞跃"

　　事实上,活着的过去的观念源于彼特拉克,这位出生于 14 世纪的意大利诗人和学者捍卫了人文学习及其模仿方案。尽管在人文主义运动早期他是一个影响深远的人物,但我们不能像阿纳多·莫米利亚诺评价希罗多德那样,说彼特拉克的成就前无古人。在意大利充满矛盾和争斗的市民生活中,13 世纪和 14 世纪早期的律师和公证人员已开始意识到古典拉丁语言及文学的表达力。帕多瓦律师西热米亚斯·德·蒙塔南(d. c. 1320)或许是这些人中的最早一个,他整理了一个引语汇编:《隽语汇》(*Compendium moralium notabilium*),里面搜罗了众多古典作家的话语,其中一些人实际上在中世纪根本就不为人所知。他还试图确定古代语录的原话(而不是仅仅满足于了解它们的意旨),并将古典部分的汇编分为两个基本阶段(前奥古斯都和后奥古斯都时代)而不是将它们整个堆砌在一起。另外两个帕多瓦的律师,罗瓦托·德·洛瓦提(1241—1309)和阿尔伯提诺·穆萨图(1261—1329)为古代文学的特定精神气质所浸润,尝试通过模仿来复活它,洛瓦提模仿的是诗人,穆萨图模仿的是悲剧作家。对这些帕多瓦学者的成果评价莫衷一是,有人说是人文主义之前的一种形式,有人又说属于人文主义早期[11]。

　　然而,这些早期的成果并没有为我们探讨彼特拉克在古代研究方面的转变提供必要的准备。与他的那些前辈只能粗糙而不完整地模仿古代的榜样不同,彼特拉克对古典拉丁风格有更为充分的理解,这使他不仅能在榜样后面亦步亦趋,而且理解并内化他们的精神,即由模仿上升为效法。在此过程当中,他进而将古代作家设想为来自于与自己所生活的世界有着巨大差异的外域使者。托马斯 M. 格林对这种"哥白尼式的飞跃"颇为惊异,鉴于彼特拉克是通过当代的装饰华丽的手稿接触到古代人的,这些手稿都是以哥特体书写的,里面满是穿着中世纪衣着的古典人物插图。[12]造就彼特拉克如此与众不同的是他对古代和现代之间令人惊异的差异直觉以及他能透过这些文本的表象,深入其里,不仅掌握了它们的他者性,而且掌握了其作者的他者性。这样,在他那里,古代人处于三维焦点之中,他们不再是中世纪诸如"哲学家"或"修辞学家"之类学科的占位符号,转而变成了一个个有着鲜明个性的人物,是古典历史、诗歌、哲学和修辞学著作的作者。

然而,彼特拉克所完成的只是一种哥白尼式的飞跃,而非开普勒式或牛顿式的。他像那位波兰数学家,还保持着许多早前的世界观,尽管他为它的颠覆奠定了基础。他对过去与现在之间差别的意识和一种与之相互抵消的寻求潜在一致性的倾向杂糅一处,这两种倾向之间的对立激活了模仿方案及其对一般榜样的独特性的强调。当彼特拉克故意且积极地利用这种张力,探寻模仿限度的时候,他同样确立了活着的过去的边界。我们将通过他三部更为著名的作品来探索这种创造性的张力。他给马库斯·图利乌斯·西塞罗的第一封信揭示了历史化冲动和普遍化冲动的共存性,并展示了他如何通过模仿的手段,创造一个与过去之间的非时间性衔接来利用它们。另一封有关他攀登旺度山的著名的信,证明了模仿的限度且展示了彼特拉克如何坚持自己人格的独特性,显出自己与榜样之间的不同。对话录《秘密》(Secretum)(又名《我各种忧虑之间的秘密冲突》)显示出了范例在人文主义中的核心作用,它将阅读转变为构建活着的过去的做笔记活动。以上三个实例都证明,活着的过去起源于人文主义的模仿方案,且一直与之密不可分。

彼特拉克于 1304 年出生于一个生活在阿雷佐的新近遭到放逐的佛罗伦萨家族（这个家族于 1302 年成为一场内讧的牺牲品，但丁也因此而遭流放）。他的父亲是一名公证人，后在教皇的官僚机构中谋到一个职位，并在教皇迁到亚维农后，于 1311 年举家迁到那里。因家人强烈要求他继续其父的职业道路，彼特拉克在蒙彼利埃学习法律，后来转到博洛尼亚（与他的兄弟盖拉多一起）。以学习罗马法为基础的法律训练可能促使他对古典事物产生了更为广泛的兴趣；在博洛尼亚学习期间他可能已在尝试用方言写诗。最终，他感到不适合从事法律公证人的职业，在 1326 年父亲去世后就将之放弃了。回到亚维农后，他最终做了教会的一个低级文员，依附于一个富有的赞助人，成为枢机主教乔万尼·科罗纳的"家庭牧师"。这是他一生中担任的诸多此类挂名差事的第一个，他靠此类职位养活自己，方便从事文学探索：主要是写诗，一开始是意大利风格，后逐渐转变为古典拉丁风格；与此同时，他不断丰富自己的古典文学知识，提高拉丁文写作水平。1337 年，他辞去在枢机主教那里的工作时，已经成为一个著名的、炙手可热的诗人。他的文学成就得到最终的认可是在 1341 年 4 月 8 日，当天，在卡彼托山以罗马的参议院和人民（SPQR）这一古老的名义举行的一场仪式上，他被授予桂冠诗人。这场仪式是一千多年来同类活动的首次，充分说明了他在复兴古典拉丁文学方面所起的关键作用。

彼特拉克不仅是一个诗人，同时也是一个学者。他最早的学术成就之一就是编辑了可称作是首个李维罗马史的"评述"版。在彼特拉克生活的年代，该著作的第一、第三和第四个"十卷本"——所谓的"十卷本"就是将著作的十卷集成一册——都留存于世，为人们所传阅，且相互之间没有任何特定的顺序。彼特拉克不仅将它们按年代进行了整理，使它们成为一个叙事的整体，而且还对不同的手抄本做了对比以确定最可靠的版本，这在印刷术发明以前是一个艰巨的事业。作为一个古典拉丁文体家，他最想做的就是恢复李维的原话。这种想知道古代人原话的愿望为彼特拉克了解他

155

们的人格并最终了解他们所在的世界打开了一个窗口。

引导彼特拉克去恢复李维原话的冲动同样促使他终身致力于搜寻遗失的古典手稿。他最伟大的发现,是1345年5月在维罗纳的大教堂图书馆偶然找到了一册书,里面第16卷是西塞罗与阿提库斯和他的兄弟昆图斯以及布鲁图斯的通信。一直有谣传说这些书信留存于世,但即使是维罗纳人自己也不知道他们那里有这样的宝藏。彼特拉克自读到这些信件伊始,就立即着手进行复制信件这一繁重任务。与中世纪人们普遍将西塞罗看作是某个虚无缥缈的修辞学和哲学论文作家不同,彼特拉克早就开始将西塞罗看作值得模仿的理想演说家,他的口才是智慧的集中表现:"啊,伟大的罗马口才之父,不仅我,所有那些以拉丁语言的精华装饰自己的人都对您感激不尽"。[13] 但这些信件揭示了一个不同的西塞罗,更有个性,更有人情味,更少正人君子表象。与想象中的说话时惜字如金的智者相反,彼特拉克发现西塞罗饶舌成癖,且喜好摇唇鼓舌、播弄是非、政治投机,是一个野心勃勃的阴谋家。

他在写给西塞罗的那封标注日期为1345年6月16日的著名信件(24.3)——他写给西塞罗的两封信中的第1封——中,表达了他的失望之情。表面上看,信的目的和含义一目了然:当彼特拉克的偶然发现揭露出西塞罗只是一个伪君子时,彼特拉克立即责备他辜负了自己的理想:"我以前知道你是别人的导师,现在认识到你对别人的那些教导对自己也适用。"在其隐退的后期,西塞罗放弃了沉思式的哲学生活,卷入政治斗争,随后遭遇到使其一生蒙上污点的死亡:"到底是什么样的一种虚假荣誉光环挑动你这样的老人去与年轻人争斗,进而使你陷入一连串的不幸,并最终以一种哲学家所不齿的方式将你带入死亡?"彼特拉克在信的末尾再次提出了摆脱世俗事务的羁绊,回归沉思生活的主题:"哎,一个人,尤其是像你这样的哲学家,如果能平静地在乡间度过自己的老年生活,如你在某处所写的那样,冥思那永恒的生命而非这转瞬即逝的生存,那本该是多好的事啊!"整封信都为这种彼特拉克理所当然地视为普遍适用的哲学理想所浸润。

但与此同时,一种与之相对的历史意识开始出现。从其对自己理想的背叛中,西塞罗展示了一个深陷于自己所处时代政治争斗的罗马人形象;彼特拉克则致力于理解他通信中所披露的不断变化的忠诚和态度的诱因。彼特拉克写道,或许人们可能会原谅西塞罗对家庭成员不能做到始终如一(在一封信中称赞他们,但转而又在另一封信中批评他们),或许人们甚至还可以理解他对庞培和凯撒(二者都要搞独裁)的模棱两可的态度,但如果安东尼和屋大维都是暴君,到底是什么促使他去攻击安东尼,而欣然接受屋大维,最后导致他对昔日的朋友发动突然袭击? 这些无情的诘问和追寻让彼特拉克发现了"真实的"西塞罗以及话语背后所隐藏的人性;而且当他尽力去理解这个罗马人的时候,他体察到古代与现代之间巨大的时间距离。信的结尾正式确认了彼特拉克和这个他如此迫切地想了解的人之间不可逾越的鸿沟:"但是这些话确实都是白说,永别了,西塞罗。寄予耶稣——你从不知道有此人——诞生后的 1345 年的 6 月 16 日,自生者所在的意大利波河北岸、阿迪杰河右岸的维罗纳城。"彼特拉克该是何等渴望将他的失望之情传达给这个他仍然深深爱戴之人啊!

整封信、尤其是其结尾部分使人想起帕诺夫斯基对文艺复兴的著名讥刺:"中世纪将古代的尸体裸露于外,时而对之进行电击企图使之复活,时而又想祛除其尸骨。而文艺复兴则站在它的墓旁哭泣,并试图去复活它的灵魂。"(113)彼特拉克写给西塞罗的第一封信似乎向我们展示了一种新兴的对历史视角的意识,它源于作者的痛惜。但表现往往具有欺骗性,因为彼特拉克所感受到的失落并没有产生一种将过去看作某种逝去或已埋葬的东西的意识。反之,信中所表现的历史化趋向与一种普遍化的趋向并存,给他提供了一个至关重要的立足点,一种通过模仿将过去和现在混合在一起的起始点。彼特拉克对西塞罗这个人的苛刻评价与他将西塞罗作为一个样板来加以模仿的行为不可分割,没有后者,也就没有

156

171

前者的存在。彼特拉克的哥白尼式的飞跃因而既体现为他对过去和现在之间差异的洞察，又体现为他对这个差异的跨越。当我们对彼特拉克的那种痛惜之情做更为进一步的考察时，源自模仿的活着的过去就会一清二楚。

"现在，不管你可能在哪里，都轮到你谛听来自你的一个异常珍视你声名的后裔饱含挚爱和泪水的悲叹而非建议。"于是，彼特拉克开始了他对西塞罗的批评，怒斥这个自诩圣贤的虚伪者，并困惑于他的难以接近。但这些悲伤失望的行为掩盖了另一种催人泪下的情感——喜悦——的存在。在大教堂图书馆的发现为一开始囿于中世纪公证技艺教育的彼特拉克展示了书信写作的一种全新的令人激动的维度。他首次认识到书信远非只是寻常俗事往来或枯燥乏味的文件，而可以称为一种单独的文学体裁，一种展示其作者人格的载体。那么，他又是如何回应这一发现的呢？他写了一封信！写给谁？西塞罗吗？或者他实际上是准备写给我们这些读者？在这封信中彼特拉克向后辈表达他的"自发的"情感——他个性的镜像，就像西塞罗将他的自发情感向彼特拉克表达一样。但是，人们可能在一开始就已经怀疑这封信并不是所说的那样自发的，在其朴实无华的外表后面暗藏着伟大的艺术。彼特拉克真的是在 1345 年的 6 月 16 写了这封信？他肯定在这一天写了一些东西，但就像彼特拉克几乎所有的其他作品那样，这封信可能部分或全部都被重新加工过，他随后写给古人——塞内卡、瓦尔罗、李维、昆体良、波利奥、贺拉斯和维吉尔等——的一些信件可能都是如此，它们大都标注了特定的日期。这一大堆信件最终成为西方文学史上伟大的书信集之一，数量达 350 封之多——包括一些虚构的在内，汇成彼特拉克的 24 卷"熟人"书信（Familiarium rerum libri XXIV）。假如不是在维罗纳那个具有决定性的一天，他发现了他所仰慕的英雄同样存在致命的弱点，这座展示作者内在人格和外在生活的丰碑可能永远不会存在。

为彼特拉克做自画像提供借口的，除了西塞罗的虚伪外，还有他所生活的时代,即他生活于基督教诞生以前的世界。彼特拉克把这种对时代错误的意识作为一种文学的技巧来展示他至深的情感,特别是那种与深深的个人失落感相伴随的渴望。他哀悼西塞罗,或者说得更确切一些,哀悼古典时代的一切;这种哀悼之情明确了彼特拉克作为个人和作家的特点。"古代的发现以及古代的遥不可及将彼特拉克变成双重的流浪者,既不能成为罗马人,又不为现代所容,于是,在他自己看来,他是一个活着的时代错误。"[14]他对过去和现在之间差别的持久意识激发他企图通过模仿古代榜样的方法将二者重新结合在一起。彼特拉克试图以各种各样的方式阐明信件的这种模仿维度:"啊,可怜而悲惨的灵魂,或用我们自己的话说,啊,轻率不幸的长者"。这封模仿西塞罗的信件本身就是从西塞罗和其他一些他承认或未予承认的人那里东挪西借的结果。"就像一个徒步旅行者在前面提着一盏灯笼,在自己跌得最惨的地方为后来者指出了道路。"人们琢磨着——彼特拉克或许就想这样——他是从谁那里借来了这种生动的比喻(如果能使他的读者误以为那些古人的话语是他自己的话,那还有什么比此更令他高兴的事吗?)彼特拉克写给西塞罗的信不仅正式确认了过去与现在之间的分隔,而且——让人想起伦纳德·巴坎用汽车所作的类比——触发了对这个差距的意识。

158

彼特拉克的信中,过去在这种时代错误意识颠覆自身的创造性张力之外没有任何客观的存在。历史学家们总是忽视这种张力,因为他们紧紧盯住信件的内容而忽视了它的格式。当然,再怎么评价彼特拉克对古代和现代之间差别的洞见所具有的重要性都不为过。然而,这种哥白尼式的飞跃还附带着另一个由衷的期望,那就是越过使古典修辞湮没无闻的"中世纪",直接利用(古代)文化的源泉。距离感和跨越距离的愿望构成了一个硬币的两个方面——彼特拉克并没有在模仿之外体察到过去本身。确切地说,使他想到过去的是其活着的特质,它不是存在于时间的领域而是在一个消灭了时间的象征领域,在那里,对过去与现在之间差别的持续意识同时促成了它们的混同。

当然,经院学者对人文主义者的批评不无道理,构成人文主义伦理观基础的模仿观念确实存在某种思想混乱。在彼特拉克的信中所出现的普遍性的圣贤理想和历史的时代错误意识之间的张力只是内在于典范的悖论——将独特性与普遍性相结合——之中的一种更深层次张力的外在表现,其本身赋予整个人文主义的模仿方案以生命。对此,查尔斯·特瑞考斯凯切地评论道:"人文主义者通常都选择一种最为宽泛的立场,避免他们称为微妙之处的东西和争论;或许它甚至可以称为一种对模糊和一种不受干扰的不协调的喜好。"[15] 这种不受干扰的不协调的最突出反映就是他们普遍化和历史化趋势共存,这构成为他们活着的过去观念的基础。我们在对人文主义者进行整理、全面阐述他们首次洞察到的东西的逻辑后果的学术冲动之中,常常看不到这种不协调,其历史后果被人文主义者轻率地忽视了。

另外一封"熟人"信件——讲述彼特拉克攀登旺度山(4.1)——揭示了过去与现在之间创造性张力之中的对话特性,这种特性表现了模仿的最高形式及与之相伴的最完整的过去观念。[16] 信上注明的日期是 1336 年 4 月 26 日,收信人是奥古斯丁修会一位饱学的神学家迪奥尼吉·德·波尔戈·圣·瑟波克罗。彼特拉克从博洛尼亚回到亚维农后,于 1333 年左右与他见过面。迪奥尼吉曾送给多情的彼特拉克一本常备手册(vade mecum)——一本小开本的奥古斯丁《忏悔录》,希望坚定他的宗教决心。出于感谢迪奥尼吉的帮忙,彼特拉克模仿奥古斯丁的行迹给他写了这封信。彼特拉克在信中自始至终都显出自己和榜样一模一样。像奥古斯丁一样,他渴求精神的升华(以登山为讽喻);像奥古斯丁一样,他感到陷入肉欲中不可自拔(他们两人都是非婚生子的父亲);像奥古斯丁一样,他羡慕僧侣式的与世隔绝(他的登山伙伴和兄弟,格拉多,不久就当了僧侣);像奥古斯丁一样,他感受到了世俗野心相反的拉力(两人都长于口才);像奥古斯丁一样,他体验到了一本书对自

159

己的深远影响（他的小开本的《忏悔录》）；像奥古斯丁一样，他相信讽喻在揭示隐藏真理方面的作用。

这些或明或暗的相似之处构成了这封信的重要支撑。有趣的是，信的开头提到一本古代异教徒的著作。尽管彼特拉克一直就想攀登亚维农附近的这座山，但直接促使他产生登山灵感的却是李维的罗马史，里面记载马其顿国王菲利普登上哈伊莫斯山，因为从这里他可以远眺亚得里亚海和黑海。彼特拉克将从这个典故中获得的灵感转而服务于其基督教的目的，这一点暗含于他对登山伙伴的挑剔上——普通的伙伴绝对不行，这一点意味着这不是普通的爬山。他的兄弟和未来的僧侣格拉多被证明是理想人选；当二人出发之时，登山很快就变成一种向"赐福的生活""（vita beata）攀登的隐喻，它将格拉多的宗教决心（他直奔山顶）与彼特拉克更为松懈的方式进行对比。当他在几经迂回，终于到达山顶之时，彼特拉克首先将凝视的目光转向意大利，继而转向自己的内心，思考自己的生活和未来。那时距他放弃自己的法律学习离开博洛尼亚正好十年。回顾其间的岁月，他为"我的灵魂被肉欲所腐败"而忏悔（用奥古斯丁的话）："我以前所爱的，现在已不再爱了。但我还谎说［mentior］：我还爱它，但已经不那么热烈了。我又谎言道［iterum ecce mentitus sum］：我爱它，但更胆怯，更悲哀。现在我终于告知真相，就是这样：我爱，但不是爱我本应爱的，而是我本应恨的。"（42）这种奥古斯丁式的真相筛选法让他想起迪奥尼吉以常备手册作为礼物，为坚定他的意志所做的努力。他决定通过随意打开《忏悔录》这个小开本的方式来纪念他在身体攀登过程中所获得的精神上的进步。就像奥古斯丁在米兰花园打开保罗书信的手抄本一样。而且，和奥古斯丁一样，他的眼睛落在一段使他目不转睛的话上："人们到处仰慕高山、大海的巨浪、江河的奔腾、海洋的浩瀚和星辰的运行，惟却抛弃了自己。"（44；《忏悔录》10.8）当他在夕阳的余晖中下山的时候，彼特拉克思索着这一题旨的精神意义："我们该要花费极大气力加以制服的，不是尘世的某个更高点，而

160

175

是由世俗的本能所支撑的情感。"(46)当他回到他上船前所居住的乡村小旅馆时,他急急忙忙地"凭着一时的冲动"写了这封信,以防灵感不再。

这一梗概远不足以说明该信的复杂程度,它不断地在空间和时间视角之间来回变换,并利用了大量的异教和基督教的资料,但其核心样板还是《忏悔录》,且人们第一眼就会得出彼特拉克将自己等同于奥古斯丁并直接模仿他的最重要的转变的印象。然而,如果对认同的最终一刻做更为仔细的考察,就会发现在作者和样板之间存在根本性的脱节。奥古斯丁对保罗书信的阅读解决了一场精神危机,并赋予自己生活以新的意义,而彼特拉克对奥古斯丁的《忏悔录》的阅读却使他忧心不安:"我得承认,我惊呆了(Obstupui fateor)"。奥古斯丁感到精神上获得新生,并与他的朋友亚吕皮乌①分享他的体验,并鼓励后者在保罗书信中找到自己的获救神谕,而彼特拉克却是合上《忏悔录》,背对着格拉多,开始痛责自己贪慕世俗的享乐。这一点在一定程度上可以用塞内卡所说的一段话来加以说明("除心灵之外,没有什么值得羡慕;相比它的伟大,其他的一切都不值一提"),当他从山顶往下走的时候——"内心翻江倒海"使他们都没有注意到道路的崎岖坎坷,他时不时回头,自己都弄不明白(本质上)是什么促使他攀登那座山。

当然,答案是李维的著作激起了他模仿国王菲利普的愿望:"在我看来,似乎一个未担任公职的年轻人做了一件一位老国王做后未遭别人谴责的事情,可以被宽有。"(37)这一基本理由紧接着跟上了彼特拉克对攀登伙伴的深入思考。因而,从写信的一开始,他就认为一个异教的榜样完全可以对一个基督教的目标起到激励作用,就像他后来使用上面所引的塞内卡的那段话强化来自《忏悔录》的那句关键的话的效果。因而,身体的攀登行为可以促进一个精神的目标。换句话说,他原以为就像奥古斯丁一样,他的生活也

---

① Alypius,又译作吕皮乌.

能承担起讽喻的功能。但事情的结果并非如他所料。他那充满忧烦的下山之路显示出(用罗伯特·德林的话说)由阅读李维著作所导致的"讽喻的危机"。

讽喻的危机不仅显示了彼特拉克和奥古斯丁——作者和榜样——之间的距离,而且显示了现代基督教世界与古代异教世界之间的差距。从理想角度看,讽喻应当通过揭示偶发事情中的永恒因素来克服这种距离,但在山顶向彼特拉克展示的真理却是他本应该待在家里冥思上帝——李维著作中的榜样不可能成为基督徒的榜样。就此而言,从对话的语境看自《忏悔录》中随意摘取的关键引语就是一种非难,它通过质疑任何模仿的企图——不管是模仿李维还是模仿奥古斯丁,似乎使彼特拉克在时间上陷入孤立的境地。他对那一天所发生事件的叙述采取了一种通信的体裁,从而证实和强化了这种孤立感:"当仆人忙于准备膳食的时候,我独自一人退居房间的一个偏僻的角落,凭着一时的冲动,急急忙忙地给你写了这封信[*solus ego in partem domus abditam perrexi, hec tibi, raptim et ex tempore, scripturus*],我担心写信的冲动会消失,因为假如我延后的话,情境的急剧改变有可能造成心情的变化。"作者偏处乡村旅店一隅的形象——匆忙写就一封"心血来潮的"信件,努力捕捉转瞬即逝的感受——集中体现了托马斯·格林所称的彼特拉克的"历史孤独感",一种"活着的时代错误"的异化。

然而,像他写给西塞罗的第一封信那样,彼特拉克将这种孤独感转变为一种文学上的借口——一种将自己展现给我们的契机。对于彼特拉克来说,这种借口极少可能是一时心血来潮想到的。他真的是在 1336 年的 4 月 26 日晚上晚餐前的很短时间内写就了这封对称均匀,对比恰当的长信吗?信中最明显的对比之一就是格拉多精神上的坚定与彼特拉克道德上的松懈之间的对比,这一对比毫无疑问是基于格拉多在 1343 年左右突然出乎意料地成为卡尔特会的僧侣。这一判断意味着彼特拉克可能在信件所标注日期之后的至少 7 年才开始真正动笔,而那时,这封信的所谓收信人

过去的诞生

迪奥尼吉去世已经一年了。迪奥尼吉于1336年定居于亚维农——这也意味着彼特拉克没有必要给他写信——这一事实进一步否定了信上所注日期的真实性。这一日期的独特性可能仅仅反映了彼特拉克通过写作呼应生活现实的愿望——他声称已经到达了山顶——和一种体察生活的视角，那一天距离他离开意大利、抛弃法律，转而追求那种后来成为文学职业的行当整整十年。那年他32岁，而奥古斯丁经历他那著名的转变时，也正好是32岁。考虑到这些设计的机巧，人们不仅可能会质疑这个日期，甚至对彼特拉克是否真的攀爬过旺度山都存疑。这封著名的"信"因而可能就是那些虚构的通信之一，杜撰的目的在于填补熟人书信集中某些个人或年代的缺口。实际上，最近的学术研究将这封信的写作日期确定为大致在1352—1353年左右。

文学借口的发明并不会抹杀彼特拉克"历史孤独感"的真实性，不管他是否真的爬过山或在什么时候爬山，它都是真实的。但它确实凸显出他与我们在过去意识上的区别。这种区别源于模仿的习惯。他的孤独感不过是个体意识的另一面，它驱使他通过写作向我们展现自己。在"登旺度山"时，他对抗着他的样板难以抗衡的相异性——他不能与它们取得认同（尽管他可能企图这样做）——以确立他自己的独特性。基督徒的讽喻对他再也不起作用了。他人格中那个不可化约的内核强迫他像奥古斯丁那样，认识到自己不过是泯然"众人"之一员。对不能简单地模仿样板的认识为他更高形式的模仿开辟了道路。这种模仿是作者与榜样之间对话式的互动，格林将之称作"辩证的"。这种模仿形式展示了伴随人文主义者对由时代错误的认识而来的历史和文化相对主义意识的独特性质。

依据格林的观点，辩证模仿与"启发式"模仿紧密相关，后者我们在探讨彼特拉克写给西塞罗的第一封信时已经有所涉及。启发式模仿宣传它的榜样（彼特拉克公开模仿西塞罗的信）只是为了拉开自己与榜样的距离（彼特拉克哀叹确立他自己的身份后，西塞罗

162

就变得不可理解）。辩证模仿超越对这种不可理解单方面的伤怀，在文本与样板之间开启一种对话式的互动。一方面，对时代错误的意识使得任何样板都值得质疑，不管其是多么神圣庄严，多么受人尊敬。另一方面，这种相同的意识既不会偏向文本，亦不会偏向样板，而是使它们处于相同的地位，这样样板就能对文本提出批评了。在"登旺度山"时，样板不仅证明了与彼特拉克所处的环境不合适，而且还跨越数个世纪来主动反抗他：《忏悔录》所传递的信息就是彼特拉克本不应该去登什么山。这一信息使他相当震惊，因为它显示了古代与现代、异教和基督教之间的某种不一致。他曾以为李维著作中的一段话可以激发一个基督徒的行为，但现在他再也不会如此肯定了，这种不确定性对他的文学和宗教抱负都提出了质疑，但同时却为彼特拉克提供了一个将自己展现给我们的绝佳机会。

辩证模仿至为充分地展示了人文主义者的历史和文化相对主义意识，但我们必须提防在模仿的方案中将这种相对主义与其文化源头分开并将它具体化为历史知识的独立原则的诱惑。它源自既不偏向文本又不偏向样板，而是确立二者各自独特性的模仿练习。在二者之间的创造性张力中，文本不仅对照其榜样来定义自己，而且接受来自榜样的攻击。当过去侵入现在的时候，"时代错误便成为艺术创造的动力源泉"。[17] 它创造了一个活着的过去，其中样板和文本——过去和现在——之间自由混合，相互提供能量。 163

"登旺度山"中明显表现出的"讽喻的危机"是一种更为广泛的、被有些批评家标为"范例的危机"现象的组成部分。我们已经注意到，人文主义者支持通过范例而非准则进行论证，认为其是世上推动由意志转向负责任行为的最有效手段。在人文主义者的科目设置中，古典历史、诗歌和伦理学著作提供了最为突出的应当模仿或规避的行为的范例。人文主义者鼓励人们与这些典范行为的故事取得共鸣，将它们所阐明的永恒真理内化于心，并理解每个范例是如何体现这些真理的。例如，在他写给西塞罗的第一封信中，

过去的诞生

彼特拉克与那个西塞罗在哲学著作中赞成、但在个人生活中却未能加以维护的圣贤理想取得了共鸣。彼特拉克毫无保留地认同这种理想的现实意义，并探讨了西塞罗未能达到这一目标的具体方面。尽管这一探讨是将西塞罗作为一个人——确切地说是作为一个罗马人，而非作为一个哲学家来看待，但彼特拉克从未忽视指导性的理想。然而，在"登旺度山"中，当彼特拉克试图利用奥古斯丁皈依的故事来观照自己的生活时，范例就更成问题了。他在此方面的无能为力凸显了他自己个性和时境的独特性，使他难以在其行动中发现讽喻意义的价值。在大致同时写就的《秘密》（*Secretum*）这部著名的对话中，彼特拉克进一步探讨了他自己的独特性与他试图与之形成共鸣的榜样之间的复杂关系，将所有人文主义的科目都纳入考察的范围。这样做，他最全面地展示了形塑人文主义阅读和笔记科目的修辞范例所存在的潜在纰漏。当彼特拉克的后继者们接受了他的学科安排，将它精心制作成一个构成活着的过去的通识体系时，其基础肯定是不牢固的。

164　　《秘密》以序幕开篇，描绘了真理向彼特拉克显现自己，并在奥古斯丁陪伴之下，致力于带领他走出谬误的泥沼，使他踏上生活正途的图景。这一充满吉兆的开场使得人们一直将这篇作品解释为彼特拉克对 1341 年被授予桂冠诗人称号之后所经历的一场精神危机的回应。根据这一解释，彼特拉克在 1342—1343 年间完成了对话的草稿，此后至少到 1353 年都一直在对之进行修改，他用对话者"奥古斯丁"和"弗朗西斯科"之间的交流来代表他的基督教和人文主义自我之间的冲突。尽管这样一种冲突的成分在文本中确实有所表现，但若将开始撰写的日期重新确定在 1347 年左右，这一解释就成问题了。抛开这些学术上的争论不说，我们可以超越传统的解释，根据卡罗尔·E. 奎伦对彼特拉克和奥古斯丁的精深研究成果《重读文艺复兴》富有洞察力的引导，确定《秘密》强调的是模仿议题以及一个作者到底应该如何利用他所阅读的作品。[18]这个议题从弗朗西斯科在遇到真理现身时第一句惊诧的话语中就明显表现了出来:"我该如何称呼您呢?女士吗?因为您的面孔与凡胎俗骨几无相近之处,您的声音不是人类的声音。"这句话就是埃涅阿斯在非洲蒂朵的迦太基登陆后首次遇到维纳斯现身时所说的话。还有什么比这个明显地让人联想起《埃涅伊德》的句子更好地阐明模仿的原则吗?对于彼特拉克这样一个因一部讲述第二次布匿战争的史诗(《阿非利加》)而荣膺桂冠的诗人而言,《埃涅伊德》对他有着特殊的意义。

序幕由发生在三天时间内的三个部分对话所组成,里面奥古斯丁按照真理的吩咐,试图向弗朗西斯科指出他各方面的错误。奥古斯丁在第一天鼓励弗朗西斯科表露他自我欺骗的倾向,并认识到他的灵魂所遭遇的致命危险,因它过分沉迷于这个世界的各种诱惑。一开始,弗朗西斯科甚至认识不到他有任何问题,但最终他承认被拖入——违背他的意愿的——世俗事务。在这时,奥古斯丁鼓励弗朗西斯科认同他自己在米兰花园皈依所树立的榜样:"我不奇怪你发现自己总是纠缠于这些复杂的事情当中,我曾一度也因此而饱受折磨……我一直是原来的我,直到苦思冥想的结果将自己所有的苦痛都堆积在自己眼前。后来当我真正渴望改变以后,我也很快就能够,且是以奇迹般的最令人愉悦的速度转变成为另一个奥古斯丁。这个奥古斯丁的生活经历,如果我没弄错的话,你从我的《忏悔录》中已经知道了。"(55—56)

彼特拉克一心一意地想让我们看到他的奥古斯丁(他凭着意志转变他自己)和《忏悔录》中"真实的"奥古斯丁(他依靠上帝的恩惠得以转变)之间的对比。奥古斯丁更像古代异教时期的斯多葛学派哲学家而不像早期的教父。他所体现的与其说是历史上真实存在的奥古斯丁,不如说是理想的范例自身。实际上,他用从《埃涅伊德》里精选的诗句作为他皈依范例的结尾,言简意赅地抓住了弗朗西斯科不能坚持自己期望的特点:"心灵无动于衷,泪水陡然倾泻"。然后奥古斯丁对他之所以选用这句诗作了详细说明:"尽管对此我本来可以找到许多例证,不过还是觉得这个你特别熟悉的范例就够了。"弗朗西斯科回应道："您的选择很明智,因为您不需要更多的理由,且不会有另一个范例能更深入我的内心。"弗朗西斯科进而对这个范例的效果进行评价："这一点愈显正确,因为,尽管我们分隔至远,距离之大恰如遭遇船难的人与安全上岸之人之间、或幸福之人与悲惨之人之间的距离,但在我躁动不安的内心,仍然能辨别出您痛苦挣扎的迹象。"(56)除了一句异教徒所写的诗竟启发了弗朗西斯科阅读《忏悔录》所内含的反讽外,我们还要注意,这句诗使他即刻弥合了将自己和奥古斯丁隔离开的精神和时间的鸿沟。到此,弗朗西斯科放弃了所有的对抗,完全屈服于奥古斯丁论证的说服力,从而进一步示范了精心选择的例证在推动意志转向行动方面的力量。

第二天对话继续围绕这个主题进行,探讨范例的效用以及如何从个人所阅读的作品中去发现它们。奥古斯丁以根据传统基督教七宗罪的标准来衡量弗朗西斯科作为开场,尽管奥古斯丁承认,嫉妒、暴食和愤怒对弗朗西斯科没有什么影响,但指责他的淫欲、自傲、贪婪与懒惰。弗朗西斯科公开坦白淫欲之罪——彼特拉克于1337年有一个非婚生的儿子,1343年又有一个女儿——后就按住不表了。对于自傲的指责,他辩解得更为坚决,而这次是奥古斯丁(希望将对话继续下去)放下话头不提,进而极力迫使弗朗西斯科接受贪婪的指责,最终使他承认了对财富的渴望导致他放弃了健康独处的乡村生活,转而追求充满喧闹和嘈杂分心的城市生活。但懒惰构成最终的挑战〔彼特拉克感觉自己时不时地受到忧郁症的困扰——也就是弗朗西斯科所说的有气无力(accidia)或病痛(aegritudo),他将其所表现出的虚弱不堪归于这个传统的道德标签之下〕。弗朗西斯科与奥古斯丁不断地在这个难解的问题上绕来绕去,没有任何结果,最终奥古斯丁提供了一个在我们现代人听起来毫无说服力的建议:利用积极思考的能力,将你在阅读的作品中所看到的有益格言记下来。在评价这一建议时,卡尔·温特劳布这位敏锐的观察者评论道:"奥古斯丁试图提供各种各样'合理的'

166

建议,但老实说听上去不是挺管用——要么实际上有点傻。"(104)第二天的对话就在这个有关做笔记的明显没有什么说服力的提醒中结束了。

然而,尽管在我们现代人看来不怎么样,第二天的对话并没有蜕变为对一个难以解决的问题的愚蠢纠缠。反之,它进一步突出了阅读有益身心的效果。回想一下,阅读是模仿的基础,而模仿是内化和应用在古典历史、诗歌和伦理学著作中提供了最好示范的普遍真理的手段。再回想一下,在文艺复兴时期,阅读与做笔记相互关联,所有五种发展成熟的阅读形式——模仿式、冥思式、教义式、经院式、讽喻式——都强调从文本中提炼真理,从我们现代人的角度考察,这种阅读方式体现为一种双重或三重提炼:文艺复兴时期的读者从故事中撷取真理,而故事本身又是他们从文本中提炼出来的,更进一步说,他们阅读文本是从普遍性着眼而非从文本的具体语境着眼。

彼特拉克在《秘密》一书中数次公开讨论这种阅读/做笔记的方式。例如,在上述有关弗朗西斯科的有气无力(accidia)的交谈中,奥古斯丁就认为,人们必须将有益的格言深植于记忆之中,以便随时可用于与激情的斗争,后者的突然进攻可能在没有任何预警的情况下颠覆理智的堡垒。弗朗西斯科向奥古斯丁证明,他确实已经将有关告诫理智需要时刻保持警醒的真理内化于心:

> 为了显示我不仅从哲学家那里,同时也从诗人那里获得了这个真理,我时常想,当维吉尔描述深洞之中和其上的山峰之间风的愤怒,以及国王伊俄勒斯①坐在高处用他的力量约束风时,他可能就是在描述愤怒和其他的冲动。那些激情在内心深处燃烧,就像我们在同一首诗中所读到的那样,它们除非被理性所约束,"否则会在愤怒之时像狂风一样席卷海洋、陆地,直

----

① Aeolus,希腊神话中的风神。——译者注

达天空最深处，弄得天崩地裂，四海翻腾。"

167　　　不满足于这种类比式的阅读方式，他进而开始对它进行讽喻式的解读："维吉尔的'陆地'不外乎是指人身体这个俗物，所谓'海洋'则意指我们赖以生存的水分，而'天空的最深处'除了是指深居我们内心的灵魂还能是什么呢？……"当然，彼特拉克很清楚，维吉尔根本不会作如是想。但他让奥古斯丁认同这种诠释，而不管"维吉尔在写作的时候是否是这样想的，或者它们是维吉尔绝不可能想到的事，他只是想描述一场风暴而无任何其他更多的意思"。（99—100）真正的雄辩能够且应当利用任何合适的例证来感动它的目标听众。

　　上面一段话阐释了三种不同的有助于做笔记的阅读方式。除了"讽喻式"之外，还有（很明显是）"模仿式"的阅读，彼特拉克正是通过《埃涅伊德》戏剧性地体现出激情与理智之间的关系；而《埃涅伊德》在此处及整个对话中的突出位置又显示了"教义式"阅读的在场，其中，一个权威的文本——对于彼特拉克来说其他任何文本都不具备《埃涅伊德》那样的权威性——就成为（重复汉金斯的话）"一种道德训诫的支撑和一种有关所有人文学科及自然科学的百科全书式的知识"。做笔记是这些阅读形式组合的必然结果。奥古斯丁在建议弗朗西斯科运用有益的格言来对抗忧郁症时，就鼓励他在阅读的作品上做笔记，使之深植于记忆之中。第二天的对话的结尾就是以下建议："在你阅读期间，当你看到此类事情时，在有用的段落旁做上标记，就像用钩子勾住易飞的物品一样，你通过这些标记就可以将那些易于遗忘的东西牢牢记住。"有了这些随手可用的格言，弗朗西斯科就可以击退忧郁症的突然袭击。就像奥古斯丁在其他地方所明示的那样，"假如你不知道如何运用这些知识去满足你的需要，知道许多这样的知识又有何益呢？"（126）

　　许多评论者将彼特拉克在《秘密》的此处及其他地方对《埃涅伊德》的讽喻式解读看作中世纪的时代错误，是一种与对古典文本的解读不相适应的基督教残余。但这一判断的结果是排斥一种阅读方式而青睐另一种阅读方式，而实际上所有阅读方式是共存的，它们一起强化了对范例的固有趋向，即将文本与其语境相隔离，从中提炼富有启发性的轶事和场景，进而从这些轶事与场景中提炼出永恒真理。做笔记是这种三重提炼的结果，要么以大量注解和索引的方式将权威的文本变成百科全书，要么形成一个单独的手抄笔记。做笔记和笔记体书籍远非人文主义模仿科目的一种奇怪的副产品，而是它的基点——提炼并运用能够推动意志走向行动的真理的实例。做笔记在阅读活动中成为活着的过去看得见的痕迹。

《秘密》对模仿、范例和人文主义阅读艺术的倡导在第二天的对话中以彼特拉克有关做笔记的重要性的评论而告终。第三天的对话则通过奥古斯丁探究弗朗西斯科错误方法的双重根源——他对劳拉和诗人桂冠误入歧途的爱，将这些评论以及人文主义所有科目的总体目标付诸检验。彼特拉克声称于 1327 年在亚维农的一次教会礼拜活动中初次瞥见劳拉，那时，他刚刚放弃法律学习不久；此后她就成了——不管是真的还是他的臆想——他终身的缪斯。奥古斯丁指责他内心可能对劳拉存有欲念，对此，弗朗西斯科深感震惊，申辩说他的爱既纯洁又道德，甚至可以说是对上帝之爱的预备阶段。但奥古斯丁反驳说："但这歪曲了事物的秩序"。(112)然而，弗朗西斯科仍不为所动，于是，奥古斯丁拿出了重磅武器："你也知道，关于爱这个话题，不仅一些杰出的哲学家写过诸多卓越的论文，而且一些著名诗人也连篇累牍地加以歌颂……如果我告诉你如何能够将你所阅读和理解的这些东西用于你的救赎，或许你不会认为这是不礼貌的行为。"(119)然后，他开始运用西塞罗和奥维德著作中的事例来突出逃离"爱的瘟疫"的必要。但弗朗西斯科承认，他试过，但未能遵从这一劝告，他对劳拉的爱太强烈了。与塞内加相呼应，他声称，"我逃过，但我每到一处，邪恶都如影随形。"对此，奥古斯丁回应道："除非病人想好，否则医生无能为力"。弗朗西斯科的反复暴露了处于模仿方案核心的另一个基本问题:"现在我确实糊涂了。你提供给我通过逃避来恢复灵魂康健的药方,但同时又声称我的灵魂在可以逃走之前必须进行治疗,使之恢复健康。"(121)

构成人文主义所有学科基础的模仿方案是基于以下假定:人们可以直接与古典的榜样产生共鸣,从而很容易内化它们所体现的普遍真理。弗朗西斯科令人深感恼火的反复使这一假设受到质疑,对话者进而就此展开争论,奥古斯丁企图对弗朗西斯科的坚定反抗发起进攻。在他们争论的过程中,他们揭示了同样的榜样对于不同的人可能就意味着不同的事情,显示出语境在一定程度上决定了示范性,潜在地侵蚀了古典榜样的普遍性。在某个节点上,奥古斯丁建议弗朗西斯科逃离亚维农,避免靠近劳拉。奥古斯丁引用塞内加的话——"对于一个尝试断绝爱欲的人,任何可以使他想到身体快乐的东西都应该禁止接触"——来论证即使一个已修正错误的灵魂都应该避免受到诱惑。弗朗西斯科拒绝接受这个例子,声称奥古斯丁滥用了它:"这些话不是一个**已经**断绝爱欲的人说的,而是一个**尝试**断绝爱欲的人说的。"但奥古斯丁通过为这句话设想一种不同的语境,为自己的适用性进行辩护。"假如一个健康的人都必须提防这些东西,那些还有病未治愈的人该要何等当心啊!"(123—24)很明显,模仿语境的选择取决于解释者和解释,其(反过来)消解了实例意义的绝对性。

似乎是为了将这一教训彻底讲清楚,彼特拉克在这场交锋之后,紧接着又设计了一个对话者各说各话的场景。奥古斯丁希望敦促弗朗西斯科认真思考自己生命的有限性,问他,当自己揽镜自照,看到双鬓灰白时,作何感想。对此,弗朗西斯科以回忆有关灰白头发的古典实例中的一个主角来回应,一下子就减缓了对老年的恐惧。这些例子所起到的效果恰好与奥古斯丁想要的相左。对他的沮丧的反驳——"假如我谈论你的秃顶,我猜想你会拿尤利乌斯·凯撒来说事",弗朗西斯科愉快地回应道:"如此有名的同伴在身边真是一个巨大的慰藉,我坦承,我不反对使用这样的一些实例,我使用它们犹如使用我每天赖以为生的物品。"就像奥古斯丁对塞内卡的解释扭转了预势一样,弗朗西斯科现今在灰白头发的议题上也变被动为主动,迫使奥古斯丁承认他对手观点的效用:"坦率地说,这么多的实例只要不导致懒散,只要起到驱散恐惧和悲伤的作用,我觉得都可以。"(128—30)假如一个例子的示范性是相对的,那么示范性理念本身也是相对的,其势必损害了整个人文主义模仿方案的基础。

《秘密》进一步利用了此点。书中奥古斯丁将话题由爱恋劳拉的错误转到喜爱桂冠——文学声望的诱惑——的错误。他指责弗朗西斯科企图仅仅通过汇编古典的实例来取悦读者,"忽而从诗歌、忽而从历史著作中,确切地说,从各类文学作品中撷取只鳞片爪的智慧"。(136)尽管弗朗西斯科极力否认这一指责——声称此类汇编者是"文学的屠夫",但奥古斯丁认为,这些努力追求青睐的结果是两部未完成的大制作:史诗《阿非利加》(歌颂西庇阿·阿非利加的生平事迹)和纪念古罗马英雄的传记集:《名人列传》(*De viris illustribus*)。"写别的东西,你会忘记自己。你还有两部作品尚未完成,你怎么知道,死神不会哪一天从你的手中将那支才思已告枯竭的笔拿走呢?"或许这才是每一个作者的忧虑所在——我在一个美丽的夏日坐在远离尘嚣的书房写下这些话。但是,与奥古斯丁坚持认为弗朗西斯科的时间应该用来从事满足自己的创造者的工作而非很快为人所忘记的文学创作相比,这一点更具有基督教的意义,奥古斯丁指责他求通过文学获致不朽,对此,弗朗西斯科不屑一顾:"人的荣誉对我来说就够了"。他声称,在世上生存,人们必须追求人的荣誉,奥古斯丁则以同样的不屑予以了反驳:"你真是一个白痴[Stultissime homuncio]!"(140)

《秘密》就在这样的僵局中收尾,弗朗西斯科保证(引用奥古斯丁《忏悔录》中一句名言)"整理我灵魂四处散落的残片",但只能在履行好他作为作家的世俗义务之后。第三天对话中的最大的反

170

讽——它侵蚀了整个三天相互交流的基础——是奥古斯丁立场的反转。在第一和第二天的对话中,他支持人文主义的所有科目,将之看作是消解弗朗西斯科烦恼和痛苦的万应灵药,他的道德决断力可以通过阅读得到加强。但是假若不是为了提高自己的写作水平,所有这些阅读的目的到底是什么呢? 一旦在第三天的对话中这个目标明确起来,通过模仿追求雄辩和基督教的超然物外之间的冲突就变得特别明显。尽管彼特拉克无论在此还是其他地方都一再断定,异教的实例可以激发基督教的德行,但不是很愿意面对在"登旺度山"中所遭遇的同样事实:李维不能带他登上通向上帝之山。甚至奥古斯丁都不能找到解决古典和基督教世界之间分歧的办法,而最终放弃了他之前支持的人文主义的阅读方案;而弗朗西斯科的告别词则成为对这一主题的定论:"我无法抑制对世界的爱恋。"(148)带着这一告白,他在世界的危险诱惑终将自动减弱这一(徒劳的)希望中寻求慰藉。

《秘密》用对话的形式演绎了活着的过去,但其对话者令人捉摸不定的性质形象地表明,这不是如我们所设想的过去与现在之间的对话。奥古斯丁和弗朗西斯科是超越时间的复合人物形象,是阿培里兹/拉斐尔在文学上的对应。它们象征着过去与现在之间的交流,其中,过去成为现在的一种创造性力量,超越了我们现代对二者所做的干巴巴的区分。"文艺复兴对古典古代的发现"——重复罗伯特·魏斯一个世纪前所著书名——的生命力就蕴藏于此。魏斯是一位杰出而富有才华的学者,他以考古学之前和早期历史所特有的高度精练和富有技巧的方式处理自己的题材,因而理所当然地认为我们对过去的理解方式在文艺复兴时期也同样存在。然而,回到那个时代,过去绝非死去的东西,而是"有生命的"和"活着的"。这些形容词并不仅仅将"过去"限定为一种事先给定的存在物,而是构成了它的真正实质。

对于我们现代人来说,要理解这种活着的过去很难。我力图揭示它是如何通过人文主义的模仿方案产生并出现于其中的。但甚

171

至在此,我们仍可能会几乎不可避免地认为人文主义者是模仿"过去",因而假定存在着某种对于他们来说并不存在的东西。(设若它真的存在,彼特拉克的"奥古斯丁"就应当与作为历史人物的奥古斯丁有更多的共同之处——这样,《秘密》将会成为一部关联度和亲密度都大为逊色的作品),人文主义者所模仿的不是过去,而是将历史化和普遍化因素糅合在一起的榜样,模仿的过程不仅仅是对前事(一种现代的看法,意在促使人们注意过去与现在之间的区别)的简单拷贝,而是在文本与样板之间确认双方生命力的复杂交流。

给西塞罗的第一封信、"登旺度山"以及《秘密》都显示出彼特拉克对人文主义模仿方案中固有悖论的察觉。人文主义者复活古典文学和文化的理想的努力做得越成功,这种理想与他们自身世界的关联度就越小。这个问题在《秘密》中表现得尤为突出,在那里(往大处讲)模仿既是一剂道德的万应灵药,又是一种精神上的消遣,同时(往小处讲)榜样作为一种恒定不变的道德灯塔照亮人们的前行之路,同时又观照出瞭望灯塔者各自不同的见解,从而消解了它们作为道德训诫的绝对色彩。彼特拉克作为人文主义的代表人物,并没有为这些不一致所困扰,或者说——将特瑞考斯对运动模糊的发展趋向所做的夸张描述稍作修改——他巧妙地将这些不一致转变为用文学方式展现作者自我的良机。他终其一生的首要身份就是一个古典风格的作家,通过将古代文学中海量的实例予以内化,将之转变为自己的东西。重复一下弗朗西斯科的告别词,他无法抑制自己对世界的爱恋,这种爱恋体现在模仿的过程及模仿的行为之中。因而他尽管存在着诸多不确定性,但始终是人文主义科目的有力倡导者,他的倡导对于保证人文主义的成功及其所灌输的阅读/记笔记习惯的养成起到了重要的推动作用。

我们现在转而考察由人文主义科目所衍生出来的笔记方法,该方法连同作为其基础的道德理想证明了源自模仿的活着的过去,体现了为拉斐尔的"雅典学院"所代表的象征空间。这个空间的生

172

过去的诞生

命力取决于人文主义者在运用实例的过程中化解普遍性和历史性之间对立的能力。最杰出的人文主义者——如伊拉斯谟——通过一种精致的分寸感（sense of *decorum*），即一种从储存于他们笔记的各式各样的实例中只挑选那些最适切的例子的能力，成功地缓解了这种对立。但，最终这种多样性超越了储存的手段，造成了16世纪所特有的信息过量。随之而来的、创造新的信息管理形式的努力最终在组织和控制活着的过去的过程中逐渐消解了它的生命力。

通用部目世界观

　　彼特拉克的活着的过去产生于人文主义的模仿方案并存在于其中,他自己就是该方案早期的主要倡导者。模仿产生了一种过去与现在在持续的相互交流中发生创造性关联——相互定义、相互强化和相互弥补——的共时性空间,这种持续的交流同时也确立和展示了彼特拉克作为作家的自我形象。那些紧随其后的人文主义学者们——这里仅点少数几个人的名字,如科卢乔·萨卢塔蒂(1331—1406)、加斯帕里诺·德·巴齐扎(1360—1430)、莱昂纳多·布吕尼(1370—1444)、瓜里诺·德·维罗纳(1374—1460)以及维多利诺·德·费尔特雷(1378—1446)等——在对古代文化的知识、对古典拉丁风格的把握(包括对希腊的了解)以及对古代文学样本的驾驭方面不断超越彼特拉克。但总体看来,他们文学的才华都不及他,尽管他们中间不乏萨卢塔蒂和布吕尼那样在当时受到高度赞誉的文体家。

　　或许他们在文学才能方面的稍逊风骚使他们更加能够将彼特拉克对模仿的创造性运用转化为一种相对标准化的教育课程。这样做,他们助力将彼特拉克有关阅读/做笔记的一些日常建议发展为一种更为严格的通用部目笔记制度。在 15、16 世纪,人文主义者做笔记的技术成为模仿活动的主要支持和工具。与彼特拉克对相对少数的古典样板的灵活运用——突出重点强调西塞罗和维吉尔——不同,人文主义的研究者和读者在笔记本上摘录的材料来源范围要广泛得多,既有希腊的,又有罗马的;既有中世纪的,也有当代的,尤其是那些在 16 世纪印刷成书的资料。他们通过一套体现普遍接受的真理和他们在日常生活中认为理所当然的社会道德标准的通用部目制度来保存和使用所有这些材料。他们运用这些材料来构建修辞学有关问题的正反两个方面(*in utramque partem*)的论据,以便在相互比照的可能性之间做出裁决并选择最可行的行动路径。与其同时代信奉经院哲学的人相比,人文主义者坚持认为,以怀疑的态度权衡各种可能性在一个很少能获得逻辑确定性的复杂世界中最适合实际生活的需求。

当彼特拉克有关做笔记的一般建议转变为实实在在的通用部目笔记时,活着的过去与其说是模仿的产品,不如说是它的预备。彼特拉克的后继者们已不再通过检验他们的实例和用这些实例来检验的方式创造活着的过去,而是学会了如何运用它们作为修辞特效片段中的证明方式。我或许过分夸大了此点,目的是表明:彼特拉克的模仿实践并不总是具有创意,他的后继者的类似做法并非总是缺乏想象力。显而易见,他将实例用于有关一个问题正反两个方面的论证这一修辞学的固定套路——使用了那些他视为理所当然的通用部目真理,他的后继者中许多人也完全乐于接受作为模仿的最高形式的过去与现在之间对话式的互动。但当这个方案在一种教育体系中程式化后,就不可避免地失去了诸多精微之处,过去活的特质最终更多地成为个人笔记中的通用部目标题,体现着那些意义永存的普遍真理,而很少被灵活地运用于可能会对那些真理提出疑问的模仿活动。但与此同时,尤其是对古代的了解日益加深之后,归于这些标题之下的实例涉及的历史和文化方面的题材也更具多样性。普遍性与历史性之间渐行渐远使范例的悖论日趋突出,最终,甚至最精当的模仿也无能为力。

彼特拉克有关做笔记的建议得到其下一代人文主义教育者的积极响应。莱昂纳多·布吕尼在 1405 年左右为厄宾诺伯爵的女儿所写的一篇简短的教育论文《文学研究》(*De studiis et literis*)中,就建议她仔细研读最好的古典和基督教作家的作品,通过做详细的笔记对之进行全面的分析："运用这些方法她将训练和强化自己的鉴赏力。当她需要讲话或写作的时候,她就会小心翼翼,不会去使用她在这些作家的作品中从没看到过的话语。"(99)R. R. 波尔加在其对人文主义教育的经典评价中认为,随着这篇论文的问世,"开启了记忆术时代"。(269)

但人文主义者对描述做笔记的实际操作方法却始终令人吃惊地讳莫如深。瓜里诺·德·维罗纳是他那个时代最伟大的教育家,他要求他的学生备两种笔记本——方法类(*methodice*)(用于摘录修辞形式和成语)和事件类(*historice*)(用于摘录一般的信息)。然而,当代描述他课堂教学的作品中对这些摘编的框架和组织只字未提。或许,这种沉默反映了他的诸多贵族弟子对这种枯燥的活动所必然表现出的不屑。实际上,对于那些不愿做笔记的年轻贵族,瓜里诺甚至建议他们雇"某个适当的受过良好教育的年轻人"来为他做此事。[19]

在 15 世纪的意大利学校中,做人文笔记主要是帮助学习一种西塞罗式的拉丁语,但当这种方法在 16 世纪推广到北欧时,它得到更为广泛的认可和更具哲理性的证明,因而在教师和学生眼中的重要性也明显提高。这一发展是 15 世纪修辞学和辩证法相互融合的结果。按照亚里士多德的知识分级传统,辩证法处于逻辑学和修辞学的中间位置。逻辑学证明可以通过三段论确知真理,修辞学提出可以通过对一个问题的正反两个方面的论证来确定可能性的概率;辩证法则运用公认的观点作为证明的前提,这些证明不可能百分之百的确定,但可以作为有依据的判断的基础。因此,辩证法常常被当做修辞学的"逻辑学",洛伦佐·瓦拉(1406—1457)在他论述辩证争辩(*Dialecticae disputationes*,1439 年形成初稿,后经不断修改)的论文中,将辩证法的领域扩展到逻辑学领域,认为用文学话语(即,正当的,西塞罗式的拉丁语)的"普通语言"构建的主题比用经院哲学的专业化语言所构建的主题更具合理性,后者的晦涩难懂制造而非解决了逻辑上的问题。

过去的诞生

在力图为人文主义修辞学赢回败给经院哲学逻辑学的阵地的过程中,瓦拉为我们可称之为"通用部目世界观"的见解提供了一种支撑,他将辩证法和修辞学中人们用来构建以日常交流语言表达的论点的"部目"有效融合起来。随着人文主义的影响由意大利往北传播,这些部目,或者说,论点的"所在",逐渐从分析的类别最终演化为道德和社会准则,体现在学生笔记本——也被称为"通用部目本"的标题之中。学生学会了通过对问题正反两个方面的论
证来运用这些通用部目材料以便在一个(人文主义者声称)真理不可能查明的世界中探寻可能性。这种怀疑主义的推理模式为一种规范的世界观所支撑,其中,各式各样的实例汇聚在一起证明社会和伦理假设,使人们能在相互对立的立场之间做出决断。我们会看到,到 16 世纪,个人笔记本上的通用部目标题开始等同于这些假设,代表着活着的过去的发生地点。通用部目保存了古典材料所有的历史特性,以便将之应用于现代生活中与古代相类似的实际问题。[20]

部目(place)一词(希腊语 topos,或拉丁语 locus)和通用部目(commonplace)一词(希腊语和拉丁语分别是 koinos topos 和 locus communis)的历史漫长而极端复杂,此点,最近为弗朗西斯·戈耶重要且标题带有讽刺意味的长篇巨制《"通用部目"的庄严性》(*Le sublime de "lieu commun"*)所证实。但就我们而言,只要说亚里士多德在他的《修辞学》中区分了"通用"部目和"专用"部目就够了。通用部目包含着表达适用于所有种类知识的论点的方法,而专用部目则仅适用于特定种类的知识。他在《题旨》这部与他的《修辞学》相当的辩证法著作中,对通用部目做了全面的分析,解释了怎样使用公认的假设和分类来确立令人信服的针对一个问题的两个方面的论据。西塞罗(以及后来的昆体良)紧接着就将这种清晰的亚里士多德式的区分搞混了,部分原因在于头脑过于实际的罗马人将修辞学看得比哲学重要,因而贬低专用部目、青睐通用部目。在建构他修辞学论点的过程中,西塞罗在部目(loci)——即人们思

索不同类型论点的辩证法部目,和通用部目(loci communes)——即适用于所有论据的思想和表达方式的部目之间做了区分。这样,他歪曲了亚里士多德的区分,同时侵蚀了两类部目之间的边界。与罗马的演说家运用部目和通用部目主要是为法庭辩论服务不同,基督教的修辞学家运用它们来处理法律和道德事务。基督教演讲术的道德旨趣逐渐将部目(loci)由论辩的类别转变为善与恶的汇聚;将通用部目(loci communes)由对任何论据的润饰转变为传统智慧的表达方式。到文艺复兴时期,部目和通用部目两个词实际上已经没有什么区别,从而为瓦拉融合修辞学和辩证法铺平了道路。

继瓦拉之后,鲁道夫·阿古利可拉(1444—1485)是最早对人文主义的笔记做详细描述的人之一,他的部目反映了新人文主义辩证法的特点。阿古利可拉出生于低地国家,长期旅居意大利,在费拉拉受教于瓜里诺的儿子巴蒂斯塔。在意大利的时候,他就在瓦拉那篇论文的启发之下,创作完成了《论辩证法的发明》一书的大部分。他将辩证法定义为发现"就何种主题以何种程度的可能性说些什么"[21]的艺术。这样,辩证法就包含了范围非常广泛的论证,从可能性的非正式证明到更为严格推论出的证明。它的目的就是确定这些不同种类的论证共享的"部目"。

他的辩证法的"通用标题"(capita communia)与他的人文主义笔记模板中的"通用部目"(loci communes)有着精心设计的相似之处。这些在他完成有关辩证法的论文之后紧接着写就的一篇简短的教育论文《论学习的养成》(De formando studio)(1484)中做了描述。他做笔记的方法建立在中世纪佳作集(florilegia)的传统之上,佳作集是一些宗教和世俗文学作品的选辑,供牧师在写布道词时参考。他借用了这些作品中为摘录文章所做的道德标题体系——"善""恶""生""死""爱""恨"等等,但他对之做了进一步的系统梳理,创造出相互对立的搭配——"善与恶""生与死""爱与恨"——以反映修辞学从两方面论证的首要地位以及作为其基础的人文主义辩证法。实际上，他鼓励学生们发挥聪明才智，将任何给定的实例存放在尽可能多的不同标题之下，以便更好地运用于对一个问题进行两方面的论证的实践。

阿古利可拉《论学习的养成》一书在他生前仅有手稿流传。但其中所提的建议至少——假如实际上没有影响到的话——与伊拉斯谟在两本著名教育专论：《论学习的方法》（*De ratione studii*）和最重要的一本著作《论话语和思想的丰富》（*De copia verborum ac rerum*）中所提的建议相类似。《论话语和思想的丰富》首次出版于 1512 年，后经多次修订，是印刷术时代开启初期最有影响的教科书，仅在 16 世纪就有 100 多个版本出版。伊拉斯谟对做笔记的建议在本书第 2 卷，该卷主要探讨可供个人作文利用的思想和实例等各类事项（*res*）的丰富性。在此，他断言，阅读古典文学作品必须随手做笔记，"想当饱学之士的人终其一生都必须那样做"。（87）他建议要有 a *liber locorum rerum*，字面意思就是一本"各类事情的部目本"。具体分为三组部目：第一组由配对的善恶德行所组成，比如，虔诚与不敬，他又进而将之划分成子标题，比如对上帝、祖国、家庭的虔诚与不敬，等等。第二组由他所称的 *exempla*，即不同寻常的实例——比如异常长寿、健旺老年、龙钟少年，等等——所组成，同样也是将对立的双方进行配对组合。第三组由他所称的 *loci communes*，即通用部目所组成，内容源自以前的部目以及在其旁边记下的格言或谚语。

伊拉斯谟甚至试图从像数学和几何学那样最不可能的来源撷取道德实例。"任何知识都不可能如此远离修辞学，以至于你不可能由之而丰富你的分类……举例来说，一个满足于自己的财富，不依靠其他任何人，漠视命运的波诡云谲，始终坚守自己德行的聪明人与一个处处都一模一样的球体相比"。（90）*liber locorum rerum*（各类事情的部目本）上所做的划分体现的不是随意而定的分类而是现实伦理的深层特征，表现为每个人视为理所当然的规范假设。这些划分构成了对将一个问题分为两个方面的怀疑主义推理模式的基柱。人文主义者出于对模糊和一种不经意的自相矛盾的喜好,可以做到贬低逻辑学而青睐修辞学,因其只是一种有限的怀疑主义。他们从来不怀疑自己辨别真相——更进一步——或貌似真相的能力,无论在什么时候与之相遇。

与伊拉斯谟在对修辞扩张的分析中将 *verba*(词汇、习语、表达方式)置于 *res*(事情)之前不同,菲利普·米郎克苏(1497—1560)在其就此主题所作的卓有影响的论述《论做通用部目的方法》(*De locis communibus ratio*)中颠倒了这个顺序。(这本手册全部抄袭自他于 1519 年所著的修辞学论著《修辞学三论》[*De rhetorica libri tres*]中的一节,编入一本专题论述如何做笔记的集子——《论学习的方法》[*De ratione studii* 1531]后广为流传,收入该集的还有阿古利可拉的《论学习的养成》和伊拉斯谟《论话语和思想的丰富》一书中的有关建议。)他对重点的颠倒反映了他相信世界上的事情与某些定式或"形式"相一致,它们可以作为部目的基础。实际上,他甚至认为应用于个人笔记的这些部目反映了自然最内在的基础(ex intimis naturae sedibus eruti, formae sunt seu regulae omnium rerum)[22]。米郎克苏这位路德的得力助手和早期新教徒中最杰出的人文主义者对现代教育的影响几乎和伊拉斯谟同样深远。他将部目的地位由话语的标题升格为现实本质的体现,从而使瓦拉开始的修辞学和辩证法之间部目的融合终成正果。

各类事情的部目本(*liber locorum rerum*)是人文笔记中数量最大也是最重要的,其或许还包括其他卷目,比如,用于摘录正式拉丁文体的文体本(liber styli)和摘录富于表现力的古典表达方式的会话本(liber sermonis)。所有这些加在一起展示了一种通用部目世界观,它储存着不同时代和地点的信息,每个条目都保存着其原初的特点,置于具有规范价值的标题之下,供论证问题时在正反两个方面的论据中使用。在整个 16 世纪,这种通用部目思维方式被印刷术进一步强化,原先没有任何标记的笔记本,现今被分成预先定好的主题标目;古典著作出版时也特意在每行之间留白以方便

过去的诞生

人们做笔记,此外还有大量的专门按各种体例排列(比如,字母、标题、对立,等等)的通用部目本。实际上,通用部目印刷品的流行即使没有完全消除个人做笔记的必要性,也使其降到最低程度。所有这些简编材料,不管其属于哪类,都为接受过人文主义培训的学者们提供了模仿的原始资料,由此,他们将活着的过去中"历史正确"的实例运用于以普遍真理为基点的相对主义论证。

西塞罗的格言"历史是生活的老师(*historia magistra vitae*)"在文艺复兴时期的经历最好地说明了活着的过去在与通用部目世界观紧紧连在一起之后的命运。即使在古代,西塞罗对历史的赞誉——"时代的见证,真理的火炬,记忆的生命,生活的老师和古代的信使"(*De oratore*,2.9.36)——集中体现了它作为实例教授的哲学价值。这种"历史范例理论"的根源可以追溯到波利比阿,他时不时地用一些有关历史用途的题外话打断自己对事件冗长的叙述。确实,乔治 H. 纳达尔在他有关早期历史思想富有创造性的论文中就断言,"阅读波利比阿的作品就如阅读了古往今来绝大多数历史范例倡导者的作品"。(65)对于波利比阿来说,历史的用处在于它能够提供许多间接感受的经验,以至于"我们几乎可以说,那些学习历史的人拥有一种对付任何可能发生的偶发事件的方法"。(历史,9.2.5)这种方法取决于两个必要条件:即叙述必须真实、必须完整,也就是说,它不仅要提供事实,而且还包括事实之下的原因,而自身具有政治和军事经验的历史学家是这些原因最好的辨别者。波利比阿及其古代的后继者们从未想过去质疑一个时代的教训对另一个时代的益处——甚或按照这种方式表达的问题,因为他们尚不具备系统而持久的时代错误观念。缺少这种观念,历史是生活的老师就成为一个现成的通用部目,几乎在西塞罗讲出来之后就是了。

179　　人文主义者珍视实例的指导而轻视准则,他们将这一真理据为己有,在他们的科目体系中赋予历史以特殊地位。保罗·韦杰里奥(c. 1370 - c. 1444)在他那篇广为阅读的教育学论文《论好的品行与人文学科》(*De ingenuis moribus et liberalibus studiis*)中,记录了他们对历史的态度:"我们现在来考虑可以名正言顺地置于'人文学科'名下的各门课程。在它们中间,我将历史放在首要位置,原因是它既有趣,又很实用;这些特性对学者和政治家都有同样的吸引力……历史……用具体实例向我们阐明哲学所反复灌输的准则,哲学向人们表明人应该做些什么,而历史则显示人们在过去说了什么,做了什么,我们今天应该从过去吸取哪些实际的教训。"[23]

历史因其趣味和益处而成为一种服务于学者和政治家的政治教育形式,韦杰里奥于 1400 年左右所表达的普罗大众对历史的态度推动了历史艺术(*ars historica*)这一完整的人文主义文学体裁的发展,并在 16 和 17 世纪成为显学。实际上所有历史艺术都是以不同的方式重复西塞罗"历史是生活的老师"这一主题。如果有什么变化的话,那就是它到文艺复兴时期比古代时更像一种通用部目。从伊拉斯谟笔记体系的视角看,它就是他的第三组部目,称为 *locus communis*(通用部目)的东西——一句表达传统智慧的格言或谚语,它与那些它由之产生的实例一起录入他的 liber locurum rerum(各类事情的部目本)之中。不管人们是否会在此方面费心费力,当他们遇到一个重要实例时,无疑会注意到通用部目。事实上,人文主义者做笔记的习惯起到了一而再、再而三地证实通用部目的真实性的作用。

这种真实性为人文主义的阅读习惯所进一步强化,在印刷术发明之前的年代尤其如此。当人们可以阅读的历史著作相对较少,他们对每一本著作都会进行全面挖掘,从中获取教训,这一过程自然而然地丰富了可供挖掘的资料。因此,曾是维多利诺·德·费尔特雷学生的弗雷德里克·德·蒙特费特罗(1422—1482)——那个时代的大投机分子(*condottieri*)之一,他通过阴谋和武力使自己成为厄宾诺的大公——通常在大公府里边就餐边听用拉丁语朗诵的李维作品。尽管人们很难断言李维的作品是他取得成功的关键,弗雷德里克在闲暇时间对李维作品的反复研习使他不仅可以

过去的诞生

自由地欣赏李维作品的严肃性与丰富性,而且得以探索古代罗马和现代意大利的事件之间可能存在的诸多关联,这些关联(不管是现实的还是想象的)只有通过一种长时间的、缓慢而细致的阅读,且是一而再再而三的阅读方能体会出来。就我们的目的而言重要之处在于,弗雷德里克不仅认定这种关联的存在,而且进而认为,揭示这些关联既证实同时也确认了历史是生活的老师这句话。(否则,花那么长的时间听李维的著作朗读干吗?)通用部目因而具有某种循环的特色:因为它是真实的,人们可以从过去获取教训,而人们获取的教训又肯定了它的真实性。

人文主义者阅读和做笔记的习惯有利于形成一种特别持久的观念。西塞罗式的通用部目以令人心智麻木的频率在 *artes historicae*(历史的艺术)中反复出现,这种文学体裁大致在乔万尼·蓬塔诺的 *Actius*(《阿卡提乌斯》,1499)问世之时发轫,到博林布鲁克勋爵的《关于历史的学习与用途的通信》(1738)问世前后结束。现代的读者在阅读这类体裁的作品时,总是不断地读到这些老话的各种变种,不禁哈欠连天,匆匆带过,似乎那些制造此类陈词滥调的人也并不真正相信这些货色。然而,通用部目在经历了无数的打击——既有政治上的,又有哲学上的——之后仍然存在,部分原因就在于那些言不由衷地说出它的人抓住活着的过去不愿放手。

或许最大的打击就是 1494 年法兰西对意大利的入侵。得益于移动攻城火炮的发明,法兰西军队以惊人的速度横扫意大利,凸显了意大利城市国家在一个欧洲王国经济和军事强大力量面前的不堪一击。自那以后,意大利成为法兰西和西班牙的逐鹿之地,弗莱德里克·德·蒙特费特罗之类一度傲然自得的诸侯在一场更大的斗争中也沦为供人驱使的角色。马基雅维利对此发展尤感痛心,他在《论提图斯·李维的前十卷》一书的引言中特别指出,意大利人普遍好古,但什么地方都学不像古人,"然而一旦论及建立一个共和国、维持国家、治理王国、组织军队、从事战争、施行正义乃至扩展帝国版图,你会发现无论是诸侯、共和国,还是军队首领和普通市民,没有哪一个去求助于古代的榜样!"(104)在马基雅维利看来,问题在于有必要将历史的教训系统化,使之融入一般的规则,因为从事战争、施行正义、或者扩张帝国的路径要依据个人掌管的是一个公国还是一个共和国、个人是一个军队首领还是一个普通市民等不同情况而变化。在《君主论》和《论李维前十卷》两本书中,他揭示出历史资料是具体环境的产物,因而不仅需要挖掘更需要的提炼、加工,方能产生教益。归根到底一句话,不断发生的事件对"历史是生活的老师"这个观念提出了挑战而非否定了它的正确性。马基雅维利细致审读了李维的著作文本——至少和弗雷德里克在餐厅中听其诵读一样仔细,自信地以为,它的资料只要经过适当的提炼和检验,会证实历史作为政治教育的一种形式的价值,甚至能使意大利人重新确立对自己领土的支配权。

181

然而,哲学家弗朗西斯科·帕特里齐(1529—1597)直接对这种想当然说法的理论基础提出挑战,他在《有关历史的十篇对话》(*Della historia diece dialoghi*,1560)——所有历史艺术最感不安的著作之一——中反复对之进行抨击。在帕特里齐之前,历史怀疑主义主要限于一些吹毛求疵的行为,比如,科尼利厄斯·阿古利巴(1486—1535)的历史怀疑主义,他在辩称所有知识无用时,顺带也攻击了历史学。而帕特里齐的批评通过质疑西塞罗式通用部目自身的逻辑,构成了对历史学更为严峻的挑战。在第一篇对话中,帕特里齐假装无知,要求与他对话者对历史学习下一个定义。它包括亚里士多德的动物史、狄奥佛拉斯塔的植物史、抑或蒲林尼的自然史吗?当他们试图将历史仅限于对人类发生事件的回忆之时,帕特里齐质询能否将对当代事件、细枝末节事件或个人事件的叙述当作历史来回应。当他们试图将历史仅限于政治生活中公众人物的历史时,帕特里齐则谴责他们忽视了发明家和探险家的作用。安东尼·格拉夫顿在生动叙述这场交流后总结道,面对这样的推理结果,"西塞罗和李维的那些人们至为钟爱的陈词滥调就像镰刀之下的蒲公英那样不堪一击。"[24]

帕特里齐的质疑反映了印刷术对一种富有批判精神的思想的影响,那就是,现今供其处理的文本范围大大增加了,包括政治和军事叙事、自然历史、传记、游记、回忆录、日记、法律文件等等,它们可能实际上就构成了一个新的历史类别。历史范围的这种扩张威胁到少数深受喜爱的作家构想的历史学修辞的连贯性。帕特里齐并不满足于对西塞罗所构建的通用部目的这种逻辑解构,在其第五篇对话——十篇对话中最著名的一篇——中还提供了一种方法论上的解构。在此,他否定了找到一位有价值的历史学家的可能性。他论证说,最好的历史学家应该是他们所描述事件的见证者,他们要么本身就是事件的参与者,要么是中立的旁观者;但参与者的叙述总是带有偏见,而中立的旁观者因为不知道双方的秘密,叙述总是流于肤浅。历史写作中固有的结构性缺陷因而证明了"历史是生活的老师"观念站不住脚。

然而,最令人惊异的不是帕特里齐对通用部目的攻击,而是他丢不开它。乔治奥·斯皮尼敏锐地指出,他时不时地将东西从大门丢弃,又从窗户将它们迎进来。在第一篇对话中他提出了对历史进行更为宽泛定义的可能性,认为这是一个可能将它从"修辞学泥沼中"拯救出来的办法,但后来又任其重新陷入范例理论。[25]甚至第五篇对话中令人难堪的怀疑主义都没有起到证明历史学习的错误的作用,反而将之置于一个更为坚固的立足点上。在随后的对话中,他论证了不基于派系政治而基于对风俗、法律和制度的客观分析,以探寻解释事件的真正原因和结果的叙事史的创作。这种批判性的基础得到强化后,叙事史仍然能够发挥"生活的老师"的作用。

在我们现代人看来,西塞罗式的通用部目的持续存在像是一种返祖现象,一种在近代早期世界的古典残留,那时印刷术已经扩展了称为"历史"的文学体量,语文学提高了文本研读的精确性,对古文物的学术研究发掘出大量新的历史资料——钱币、铭文以及各种各样的文件等等。要不是这种陈腐的通用部目的流行（我们可能会作如是想），近代早期世界可能会和现代的世界大差不离，至少从史学研究的角度看是如此。然而，假如我们对这种通用部目的经久性视而不见，转而聚焦于即将到来的导致现代历史学科产生的"史学革命"，我们将会忽视使"历史是生活的老师"这句格言如此经久的根本性的永真公式。它是一个通用部目，因为人们相信它是真的；他们相信它是真的，因为不管他们从哪里看和怎样看都能发现它的真实性。人文主义者的阅读/做笔记的习惯确保了这一结果。因此，人们可以随其喜好对历史做宽泛的定义，而通用部目仍会是真的，他们可以运用最精炼的学术技巧，而它（还）将是真的。

只要过去是活着的存在，只要它仍直接与现在对话，通用部目会一直保持它的影响力。但在文艺复兴的过程中，这种交流的场合已经由模仿的活动演进为通用部目本上的页码，这一变迁最终消耗掉了活着的过去所有的生命力。我曾引用彼特拉克的作品来揭示过去是怎样生活于模仿活动之中，并通过模仿活动而生。然而我们还是小心不要将他神圣化。事实证明，伊拉斯谟和蒙田（仅提这两个人）同样精于此道，因而证明了模仿的最高形式在整个文艺复兴时期都很流行。然而，从彼特拉克到伊拉斯谟到蒙田的发展历程同时也勾勒出了人文笔记不断发展直至最后结束的过程。彼特拉克对此提出建议，伊拉斯谟将这个建议付诸实施，而蒙田见证了它的消亡。蒙田在 1540 年代作为一个年轻的学生在波尔多一家名为吉耶纳学院的人文主义学校求学期间，已经学会了如何保存一本各类事情的部目本、一本文体本和一本会话本（*a liber locorum rerum*，*a liber styli*，*and a liber sermonis*）。他的《随笔集》（*Essays*，1580）第一版问世后，绝大多数教育程度与其相当的读者将之看作标准的通用部目集，它在作为主题标目的各章标题之下，收集了许多说明性的实例。他们看到了他们希望看到的，或者说他们被教导要看的。只有卓然不群的读者方注意到，在几乎每一

183

章,蒙田对实例的论说都蔑视体系化的要求,从而将预期的修辞学的老套路转变为始料未及的对真理的探求。

蒙田确实可以位列他那个时代的思想巨擘之列,这只是因为他超越了他所受教育的限制。但绝大多数他的同代人仍附庸通用部目世界观。他们仍习惯于用实例来确认和支持公认的真理。但正如帕特里齐所清楚地表明的那样,千变万化、形形色色的实例,来源是如此的多种多样,随时可能推翻它们本应支持的真理。面对这一挑战,绝大多数接受过人文主义教育的思想家们试图通过进一步使通用部目体系化来强化它的效用,而这一过程最终耗竭了活着的过去的生命力。

让·博丹与历史的统一性

印刷术的影响进一步强化了文艺复兴意识所具有的一个鲜明特征的效果，即该意识被看作是活着的过去的必然结果。回想一下，在弗洛伊德对心灵的构想中，任何东西都不会消亡；对活着的过去来说也是如此。在文艺复兴的心灵中，所有的过去都以其独特性继续存在，活着的过去的空间——想象一下拉斐尔油画中的柱廊——随着对古代知识的增长会变得相当的拥挤。这种可能性对于彼特拉克不会是什么大不了的困难，尽管他珍藏了一份荷马的手稿，但这对他而言主要是一个护身灵符而已。彼特拉克没有读过希腊文作品，对古典拉丁风格不同阶段的了解也不是很精确，他的模仿实践与其说是纯粹的西塞罗风格，不如说是兼收并蓄。于他而言，活着的过去仅由相对少数的几个实体所组成，它们各自的特殊性并没有使它们相互之间像它们与现在那样隔离开。但随着人文主义运动趋于成熟，对古典语言和文化的掌握不断拓展和深化，活着的过去的空间里开始挤进越来越多的实体，每一个都是同样的奇特、同样的鲜活，都对现在具有即时性的意义。

人文主义笔记技能的发展至少部分地是对这种实体不断增长的压力的回应。各类事情的部目本（*liber locorum rerum*）尤其被其汇编者当作个人古典知识的储藏室，专司满足修辞写作的需要。但随着时间的过去，人文主义必须使这种笔记适应对不断增长的知识体量进行整理的任务，用意思相反的词语、对比排列的方式来整理通用部目标题的习惯最终就变得笨拙不灵，人们越来越感到

184

有必要以更富创新性的手段来把控这些信息，当通用部目本可以付诸印刷后尤其如此。最为简便的权宜之计就是在这样的对比排列的集子里附上一个按字母顺序排列的标题索引，让人们能够交互参照不同的信息（这一创新必然要等到印刷术发明之后，只有它方使准确地复印长串的页面标记成为可能）。另外一种权宜就是放弃对比排列而用分析性排列，比如以亚里士多德的十大范畴、即他的知识范畴为基础。西奥多·茨温格的《人类生活的剧场》（*Theatrum vitae humanae*）是最成功的印刷的通用部目本之一，首次出版于 1565 年，后又不断扩充内容，并数十次再版。该书保持了部目对比排列的体例，但强调它们之间的逻辑和分析关联。最后但绝非最不足挂齿的权宜就是按字母顺序排列标题，这种安排的好处在于其可以无限扩充内容，但以此方式存储的知识不会自动成为问题正反两个方面的论据。实际上，汇编的集子越带有分析性，它就越像一本百科全书，因而也就越不适合修辞作文的要求，而原初正是这种要求促使人文主义者形成做笔记的习惯。

所有这些存储和组织信息的方法往往都是利用规范性类别，它们反映了当时流行的对人类现实基本特征的道德预设。（即使是纯粹按字母排列的目录也是依据道德主题排列的。）在一个一切皆不会消亡的活着的过去，当道德部目（*loci*）中填塞入更具多样性的信息之时，用这些方法存储的内容相互之间的差异性开始使人对这种存储方式本身提出质疑。蒙田的《随笔集》是这一发展的缩影，这一点从该书的开首章节即可看出来。尽管这一章是他为《随笔集》首次出版所创作的最后几章之一，但他将之置于开首以特别突出多样性的问题。

该章的标题："殊途同归"很明显就是一个通用部目、一句格言。蒙田试图将之应用于他所处的那个到处都是宗教战争和内战的时代。根据这个通用部目加以考察的问题——落入敌手的人是应当投敌自救还是应当通过反抗自救——对于他这样一个生活在新教徒堡垒之中的著名天主教徒来说很现实。蒙田试图表明，刚毅的获胜者可能会敬重他的俘虏勇气和不屈的表现，而心软的获胜者则可能喜欢驯服与屈从，以此来充实通用部目的内容。但是一长串来自于不同时代和地方的实例——有关底比斯的伊帕密浓达和派洛皮德、罗马的庞培和苏拉、威尔士的爱德华、德国的康拉德以及阿尔巴尼亚的斯坎德贝格的事迹——最终使这一预想的结论未能实现，反而是证明了刚毅的获胜者同样也可能忽视俘虏的勇气。这些实例推翻了通用部目的标题，结果显示出（具有讽刺意味地）同样的方法可能获得不同的结果。《随笔集》随后的版本在该章又增加了反复无常和不可预测的行为的例子，因而进一步阐释了蒙田的最终结论："人真是一个不可思议地自负、多变而又飘忽不定的对象，很难对他形成恒常一致的判断。"（5）①

　　蒙田的《随笔集》戏剧性地表现了一个杰出的思想家对信息过量给习惯从通用部目的视角来看待世界的人们所造成的影响的感知。然而，绝大多数与其同时代的人都是通过试图强化和扩展这种视角来消解信息过量的问题。随着通用部目规范不堪重负，有教养者自然而然地求助于元规范，而这只不过是在概念层面上再进一步，以寻求一个更宽广的视角来处理世界的歧异性和多样性。这种反应只有那些将亚里士多德的知识分级思想作为常识标准的人才会有。对多样性问题的元规范处理路径在文艺复兴时期法律研究的转变中表现得特别明显。当罗马法开始失去作为法学普世标准的规范价值时，法律理论家们试图以最重要的民族的最好成文法为基础，编制一种新型的普适法。这一计划自然促使他们对历史进行细致的研究，因为"普适法的最好部分就藏身于历史之中。"26 让·博丹是那个时代最著名的法律理论家之一，也是宣称要做此事之人。在力图对此进行证明的过程中，他设计了一种未

① 蒙田随笔集国内有多个译本，译者主要依据本书的英文译出，可能与市面上的译本不尽一致。译者只能做到力求与本书一致。本书所涉的名作甚多，其中很多国内都有译本。译者的处理都是严格依据本书的英文翻译。——译者注

来可能用得上的 *liber locorum historiarum*（历史通用部目本）、从中提炼法律的元规范。我们下面将考察文艺复兴时期法律研究的转变，其最后以博丹的历史通用部目本计划而告终。

直到 16 世纪，《民法大全》（*Corpus juris civilis*）——6 世纪由东罗马帝国皇帝查士丁尼钦定编纂的一本罗马法律实务汇编——作为一种最全面、最系统的民事法律表述在欧洲享有特权地位。它实际上被看作是普适法，可以直接应用于解决现代的法律问题。

186　它之所以有此地位，最早要归功于中世纪意大利的一批"注释法学家"为其在西方复兴所做的大量工作，在 11 世纪后期他们找到了该书的文本，在下两个世纪，他们又在文本上附加了层层叠叠的评注。在这些评注中，他们将罗马法直接用于自身所处的政治和社会环境，不惜通过扭曲环境因素来适应法律的条文。因此，他们将中世纪神圣罗马帝国皇帝的特权等同于在查士丁尼法典中所规定的罗马帝国皇帝的特权。到 13 和 14 世纪，随着德意志神圣罗马帝国皇帝权力的不断衰落，尤其是意大利的城市国家通常不将皇帝的赦令当回事，这种对法律文本的字面解读越来越难以维系下去。到 14 世纪，意大利涌现出一群"后注释法学家"，他们放弃了对罗马法的字面解释，而采用一种更为灵活的、更好地与他们所处的政治环境相适应的解释方法，这群人中最杰出的当数萨索菲拉托的巴托鲁斯（1313—1357），他特别长于自由解释罗马法供当代应用，使罗马法的原则适合于与罗马人的实践和意图相距甚远的当代现实。由于他重新恢复和保持了罗马法作为普适法的生命力，他自己的名字因而成为一个完整的法学流派的名称。

在文艺复兴期间，人文主义者开始像对待任何值得尊敬的古典文本一样研究罗马法的文本，想清除它的抄写错误。早在 15 世纪中期，洛伦佐·瓦拉就论证了在理解民法大全的原则以及将之运用于解决当代法律问题之前，有必要理解其原意。尽管瓦拉指责巴托鲁斯不懂古典拉丁语，他自己并没有对民法大全做语文学的研究。到该世纪末，安吉洛·波利齐亚诺（（1454—1494）进行了此项研究,将该书的中世纪版本与其现存的最古老版本——存于美第奇图书馆的 6 世纪的佛罗伦蒂纳斯手抄本——进行对比,但他的研究零碎而又不系统。最后还是一个名叫吉永·布德(1468—1540)的法兰西学者实施了这项由意大利人倡导的法律人文主义项目。他于 1508 年出版了他对《学说汇纂》——《民法大全》的主要部分——前二十四卷的注解。在此,他证明了巴托鲁斯和其后继者所依据的是有缺陷的手稿。一位名叫安德烈·阿尔恰托(1492—1550)的旅居法兰西的意大利法学教授随后将布德对罗马法的语文学分析改编为法语法律课程。当他于 1532 年回到意大利时,他已经协助将布尔日大学建成为了新人文主义法律研究的主要中心,其以罗马法的"法语教学方式"(mos gallicus docendi)——相对于巴托鲁斯学派的 mos italicus(意大利语教学)——而知名。

对于阿尔恰托而言,罗马法仍然还是普适法。他利用语文学的 187 技巧来阐明《民法大全》所表达的经久的法律原则。但他在布尔日的最著名的继任者雅克·居亚斯(1522—1590)仅是运用语文学作为历史研究的工具来解析查士丁尼的汇编所由以产生的原初的法律,完全不关心罗马法对现代世界的价值。当有人要求他将自己的博学用于研究当代的法律问题时,据说他回答道,"Quid hoc ad edictum praetoris(这与执政官的敕令有什么关系吗)?"[27] 在他看来,《民法大全》不是普适法而是一个历史产物——是一部完完全全的罗马人的法律。由此,历史批评开始侵蚀罗马法的规范。这一发展促使居亚斯在布尔日的继任者弗朗索瓦·霍曼(1524—1590)以元规范对之进行回应,他试图通过一个"新巴托鲁斯主义"的计划来保存活着的过去的生命力。[28]

《反特里波尼安》(1567)一书在对《民法大全》进行评论的同时,建议创立一种新的、更具包容性的普适法体系。他通过对民法的范畴进行细致分析,揭示了《民法大全》中的术语以及以这些术语为基础的法律实务仅仅与罗马特定历史环境相关联,与法兰西法及其之前的封建法没有关系。他强调,一个仅仅接受了罗马法训练的法学家，一旦碰巧站在法兰西的法庭上，无疑感觉自己就像身处新世界的野蛮人中间一样。霍曼将对罗马法研究的批评与对特里波尼安这位被查士丁尼选定编辑罗马法汇编的 6 世纪法学家的批评结合起来。他认为，特里波尼安是拜占庭宫廷中的溜须拍马者，其道德素养就不适于理解赋予罗马法勃勃生机的公民美德，他的助手们甚至都不是说拉丁语的人，而是希腊人，他们不能理解晦涩难懂的拉丁文本。因此，《民法大全》所体现的不是罗马文明的伟大而是编纂法典时代的颓废。霍曼还暗示，它甚至对于了解拜占庭的法律和历史都了无益处。

霍曼在推翻《民法大全》的地位之后，马上出其不意地在《反特里波尼安》一书结束时所提的法律改革建议中给予它最显著的位置。他断言，现今时机已经成熟，应组建一个由法学家和政治家组成的委员会，从最著名的民族的最好法律中提炼出一部新的普适法。在这项工作中，《民法大全》将会像一个"无价的宝藏"，在里面人们可以发现"所有最好和最令人仰慕的东西"。确实，它不仅可以提供一些"自然衡平"方面的最好实例，而且还能提供新法典的组织原则。霍曼因此在新的普适法的规范体系中保持了《民法大全》的首要地位。他以一种帕特里齐式的突变，将自己从前门扫出去的东西又从窗户中捡了回来。[29]

《反特里波尼安》的"亲特里波尼安"的结尾显示出，对于霍曼而言，罗马法的历史性和普适性共存于活着的过去的共时性空间。他能够从历史的角度理解《民法大全》，将之看作是与法兰西不同的罗马世界的产物。这个世界有其自己特有的语言和法律形式——包括共和的、帝国的和拜占庭式的。但是，他没有将《民法大全》置于时间连续体内一个特定位置，使其被人们当作实质上已经消亡的事物。反之，它在一个满是此类实体——希腊法、波斯法、希伯来法、埃及法等等——的空间里仍保持着生命力，在这样的一个共时性空间里，所有的历史实体都存在于同一层面之上。

这种共时性空间不容许在历史化和普适化的趋势之间存在根

188

本区别,确切地说,二者共存而非此消彼长。《民法大全》因此既是特定的罗马法文本,同时又是一件具有普适价值的"无价宝藏"。现代历史学家很难设想一个历史的实体会具有普适的价值。我们总是自然而然地假定,对其或然性的洞察从根本上消减了其普适性的几率。这一假定使学者们将霍曼的亲特里波尼安的结尾看作是一种自相矛盾,一种或可因疏忽而得到人们谅解的或可直接斥之为离奇反常的不一致。但我认为,《反特里波尼安》中的自相矛盾是我们的自相矛盾,而非霍曼的。它源于我们的历史假定,正是这种假定歪曲了霍曼对活着的过去的构想。

在这种共时性的空间中,语文学揭示了历史实体的特性,但并没有将它们置于遥远的过去。实际上,语文学的批评不是通过按年代对过去进行组织而阐明它,而是简单地将它堆砌起来。这样,什么都不会消亡的共时性空间就会变得过分拥挤,里面不仅有令人稀里糊涂的各式各样的不同实体,而且(就像在弗洛伊德的全息景象中)还有同一实体的不同状态。在霍曼的新巴托鲁斯主义的建议中,罗马法必须和其他种类的法律同台表演,而罗马法自身又分为共和国时代法、帝国时代法和拜占庭时代法,每个时代的法都有其自己的形式,比如共和时代的十二铜表法、执政官的敕令和查士丁尼的汇编。在一个所有事物都不会消亡的共时性的空间中,实体的挤压有变得过分的危险。

让·博丹在他有关历史艺术的著作——《易于理解历史的方法》①(1566)一书中,致力于将所有这些杂乱地堆在一起的东西分开。在追求这一目的的同时,博丹给过去的共时性空间强加了一种结构,其结果就是使这种空间具体化了,变成了一个固定的格局,这样,它也就开始丧失生命力了。博丹以一种对活着的过去"统一性"的关切取代了它的即时性,这种关切最终导向莱因哈

---

① 一译《历史易知论》,实际上,书中阐述的是理解历史的方法,并不是论述历史如何容易理解。——译者注

特·科泽勒克所谓的不同于"多种历史"的"历史本身"。[30] 前者是对诸多事件的叙述,而后者则不仅仅是对这些叙述的汇总,而是一个诸种事件发生的场域——它是时间上"回到那里"的过去。尽管博丹认为自己写的是一本有关"易于理解多种历史的方法",他所做的工作揭示出历史作为一种文学主题的传统观念内日益增多的反常现象,它们超越了活着的过去的域限,成为在 18 世纪出现的"历史本身"的先兆。

让·博丹(c. 1529—1596))或许是那个时代最杰出的政治、法律和经济理论家,但人们对他的了解并不太多。他早年的生活我们只知道他于 1550 年代在图卢兹大学学习法律,在那里他接触到 mos gallicus(高卢法)。尽管他对法律的各种历史变化保持着一个学者的敏锐性,但拒绝"语法害虫",其对法律研究中已遭语文学侵蚀的衡平原则的普适性基础造成了进一步侵害。[31] 他力图在《方法》和《普适法细分表》(*Juris universi distributio*,1578)这两部论述同一问题相互补充的两个部分的著作中重建这些原则。《细分表》试图通过以主标题与子标题的等级体系对法学进行分类来建立一套新的普适法取代《民法大全》;而《方法》则试图通过对历史的系统研究,为普适法的各个主题填上内容。博丹所做的一切是将新巴托鲁斯主义的计划付诸实现的最缜密的尝试。相比之下,霍曼仅仅满足于对该计划做一个简单的勾勒,这使他能够在表述一种对过去的共时性观念的同时,不需要关注这个空间内各个实体的具体安置。然而,博丹感到有必要对活着的过去的共时性空间进行安排,这种迫切性开始逐渐破坏了活着的过去的象征意义。

尽管《细分表》出版时间是在《方法》问世十二年之后,博丹实际上是先写《细分表》,这一点从《方法》的献辞中对它的提及就可以明显看出来。在此,他向一个同行法学家道歉中断了有关普适法分类著作的撰写,以写作有关历史研究的著作。但博丹从头到尾都没有解释他为什么感到有必要停止一本著作的撰写而改写另一本,但他对法律分类方面进展的描述突出强调了要将杂乱堆砌

的过去清理干净,就有必要对历史进行系统研究,这种杂乱的状况因罗马法不再是普适的法律标准而暴露出来:

> 我不理会企图从罗马的法令那里建立普适法原则的荒诞 190
> 行为,这些法令在一个很短的时间内就发生了变化。它之所以
> 特别荒诞,是因为十二铜表法上的几乎所有规定都为无数多的
> 敕令和法令所取代,而后者继而也被伊布提法案(Aebutian
> Rogation)所代替;老的法规不断地让位于新的法规。此外,我
> 们看到几乎所有查士丁尼时代的立法都被后来的皇帝废除了。
> 我不去理会在留存下来的法令中有许许多多荒谬的成分——
> 它们被几乎所有民族的正义法令所废弃或因长期搁置不用而
> 失效。事实就是这样,它们所表述的只是罗马民族的法律,而
> 且,这些法律实际上顺序也是错误的。(2)

与《民法大全》所表达的"罗马法"不同,现在人们可以察觉到"许多罗马的法律",包括十二铜表法、伊布提法案以及一大堆其他的法令,它们每一个都必须进行重新构建和评估以确定其对新的普适法内容可能有的贡献。在《方法》一书的献辞中,博丹描述了这一历史批评的方法不仅可以适用于罗马时期的诸法,而且可以适用于波斯人、希腊人、埃及人、希伯来人、英格兰人、突厥人、日耳曼人以及其他各个民族的法律。在《细分表》中他打算通过将法律分成各个组成部分,在细分表中给每个部分确定一个位置,或部目(locus),人们通过比较和对照在每个部目之下的事项,就可以得出与法律的那个方面相关的普适性原则。

语文学不是通过将法律置于具体的历史情境——也就是说将十二铜表法和伊布提法案之类的法律置于一个远离现在的过去之中——使人们更为容易地对之进行研究,而是使它更为复杂。语文学显示存在着众多的罗马法律,且所有的法律在普适法的细分表上都有一席之地,它对其他的法律主体也是这样,将它们解构为它

们各自独有的法令,每一个都值得研究。换句话说,语文学搞混了对过去的共时性设想,在这样的过去里,所发生的一切都被视为永不消亡的存在。毋庸置疑,当博丹开始面对这一前景时,他认识到,将普适法分类的任务相对于整理历史资料、找到普适法的出处这一任务相比,是次要的,正是基于此种认识,他搁置了《细分表》的写作,而将《方法》的写作置于优先地位。在一种涵盖所有历史实体的共时性空间,将这些实体的记录进行整理就等同于了解过去的意义。

共时性的空间本质上是象征性的,时间性的实体被赋予了超验的理想,因而经受不起过多的历史审察。它产生于过去与现在之间的分离——也就是彼特拉克式的时代错误感,它导致人们渴望重建两者之间一种新的连接,而这种渴望的不可实现使得过去的空间本质上就是乌托邦式的空想。它是那个彼特拉克借以写信给古典作家、马基雅维利穿上他的元老院长袍与古圣先贤畅谈、拉斐尔将所有的古代圣贤聚在一起的空间。新巴托鲁斯主义者的预想也是不折不扣的乌托邦,他们企图在民法大全遭到历史解构之后重新将法律一体化,复原古人的智慧——新巴托鲁斯主义者(和拉斐尔一样)将古人的范围扩展到中世纪和古代。这种乌托邦式的预想必然经不起推敲,其所依凭的只是示范性与历史性之间的一种脆弱的平衡。博丹欲将这种关系系统化的企图与其说驱除了活着的过去,不如说是使之失去了活力,徒剩一个空壳。

《方法》开篇和一本典型的有关历史艺术(ars historica)的著作一样,序言论述了"历史是生活的老师"这个通用部目的意义,这是所有将历史作为文学主体的论著惯常的起点。尽管现代的读者总是习惯于跳过这些老生常谈的陈词滥调,但博丹将组织过去的记载——和空间——的努力建立在这个通用部目的基础之上。将历史看作是通过实例宣讲的哲学的观念表明了过去的乌托邦空间的脆弱性,在其中,对普适性教训的探寻有可能潜在地损害对历史独特性的意识。但在实践中,范例理论与对充满独特性的过去的共时性设想共存并处,甚至完善了后者,只要人们不去试图系统地详尽说明西塞罗的通用部目。确实,伦纳德·巴坎所描述的拉斐尔的古代"最伟大的人物"的集群——柏拉图! 亚里士多德! 托勒密! 赫拉克利特! ——在范例理论中有与其相类似之处,其通过突出古代伟大历史人物的形象,将每一个人物都变成范例的独特例证。[32]

然而,博丹对历史实体杂乱无章的洞察促使他对通用部目做了系统详述。在序言中,他开首以一种传统的方式论述阅读历史的轻松与快乐,在此之上,阅读历史的益处仅在于它可被用来反复灌输伦理、政治和军事行为的规则。但他进而对能否适用其教训存疑:"由于这样的知识具有难以言表的优越性,我被引导来写作这部著作,因为我注意到,尽管历史学家很多且层出不穷,但没有一个人解释了这个科目的艺术与方法。许多人鲁莽而毫无条理地混淆了叙事,没人从中获得过任何教训。"(14)历史实例的多样性对于想从中获益的人来说似乎过于令人困惑。基于此,博丹宣布,他的历史艺术(ars historica)的主旨不是人们往常所说的探讨如何撰写史书,而是如何阅读史书。他因而决心致力于为历史读者系统地证明通用部目的真实性这一前人从未尝试过的任务。

192

博丹在该书的第二章描述了他阅读的方法,其着眼于将丰富的历史信息组织起来以创造一个"所有民族的普遍史"。一个人在开始历史学习时,首先应当阅读一份记录从创世纪到现今主要民族和事件的总年表;然后,他应当用另一份将剩下的其他民族也包括进来的年表——要相对详细一些但仍比较简略——代替这份年表,"这样,他几乎一眼就可以看出每一个国家的既定体制。"从这个现在已经完整的概览——它确立了特殊与普遍之间的关系——他可以进而首先仔细阅读每个民族和每个阶段的事件,然后研究每个种族那些最杰出人物的生平。

这种阅读秩序的分析性要强于编年性,对此,博丹在历史学与宇宙学之间的类比中作了清楚表述。宇宙学家从一个小小的宇宙地图开始,地图上标明了地球在宇宙中的位置。然后,他将地球分成各个洲,再将每个洲分成地区,进而将每个地区分成各种地形特征,每种地形特征有其独特的几何形状。宇宙学几乎为博丹所称的"分析"提供了一个样板:"总体来说,这显示了如何将整体分成部分,再将每个部分分成更小的块,而且异常简单地解释了整体与部分之间相互一致的黏聚力。"(20)博丹将自己研究的主题一分再分的习惯通常被认为是反映了人文主义教育改革家皮特·雷默斯的分析问题的逻辑思路,但它也显示出他那个时代更为普遍的分类假设,因为在当时亚里士多德主义提供了常识的准则。

在《方法》论及整理源自个人所读作品信息的第三章,对分析的过程做了最完整的表述。假如要让历史始终成为生活的老师,人们不仅要对之进行系统的阅读,而且要对从中得出的教训进行组织:"人类活动如此多样和混乱,各种历史书籍如此丰富,很明显,除非人们的行为和事务限于某些特定的类型(*ut nisi certis quibusdam generibus hominum actiones ac res humanae distribuantur*),否则历史著作就不可能被理解,从中得出的准则也不可能留居心间。"(28)为了将一大堆历史资料缩减为"某些特定的类型",博丹倡导扩展人文主义的笔记技巧,创建一个未来可能用得上的 *liber locorum historiarum*(历史通用部目本),以之组织包含于历史著作中的资料:"那么,我认为,其他人文学科的学者们惯常用来帮助记忆的方法同样可用于历史,即值得记忆的事项的相似例证应按某个确定的顺序进行归类。这样,它们犹如百宝箱,我们能从中引出各种各样的实例来指导我们的行为(*id est*,*ut loci communes rerum memor-abilium certo quodam ordine componantur*,*et ex iis*,*velutè thesauris*,*ad dirigendas exemplorum varietatem proferamus*)。"(28)

笔记本的总体架构源自有关人类活动的性质和目的的哲学假定。博丹依照亚里士多德的方法将这种活动分成一个层次等级体系,以自我保存为起点,逐步发展到包括各种物质享受的获得,最终达到对沉思的追求。举例来说,与自我保存有关的活动包括狩猎、农耕、驯养动物、建造和医药;第二层次的人类活动涉及通过贸易、航海、纺织和机械工艺获取财富;再下一个层次就涉及到通过自我管理、家庭管理、国家管理,以及最后通过各种各样的公共职位履行公民义务,来保障对社会的维系。对国家的服务构成了人类互动最为重要的层面,因为只有在一个运转良好的国家之内个人方能获致人类生活所追求的道德和智识的卓越。

博丹建议将每个层级的活动进一步分成部目(*loci*)供笔记之用。例如,在关涉到国家管理的活动层级之下,可以就咨议的方式、立法机构的组织、演说的性质等建立部目。但总体上,博丹还是青睐建立成对相互比照的部目,比如,法律的颁布与废止、地方执法官员与市民的作用、宣战和缔结和平的方式、对失败和胜利的反映、奖惩体制,等等。这种安排沿袭了阿古利可拉、伊拉斯谟和米郎克苏所推荐的传统的人文主义笔记模式。

为防止这种对照性的安排变得不可驾驭,博丹建议用具体说明每一个条目和它阐明的人类活动层级之间关系的简要旁注来注明部目的内容。(这些类似于伊拉斯谟《论话语和思想的丰富》一书中第三组称为 *loci communes*[通用部目]的那部分部目,其由第二组实例中提取并与其并行排列的各类准则组成。)博丹特别建议,采用一种省略系统来标识每个条目的道德意义。例如,在国家层面的咨议这个标题之下个人可以(依照斯多噶学派的区分)在条目的边缘标注所讨论的计划是值得敬佩、还是可鄙、抑或无关紧要,并用一种省略系统来表示它们属于哪一种——比如用"C. H."来表示 *consilium honestum*(值得敬佩的建议)。其他类型活动的实例也将归略为其他种类的道德品质,有其自己的省略体系。总之,这些旁注构成了历史传授教训的索引。

这个索引能使人从人类行为的诸多实例中,建立起指导自己行为的元规范,一个人所要做的就是快速浏览历史通用部目本,使用省略系统来比较特定种类行为的不同实例,从其诸多特殊例证中提炼其普遍性的特质。这些元规范将取代历史著作历来所提供的那些规范。作为生活的老师，历史习惯于成为一个生存教训的储藏室，其前置假设就是，一个人只要通过阅读一本主题与自己的关切相适合的历史书就可以到达这个储藏室。由此看来，每一本历史书都具有潜在的规范价值。但随着印刷术大幅增加了可以读到的历史著作的数量，且语文学已经证明由它们所提供的教训的历史或然性，人们再也不可能和以前一样充满信任地阅读一本历史著作。通用历史部目本使人能够从不同的历史著作中提炼元规范，从而提供了一种绕过此问题的方法，也就是说，它提供了一种将历史这位生活的老师系统化的途径。

这一计划从根本上讲就是新巴托鲁斯主义的方法。实际上，将历史著作中的教训相对化完全类似于将民法大全相对化，促使人们去质疑曾经具有规范意义的过去与现在的关联。对这种相对主义的自然反应不是拒绝承认普遍规范的存在，而是更抽象地将它们作为元规范提炼出来。举例来说，古代历史中的一个著名事件或许可能不再被看作是提供了"值得敬佩的建议"的榜样，尽管它还是能够提供此类行为的一个例证，当它与其他此类例证结合在一起时，将会阐明一种普遍的行为规则。因此，博丹的易于理解历史的方法不仅仅是一种阅读某个特定文学作品的技巧，就像新巴托鲁斯主义不能简单地认为是一种阅读法规的技巧一样。反之，二者都是对一种更为复杂的世界历程进行组织的尝试，这个世界满是历史特性鲜明的人物和实体，它们一起构成了活着的过去。这种组织化的努力通过将过去的共时性空间完全具体化为通用部目本上的内容而使之失去了活力。

一种对历史"统一性"不断增长的关切伴随着过去作为一种象
195 征空间活力的丧失。只要过去的象征性没有受到触动，人们就不需要关心它的统一性，因为乌托邦式空间的特质就是过去和现在作为一个整体而共存于其中。但博丹实现新巴托鲁斯计划的企图更为完整地展现了过去的混乱不堪，以及因之而产生的通过一种切合实际的清理方式,清除经不起过多分析的象征空间的必要,从而打破了这种乌托邦的魅力。这种空间越没有活力,发现历史"统一性"的需求就越大。

《方法》开篇第一章的开首呈现的就是这种关切。在此,博丹勾勒了历史的三个组成部分:人类的、自然的和神的历史,它们组成为一个整体。"与这些划分相一致的是三种公认的历史表现形式:可能的、不可避免的和神意的;与之相联系的是同样数量的德性:审慎、知识与信仰……由这三种德性整合而成真正的智慧,这是人最高和终极的善。"博丹认为,经院主义的错误在于将智慧的探寻仅仅基于神的历史:"他们首先注意到上帝的恩慈以及他在人类事务中的突出地位、继而是在显而易见的自然因素中的突出地位,随后是在天体的排列和辉煌之中的突出地位。"这种归纳式的路径存在的唯一问题就是:"人类历史通常源自人类的意志,而其又总是摇摆不定且无任何确定的目标。"因而,阅读历史的人总是难以察觉其潜在的意义所在。他认为,《方法》一书的任务就是从人类事务的泥淖中开辟路径,揭示人类历史的真相,再由之接近自然和神的历史真相。

博丹着眼于通过分析达至此目标。他在第二章中推荐的按年代顺序纵览的方法仅是为了将历史的主题一分再分成越来越小的部分,起始是主要的民族和事件,接下来是相对次要的民族,最后是每个民族中最杰出人物的生平。第三章的历史通用部目本将这一过程往前更进了一步,将所有的历史信息分成人类活动的种和亚种。统一性的观念就内含于这一分析的过程之中,因为所有的历史主题都是同一属下的诸种;但这一过程的分析特性经由将一个种类与下一个种类相区别、一个亚种与下一个亚种相区别等诸如此类的划分原则而得以延续。换句话说,分析过程本身往往因强调每个处于考察之下的实体的个别性,会遮蔽其所赖以立足的统一性,因而就产生了进一步强调统一性的必要。

分析遮蔽统一性的倾向内涵于博丹的通用历史部目本之中。

196　　将多种多样的历史实例收集于单个部目的行为凸显了它们之间的区别。于是,在第三章描述过历史资料的整理之后,博丹在第四章进而着手建立确定哪一位历史学家的著作值得仔细阅读的标准,以防人们不加区别地胡读一气,在自己部目本上记下太多误导的范例。在此,博丹开始注意对原始资料和第二手资料进行区分,而这正是现代历史学术的特点。他根据历史学家与其所描述的历史事件的接近程度以及他们是否具备对那些事件进行解释的资格条件将历史学家分成三六九等。最好的历史学家是他们所叙述事件的参与者,且一般来说谙熟公共事务。然而这些人不可避免地会暴露某些派性偏见,因而人们必须学会对他们的判断进行权衡。举例来说,人们可能会质疑一个历史学家对朋友和盟友的溢美之词,但如果是他对敌方的赞美则更有可能是一种中肯的评价。

　　然而,一个人即使仔细挑选了历史学家,他可能还是无法有效控制笔记本上记录的内容,因为即使是好的历史学家也时时自相矛盾,且他们相互之间也经常互不买账。鉴此,博丹在第五章又详述了进一步评估有价值的历史学家的方法。他借用当代有关气候与体液之间关系的理论,通过确立人类历史与自然历史之间的联系,提供了一种在相互歧异的历史叙述之间进行裁决的"科学"手段。举例说,生活于南半球的各民族本性残忍,因为炎热的气候条件将他们其他的体液吸干了,造成他们的"黑胆汁体液"占优势。因此,人们可以相信,比如,罗马历史学家们的叙述,他们认为布匿战争期间令人发指的暴行都是迦太基人干的。还有,假如一个历史学家自相矛盾,在他的历史记叙中有一部分说一个民族残酷无情,另一部分又说其充满同情心,人们就可以用气候与体液的理论对之进行纠偏。

　　但最终博丹还是未能从一种分析计划中推导出历史的统一性,这一点我们通过阅读其关键的第六章"各国政府形式"就可以看出来。他本来意在该章展示自己阅读方法的成果,即其从对历史著作的广泛阅读中提炼出了具有可操作性的真理的能力。他试图通过对这类作品的详尽分析,解释"什么是最好的国家",即与自然理性和神意最相符合的国家形态。现代学者因该章对新兴的国家主权理论的贡献而学习它。博丹将主权定义为三种形式:要么在民,要么在贵族,要么在君主,这一定义因而也必然推翻了波利比阿将混合政制当作最好政体的观点。在博丹继续这一论证的过程——其最终结论是断言有限君主制是最好的政体——中,历史通用部目本的道德方面的部目完全不见了。这一解读历史著作的重要方面本来在他的历史通用部目本中随处可见,现今与对历史意义的追寻没有任何关系了。确实,在该章中很难看出他的结论是如何从他的方法中得出的。博丹不是遵循一种系统的阅读方案,而是从历史中仅仅挑选那些有助于论证自己观点的信息,其结论就是狭隘地断言,法国是最好的政体,因为它的国王权力受到古代宪法的限制。"任何帝国都不像高卢人的帝国那样长久或那样不易于受内战之累。"(267)大约十年之后,时值法国陷入宗教内战①之中,处于分崩离析的边缘,在他《政体六论》②中,博丹从历史中得出了一个不同的观点,即主权高于法律,最好的政体是绝对君主制。系统性阅读至此再也不提。正如安东尼·格拉夫顿总结所言,"笔记本所载不能决定分析的结论。"[33]

通过突出历史范例的多样性,历史通用部目本揭示了历史文献内在的诸多矛盾,这些矛盾促使博丹感到更有必要去发现历史的统一性。这种需要的产生与过去失去活力直接相关,因为历史的实体越来越超然于那些人们原本以为它们会阐明的普遍真理之外。向过去的共时性空间注入新的活力的需求越大,将这个空间在部目本上进行细分和具体化就越彻底,进而也就更加激发了统

① 即胡格诺战争。——译者注
② *Six livres de la république*,有译《国家六论》。从原文看,译为《政体六论》似乎更为合适。——译者注

一的愿望。博丹最终通过在历史之上强加一种秩序而非发现一个内在于其中的秩序而打破了这一危险的循环。

博丹对"统一性"无处不在的关注体现了一种对历史超越于生活的老师角色之外的意义的探求。通过在相互对立的历史叙述之间进行裁决，他的方法无疑有利于在事件及对事件的叙述之间进行区别。历史再也不能在没有提供对事件本身详细叙述的情况下对人类的事务提供切实可行的指导。历史叙述对精确性的要求不断侵蚀着范例理论，因为在这种理论架构之下，从过去习得的教训总是掩盖了对实际发生事件的叙述。具有反讽意味的是，历史乃生活之师的观念成为它自己系统地运用于清理过去的芜杂这一过程的牺牲品。

198 《方法》对意义的探寻偏离了将历史当作一种文体的观念而趋向于一种"历史本身"——即事件发生的场域——的观念。气候和体液理论，以及（在《方法》一书其他地方出现的）占星术和数字命理学就使人联想到这个场域，但它们实际上并非这个场域的组成部分，而是与历史部本的分析构架相一致的类型。举例说，气候与体液理论只是提供了将人类行为信息进行归类的抽象手段，因而纯粹是为了分类。博丹并不认为这些为信息的组织所做的静态分类是事件的动态"起因"。然而，通过将注意力由对事件的叙述转移到事件本身，他的分类法将对历史的分类观推进到极限，往前再走一步就是"历史本身"。

在这种新的历史观产生之前，对过去的共时性构想必须打破，也就是说，在一种无生命的过去产生之前，活着的过去必须先行消失。正如博丹的《方法》一书所展示的那样，活着的过去的消亡很大程度上归功于人文主义者阅读和做笔记的习惯。博丹将这种思维习惯越系统地运用于保存过去的统一性，他也就更为彻底地消耗了活着的过去所具有的象征意义。因为有必要通过对统一性的进一步探寻来保持它的完整性。尽管这一探寻指向了一种"历史本身"的前景,博丹尚不能摆脱分类的习惯。对统一性日趋紧迫的探寻使活着的过去的共时性空间不断固化,这里面各种相互各异的独特实体越堆越乱。源自彼特拉克的时代错误意识的活着的过去,在知识大量增长的情况下就这样慢慢地失去了生命力。这种知识汇聚越来越多使得后期人文主义思想在我们现代人眼中似乎如患有严重的幽闭恐惧症那样,对这种共时性的封闭空间如此恐惧。

第四部分

启蒙运动

　　法，从其最广义理解，是源自事物本性的必然关系；在此意义上，所有的存在都有其法：神界有它的法；物质世界有它的法；处于人类之上的神灵有他们的法，畜生有它们的法，人有自己的法。

——孟德斯鸠《论法的精神》①

---

① 参见：孟德斯鸠：《论法的精神》，张雁深译，商务印书馆，1995年版，上册，第1页。本处翻译力求忠实于作者的英文翻译，因而与张的翻译有所不同。——译者注

在场与距离

　　蒙田漫无边际的长文"论马车"（除其他论题外）曾引发了一场远近闻名的对西班牙人在新世界残暴行为的公开谴责。在这篇文章中，我们发现了一种值得注意的对阿兹特克人以及他们与科尔特斯及其同伙之间冲突的评价。开始，蒙田是用相对较短的句子，以古典和欧洲的观点来评价阿兹特克人的美德，但是这种评价很快让位于一系列在欧洲人和阿兹特克人的观点之间来回变动的令人不安的视角，句型也变成臃肿不堪、需要深吸一口气方能读完的连写句：

　　　　就胆识、勇气以及对抗痛苦、饥饿与死亡的坚定、持久与决断而言，我不惮于将从他们中间发现的榜样与我们大洋这边的世界留存于我们记忆之中的最著名的古代榜样相对照。就那些征服阿兹特克的人而言，他们带去的是那些他们用来欺骗本地人的阴谋诡计；而当地人民发现那些留着胡子，语言、宗教、外形和面貌皆不相同的人，从世界上一个如此遥远以至于他们都没有想到会有人类居住的地方，骑着巨大的不知名的怪物不请自来时，必然是满脸错愕；他们所面对的是那些不仅从未看到过一匹马，而且没有见过任何驯服后用来载人或其他重物的动物的人；他们披着坚硬而耀眼的皮衣，拿着锋利而闪闪发光的武器，所对付的则是那些会以大量的金银珠宝换一个奇巧的镜子或一把小刀的人，那些既没有知识又不具备必要的物质，

226

因而即使给他们足够的时间也不可能刺破我们的兵器的人们；除此之外，还有我们的大炮和火绳枪的电闪雷鸣，假如凯撒大帝被这些在他那个时代（et à cett'heure）闻所未闻的物事所惊醒，他内心必定会深感惶恐不安；但它们所对付的人民却是赤裸的（除一些地区发明了某种棉质物外），在绝大多数情况下除了弓箭、石头、棍棒和木制的圆盾外，没有任何其他武器；被打得措手不及的人民为友谊和信义的花言巧语所安抚，被新奇征服的人民则以目睹奇怪和未知的物事为荣。我说，消灭了这种差异，你们就从征服者那里夺走了他们获得如此多胜利的整个基础（contez，dis-je，aux conquerans［sic］cette disparité，vous leur ostez toute l'occasion de tant de victoires）。[1]

毫无疑问，蒙田将其巨大的愤怒置于一种超验的 honnêteté 理念框架之内。Honnêteté 一词的意思是荣誉、美德和诚正，在所有时代都是精神真正高贵的标志。阿兹特克人在开头句子中所体现的品质，正是那些征服美洲的西班牙人所缺乏的，那个冗长的连写句的结尾将他们所谓的胜利归于"阴谋诡计"。但在这个思维开阔的架构内部，蒙田的视角却在阿兹特克人和欧洲人的观点之间令人不安地来回转换。

起始转换发生于"骑着巨大的未知怪物的""留着胡子的人"的到来，就像这是某种怪异现象一般，因为在阿兹特克人看来确实如此。从前一个短语中我们看出了那些征服者在当地人眼中十足的陌生感。随着下面进一步提到阿兹特克人没有可用以负重的牲畜，我们重回欧洲的视角，而当我们遇到（站在阿兹特克人的角度）"披着坚硬而耀眼的皮衣，拿着锋利而闪闪发光武器的人"时，又从这一视角离开了；从"奇巧的镜子或小刀"那里我们再一次站回到欧洲的角度，在此，蒙田让我们思考阿兹特克人即使有足够的时间，无论怎样都不可能刺破"我们的"兵器。紧接此评论，随着他提到"我们的大炮和火绳枪的电闪雷鸣"，我们看到了两种视角的合

203

二为一。这些物事"足以使凯撒大帝惶恐不安"令人回想起开头的句子中,对阿兹特克人与古代之间在美德方面的比较,但令人始料不及的是转到了罗马人的观点:即使这个最勇武的将军对枪炮的反映也会和阿兹特克人的反映一样,"假如凯撒大帝被这些在他那个时代闻所未闻的物事所惊醒"。设若所有这些观点的不断转换还不足以令人不安,蒙田最后又来了一个令人吃惊的双重转换,将欧洲视角一分为二,通过运用第二人称复数代词(这在《随笔》中极少使用),他宣称,"向征服者讲述这种差异","你们"就使他们去掉了对"胜利"的错误想法。因此,他在因成功而洋洋自得的美洲征服者(通常而言都是指西班牙人)和像他自己那样最终理解了那种成功的真正"原因"的欧洲人之间做了区分。

这些美洲征服者因阴谋诡计而取得成功,而其中最大的诡计是由他们的存在所诱发的。这一惊人的认识源于某种更加令人吃惊的东西,这就是蒙田与阿兹特克人观点的神交。我们将看到,他常常试图将自己放在别人的位置——推测亚历山大、加图、凯撒或苏格拉底的情感或思想,但不会像他声称的从阿兹特克人角度看问题那样,而是自作主张、直截了当地通过他们的眼睛来看世界。这种与阿兹特克人在观点上的想象结合与他早些时候所写的随笔"论食人族"(1.31)中对新世界各民族更为间接一些的处理方式形成对照。这篇文章一开始是讨论向他提供线索者的品质:他是如何雇佣一个有过在巴西食人族中生活经历的人,("一个淳朴的、没有教养的人,一个适于作真证的人。")以及又是如何小心翼翼地使用到过那里的水手和商人的证据对他的证词进行补充的。在文章最后,他描述了 1562 年他在鲁昂逗留期间自己与一个巴西食人族人的交谈情形。这样,他公开承认了他的信息来源,并对他们所说的进行报道和评论。相比之下,在"论马车"一文中,他设身处地地从阿兹特克人的观点想问题,仅仅在文章结束时才提及他的信息的主要来源——洛佩斯·德·葛马尔对西班牙人征服的叙述,且仅仅一次,在那里,他也只是顺带提及葛马尔,并将他不指名地称为

204

"我的作者"。

依据牛顿第三定律,在场蕴含着距离。当蒙田从阿兹特克人的角度来看征服者,他们的成功就是不光彩的。这种观察问题的视角正如蒂莫西·汉普顿在他《十六世纪的文学与民族》一书中所揭示的那样,既非"欧洲的",亦非"西班牙的",而是"法国的"。蒙田的法国本体意识植根于他晕船的体质,他对像船——以及马车——所特有的颠簸摇晃的厌恶,使他永远只能站在大西洋边上徒叹奈何。他那法兰西的视角也因而逐渐演化为个人的视角。他正是通过站在阿兹特克人的立场讲话,显示出自己个人观点才是"正确"的,至少与西班牙人的观点相比是如此。换句话说,在场与距离之间的作用使得蒙田能够从一个有利的角度观察新世界所发生的事件。

我们现在已经到了一个思想的十字路口,路的另一边就是现代性,它通过对过去与现在做系统的区分,将过去变成不复存在的过往。文艺复兴时期对过去与现在之间区别的感知催生了一套旨在恢复过去生机的模仿计划。实际上,这种活着的过去成为各类实体不加区别的汇集,它们全部与现在发生着关联。随着学术界在详述这些实体的同时不断增加新的实体,活着的过去的空间就变得越来越凌乱和拥塞。蒙田没有去寻找暗藏于这种多样性之下的统一性,而是选择包容它的复杂性,并将自己的判断构建在此基础之上。在这样自我尝试的过程中,他逐步将自我作为他在多样性之中的方位标,这种方位通过他与其他各色人等在想象中的结合而进一步稳定和固化了。这种结合必然带来那种视角上的距离,有可能将过去置于一种在时间上"在先"的位置。

蒙田自己很清醒地意识到他在"论马车"一文中的反思所具有的历史学意义。该文中新旧世界两种视角的相互作用与古代人和现代人之间的交互作用惊人相似。蒂莫西·汉普顿对"新世界的新奇经验瓦解的历史叙述"的复杂而微妙的方式进行了探讨。(208)我们从开首所引用的话中可以看出这方面的一些成果,它提

205

229

到历史是生活之师这一传统观点。蒙田有关阿兹特克人美德的第一句就使人想起历史的范例理论:"我不惮于将从他们中间发现的榜样与我们大洋这边的世界留存于我们记忆之中的最著名的古代榜样相对照。"为了防止人们在接下来冗长的句子中看不到这种范例的完美典范,蒙田在他有关尤里乌斯·凯撒的话语中又将人们的关注点转到它身上。然而,与第一次提及通过将阿兹特克人的美德与古代人的美德相比较而肯定传统的历史观不同,第二次提及则通过颠倒了对比的顺序,即将罗马人等同于阿兹特克人而动摇了第一次的结果,进而使以前毫无疑义的完美典范也不那么绝对了。(想象一下不可救药地迷糊的凯撒!)这种令人不安的内涵就像一滴酸,它与其他酸滴(汉普顿对此有详述)汇聚在一起,足以形成一座腐化池,不断侵蚀范例的理想模板以及与之在一起的为活着的过去提供支持的传统历史观。

这种消解典范的移情共感似乎开辟了一条通向我们现代理解过去的方式的捷径。然而蒙田并没有走这条道,因为对他而言它不是一条直路。由共情而生的在场与距离之间的紧张与其说提供,还不如说排除了获得观察过去的稳定视角的可能性。不可否认,想象的共情使得蒙田能够获得对美洲征服者的"正确的"看法,但这种微不足道的区域性胜利不可能产生全局性的优势。实际上,新世界的存在本身——其上的居民对欧洲的发展历程是如此的隔膜,以至于他们认为马、镜子和火器要么如怪物,要么很神奇、要么非常可怕——就否定了获得那样一种优势的期许。是否还有其他陌生的新世界尚待发现呢? 即使没有,过去仍包含着无数个长期被遗忘的世界,这些世界与欧洲世界大不相同:"即使所有那些从过去留传给我们的报告是真的,亦为有些人所知,但与那些未知的相比几近于无。"(3.6.692)在这无知的海洋中,蒙田决定尝试依据他所确知的那一小部分做出他的判断并依此确认他自己的观点,它虽不一定绝对可靠但对他而言是"正确的"。消解典范的共情因而直接促使蒙田进行这样一种尝试,即:通过视角的经常变

206

换,在一个多样而复杂的世界确立自己的方位,但这种视角的不断变换排除了获得一种单一而稳定方位的可能性。

那么,我们对过去诞生的考察,不仅需要解释欧洲人是如何获得一种对自己和他人的视角距离感,而且还需要解释他们是如何学会维系这种感觉的。对这些问题答案的探寻将使我们从以教人运用共情方法为最终目的的人文主义阅读习惯转到着眼于培养人的理性思考能力的法国启蒙运动所特有的分析性的世界观上来。这种分析的创新对我们现代历史观的促进作用在于其支持这样一种看法:时空中的任何给定点都是相互影响的各种因素的连接,如球面上的任何给定点都可以描述为 X 和 Y 两条轴线的连接点一样。换句话说,每个历史现象都是由各种关系所组成的,这些关系以其自身特性对该现象进行定义并确定了它与其他历史现象之间的关系。法国的启蒙运动因而促成了一种关系视角的产生,它起到了维持源自文艺复兴人文主义的视角距离感的作用。

许多国家都发生过启蒙运动,比如,法国、英格兰、苏格兰、德国等。可以说,一个人观察得越仔细,他就会发现更多国家曾有过启蒙运动。(J. G. A. 博考克在他研究爱德华·吉本的皇皇巨制《野蛮与宗教》中,甚至详细论述了在路易斯安那的阿米尼乌斯启蒙运动,吉本在此地逗留期间曾受其影响。)但最著名的启蒙运动大约在 18 世纪中期出现于法国,尤其是巴黎,以至于人们常常就将之错误地等同于启蒙运动全部。法国启蒙运动的核心就是一种对世界的分析视角,它的源头可以追溯至笛卡尔,他自己曾试图排除蒙田在他"雷蒙·索邦赞"这篇占据《随笔集》巨大篇幅的核心文章中无处不在的怀疑论式的相对主义。

在他划时代的《方法论》一书中,笛卡尔将知识的确定性建立在没有任何疑问的"清晰而明确的概念"之上。从这些概念出发,他经由系统推进的"长长的推理链"将思想向外延展,由简单观察发展到复杂观察。与之前哲学体系将概念依据属、种级别进行分类不同,笛卡尔的推理长链所表达的是以更大、更小和相同等术语

207

来表明实体之间的比例关系,这些实体(他以为)具有人类所有种类知识的特征,可以像"系列数字"那样连接在一起。换句话说,笛卡尔以某种程度上的量化思考取代了对性质的思考。他在解析几何方面突破性的发现似乎确认了这种新的知识观,因为他能够通过假设数来标明一条直线上的各个点,每个数表述一种比例,即两个数之间的关系(就像一个球面上的任何一点都可以标注为 X 和 Y 轴线的比例关系),将以前分散的算术(数的属)和几何(空间的属)的属联在一起。将算术和几何学整合对笛卡尔来说预示着在解析基础上对所有知识的重新整合。笛卡尔主义对关系思维的洞见因而是传统的、在蒙田眼中已不再有效的分类世界观的替代品,它提供了一种在多样性中发现新秩序的可能性。[2]

尽管诸多法国的启蒙主义者青睐培根的归纳法而不喜欢笛卡尔的演绎法,但不管他们承认与否,他们自己从骨子里都是笛卡尔主义者。这一悖论在很大程度上得益于笛卡尔最伟大的门徒尼古拉斯·马勒伯朗士((1638—1715)在 17 世纪和 18 世纪无所不在的影响。尽管解析几何的发明对笛卡尔来说预示着所有自然和伦理学科的统一,但他从未兑现他曾信誓旦旦地许下的精心打造一种新的知识体系的诺言。然而,马勒伯朗士在他的哲学著作中却试图实现这一目标,它始于他的《真理的探索》(*De la recherche de la vérité*),该书提供了将科学和宗教在一种基于数学的假定之上的笛卡尔关系体系之中统一起来的可能性。尽管法国的启蒙主义者看不惯笛卡尔纯粹的演绎方法,但他们却感觉到马勒伯朗士的知识统一观极富诱惑力。像大卫·休谟这样异常敏锐的观察家在本章开首的引文,即孟德斯鸠《论法的精神》一书开首几行文字中就看出了它的影响;而其最终的成果则是 18 世纪中期百科全书的编制计划,该书就是运用数学的运算方法对所有知识进行组织。[3]笛卡尔主义因而成为 18 世纪法国思想的一股强有力的潜流,驱使启蒙主义者将其关系的思考方法扩展到人类知识的所有方面。当他们这样做的时候,他们所描述的各种关系开始成为一种历史距离感的表达,它为过去与现在之间的区分提供了系统的支撑。　　

　　此发展过程的奠基人是查尔斯·德·塞贡达·孟德斯鸠男爵((1689—1755),他与蒙田有诸多类似之处。两个人都出生于加斯科尼,都是贵族,都接受了法律教育;两个人都在波尔多议会供职,都抛弃了法律转而追求文学事业,都利用这一事业对当代的一些积习进行反讽,且都是通过作者的共情行为来达到此目的。在《随笔集》中,蒙田共情的要求随着他的注意力从一个对象到另一个对象的转换时隐时现,而在孟德斯鸠的第一部伟大的文学作品《波斯人信札》中一直保持着共情的手法,创造出一种对非欧洲人观点的超长模拟。在这种持续的共情要求的背后,人们捕捉到关系的假定在起作用,如在第 83 封信中,孟德斯鸠让他的一个波斯通信者写道:"正义是一种合宜关系(un rapport de conven-ance),实际存在于两种事物之间。"(这一评论是《论法的精神》一书首句话的先声,在那里孟德斯鸠将法描述为"源自事物本性的必然关系[rapports nécessaires]。"[4])确实,关系视角贯穿《波斯人信札》全书,书中对波斯人和法国人习性的广泛对比赋予了孟德斯鸠一种对两种文化进行评价的有利视点。现代读者忽视了这种关系视角的意义,因为他们已经习惯于——在很大程度上得益于《波斯人信札》的成功——将之主要看作是一种讽刺的技巧。

　　正如我们将看到的那样,关系视角贯穿于孟德斯鸠的所有思想之中。在《波斯人信札》中,他对历史因果关系表现出很大兴趣。古代的历史学家将因果关系作为一系列先后发生的事情,比如"此事发生了,然后是此事,接着是此事",而孟德斯鸠将之描述为诸种因素的结合,是诸事之间的一组关系。因此,在第 112—122 封信中,他揭示出,欧亚的人口变化趋势有赖于各种道德和物质的因素,而它们又源于不同的宗教习俗且与之相互交织——异教徒、基督教徒、穆斯林,在每一种情况下都创造出一种复杂的因果网络。在这些信件滑稽的外表之下是一种对文化的关系视角,后来他将之归于"一个又一个世纪增加与合并的无限因果链",它们构成为每个社会独特的性格。[5]就像笛卡尔的"推理长链"描述的是各学科的秩序,孟德斯鸠的"无限因果链"描述的是一门人类的学科。他在第二部开拓性的著作《罗马盛衰原因论》(1734)中,试图明确地展示这些因果链的运作。在该书中,原因明确地是作为从事件的先后顺序中抽象出的历史矢量出现的,每一个矢量都由各类因素的连接所构成。而且,如我们将在其巅峰之作《论法的精神》一书中看到的那样,他不仅将法描述成各种关系,而且显示法的"精神"是这些关系的关系,从中他提炼出一种人类社会的综合性科学。

尽管孟德斯鸠既非历史学家,对事件的时间维度也不是太感兴趣,但他的作品体现出历史思考的根本变化。从根本上讲,他显示了如何将笛卡尔主义的分析方法调出逻辑(和神学)领域之外,将之运用于理解、确定属于人类实体之间的关系。这样做,他通过将这些实体相互隔开并测量它们之间距离的方式对它们进行区分。这一程序不仅在过去与现在之间,而且在诸种过去之间都做了系统区分,每一个实体都由自己各种关系的连接所定义。换句话说,他对世界的分析视角为我们情境化的视角奠定了基础。

以往,人们一般都认为现代对历史的理解方式——通常英文由历史主义(historicism)这个源自德语 Historismus 的新造术语所标识——是源自 18 世纪后期和 19 世纪早期的浪漫主义,其传之后世的观念就是:每个文化都必须从其自身的情境中去理解。学者们通常将浪漫主义与对"启蒙运动"脸谱化的描绘作对比,它认为,启蒙运动,尤其是法国的思想过分强调唯理主义,低估历史和文化情境的重要性。除了在启蒙运动与浪漫主义之间做这种粗略的二分之外,还有一种对启蒙运动和浪漫主义更为精细的对比,其中,最近学者们已经将 19 世纪历史主义的根源追溯至 15 世纪和 16 世纪人文主义的发展及与之相随的时代错误意识。此观点的支持者们认为历史主义源于近代早期的古物研究,而后者又源自文艺复兴时期的语文学。[6]

现在应该可以明显看出,我目前所做的是对这两种观点的纠偏。我不否认 19 世纪历史主义的重要性及其依据具体情境理解所有人类实体的观点的分量；然而，致力于从具体情境之中理解任何给定实体的做法源自一种分析的世界观，它通过测量实体之间的差距，从外部设定了每个实体的情境。这种分析方式通过对大量出自古物研究和语文学研究的实体进行整理，揭示出它们之间可度量（而非合于典范）的关系。在这方面，孟德斯鸠就站在人文主义和笛卡尔主义的交汇之处，从而为历史主义奠定了基础，而这一点到目前为止一直为我们将量化思维与质化思维分开的偏好所遮蔽。下面我们将追溯从文艺复兴的人文主义走向这种关键性的启蒙阶段之路。

210

作为一种历史体裁的传记

要理解蒙田不时迸发出的、孟德斯鸠后来通过关系思维予以支撑的共情想象的根源，我们必须重新回到人文主义的阅读习惯那里。在彼特拉克与古人的联系中，当他致力理解作为一个政治家的西塞罗并将自己看做像奥古斯丁那样的基督徒的时候，人们就可以发现共情的方法在起作用。到15世纪和16世纪，这种个人与古人的神交——其一直是最伟大的人文主义者的标记——在学生的通用部目本中逐渐失去了个人的色彩而变成一种程式化的东西。实际上，笔记习惯的普及鼓励读者以自己所摘抄的内容来形成对任何一个给定文本的看法，而不关注文本作者到底说了一些什么。博丹的《方法》就是这一发展的集中体现，读者在文本中搜寻信息就是为了填充他们笔记本事先选好的分类目录。

做笔记的习惯强调一种文艺复兴时期所特有的与"泛"读模式相区别的"精"读模式。尽管博丹用笔和笔记本对所有人类历史进行耙梳整理的计划在我们现代人看来不现实，但在16世纪却并非如此，当时，书籍的供应和知识的积累要比现今容易把握得多。但即便如此，绝大多数人还是既没有时间又没有必要的资源来投身于这种有计划的学习。回想一下15世纪的教育家瓜里诺·德·维罗纳曾建议他的贵族弟子雇佣那些时运不济的同龄人为他们做笔记；同样，在16世纪兴起了一个长于精读技艺的职业阶层。安东尼·格拉夫顿和丽萨·贾丁在那篇名为"'为行动而学习'：加布里埃尔·哈维是怎样阅读他的李维"的富有开拓性的文章中就展示了加布里埃尔·哈维（1550—1630）这名专此技艺的从业者在莱斯特伯爵家中是如何发挥作用的,他为东家持续解读李维著作,为其政治和军事事务提供指导,帮助他们做好在世界上行动的准备。比如,哈维向托马斯·史密斯爵士的儿子(小托马斯)解读了李维对罗马与汉尼拔战争的叙述,作为后者远征爱尔兰的序幕。

211

哈维在李维著作的抄本及相关文本上所做的旁注——所有的旁注都显示出同样清晰而沉稳的笔触,极少有删除的成分——显示出他是将多种书籍放在一起研读的,在它们之间进行细致的相互参校,而非一次只从头至尾读一本书。格拉夫顿和贾丁推断这种缓慢、细致而深入的阅读方式可能会因一种近代早期的发明而变得便利可行,这就是书轮,一种小巧的如费里斯转轮一样的放置书本的轮子,它可以使读者(坐在它的底座上)在学习的过程中一次可以很方便地阅读和参照 10 本以上的书籍。因此,当哈维向年轻的托马斯·史密斯解读李维著作时,在被选出来从不同方面解释该著作的诸多文本中,有关罗马历史方面的著作占据中心位置。实际上,从事此类阅读的人倒不必然就是带着一个书轮的专职人员,亦可能是拥有一个大书桌的悠闲的业余爱好者。对我们而言关键在于,那种深入的、带有明确导向性的阅读,无论阅读者是专职人员还是业余爱好者,就将之运用于解决实际问题这一公开目的而言,都鼓励同时从多种文本摘录信息。博丹的《方法》一书所设定的就是这种阅读模式。

特别令人关注的是反复精读的效果。哈维的李维抄本满是注释,留下了持续研读的痕迹,而每一次研读参照的文本以及心中所想要达到的目的都不尽相同。当他在不同的情境之下一遍又一遍地反复阅读李维的作品时,哈维所做的远不仅是从文本中摘录实用的信息,而是由此形成了一种认为罗马过去"多姿多彩且富有立体感"的看法。(69)格拉夫顿和贾丁发现这种多维理解的主要例证是哈维对李维历史第三个十年,即第二次布匿战争的评注,在那里,哈维对汉尼拔在坎尼取得压倒性的胜利之后未能攻打罗马城表现得很不耐烦。根据李维的叙述,汉尼拔手下的骑兵统帅马哈巴尔力劝他在战斗之后立即向罗马进军,但汉尼拔却犹豫不决。哈维在旁注中评论道:"马哈巴尔的杰出建议本来可以使汉尼拔成为像亚历山大那样伟大的人,但汉尼拔只专注于小的利益,失去了一次取得最大成功的机会。不抓住当下机会,就永远没有机会。"(72)当哈维偏离李维著作公开表露出的赞美罗马的主旋律,进而思考汉尼拔的现实困境之时,格拉夫顿和贾丁在他违背事实的想象中看出了一丝"对魔鬼的同情"。这种视角转换的"驾轻就熟在一个人文主义者身上不太可能发生"。(73)

从某种程度上可以说哈维的思想敏锐源于他与一个致力于鼓动伊丽莎白女王推行更富侵略性的对外政策的贵族家庭的联系。鉴于此种环境,他自然不耐烦于汉尼拔的犹豫不决。但人们从这些旁注中还能察觉出一个设法将自己置于汉尼拔的处境——虽然很短暂——的人的挫折感。哈维对李维文本精深而详细的理解似乎延伸到传记领域,并开始关注古代的生活和名人。这种关注为从文本——及其古代情境中——塑造一种对想象的生活共情式认同提供了场所。如果历史为现在提供了一个实用的教训宝库,在历史著作和传记中的人物描写则可能提供了完全不同的某种东西,那是一种与往昔生命想象的关联,它们在文本中几乎可算是不速之客。在此种意义上,可以说传记打开了通向我们今天所谓的历史理解的窗口。

通向理解科泽勒克所称的与"诸多历史"不同的"历史自身"之路各各不同。聚焦于特定目的的精读有可能起到凸显历史人物形象的效果,当人们缓慢而反复地阅读一个核心文本,并参照各种各样的关键性解释和支持性材料时,他们就从各类细节中以更加生动的形象展现在世人面前。但还有其他阅读方式,我们可以将之大致称为"泛"读而非精读,其所助长的是对文本更为随意和不拘一格的理解。D. R. 伍尔夫在他富有吸引力的研究著作《近代早期英格兰的历史阅读》中对其中的一些方式进行了分析。书轮或书桌上满是打开的文本的意象掩盖了多数（如果不是绝大多数的话）阅读都是以朗读的方式进行，且一般都是在一群观众前面朗读这一事实。我们已经在厄宾诺大公的餐厅看到此类活动，在那里弗莱德里克·德·蒙特费特罗每天都要听人诵读李维的作品，而且（如伍尔夫所指出的那样）大声朗读的习惯在各种大大小小的场合都是司空见惯的事。令人遗憾的是，它没有留下什么痕迹，尽管有人推测反复听文本（经典或其他类）的朗读会使人习惯于听特定的文体和短语风格，培养起一种对某个特定修辞技巧的喜好。

与在听众面前大声朗读相比，私人阅读（不管是默读还是朗读）在旁注中、在通用部目本里、在日记里以及在文学作品中都留下了它的踪迹。伍尔夫对这些材料的分析显示出在近代早期人们日益喜好随意而非专注地阅读历史。亨利·普雷斯科特和塞缪尔·佩皮斯常常是一只手捧着历史书阅读，另一只手则端着一品脱啤酒。而因失恋而伤心的达德利·莱德尤其只将阅读历史作为一种社交润滑剂——一种不同于加布里埃尔·哈维和他的东家所想要的"行为"。但是，伍尔夫认为，近代早期的读者有一个共同的倾向，即"从历史阅读中发现范例、孤立的事件、可随时用得上的奇闻轶事，而不是将著作从头至尾阅读完以对作品有一个完整的把握。"（106）尽管这种倾向与哈维精读的惯常做法相吻合，但它同时也完善了一种更为不拘一格的阅读方法，读者可以围绕一个主题同时参考多种文本，而不是在深耕一个核心文本的同时参照手边的其他相关书籍。这种泛读的做法在蒙田奇怪的小随笔"论拇指"中表现得最为明显，文中他从各种各样的希腊和罗马文本中收集了关于他所写主题的各种古怪的趣闻。人们可以想象他站在自己书房的书架边，一本接一本地飞速浏览着书籍，将他的聪明才智用在这个细枝末节的主题方面，它除了用一些最简单的查询方法之外实在也没有必要用其他手段来完成。

蒙田泛读的方式也展示出，随着他与关键性历史人物的不断相逢，对他们的了解不断加深，传记对他而言也成为一种历史体裁。

213

过去的诞生

小加图的形象对蒙田有着特殊的吸引力,他于1571年退隐,回到自己的庄园,以余生追求圣哲式的节操,而这也是小加图的自杀所体现的理想。在罗马共和国倒台后,加图就决心宁为自由人死绝不生而为凯撒之奴。在一个选定的日子,他先与朋友共享了一顿充满哲学意味的午餐,小憩一下,起来神清气爽之时,拔出宝剑刺入了自己的腹部。他的仆人们发现他时,他已经失去知觉,他们把他的伤口包扎好。他重新恢复知觉后,又用双手将自己的肚肠掏了出来。即使在古代,加图的英勇赴义也是斯多葛美德的典型。

在尝试就广泛的历史和伦理题材进行思考的过程中,蒙田有许多机会通过阅读普鲁塔克和其他古典作家的描述,重温加图的生死经历。此外,他对有关加图同时代人,尤其是凯撒和西塞罗生平以及有关共和国灭亡的著作也是广泛涉猎,一读再读。随着阅读的深入,他对加图的理解转向了更深层的心理领域,摆脱了传统式的对圣人加图(Cato-the-sage)的称颂(这是蒙田早期随笔的特点),转向对其特殊人格的一种更细微的欣赏。在一篇后期的随笔"论残酷"中,蒙田进而抛弃了对加图以命守德的通用部目式的解释,揭示了其最后行动的独特源泉:

> 当我看到他濒临死亡,并扯断自己的肚肠,我不能满足于简单地相信那时他的灵魂已经完全摆脱了不安与恐惧;我不能相信他只是按照斯多葛学派的律令所规定的那样行事:处事镇定、心如止水、泰然自若。在我看来,在这个人的德行中似乎有太多的精力和活力使他不可能停顿下来。我相信,毋庸置疑在如此高贵的行为中他感到了快乐与幸福,他从其中得到的快乐比从其他任何行为得到的都多……假如促使他对公共利益的信奉远胜他个人利益的善行并不能说服我,我可能会很容易地接受这样一种观点:他感谢命运的安排,将他的德行付诸如此美妙的考验,并选择那个盗贼(凯撒)来践踏他的国家的古老自由。在这个不为我所知的行为中,我从中似乎读到了他

灵魂的喜悦、一种特别快乐的情感和男子汉的得意,因为它所考虑的是它所代表的事业的高贵和神圣。(2.11.308—9)①

这种对加图的洞察激发了他对另一个传统节操的楷模苏格拉底的领悟:"当镣铐除去之后,在他挠大腿的痒处时所感受到的那种快乐的颤栗的同时,难道他的灵魂不同样会因摆脱过去不幸的束缚、准备接受即将出现的新事物的知识而感到甜美与快乐吗?"确实,苏格拉底的从容赴死与加图之死的艰难迥然不同,"想必加图会原谅我,他的死要更具有悲剧性,更加紧张激烈。但这样的死要更为壮美,尽管到底如何我也不清楚。"(2.11.310)这种泛读的方式有利于在各种不同的人物之间建立起这些联系,使蒙田能够超越自己的资料,从对有关这些人物、他们的同时代人以及他们所处时代的著作的反复阅读中逐步形成自己独特的见解。

这种洞见的特性在蒙田与阿兹特克人观点想象的结合中得到了最完整的表达。"论马车"中理解历史的传记路径已经具有更为宽泛的含义,因为他已不再专注于个体的生活,而是想象一个普通的阿兹特克人与美洲征服者不期而遇的情形。诸多因素促成了蒙田对以传记展现历史方式的超越。首先,最明显不过的是,他所掌握的有关个别阿兹特克人的信息无论是量还是质都不如他对个别希腊人和罗马人信息的掌握;第二,同样重要的是,他已经不再将古代英雄和圣贤的生活看作是样板,而是将他们看作不可模仿的独特存在;第三,与范例的衰落相关的是,他开始将自己描绘成普罗大众的一员,其卑微而暗淡的生活和任何其他人的生活一样值得呈现;最后,当他将自己描绘成普罗大众的一员的时候,他就已经承认自己生活中习惯和风俗的支持作用,它们与他最初的人类本性一样,是他确切无疑的组成部分。实际上,在他一篇名为"论

---

① 根据本书的英文译出,与国内的蒙田随笔集的译本有出入,请参考本书英文原文。——译者注。

过去的诞生

保持你的意志"①(3.10)——写作时间大致与"论马车"相当——的后期随笔中,蒙田断然宣称,"习惯([l'accoutumance)是第二天性,与第一天性同样强大"。(772)因而,他不仅将自己看作是一个普通人,同时还是一个法国人、一个加斯科尼人以及一个带有他个人特质——用以维持和塑造他,为他的生存提供结实、灵活、自然的身材的那些先天的品质——的个体。这个自称来自加斯科尼的普通人感觉自己已经完全准备好来想象与他类似的阿兹特克人的体验。

蒙田的历史想象是通过文化比较的非常途径来进行的,他将阿兹特克人的视角牢牢扎根于各方面都与旧世界不同的新世界的情境之中。托马斯·莫尔在他的《乌托邦》(1516)一书中也曾尝试过同样的事情,将他的"乌有之乡"放在新世界,但他只是简单地将之看作是旧世界的镜像——一种欧洲的背面,但是蒙田则试图按照其自身的样子来构想新世界。阿兹特克人的陌生感和他们的文明令人震惊的崩溃引发了一种前所未有的想象的飞跃,要求他不要去与某些知名的古典人物同感共情,而是要站在遥不可及的一大群人的立场说话。

蒙田能体会加图在取出自己的肚肠时所感到的快意,因为他是在古典文化的滋养下长大的。他是先学古典拉丁语再学母语,从孩提时代起就对古代的大英雄耳熟能详,且一直敬仰斯多葛学派的圣哲理想。尽管阿兹特克的普通人在德行方面与任何罗马人一样,这种共有的道德品质并不能为蒙田理解阿兹特克文明的命运提供一种有意义的立场;实际上,他只能使那种命运看起来更加无法解释。蒙田唯一可以依靠的是通过与熟悉的事物进行对照,然后再对不熟悉的进行重构,从两个洲人民之间的具体物质方面的差异——服饰、冶金、动物驯养等——着手,想象欧洲人在阿兹特克人眼中必定会是什么样子的。这一动力源于他对习惯是第二天性

① 国内译本多译为"论意志"。——译者注

的洞察。从对阿兹特克人惯常方式的理解，唤起了他对美洲征服者的印象——满脸胡须、身裹油亮坚硬的皮衣，骑着巨大的怪物，嘴里咕咕哝哝不知说些什么，掌握了闪电和打雷的能力，所有这些使他们变得如此陌生，以至于看起来不像人类。这就是习惯的巨大力量！ 216

　　蒙田对阿兹特克人心理的描绘与阿兹特克的风俗习惯形成鲜明对照，就此而言，他超越了以传记展现历史的方式，他对他们的描写也因此比他对加图、凯撒和西塞罗等人的传记式理解更为关注情境。当然，蒙田对这些人物所生活的罗马时代异常熟悉，实际上，他常常声称，"要真正恰当地评判一个人，我们必须重点考察他的日常行为并在他不知不觉的情况下从他的每天习惯中去发现他。"(2.29.533)对于古代罗马人，他写道："我喜欢回想他们的面貌、举止和衣着，我想看他们交谈、走路和小呷。"(3.9.763)在他的想象中，这些人都穿着罗马时代特有的宽外袍，讲一口优雅的拉丁语，斜倚在长榻上用餐。但最终他对他们人格的构想并不是来自这些情境化的细节，蒙田在情感上如此长时间地、如此紧密地与他们融合在一起，以至于他不仅吸取了他们的文化，甚至连他们呼吸的空气也一并吸收了——确实，他作为母语学习的就是古典拉丁语。但对阿兹特克人情况就不同了。他们远离他的经验之外，需要他从他们习以为常、与欧洲对比强烈的风俗习惯之中去重构他们的心理。通过这种方式蒙田自觉地根据他们的历史情境来观察他们。

　　至于蒙田是否准确地重构了阿兹特克人生活的情境，对于我们评估他推理的历史性质并没有什么影响。实际上，蒙田有关阿兹特克人和美洲征服者的主要信息来源于洛佩斯·德·葛马尔，他从来就没有去过新世界，他的一些同时代人对他叙述的准确性也提出了异议。尽管如此，它使蒙田能够尽自己最大力量去理解人性的另一种形态。在这方面我们应当在他历史想象的行为和促成这种行为的学术研究之间做出区分。我们不能期望蒙田对阿兹特

过去的诞生

克人生活的理解与现代的历史学家接近,好像后者是某种难以达到的客观性的"黄金准则"(此点我们稍后还要谈到)。就我们而言,只要了解到他试图依据一个族群的文明——这个文明在其完全成熟的时候却被野蛮的征服毁灭了——背景来重构其心理就完全够了。

历史学中的政治

蒙田对美洲征服者的谴责与我们当代人对新世界"大屠杀"的看法是如此地契合,以至于我们很少想到要去质疑他评判的本质。确实,他对阿兹特克人的同情观点使他的评判更加客观,尤其是与西班牙的文化帝国主义(及其更糟的形式)相比较时。但是我们对蒙田在"论马车"一文中情境化观点的接受使我们看不到它反西班牙的工具性效用。他于 1585 年—1588 年之间创作这篇随笔,随后直至 1592 年去世都一直在对之进行修改。在此期间西班牙对法国事务的干涉迅即引发了一场内战,蒙田本人作为一名政治参与者也不由自主地卷入其中,"论马车"一文表达了他不仅作为法国人,而且作为土生土长的加斯科尼人对西班牙日益增长的反感。加斯科尼位于法国的西南部,与比利牛斯山脉接壤,一直以来珍视自己的身份。蒙田情境化的观点并非源自某种新近出现的了解某个遥远族群的人类学-历史学的冲动,而是源自一种贬低自己王国的死敌的复杂政治算计。

1584 年,法国瓦卢瓦王族最后一位王位继承人去世,按照王位继承顺序,下一位王位继承人是那瓦尔的亨利,一位信奉新教的王公。一个新教国王统治法国的恐怖景象似乎要变成现实,而恰在此时,西班牙正在考虑派一支无敌舰队去征服新教徒的英格兰,作为一劳永逸地结束西班牙统治的尼德兰地区荷兰新教徒顽固叛乱的序曲。为发动针对英格兰和荷兰的反新教战争,西班牙决定在法国制造动荡,并(在必要时)组建一个傀儡政府,利用吉斯大公和红衣主教这对叛逆的兄弟作为他们的代理人。根据签订于 1584 年 12 月的秘密的《茹安维尔条约》的相关规定,西班牙同意资助吉斯兄弟,使他们能够复兴一个一直处于不活动状态的极端主义同盟——天主教联盟,用这支力量来清除法国新教异端。随后发生的"三亨利之战"(War of the Three Henrys)(1585—1588)使那瓦尔的亨利这位法国新教的领袖与天主教联盟的首脑吉斯大公亨利形成相互对抗的两大阵营,而后者又将亨利三世这位优柔寡断、没有子嗣的法国皇帝拉到自己一边。

蒙田发现自己深陷其中,左右为难。尽管他公开声称是一个天主教徒,但他同时也是一个著名的政治家(politique),一个温和派,对他而言,政治的稳定优先于宗教的正统,因而,他与亨利三世和那瓦尔的亨利都保持着紧密的联系。1577 年那瓦尔的亨利(横跨比利牛斯山的一个小公国的国王)任命蒙田为议会成员;1581 年亨利三世则提名蒙田担任波尔多市的市长,波尔多市是王室所属吉耶纳省的主要城市,该省那时已经成为新教徒对抗王室的策源地,因而这是一个敏感的任命。在他 1581 年—1585 年两任市长期间,蒙田赢得了那瓦尔和王室吉耶纳省省长马歇尔·马提尼翁二者的信任,纾解了两个对手之间的摩擦,维持了该地区脆弱的和平。[7]

三亨利之战的最后一战是 1587 年 10 月 20 日在吉耶纳发生的库特拉战役。当时那瓦尔正在撤退的军队猝不及防地杀了一个回马枪,并在波尔多附近的一个村庄打败了一个人数多出许多的天主教联盟。三天之后,那瓦尔匆忙地赶到蒙田的庄园过夜,这当然不是礼节性的拜访,因为他现在有机会离间优柔寡断的亨利三世与其名义上的同盟者吉斯的亨利之间的关系。他需要蒙田一方面将马歇尔·马提尼翁稳住在吉耶纳,同时作为与国王谈判的中间人。在那瓦尔和马提尼翁之间穿梭来往几个星期之后,老态龙钟、罹患严重痛风和肾结石的蒙田在 1588 年 1 月骑上马,穿过满是匪患的乡村,开始他到巴黎漫长而痛苦的旅程。表面上他如此辛苦劳顿是为了察看他的《随笔集》新版的问世,但当时的政治观察家们——其中最突出的是西班牙驻法国大使和吉斯家族的金主伯纳迪诺·德·门多萨——都怀疑他的真正目的是在那瓦尔和王室之间斡旋。

对于这些推测的谈判，我们除了知道被吉斯的亨利抢占了先机，在 1588 年 5 月 12 日一场实际上由天主教联盟发动的政变，即臭名昭著的"街垒日"中占领了巴黎之外，其余一无所知。吉斯随后将病重的蒙田从他巴黎的病床上拖起来，扔进了巴士底，由于国王的母后——令人敬畏的凯瑟琳·德·美第奇——亲自出面为他说情，几个小时之后又不得不将他释放。蒙田最终随着国王的随行人员参加了在布鲁瓦召开的三级会议的年终会议。当急于重新确立自己权力的国王派人暗杀了吉斯大公和红衣主教的时候，他很有可能还住在那里。九个月后，亨利三世自己被人暗杀，那瓦尔的亨利即位，是为亨利四世，这直接招致了西班牙于 1590 年对法国的入侵。从他那时的信件和《随笔集》中的评述看，蒙田那时已经成为新皇帝的知己。正如他在现存的最后一封写给亨利的信中所宣称的那样，蒙田本打算成为宫廷的一员。如若不是他健康状况急剧恶化并终告不治，他肯定会那样做的。

尽管蒙田在《随笔集》中有各式各样富有技巧的声明，他绝非一个普通人，而是一个卷入王国顶层政治的受人尊敬、富有影响的贵族。就他卷入的层面而言，谁都不会怀疑西班牙对法国王权全面威胁的可怕性质。假如西班牙使节能够怀疑蒙田的巴黎之行带有政治目的，并随时将他的行踪通过急件发送给马德里，同样蒙田也能够很容易地察觉出西班牙对天主教联盟的总体影响以及对吉斯兄弟的特殊影响，他们的背叛行为无论如何都和公开的秘密相差无几。因此，蒙田在创作及后期修改"论马车"时，怀有强烈的反西班牙人的意图在内，由于他从阿兹特克人的角度来使用这一武器，使得这种揭露更加尖锐、更加致命。通过这种独特的视角，他致力于揭露西班牙军队大吹特吹的在新世界的"胜利"是一种彻头彻尾的欺诈。

219

在表述以上分析的过程中,我做了历史学家们所做的事,即我从一个文本的情境出发对之进行解释。当蒙田从阿兹特克人的情境出发再现他们的观点时,他所做的与我几乎一致。尽管我和他都做了相同的情境化的举动,他所做的给人的印象更为深刻,因为使用这一技巧如此之早、如此非同寻常,使得藏在其后的动机更为瞩目。蒙田对历史想象的戏剧性运用从根本上讲是他对西班牙反感的高度政治性的表达。这种洞察提供了揭示我自己情境化举动的背后原因的线索,表明历史学家们公认的客观解释工具有可能就源于派性的冲动。[8]

"所有的历史都是政治史"是一句老生常谈,但对于文艺复兴时期却具有特殊的意义,它意味着一般而言不存在为学术而学术的事情。举例来说,思考一下人文主义学术的一个最著名的案例,洛伦佐·瓦拉揭露"康斯坦丁的捐赠"系早期教皇的伪造。这份文件是教皇申言康斯坦丁在东迁君士坦丁堡时将西罗马帝国的领土监管权赠与教皇的依据。瓦拉运用语文学和修辞学的论据,揭示出所谓的赠予和罗马帝国后期的情境不符,从而对这一主张提出质疑。他证明说,文件所用术语不符合该文号称的制定日期时流行的拉丁语用法,且更具决定性的是,文件的格式和内容不符合帝国后期读者的需要,他们肯定不会相信上面所写的东西。这些论据的说服力和逻辑性总是掩盖了这一事实:瓦拉是按照他的雇主——那不勒斯国王阿拉贡的阿方索的旨意这样做的,目的是帮助他在与教皇的领土争端中获得一些谈判的砝码。瓦拉因而是利用我们今天所谓的历史论证来为政治目的服务的。

与之相比,蒙田并没有仅仅利用情境化的观点来为某种政治目的服务,就像运用客观方法来服务于主观的目的那样。反之,他从阿兹特克人视角看待美洲征服者本身就是他反西班牙偏见的标志和产物。换句话说,他的情境化的观点不仅在表达的时候,而且在构思的时候都是政治性的。当然,蒙田所接受的人文主义教育已使他认识到由修辞学和语文学所展示的情境的重要性,像瓦拉一样,他知道读者的考量应是文学体裁和内容的决定因素,且拉丁语的演化经过了不同的历史风格。尽管这些一般性的洞见促使他意识到情境的重要性,然而,它们并没有直接影响他对阿兹特克人这个与修辞学和语文学分析毫不沾边的主题的理解。反之,这种惊人的直观理解源自他作为法国人和加斯科尼人对西班牙的厌恶,它的帝国主义干预有可能像它对阿兹特克人所做的那样摧毁法兰西王国。

蒙田对阿兹特克人共情式的理解表明了情境化的做法根本上的派性特征,它作为一种意识形态的武器出现于文艺复兴时期,康斯坦丁·法索将之称为人文主义者对"中世纪普遍主义"的"历史反叛",即反抗教皇和神圣罗马帝国皇帝行使领导权的要求(16—22)。人文主义者通过将教皇和神圣罗马帝国的普遍主义的要求情境化,坚决主张(除了其他主张之外)国家主权。就教皇和皇帝都宣称拥有一种时间和空间方面皆具有普遍性的权力而言,时代错误观念就成为人文主义弹药库中的主要武器之一。其超凡的有效性是由于这一事实:教皇和皇帝对支配权的主张依据于古代的圣经和古典文本,人文主义者从恢复文本原初的纯洁性这一表面上看来无可反驳的呼吁入手,似乎只是在阅读这些文本的方法上建议做些微小的变动。因此,他们的"反叛"即使在人文主义者自己看来都几乎算不上什么大不了的事。然而,恢复(restoratio)的方案实际上是一件开头看起来无关紧要,但结果却十分严重的事,在此之后人文主义者就要求参考文本据以恢复的具体情境来解释恢复的文本。甚至这个更激进的主张在一开始也是无可非议的,但终使得人文主义者能够运用历史批判,以强化中世纪普遍主义文本证据为幌子将其解体。

因此,情境化的步骤是"血腥残忍的"。它的进展不是对一种真理更加牢固的把握,而是一种思想与另一种思想的斗争。我们现代人将客观性的标准视为理所当然,因为它在理解复杂世界方面发挥着巨大作用——我以上为论证蒙田的文本是反西班牙的辩

221

论文章所做的分析就是明证。但是,这种视角的用处不应该掩盖现代历史理解的胜利是以牺牲一种不受时间影响的思考方式为代价的事实,它的消亡使它被贴上了"不合时宜"的标签,这种标签(当我们停下来思考它的时候)可能在我们现代人看来不可信,因为我们历史理解的方式已经超越了其血腥的起源。正是文艺复兴时期这种情境化举措的工具性凸显了解释其如何成为常识标准的必要性。这一演进的过程与过去的诞生密不可分。

到 17 世纪,人文主义学者们开始向中世纪普遍主义的堡垒发起公开进攻,历史反叛的特征和意义才得以充分展露出来。在《历史的限度》一书中,康斯坦丁·法索揭示了这次攻击的本质特点。他的论证运用细致入微的历史分析方法,对历史思想的情境化前提进行了评判,在此我不能描述该文的精微和老到,只想指出,他研究的对象是 17 世纪德意志的博学大师赫尔曼·康宁(1606—1681),后者以短小但富煽动性的论文《罗马-日耳曼皇帝新论》(*Discursus novus de imperatore Romano-Germanico*)(1641)揭示了现在认为是历史客观性思想的暴力本质。

《新论》致力于探讨一个在三十年战争的最后阶段仍在争论不休的重要问题:罗马帝国是继续存在,还是早就消亡了?康宁得出的结论是:帝国或不复存在,或已经萎缩至一个以罗马为中心的、由教皇控制的很小的领土范围。这些结论与传统格格不入。根据中世纪"帝国转化"(*translatio imperii*)观念,随着奥托大帝在 962 年加冕为神圣罗马帝国的皇帝,帝国的权力即由意大利转移至德意志。为了证明罗马帝国确实是名存实亡,康宁先得着手解构中世纪大法学家萨索菲拉托的巴托鲁斯以罗马法和圣经解释为依据(1313—1357)提出的神圣罗马帝国皇帝是世界之主(*dominus mundi*)的断言。康宁从历史角度构建他的论据:首先,确定古代罗马统治的地理范围;其次,思考罗马的皇帝是否真的有权统治世界;第三,叙述自古至今帝国统治的历史。

尽管《新论》的主体部分关涉的是第三个主题——详细叙述了

帝国版图的持续萎缩,康宁在第二个主题——反驳巴托鲁斯提出的神圣罗马帝国皇帝是世界之主的断言——上完成了新论所设定的目标。康宁首先排除了这一断言的圣经依据,(他认为)对圣经不能简单地照字面理解;接着,他又排除了罗马法的依据,认为,"即使是小孩也能看出罗马城的民法不可能赋予罗马人统治世界的权力,因为全世界怎么可能受一部由一个城市的单一族群所制定的法律约束呢?"这一反诘式的提问预先假定了一种归根到底源自教授罗马法的法国方式的历史观点。如我们在第三部分所看到的那样,法国人首创了一种对民法大全的语文学研究方法,其揭示出罗马法是过去社会的法律。康宁以此历史视角认定,巴托鲁斯的普遍主义要求往好处说是古里古怪,往坏处说则是毫无意义。

　　然而,假如人们像法索那样仔细审查这些要求,就会发现它们有着各自的逻辑。当巴托鲁斯声称罗马帝国皇帝是世界之主时,他并不是说其他的国王要为享有权力而对他负有义务。实际上,他坚持认为英格兰和法兰西的国王有其自己的统治范围,即英格兰和法兰西,在其统治范围之内,皇帝不得干涉。在巴托鲁斯看来,皇帝的统治领域不是英格兰和法兰西,而是"世界"——一个本质上与个别王国特点不同的司法管辖单位。如果不是这一普遍性的理想对于中世纪思想来说非常鲜活和关键,其所对应的是自那以后就沦为心胸狭窄的国家主义牺牲品的胸襟开阔的共同体观念,人们可能几乎会说在此意义上"世界"纯粹就是一个理智的抽象。

　　在法索看来,康宁基于历史撰写的论文不仅不得要领,且令人置疑。康宁一开始关于罗马帝国在古代范围的论证就没有理解,巴托鲁斯的帝国统治范围并没有一个物理的空间。康宁的第二个有关罗马法中确认的帝国统治权性质的论证令人质疑,其对罗马法从历史角度进行的解释,是将之当作罗马人的法律,而没有从司法上将之作为一个系统构想的法律体系来看待,使得司法上的主张没有从司法的角度予以回应。康宁的历史研究方法因而使他能

159

223

够绕过巴托鲁斯的说话,而不是真心实意地与之交锋,令这个中世纪的法学家接受了一种似是而非的嘲弄。法索总结道,本质上,康宁通过创造出一个新的主题——一种作者(学者康宁)针对他所分析的文本而确定的主题——而将讨论的主题变换了。康宁与巴托鲁斯不同:后者是从罗马法的文本之内进行研究,而前者则在这个文本之外从历史的角度对之进行把握。法索的分析因而解释了内含于现今构成"历史客观性"的情境化举措之中的理智的暴力。这种暴力在康宁早期对历史分析方法的运用中表现得尤其明显。

康宁对巴托鲁斯的肤浅驳斥——他甚至不耐烦去阅读这位法学家的著作而是将自己的立论建构在胡果·格老秀斯对这些作品概述的基础之上——表明到 17 世纪中期历史的反叛已经进展到相当程度。然而,该世纪末的一次涉及面广泛的争论则显示出将历史的视角作为这次反叛的核心难以维系。这场一开始爆发于法国并迅速波及到英格兰的著名的古代人与现代人之争(*Querelle des anciens et des modernes*)见证了人文主义文化的优势地位,因为它一开始主要是就古代诗歌相对于现代诗歌的优点所展开的文化上的争论,后演变为一种对古典学习的性质和目的的论辩。争论发生于人文主义运动之内,最终凸显出即使是历史反叛的坚定支持者也难以在过去和现在之间做出系统区分。[9]

法兰西学院的秘书查尔斯·伯罗于 1687 年挑起这场争论。他在学院的一次会议上宣称路易十四时代要比古典时代好,并读了一首诗。伯罗一开始肯定了现代科学和技术方面取得的成就,然后转向他的主要论点:对荷马的评价。伯罗吟诵道:这位诗歌之父如果生在现代的法国,肯定是一个更加优秀的艺术家。在其随后撰写的对话录《古代人与现代人的比较》(*Parallèle des anciens et des modernes*)中,伯罗对这个主题做了进一步的申述。该书的第一版于 1688 年问世。诗人和科普作家伯纳德·德·丰特奈尔在他《关于古代人和现代人的离题话》(*Digression sur les anciens et les modernes*)中支持伯罗的观点,该文于 1688 年作为他诗歌集的附录首次问世。丰特奈尔认为,自古以来人类本质不变,因而,现代人拥有像他们的先祖一样的与生俱来的能力。同时,在科学和哲学方面,现代人明显要比古代人强;在文学方面,现代人也完全有可能胜过罗马人,而罗马人自己则比希腊人又要强得多。

古代人的拥趸,比如诗人尼古拉斯·布瓦洛、剧作家让·拉辛、伦理学家让·德·拉·布吕叶以及学者皮尔·丹尼尔等等,站出来接受挑战。布瓦洛是加入辩论的第一人,他在 1670 年代就已经开始了小争论,宣称古代诗歌要比现代的好。他在朗吉纳斯《论崇高》的法语译本新版(1693)中,捍卫了荷马的艺术成就,猛烈抨击伯罗对希腊的无知。其他的希腊迷很快跟进,将对荷马的批评归之于没有能力阅读其原著。尽管这一唾沫横飞的争论贯穿整个 1690 年代而毫无结果,但它确实揭示出在尊崇古代样板和忠诚于什么? 会导致质疑这种尊崇的古典学术研究之间的一种潜在的冲突,其在以后会更为突出地表现出来。但在争论尚局限于法国的时候,说古代好的人们通常都会称颂语文学为模仿古典的样板提供了便利。

当争论穿过英吉利海峡,演变为"书本之战"时,对古典文本在文学上的尊崇与对它们进行学术审查之间,冲突的可能性更全面地转化为现实。丰特奈尔的《题外话》激起英格兰政治家同时也是文学家的威廉·坦普尔爵士(1628—1699)于 1690 年发表他的《古代和现代学问随笔》。在该书中,他对古代人的优势作了全方位的辩护,既包括自然哲学,也包括文学和学问。他认为,尽管自古以来自然可能保持不变,但人类生存的环境恶化了,使得现代的产品要劣于古代。作为回应,早慧的古典学者威廉·沃顿(1666—1727)发表了他的《对古代和现代学术的思考》(1694),对古代人和现代人所取得的成就做了系统的、一个一个领域的衡量。沃顿承认在诗歌、修辞、美术方面,古代人比现代人强,但他坚称,在自然哲学、逻辑学、形而上学以及机械技艺方面现代人要比古代人强。最后,他两边讨好,宣称未来的进步取决于二者力量的联合。

过去的诞生

尽管沃顿的回应具有调和的性质,但它通过激起对古典语文学的争论而加剧了书本之战。这是沃顿擅长的领域,在这方面,他坚持认为,现代人比古代人自己更了解古代,部分是因为语文学的发展,部分是因为现代人可以审视整个古代,而单个的古代人仅知道自己在其中的特定位置。这种论点引起像坦普尔那样接受过古典教育的重要人物的愤怒。他们将像沃顿这样的学者痛斥为"书蠹"。于是在"儒雅的"学习和批评的学术之间分出了一条界限,尽管双方都强调古代文化的重要性。

或许书本之战中最为血腥的交锋发生在对据传是公元前 6 世纪西西里的一个僭主所作的所谓《法拉里斯书信》(epistles of Phalaris)真伪的争论。根据流传下来的说法,法拉里斯因其残酷而臭名昭著,比如,将受害者置于铜牛之中烤炙,受害者的惨嚎汇成铜牛的吼叫。但从据称是他所写的 148 封书信来看,他是一个仁慈的统治者和一位优雅的保护人。尽管当时一些有声望的学者仍在争论这些书信的真实性,坦普尔在他于 1690 年所写的一篇文章中,却将这些书信作为古代思想无法超越的高贵的明证。威廉爵士对此论点的首肯引发了重新编辑出版这些书信的需求,1695 年牛津年轻学者查尔斯·博伊尔尽职尽责地推出了该书的新版。为了回应由坦普尔散播且被博伊尔——他实际上对作品的真伪不持立场——的掺和所加重的错误,沃顿说服他的朋友和语文学同行学者理查德·本特雷出来证明这些信件是伪造品。本特雷随后将他"法拉里斯书信专论"附在沃顿《对古代和现代学术的思考》的第二版书后(1697)。尽管本特雷的文章——年代和语义分析的样板——最终证明了这些书信不可能推到公元前 6 世纪,但它还是激起了一阵猛烈的争论,坦普尔的支持者及博伊尔的朋友们群起为"才思和学习"的美德辩护,攻击沃顿和本特雷之类学者的"呆板与学究气"。[10] 法国的争论在此演变为一场在因其永恒的情感而非其历史的真实性而备受推崇的古代样板和更注重对古典文本作批判性评价的现代学术之间的争论。

就我们而言,对这场战争最感兴趣的方面在于"现代人"在阻挡"古代人"方面所遇到的令人惊异的困难。后者几乎将前者不光彩地赶出战场。这场争论的激烈在一定程度上反映了"古代人"的文学才能,他们中间就包括威廉·坦普尔爵士的秘书,讽刺作家乔纳森·斯威夫特。为对抗古代人鄙夷的冷嘲热讽,"现代人"(在本特雷的带领下)基于语文学做了系统、全面而又理性的反击,建立了一个据称是坚不可摧的学术屏障。1699年本特雷将他的"专论"改编并增补内容后出版了单行本,它的出版(根据令人尊敬的研究古典学问的历史学家约翰·埃德温·桑迪斯的评价)标志着"学术史的新时代"的到来。然而,正如桑迪斯不无遗憾地指出的那样,"过了很长时间它的统治地位才得到承认"——整整过了五十多年!"古代人"的反击是如此猛烈,他们讥笑充满油烟味的学术,反过来赞颂升华灵魂的优雅的学习。(桑迪斯,2:405)实际上,他们对本特雷的驳斥就其肤浅而言足可以与康宁对巴托鲁斯的驳斥相比,只是现在形势已经完全不同了。

尽管人们现在(会时空错位地)以为,"现代人"的胜利是一个早就预料到的结局,但约瑟夫 M. 莱文在他对这场争论生动的叙述后,得出的结论是"书本之战以平局结束"。尽管"古代人"将科学和哲学拱手让给了"现代人",但他们守住了文学和艺术;他们将历史领域一分为二,小心翼翼地维持着对叙事的把控,同时心甘情愿地放弃了学术。简言之,书本之战显示了活着的过去甚至在面临自身内部矛盾的情形之下所具有的持续生命力。尽管对古代样板的强调推动了古典语文学的兴起,活着的过去仍被高雅所护围,即使最尖锐的批评也不能影响到它。

226

真理的各种关系/各种关系的真理

摆脱双方持续不断的你来我去、各说各调的困局之路在于超越争论的条件,这恰恰就是 18 世纪早期那不勒斯学者贾姆巴蒂斯塔·维科在他的《新科学》中所完成的事业。该书首次于 1725 年出版,自那以后又进行了幅度很大的修订和重写。不言而喻,维科所追求的是比伯罗、布瓦洛、坦普尔或本特雷更大的目标,他所瞄准的目标是笛卡尔,但他不大可能忽略阿尔卑斯山那边喧闹的针对荷马的猫斗游戏。1711 年,安妮·拉·费沃热·达西耶翻译的《伊利亚特》及她捍卫这个古代诗人的文章出版,双方的冲突再起。法兰西新一轮"古代人和现代人之间的争论"正好发生于维科对荷马二十年研究的中间阶段。他对荷马的研究最终为他的"新科学"提供了"总钥匙",即荷马代表了一种与现代完全不同的原始思维方式。[11] 他用以破译这种古代的"诗性的"思维定式的那个"语文学-哲学的"方法术语反映出他超越了"古代人"和"现代人"之间的僵局。他将语文学等同于对"确定"(依据具体历史情况而发生的事实)的认知(coscienza),而将哲学等同于对"真理"(解释事实呈现出这种或那种特定形式的原因的普遍性原则)(改述,137—140)的认知。"新科学"尝试将语文学的确定性与哲学的真理性结合起来,以此建立对人类智慧的新观点,它揭示出荷马诗歌代表的是人性发展的一个早期阶段。

我们在此不能全面评价维科对人类意识的历史性横空出世的、令人惊愕的洞察。埃里希·奥尔巴哈早期的一篇富有先见之明的论维科的文章中,将他称为"审美历史主义者",在约翰·哥特弗雷德·赫尔德公开阐述他历史发展原则的五十年之前,维科就在不知不觉中触及到了这些原则。继奥尔巴哈之后,少数专心致志的学者持续不断地从后期人文主义的土壤中挖掘维科知识的根源,包括语文学、修辞学、法律和古代学等,并揭示出他的天才并非完全不合常规。但就我们的有限目的而言,维科并没有像其他学者那样,认为欧洲人在从内部洞悉历史实体的独特性之前需要从外部将其情境化;他们在能够理解每一个实体是其自身特殊环境的产物之前,必须理解实体之间的解析关系。这种解析的需要有助于解释为什么直到 19 世纪中期,维科被伟大的浪漫历史主义者儒勒·米什莱重新发现之前,他的作品少有人问津,当然,维科用以建构他那些早慧的观念的隐晦甚至稀奇古怪的方式也是原因之一。对维科审美历史主义的完全承认要等到过去诞生之后。

像维科的《新科学》一样,《论法的精神》(1748)反映了一种将学术与哲学相结合的冲动,但孟德斯鸠更多是从分析的角度来构想后者,以体现与数学同样的确定性。在孟德斯鸠的著作中,"古代人"和"现代人"之间的争论已几无痕迹可寻,唯有在《波斯人信札》中有那么两句对双方一带而过的嘲弄之语以及他的文学笔记中有一些零散的述及。但他熟悉维科,起码知道维科的名声。在 1728 年和 1729 年逗留意大利期间,孟德斯鸠在自己的旅行笔记中提到他应当去弄一本《新科学》(尽管没有证据证明他真的那样去做了);而且他与维科在意大利有许多共同的朋友及联系人。实际上,罗伯特·沙克尔顿在有关孟德斯鸠详尽无遗、珍贵异常的传记中,特别提到他的传记对象在那不勒斯最喜欢的教堂离维科的房子仅咫尺之遥,从而更增加了二者有可能会过面的几率。不管他们是否真的相见过,我们都没能发现维科对孟德斯鸠思想影响的丝毫痕迹,因为这个法国人的目的在于建立一种比那个那不勒斯人隐晦的"语文学-哲学的"方法更加严格、透明和易于把握的科学。实际上,孟德斯鸠的科学甚至还提供了超越维科和他那个 bête

228

noire(特别讨厌的人)——瞧不起历史知识的笛卡尔之间僵局的可能性。通过将笛卡尔主义的确定性标准和最新的历史学术相结合,孟德斯鸠提供了一种对人类社会真正解析的视点,为一种对于学者和政治家都具有价值的新的历史知识提供了内在的保证。

《论法的精神》的开首行——"法,从其最广义理解,是源自事物本性的必然关系"——令孟德斯鸠的同时代人和今人一样感到非常困惑。他将法奇怪地定义为"必然关系"到底是何用意?孟德斯鸠尚未将事情搞清楚马上就继续说"所有的存在都有其法:神界有它的法;物质世界有它的法;处于人类之上的神灵有他们的法,畜生有它们的法,人有自己的法。"伏尔泰对这些表面上看起来像是经院式的划分感到绝望:"我们不要在这种形而上学的细枝末节中晃荡,我们小心不要进入这座迷宫"。休谟则抱怨开头几段意思晦暗不明,与该著作的其余部分的明晰判若云泥:"然而,这位卓越的作家以一种不同的理论开头,假定所有的法都建立在某种关系基础之上。在我看来,那是一种与真正的哲学永远都不可能和谐一致的体系"。休谟将孟德斯鸠的关系(rapports)说追溯至马勒伯朗士,他的"抽象的伦理理论排除了所有的情感,并自诩要将所有的东西都建立在理性之上"。对于怀疑论者休谟而言,孟德斯鸠的关系只不过是一种知识分子的臆想,(谢天谢地)与这部描述如此具体历史细节的作品无关,这部作品提供了"或许是迄今为止在世界上传播得最好的政治知识体系"。[12]

现代的评注者们同样对孟德斯鸠不理会公认的司法、政治和宪制概念——这些东西在格老秀斯、洛克和普芬道夫等人的作品中很容易就能找到——转而青睐一种从源自马勒伯朗士的晦涩的、非法律的定义的做法困惑不已。为解释这种明显不正常的现象,沙克尔顿在对古代和近代早期自然法学理论宏大的评述中,小心翼翼地探寻着孟德斯鸠定义的先例。在注意到他的自然法观念有一种笛卡尔主义的特质——即赋予关系一词一种数学的维度——的同时,沙克尔顿最终强调了孟德斯鸠的经验趋向而非唯理主义趋向。

258

在他有关孟德斯鸠的经典传记中,阿尔伯特·索雷尔将开首的几行比作"一种代数公式,应用于所有实际的数但并不确切地表达它们的任何一个",但他很快就放弃了数学的隐喻(86—87)。埃米尔·涂尔干在其同样经典的传记式概述中,特别提到孟德斯鸠意图"以一种几乎是数学的方式来研究社会科学",(51)但他同样也没有进一步申述这种看法。

除了以上所提及的这些之外,孟德斯鸠思想中的数学维度在很大程度上一直为人们所忽视。通过接下来的阐述,我将展示出孟德斯鸠的对法的"关系"定义显露出源自马勒伯朗士和笛卡尔的数字思维模型。提出此论,我不是想主张孟德斯鸠是一个隐藏的数学家(或就此事而言,玄学家),而是想断定他受到了一种思维模式的影响,这种模式到 19 世纪分解为一种成为现代数学基础的"基数"和"序数"原则理论。当然,笛卡尔和马勒伯朗士以及孟德斯鸠都没有使用这个现代的术语,但他们思想的关系模式预示着这一发展方向。而且孟德斯鸠尤其要利用这些关系模式凭借"理想类型"来梳理人类社会复杂的现实,衡量(可以这样说)它们之间以及它们所代表的多种多样的现实之间的距离。通过在人类实体之间确立各种关系,孟德斯鸠卓有成效地将它们固定在自己的情境之中。换句话说,他将它们放置在适当的背景之中,从此以后,如果没有从根本上打乱它们的正常秩序,就不可能移动它们了。总之,他为一种在过去与现在之间进行系统区分的支撑性的时代错误观念奠定了基础。过去作为一种知识对象,竟是从数字的思维中产生出来的,该是多大的反讽啊!

在他对孟德斯鸠的评价中,休谟正确地辨别出马勒伯朗士的影响,他有关真理的笛卡尔主义理论在《论法的精神》一书中无处不在。在 11 岁到 16 岁之间(从 1700 年到 1705 年),孟德斯鸠在巴黎附近瑞伊利奥拉托利会友的著名学院求学,奥拉托利会友们为耶稣会会士提供了一种进步的教育选择,且瑞伊利学院尤其注意将灌输笛卡尔方法的基本原理与教授更为传统的人文主义课程相

230　结合。马勒伯朗士作为笛卡尔最伟大的门徒，以"奥拉托利会友"以及"法国的柏拉图"的名头广为人知，声名足以与其师匹敌。他的精神弥漫于这所他不时造访的学院，尤其是在 18 世纪的早期，当时他正最激烈地捍卫着他在其奠基性著作《真理的探索》（1674—1675）中首次提出并在诸多其他作品中阐发的充满争议的哲学。除了在一种完全的马勒伯朗士式的氛围——在那里奥拉托利会的观念相当流行——中接受教育之外，孟德斯鸠还与一些知名的马勒伯朗士主义者保持着终身的联系，比如波尔多的数学家德阿托司·德·梅朗，他原是马勒伯朗士的学生，后成为他的门徒；巴黎奥拉托利会图书馆馆员皮埃尔-尼古拉斯·德斯莫勒茨神父；红衣主教梅尔基奥尔·德·波利尼亚克，他护卫马勒伯朗士反对耶稣会；此外还有"现代人"的铁杆党羽伯纳德·德·丰特奈尔，他在 1715 年马勒伯朗士去世时，还创作了一首挽歌。[13]

　　孟德斯鸠的作品中也是到处都提及马勒伯朗士。例如，《波斯人信札》就包含了首个最具反响效果的此类应和，孟德斯鸠在此写道："正义是一种相配的关系（rapport de convenance），它实实在在存在于两个事物之间。不管由谁理解，上帝也好、天使也好，最后由人类也好，这种关系总是相同的。"（83.162）《论法的精神》的开首几行进一步回应了这些看法，它们源自马勒伯朗士《真理的探索》一书的第一卷，在那里，他对真理与善做了区分："真理只存在于两个或多个事物之间的关系之中，而善却存在于事物与我们合宜的关系之中。"[14] 正如其书名所明确标示的那样，《真理的探索》的主体内容探讨的是真理而非合宜的关系；但在随后的作品中，其中最突出的是《论道德》（1684），马勒伯朗士将这个非正式的合宜观念发展为一个正式的"完美关系"的等级阶梯，其延展的方式犹如一个从相对不是很完美的实体向越来越完美的实体发展的链条，终极之点是上帝。当休谟批评孟德斯鸠对法的定义过分依赖马勒伯朗士的伦理抽象时，他所指的就是这些关系；而现代的评论家们在试图分析《论法的精神》的开首几句话时，所想到的也是这些关系。他们因而总是看不到马勒伯朗士之前和更具根本性的"真理的关系",它(我们将会看到)为马勒伯朗士的关系理论以及孟德斯鸠对法的定义提供了数学的底色。

这种底色被马勒伯朗士所有作品追求的哲学-神学的首要目标 所掩盖了。马勒伯朗士试图表达一种对笛卡尔主义所做的新的综合(summa),就像阿奎那对亚里士多德主义所做的那样,即将它与基督教的教义相调和,由此表达一种全新的知识次序关系。人们普遍认为,马勒伯朗士为追求这一目标,将真理的各种关系从属于完美的各种关系,但实际上,正如米歇尔·E.霍巴特在他那富有挑战性的论著《尼古拉斯·马勒伯朗士思想中的科学与宗教》中所决定性地展示的那样,二者比人们想象的要均衡得多。霍巴特通过运用精巧的分析工具,发掘出真理的关系观念中的数学基础,揭示了一种潜在的"数字"观念的存在,它在马勒伯朗士的哲学中与一种更为传统的"物质"观念交织在一起。到 19 世纪数学家明确阐述基数和序数原则时,数的思维方才完全展露,但其迹象在笛卡尔和马勒伯朗士的作品中已明晰可循,而孟德斯鸠的新(历史)社会科学就立基于此。[15]

如霍巴特所解释的那样,基数意味着任何两种事物的集合之间的一种一一对应关系,比如说,剧院观众席上的看戏者与座位的关系,当所有的位子都坐满,每个看戏者都坐下,这两组就可以说共享同样的基数。序数原则假定,一个集合的数构成一种可数的、有序的系列;比如,当一个人以有规律的间隔——比如"1、2、3",等等——数一个剧院观众席座位,一直到数完为止。笛卡尔发明解析几何显示出他对这两个原则早期的直观认识,因为他揭示了算术和线性连续统一的紧密关联,将几何学的扩展设想为一种数字的有序系列。设想一下在图纸上画三角形,图上的每个点都可以表现为 X 和 Y 轴线值的交叉,因而每个点成为两个数字之比,而其中的每个点本身可以表述为一种比率。举例说,任何一个给定数 n,都可以表述为 n/1 这样的比率。从这一观察转到事物的关系顺序,笛卡尔推论出,所有超越对清楚明晰概念直接体认的知识都关涉思维对象之间的对比,这一对比的活动意味着一种潜在一致的存在:"但我在没有考虑某个第三项,即作为二者共同度量标准的单位(*unitate*)时,不能辨别出 2 和 3 之间大小的比例。"[16](注意:*unitate* 是 *unitas* 的夺格,在路易斯和肖特的《拉丁词典》中它被解释为"一、单个性、一致的状态"。尽管我们的翻译者在这里将之解释为"单位",这或许是试图阐明笛卡尔思想的数学内涵,但原初的拉丁词带有"一致"的字面用意,这一点后面很快会提到。)笛卡尔倾向于将这个"共同的度量标准"从几何学的角度予以考虑,将之作为线和数的连接,但马勒伯朗士则从数学的角度来表述它,在向最终成为数的基数和序数原则发展的道路上又前进了一步。

在《真理的探索》中,马勒伯朗士详述了笛卡尔知识的关系见解及其潜在的一致性观念。他将真理设想为"真实的关系,不管是平等的还是不平等的关系",他区分出三种真理:观念之间、事物与观念之间、事物之间的关系。于他而言,观念之间的关系是衡量其他二类真理"永恒不变的"标准。观念之间的关系,不管是平等或是不平等的,最终都归结为量的关系((rapports de grandeur),而量本身也不是别的什么,也是一种关系,一种相对大小的衡量:"所有的量值因此都是一种关系,或者所有的关系都是一种量值,很明显,人们可以用数字表述所有的关系并通过线条将它们付诸想象。"在马勒伯朗士看来,我们很容易能察觉到内涵于平等的诸关系的一致性,但在不平等的诸关系中却很难察觉:"我们知道一座塔比 1 英寻要高,但比 1 千英寻要低,但我们仍不知道它的准确高度或者它与 1 英寻的关系(rapport)。"要比较两个不等的事物,我们需要一种"精确的度量",一种构成它们关系基础的共性,以此我们可以从它们中归纳出一致性。马勒伯朗士将这种准确的度量称作 unité,以应和笛卡尔的拉丁术语:"为了比较事物……我们需要一种简单而又完全可以理解的观念,一种可以适合所有种类对象的普遍的衡量标准,它就是单位(unité)。"在《真理的探索》第六版也是最后一版中，马勒伯朗士对该表述增加了如下说明："我们因而为每一种量值确定了单位元素或共同的度量标准（l'unité ou la mesure commune），举例说，以英寻衡量长度，以小时衡量时间，以磅衡量重量，等等。所有这些单位元素（unités）都可以无限分解。"（6.15.180—88）

由马勒伯朗士的单位概念，霍巴特写道，"我们进入到他认识论的核心"。（60）与笛卡尔的字面意义上更为强调"一致"的拉丁术语"*unitate*"不同，马勒伯朗士的法语词包含着两种含义，用英语表达就是"单元"（unit）和"单位"（unity）。绝大多数评论者在这一双重含义中发现了作为一种以不可分解为特点的形而上学概念的"单元"和一种可以分解（注意马勒伯朗士的补遗中英寻、小时和磅都是可以无限分解的）为特点的数学概念"单位"这二者之间的不可化解的紧张关系。有鉴于此，学者们自然更为看重形而上学的单元概念，它（因其不可分解性）对应于笛卡尔的"cogito"（我思）这个明白清晰的概念，他们因而以为马勒伯朗士的知识顺序是基于形而上学而非数学。然而，霍巴特揭示出："unité"的双重含义对应于数的基数和序数原理，一个单元就是一个非连续的、可数的事物，它足以推定单位，即事物的有序系列的存在，从而推翻了这一想当然的假设。他还展示了马勒伯朗士对数的思维的直觉把握，通过《真理的探索》的多次改版，从对数的不可分解性的强调逐渐演化为将它们的可分解性包含其中，尤其是莱布尼茨和牛顿的微积分所表述的可分解性。

马勒伯朗士立志于完成笛卡尔欲统一所有知识的梦想，运用真理的关系见解来处理范围广泛的伦理学、哲学和神学问题。例如，在《论道德》一书中，他详尽阐述了有别于量值诸关系的"完美关系"，前者体现的是"科学的"真理，而后者则是"实践的"真理，与意志、想象和感觉而非理性有关。他称它们为"完美关系"，因为他们构成了一个不断接近上帝的质的梯度，而在上帝看来，完美与量值的关系是一体存在的。马勒伯朗士发现知识潜在一致性的愿望使

233

他将数的思维与物质的思维融为一体并最终混淆了二者，使各类关系杂乱地纠缠一处，难以拆解。但其核心，即真理的关系见解是由根植于数的基数和序数原理的运算所组成的。

现在，我们转而看看孟德斯鸠是如何将马勒伯朗士的真理关系见解转化为对人类实体的观点的。他将这些实体——习惯、法律、制度、风俗固定在一定的关系网络中，从而为理解每一个讨论的实体确定了特定的情境。过去和现在之间一种系统而又持续的划分源于这种情境化的过程，但在我能够证明此（我的最终）论点之前，我们必须详细分析《论法的精神》，揭示马勒伯朗士的影响和潜在的数的思维模式的效果。只有我们理清这些线索之后——它们与孟德斯鸠伟大作品的内在结构紧密地结合在一起——方能看出人类实体的关系观是怎样与过去的诞生交织在一起的。

孟德斯鸠与事物的关系

休谟忽视了马勒伯朗士诸关系中的数学内核并将它们斥之为是纯粹的形而上学抽象，但其情可宥。而孟德斯鸠对马勒伯朗士的学说的基本特征则更为熟悉，他的数学原理对孟德斯鸠形成自己真正意义上的社会科学的构想起到了决定性的作用。《论法的精神》这部宏大的综合性著作是孟德斯鸠终身阅读的结晶，显示出受到诸多影响，但马勒伯朗士的影响从那个书名就可以明显看出来：论法的精神，或法律与每个政府的体制、风尚、气候、宗教、贸易等等应有的关系（*De l'esprit des lois，ou du rapport que les lois doivent avoir avec la constitution de chaque gouvernement，les mœurs，le climat，la religion，le commerce， etc.*）。"*rapport*"（关系）一词引人注目，且为了防止人们忽视了它的意义，在第一章短短的篇幅中，它至少出现了 11 次。同样突出的是书名中充满争议地用上了动词"*devoir*"，它与一系列英语单词的意思都相通：法与每个政府的体制、风尚、气候、宗教、贸易等等是"必须"（must）/"理应"（should）/"应当"（ought）有的关系。有些批评者认为孟德斯鸠在此对该动词的使用过于模糊不清，不值得考虑，它反映了作者在语言使用方面的某种随意性，但是（我们将会看到）它确实意味着作为事物之间关系的基础的 unités（单位）的存在。

《论法的精神》中明显提及科学与数学的地方是在第一章的中心部分，在那里孟德斯鸠用了大量的分析性比喻。在将法解释为"必然的关系"后，他坚持认为，世界不是由"盲目的命运"所主宰的,上帝对宇宙的创造和维护是以与现代物理学相同的规则为前提的:"这些规则是一种始终确定的关系(rapport),在一个运动的物体与另一个运动的物体之间,所有运动的获得、增加、减少和消失都与质量和速度的关系(rapports)一致;每一种多样性都是一致性,每一种变化都是一贯性(chaque diversité est uniformité, chaque changement est constance)。(1.1.4)"①从其所主张的在差异之下有着潜在的一致性的观点来看,这一声明既可以说是马勒伯朗士式的,又可以说是牛顿式的。孟德斯鸠进而将人类的法比作自然界的永恒的法,是无所不在的原则的表述:"在法制定之前,就存在着正义关系的可能,说除实在法所规定或禁止之外,没有任何正义(juste)或不正义(injuste)的东西,等于是说在画一个圆之前,它的所有半径都是不等的(égaux)。因此,必须承认,在确立公平(équité)关系(rapports)的实在法制定之前,就存在公平关系"(1.1.4)。该书权威的剑桥版的机敏译者注意到了这里数学词汇的运用,juste 这个词——兼具"正确"和"正义"的意思——为公平(équité)的关系做好了铺垫,équité 在数学上的意思是相等,在法律上是"平等"和"公平"的意思。这样,孟德斯鸠在法律、几何和数学关系之间含蓄地做了近似的比拟。

在组成第 1 卷的三个短章之后,直接提及一种几何精神(esprit géométrique)的地方减少了,由于这个原因,要不是孟德斯鸠贯穿全书都在暗暗地唤起对比率和反比率、比例和反比例以及表述像对称和可迁性之类的数学属性的同义语的数学/关系的意象,人们几乎会认为一开始对数学转弯抹角地涉及与文本的其余部分没有任何关系而对之不予考虑。举例说,在第 2 卷的第三章("论与贵族政体的性质有关的法律")中,他表述了一种反比率:"任何一种职位,权力大必须以其任期短来抵消"(2.3.16)。在该章结尾,他用的是一种反比例的表达方式:"贵族政体越接近民主政体,它就

---

① 参校张雁深译本,第 2 页。——译者注

会变得越完善,而越接近君主政体,它也就越不完善。(2.3.17)"
第5卷的第三章(在一个民主政体中爱共和的意义是什么)确立了
一组明确表达可迁性的同义语:"在一个民主政体中爱共和就是爱
民主政体;爱民主政体就是爱平等,爱民主政体同时也是爱节俭"。
(5.3.43)在第6章("在民主政体中法律应该如何支持节俭")我们
发现了一个表达对称的同义语:"正如财富的平等支撑着节俭,节
俭维持着财富的平等"(5.6.47—48)。在第8卷的第二章又出现
了另一个反比例:"民主政体原则遭到腐蚀,不仅是在平等精神丧
失之时,而且也在极端平等的精神被接受之时。"(8.2.112)在此章
中我们还能发现诸如此类的正比例:"腐败会在那些从事腐败行为
的人中滋长,正如它会在那些已经腐败的人之间滋长"。(8.2.
113)在第五章("论贵族政体原则的腐化")我们发现了另一个反比
例:"假如贵族人数少,他们的权力就越大,但他们的安全就减少
了;假如他们人数多,他们的权力相对就要小一些,他们的安全就
要大一些。就这样,权力不断增大,安全不断减少,一直到专制君
主,在他身上体现着极端权力和极端的危险"(8.5.115—16)。在 236
此,孟德斯鸠描绘出像微积分中那样接近一个限度的变化。

人们可以随意增加一些这样的例子。这种表达方式的无处不
在不仅是一种修辞的方式,而且反映出根深蒂固的笛卡尔式的思
维习惯,在孟德斯鸠对绝对专制的探讨中这一点表现得最为明显。
第1卷对数学和科学类比的运用以及对各种关系冗长乏味的陈
述,到第2卷就很快让位于对三种政体形式的探讨:共和、君主和
专制。在后面我会讨论这些政治类型以及伴随它们而生的社会原
则。在此我只想说,孟德斯鸠很少对他所分析的政治和社会类型
做直率的评判,而是更喜欢依据它们的环境对之进行解释——这种
不偏不倚使得他对专制统治的公开批评更显突出。尤其值得注意
的是仅有了无修饰的两行字的那章:"专制统治的概念":"当路易
斯安那的野蛮人想吃水果的时候,他们就将树砍倒来采集水果,那
就是专制统治的做派。"这一行为以其赤裸裸的简单和愚蠢集中体

现了对权力直截了当和依凭本能的运用。专制君主的欲望必须即刻得到满足,不得有丝毫质疑:"人是一种对予求予取俯首帖耳的生物(3.10.29)。"权力的直接运用以其即时性没有给任何关系留下一点余地。专制统治因而没有法律效力、渺小卑微、没有任何价值,在孟德斯鸠的笛卡尔式的思维中,它不仅唤起了道德上的憎恨,而且还有审美上的强烈不满。

在第 6 卷——"与民事和刑事法律的质朴有关的各种政体原则的结果"——孟德斯鸠描述了在专制政体中法律关系之阙如。专制统治者有权承继一切消除了继承法的需要。同样,因为贸易由专制统治者所独揽,就没有必要制定涉及贸易的法律;因为婚姻是与女性奴隶缔结的,没有任何必要制定规范嫁资和妻子权利的法律。"专制统治是自足的,围绕它的所有一切都是空的。(6.1.74)"专制统治者与其他人不发生关联,只是想得到他所想要的:"专制统治者一无所知,且不可能专心于任何东西,他必须以一种大而化之的方式处理一切,他以在所有情况下都保持不变的僵化意志进行统治,在其践踏之下,所有的一切都变成了一个模样(6.1.73)。"在此,最引人注目的是他将专制统治形容为虚无、空洞、孤凄和毫无价值。

孟德斯鸠将专制统治比作奴隶制的一种,里面即使是君主也处于被奴役的状态。"专制权力本性的一个结果就是行使这种权力的个人同样也会将它交给另一个人去行使"。(2.5.20)为后宫之乐迷得神魂颠倒的君主,将公共事务的处理权交给宰相。"他立马就获得了与他同等的权力",而宰相又进一步用后宫之乐使他的主子沉迷其中。孟德斯鸠以比率的方式对此情形进行总结:"帝国幅员越辽阔,后宫也越大,结果是,君主也就越沉迷于淫乐之中"。(2.5.20)这种按比例的增长进而为两种反比所取代:"因此,在这些国家,君主需要统治的人民越多,他越少想到统治;所要处理的事情越重大,对它们的审议也就越少"(2.5.20)。专制力量越大,关系也就越少。在对路易十四——他将宫廷由巴黎迁往凡尔赛以

237

268

对之进行更全面的控制——隐而不露的揶揄中,孟德斯鸠将专制统治归结为最小公分母:"当君主事必躬亲,独擅专权,使整个国家臣服于首都,首都臣服于宫廷,宫廷臣服于他个人,君主政体也就毁了"(8.6.17)。

专制君主唯我独尊的统治权最终会越过1降为0点,即欲成为一切的愿望,必将一无所成。在一个专制统治的政体内部,宰相既是他主子的主人,同时也是主子的奴隶,"君主的意志一旦昭示,应当绝对无误地产生效力,恰如在桌球游戏中一个球撞向另一个球一样(3.10.29)。"桌球的类比解释了专制统治内无处不在的奇怪的等同,其中,法律不外乎君主的意志,它依据地方执法官员的意志,或者更准确地说,多数地方执法官员的个人意志而定。具有讽刺意味的是,他们的意志都是一样的:"因为法律仅是君主意志的表现,且君主只需要他所知的东西,想必肯定有无数人以他的名义、像他那样去想"(5.16.65)。孟德斯鸠以一种可迁等式来总结此种情形:"在专制政体,权力完全落到它被托付的那个人手中,宰相自己就是一个专制君主,每一个个体官员都是宰相"(5.16.65)。但遍及于专制统治的等同是一种虚无的等同。"在共和政体中人与人之间是平等的,在专制政体中他们也是平等的。前者是因为他们就是一切,而后者则是因为他们什么也不是。(6.2.75)"毋庸怀疑,这种一无所是推及到专制君主自己,他为自己的情欲所奴役,是自己后宫的囚徒,可以为所欲为、异想天开,但一无所知。在关系完全缺失的情形下,他像他的宰相、地方执法官员和臣民等所有这些奴隶一样,沦为一种虚无。

假如我们将孟德斯鸠的三种类型的政体用 X/Y 坐标轴来表示的话,共和政体是一根轴线,君主政体是另一根轴线,专制政体就位于两条轴线相交的那个 0 点。此点上的空空无物——没有量值、缺少关系、不能为理解笛卡尔的思想提供任何东西——集中体现了孟德斯鸠在对专制政体的描绘中所传达出的审美上的愤懑。我将对这一视觉类比做稍微进一步的申述,看看它是否还能产出其他

238

的洞见。沿着君主政体这根轴线往外延展,君主政体也逐渐由相对更为绝对,逐渐演进为更具立宪性质的王政;沿着共和政体这根轴线有两种演进方式:或是由极端的民主政体向更具有贵族政体色彩的共和政体演进,或相反,由最狭隘的贵族政体向最广泛的民主政体演进;到底是何种演进方式,取决于 0 点代表的是平等的缺失或者(对于孟德斯鸠都是一样)极端的平等。从 0 点向外延展越远,轴线之间用以建构法律关系的空间也越大。当然,孟德斯鸠从来没有在哪个地方提及过此类图表,但我们能很轻易地将他对三种政体形式的思考图表化,图表化本身就展现了他的几何精神(*esprit géométrique*)。

但一旦我们考虑到如此绘制的政体图式将是一种各类政体形式的混合,每个点所明确的是共和与君主政体价值的比率时,视觉类比似乎就失灵了。我们现在怎样才能毫不含糊地谈论共和、君主和专制政体形式呢? 然而,在此,类比仍然是富有成效的,因其凸显了孟德斯鸠对理论和实践、理想与现实之间复杂关系的意识。当我们考察政体与推动其运作的原则之间的相互作用时,这种关系表现得最为明显。

他在第 2 卷中对共和、君主和专制三种政体形式的命名与此前的政治理论相左,其(依据亚里士多德的理论)确认的三种基本形式分别是民主制、贵族制和君主制。相比之下,孟德斯鸠将民主制和贵族制归入共和制之下,并增加了专制政体一类(因而在我们假设的坐标图中共和制的轴线或从民主制延展到贵族制或反过来从贵族制延展到民主制)。总体来看,孟德斯鸠的三种政体形式源自他对推动其运作的三种原则——美德、荣誉与恐惧的体认。在第 3 卷中,他对之进行了描述。美德是共和制的主动力,表现为在民主制下源自平等意识、在贵族制下源自节制意识的爱国主义;荣誉是君主制的主动力,表现为人和各类机构赖以与国王保持平衡的各类特权;恐惧是专制政体的主动力,君主通过它使其意志像桌球游戏中一个球撞击另一个球那样被人们即时而直接地感受到。

孟德斯鸠将推动这三种政体形式运作的原则作为理智的探照灯,来阐明复杂的政治和社会现象的突出方面,若非如此,它们会一直笼罩在历史事实的云山雾海之中。实际上,在前言部分,他就直接提到了这种思想的策略:

> 我从研究人开始,我相信,在无限多样的法律和风尚之中,他们不仅仅为自己的想象所左右。
>
> 我确定了一些原则,我注意到特定的情形都合于这些原则,浑如这些原则就是其自身的一部分一样,所有民族的历史都只不过是这些原则的结果,且每个特定的法律与另外的法律都相互联系着,或依凭于一个更具普遍性的法律。(xliii)

伟大的恩斯特·卡西尔在论及此段话时总结道:"人们可以这样评价孟德斯鸠:他是第一个理解并清晰地表达历史中'理想类型'的思想家"(210)。根据理想类型思维的典型方式,孟德斯鸠首次使用美德、荣誉和恐惧的原则从浩如烟海的历史多样性中抽象出共和、君主和专制的政体形式,然后回过来又将这些原则作为一种解释系统施诸历史。理想类型思维的关键点是不将类型混同于现实,而是在一种更具限制性的意义上使用它们,将之作为对现实进行规整的工具。我们假设的坐标图就体现出孟德斯鸠理想类型的工具性。专制政体在理论上就是人类关系的 0 点,但历史事实中的各类专制政体只是接近于这个 0 点,它们聚拢在这个 0 点附近,尚存一些有限的关系空间。同样,实际的君主和共和政体也只是接近其理论上的标准。在我们想象的坐标图上它们都表现为趋向于这根轴线或那根轴线的复杂关系,但它们都不是完全处于一根轴线上的单维存在。

在第 3 卷的简要总结章"对所有这些的思考"中谈到了这些接近的趋向,全文如下:"三种政体的原则就是这些,这并不意味着某个共和政体内的人们都有品德,而是说人们应该具备此品德(*mais qu'on devrait l'être*）；也不是说某个君主政体内人们普遍尊崇荣誉，或在某个特定的专制国家中，人们心里只有恐惧；而是说，除非这个原则存在，否则该政体就是不完全的。"(3.11.30)这样，通过明确区分理想类型和它们所阐释的现实，他清晰地表明了其见解的工具性特点。在此最令人感兴趣的是动词 devoir(意为"有义务、应该")的运用，它准确地表达了理想类型思维的力量、品质和本性。孟德斯鸠在其著作的书名中对该动词的使用没有一丁点含糊意味，而是反映出其思想的革命性质，它（对书名进行改述）关涉的是在理想的状态下，法与每个政府的体制、风尚、气候、宗教、贸易等等之间的关系。

240

　　这些理想类型到底是来自何处呢？当然，该术语本身源自德语新词 Idealtyp，因马克斯·韦伯的著作而广为人知。这一来源使得人们更加难以想象，孟德斯鸠竟在整整（avant la lettre）一百五十年前就使用了这一概念。但只要回想一下，孟德斯鸠是马勒伯朗士的忠实信徒，马勒伯朗士赞成对真理的关系见解，他将"实在的关系"描述为量值的关系，且将各种量值关系归约为相等和不等的关系。当马勒伯朗士遇到不等量值的关系时，他寻求二者共有的"精确的计量标准"，他将之称为 *unité*(单位)，在他数字思维的初期，每个量值都是一个单元(unit)(类似于数字的基数原则)，它们所共有的精确的计量标准是一个单位(类似于序数原则)。*unité*(单位)概念位于他认识论的核心，促使他试图去发现所有定性和定量知识的潜在一致性。

　　在他对法的关系见解中，孟德斯鸠将政体的三原则——以及由此引申而来的具体政体类型——看作是那些表面上看来参差不齐、多种多样的风俗、法律和制度之下的潜在的一致性。它们本身类同于单元，是共有一种"精确的计量标准"的不可分割的实体。共和、君主和专制的原则表明并代表一定范围的具体的社会和政治关系，每个范围有其自身独特的秩序。尽管人们如果在《论法的精神》中寻找我们现今与数学关联在一起的各种公式和方程必定会徒劳无功,但孟德斯鸠的思想最深层的底蕴是数学式的,为潜在的数字思维模式所左右。

这种模式恰恰就显示在这部著作的结构之中。孟德斯鸠从描述体现三种政体形式各自特点的必然关系(即:法律)入手,具体体现为共和制中确立政治权利的法、君主制中确立居间的各种权力的法以及在专制国家中确立宰相的法。这些必然的关系源自品德、荣誉和恐惧的原则且为其所强化,这些原则反过来又塑造了家庭之内(反映在教育法中)和家庭之间(反映在施于整个社会的法中)关系且为这些关系所强化。以此方式,即沿着法的自然顺序而非这些关系(rapports)的顺序,孟德斯鸠继续展示来自政体的每种类型和原则的多重关系自身与气候、地理以及这些物质性的因素所决定的生活方式,与其宪制中固有的自由程度,与宗教、贸易和风尚都有关联。最终,这些法也存在于彼此的关联之中(elles ont des rapports entre elles)——与它们的起源、创立者的目的及其历史环境都相关。[17]

法的精神并非寓存于法自身而是在这些法所表达的关系之中,且最终寓存于这些关系之间的关系中。这种结构安排反映了马勒伯朗士的《真理的探索》一书中有关知识的顺序,它是按照数学的方式由简单向复杂延展:"观念的关系只是思维能够准确无误、仅凭自身、不需要借助感官所知道的关系。但是不仅观念之间存在一种关系,而且各种观念之间的关系之间、在观念的关系的关系之间以及最终在诸多关系的集合之间和这些关系的集合的关系之间也存在关系,以此类推至于无穷"(6.1.5.184)。如米歇尔·霍巴特所言,"观念之间的关系"对应于算术的运算;"关系之间……的关系"对应于代数的运算;而"关系的这些集合的关系之间……的关系"则对应于微积分的运算。[18]就这样,数学以一种分析性的排序,取代了亚里士多德式的通过属和种来对事物(things)进行分类的知识等级排序,其所处理的不是事物自身而是它们之间的关系,那些向越来越抽象发展的关系。

过去的诞生

孟德斯鸠的一体化见解并未达到马勒伯朗士的抽象和概括的水平，他只是试图对政治和社会知识进行整理，并不是要发现所有知识的秩序。但他相对更受限制的观察范围强调的是实体之间的关系而非实体自身。他在确定作品整体格局的第 1 卷的结尾处解释说，他没有试图将政治法与民法分开，因为"我所讨论的不是法而是法的精神，且这种精神存在于法与各种不同事物（choses）可能会有的各种不同的关系（rapports）之中"（1.3.9）。这种关系排序与法自身的顺序大不相同，后者可以轻易地通过一种亚里士多德式的分类等级——一种实质性实体的层次体系——来展示。与之不同的是，关系顺序是一种分析的抽象，其趋向的终点不是某个属，而是思维越来越具有概括性的活动，表达的是事物之间越来越抽象的关系。

242　　孟德斯鸠通篇都使用了这个毫无特征的术语"事物"（choses），第 1 卷的开首行就用上了，在该句中，他宣称，法律是源自事物性质的必然关系。或许，我们在此能察觉出对笛卡尔 res cogitans 和 res extensa，即思维和构成其本体论基础的广延物的微弱回应。但笛卡尔仍是将这些物看作是亚里士多德式的"物质"，而孟德斯鸠却将之看作是可以度量的自然现象——表现为（比如说）地理、气候、财富和人口，它们通过相互之间无数的结合形成了更为抽象的支配政治、文化和宗教的关系。chose（事物）一词反映了他的存在物的更为可感知的本质，其独特性的缺乏突出了它们之间的关系，因为"事物"本身对他而言没有它们之间的空间量值重要。法的"精神"明确地体现了这些量值的顺序，它的连贯性源自潜在的数字思维模型的原则。

我们接下来以相对被人忽视的第 7 卷——"三种政体的不同原则对禁奢的法律、奢侈和妇女地位的相关性影响"——作为例证，实地考察孟德斯鸠对事物的关系观。读者一般都会跳过诸如此类的章节——书中此类的章节很多——径直奔向《论法的精神》一书中最为著名的那些论述英国立宪君主制和气候的影响的部分。然而,像该卷这样被忽视的部分要比那些著名的章节——绝大多数读者希望从中寻找确定的真理——更能展示他契以得出深刻见解的关系方法。

就在该卷的第一章的开头,孟德斯鸠将奢侈定义为一种关系:"奢侈总是与财富的不平等成正比"(7.1.96)。没有不平等就没有奢侈。随后,他提出一个测量这种关系量值的公式,从平等点开始,"假设物质生活的必需品等于一个定值,那些只有必需品的人的奢侈程度是 0,拥有的物质超过必需品两倍的人的奢侈程度为1,那些拥有的物品是后者两倍的人的奢侈度为 3,如果下一个人的物品又增加了两倍,他的奢侈程度就为 7,就这样,总是假定下一个人拥有的物品是前一个人的两倍,奢侈程度会以如下两倍加一的级数增加:0、1、3、7、15、31、63、127"(7.1.96)。理论上,奢侈是一个有顺序的系列中两点之间可界定的量值关系。

但实际上,这种理论上的关系在现实世界就具体表现为国家之间和公民之间的不平等。奢侈因而是"公民之间的财富不均和不同国家之间富裕程度不等的复合比率"。(7.1.97)举例说,尽管波兰国民之间存在着巨大的财富不平等,但这个国家的相对贫穷意味着它没有像法兰西那样奢侈。但即使是这种复比尚不足以表现出奢侈关系的真实复杂性,因为"奢侈同样与城镇、尤其是首都的面积成正比,因此,奢侈是国家的富裕程度、个人财富的不平等和聚居在某些特定地域的人口的数量之间的复比"(7.1.97)。随后,孟德斯鸠将最后一个变量,即人口中心的面积设计为一个比率:人口越多,就越没有特色,想突出自己的意愿也就越大。因此,他不是从道德上对奢侈进行定性,而是进行定量分析,将之作为一种实际与其他关系存在关联的可以度量的理论关系。

在第一章结尾,孟德斯鸠以一种讽刺口吻评论道,在大的人口中心,人们消费得越多,他们就会越来越趋同,因而导致他们通过更大的消费来将自己与其他人区别开来。这种螺旋式的上升可能招致"普遍的痛苦",从而为在民主制(第二章)、贵族制(第三章)和

243

过去的诞生

君主制(第四章)中考虑制定禁奢的法律铺平道路。完全像奢侈自身一样,禁奢法律与其环境相关联而存在,在民主制下确立平等的有益法律在贵族制下就会成为鲁莽失策之举(在那里应当允许贵族按照有益于共和的方式凸显自己),而在君主制下则会绝对有害(在那里奢侈是它们存在的条件)。在第四章写到君主制下奢侈的必要性时,他描述了"富人必须确实依照财富不平等的比例来花费,且如我们已经说过的那样,奢侈必须按照这一比例增加"(7.4.99)。在结尾,他描述了君主制是怎样依靠奢侈不断增加来维系的:"因此,一个君主制国家要存续下去,从劳工到手工业者、商人、贵族、地方执法官员、大领主、主要的包税人、直至君主,奢侈的程度必须层层递增;否则,所有人都会一无所有。"这个公式使孟德斯鸠得出这样一个结论,"共和制亡于奢侈,君主制则灭于贫困"(7.4.100)。

与第四章确立禁奢法律、奢侈和君主制之间的一般关系不同,第五章进一步明确了这种关系,证明与民主制相关联的节俭常常能服务于君主制的利益。(注意一下孟德斯鸠的论据是如何依据关系的顺序而非法自身的顺序。)维持共和制需要推行一种"绝对节俭"(*frugalité absolue*)的禁奢法律,但君主制只能施行"相对节俭"(*frugalité relative*)的禁奢法律,禁止消费某些昂贵的外国商品,以防耗尽王国资源的危险。在此章结尾,孟德斯鸠以一种精心设计的公式将奢侈的数个不同的关系整合在一起:"总之,国家越穷,越有可能被相对的奢侈(*luxe relatif*)所毁,因之,它就越感到必须制定相对的禁奢法律(*lois somptuaires relatives*);国家越富,它的相对奢侈越能使其富足,在那里就应该小心翼翼,不要去制定相对的禁奢法律(*lois somptuaires relatives*)"(7.5.101)。

这里最引人注目的是关系话语让位于直白的相对主义的表述方式。其实,当孟德斯鸠将法定义为"必然的关系"时,他只是想说,它们(理想的情况下)与其环境相关,通过考察这些环境,立法者能够设计出合适的法律。从这个角度看,法语中的"正义"

（*justice*）一词就失去了其定性的意蕴而具有其词根（*juste*）所固有的定量意味，它涉及一部法律和其环境的"正确"关系，这种关系（根据释义）是相对而非绝对的。然而，孟德斯鸠看起来不是很愿意接受这种相对主义。在文本中他一般总是避免对此做明确的表述，相比相对性，他更愿意强调关系的重要性。关系（*Rapports*）是可度量的，无论什么地方，只要度量的方法得到采用，秩序的愿景就会得以实现。相比之下，相对性容易招致混乱。孟德斯鸠首先是一个相信真理可以度量的社会科学家，实际上，从他的整个体系反映了一种潜在的数字模型这一点来看，他完全可以称作第一个社会科学家。正如他在《论法的精神》一书开首的第二段毫不含糊地申述的那样："那些说**我们在世上所看到的一切都是盲目的命运所产生的结果**的人都是**一派胡言**"。（1.1.3）这个着重号是原来就有的，为的是突出他所绝对反对的一种观点。从对第 7 卷前五章的分析来看，我们可以说，他只有在已经获得了相对主义表述所指明的深层关系后，才让它们不知不觉地混入文本之中，这样，表面上看起来相对的东西实际上是关系的关系可以计算的结果。在人类现实这种表面上无限的或然性背后，存在着一种可以度量的秩序，它渗入所有的创造物之中，为知识提供最终的基础。

过去的出现

　　　孟德斯鸠对所有人类事物的关系见解所具有的历史学意义到底在哪些方面呢？我们回顾一下蒙田在 16 世纪后期以阿兹特克人的视角观察西班牙的美洲征服者时所到达的思想上的十字路口。他对人类生存的另一种形态的共情式理解使他有可能从一种视觉距离来看待他自己和他的世界，而如果是自身环境的产物，其有可能会显出另外的样貌，这样，就产生了一种对过去和现在的系统区分。然而，蒙田并没有一直保持这种视角，因为他并不特别青睐任何特定的观点。阿兹特克人、罗马人、西班牙人、希腊人、巴西人、匈牙利人、阿尔巴尼亚人、加斯科尼人——更不用说某个特定的加斯科尼人——所有这些人以及其他群体都为他提供了在视角不断变动中不断尝试的话题，而这阻止了他（或更确切地说，使他没有必要）获得一种单一的持久视角。当然，他在尝试的时候，在多样性之中确立了自己独特的方位，但这种自我始终处于流变之中："假如我的思维能获得一个稳固的立足点，我就不会仅做尝试，而是做决定（*je ne m'essaierois pas，je me resoudrois*）"（3.2.611）。实际上，他特别喜欢尝试自己一直变动的视角："我在一种空腹的状态下要比在膳后更感觉自己是另一个人（2.12.425）。"蒙田的视角主义没有任何模仿者，因为很少有人能够接受如此极端的相对主义，更不用说他那种泰然自若的态度！

　　　孟德斯鸠应该说是一个与蒙田有着同样魅力和亲和力的人类多样性的观察者，但他的镇静出自完全不同的来源，出自对所有人类事务内在秩序的洞察。这种秩序既不拒绝也不超越世界本质的多样性,而是作为基本特征寓于其中。在众多的单元之中存在的统一体——界定人类实体范围的理想类型——增强了孟德斯鸠摒弃世界由盲目命运所左右的观点的信心。当一个人聚焦于众多实体本身时,他似乎看到的是由偶然性所造成的混乱;但当他聚焦于实体之间的关系时,显示一种潜在统一性的模式就开始出现,这种统一性实际存在于多样性之中而非在多样性之外。在此意义上,统一性并非分类式的——得自除去本质周边的偶发性事件,而是分析式的、多样性自身的一种运算特征,其中,实体之间以"大于""小于"和"等于"的关系存在着。

246

　　这种分析的视角在观察者和被观察物之间确立了一种明确的距离。蒙田对阿兹特克人的共情式认同意味着将自己置于欧洲人的身份之外,但这种疏离依靠的是一种被他所同情的人或族群所唤起的感情——更不用说那种行为的周围环境——以及它由一个共情瞬间转到下一个瞬间的程度,它突出了蒙田几乎是本能的流变意识。然而,孟德斯鸠聚焦于事物之间的关系而非事物自身。通过这种方法,他构建一种持续的、可操作的视角对事物之间的间隔进行不间断的测量,使得人类现象能够被确切——如果不能说是精确的话——地认知。例如,他能够将奢侈作为一种理论上的关系加以准确度量,尽管在实践中这种关系变得越来越复杂,导致了多重因素的复比,但其深层的原则不管怎样还是非常清晰的。因此,相对性让位于关系,流变服从于稳定。

　　更进一步说,这种视角无论从历史还是数学的意义上说都是运算式的。关系的变化紧扣时空的变化,解释了民族兴替的原因。罗马为孟德斯鸠在《论法的精神》以及早前的《罗马盛衰原因论》中通篇详述的对历史因果的洞察提供了宏大的测试样本。罗马通过掠夺与共和特点之间的平衡——掠夺物与获得掠夺物的机会平等享有——创造了一个稳定而管理良善的战士国家,它的成功招致了它的灭亡,因为帝国的奢侈侵蚀了那种曾助其主导世界的共和美德:"每个政体的溃败几乎总是从其原则遭到破坏开始"(8.1.
112)。国家政治体制由共和到君主到专制的演化,紧随着其法律
由"严格到怠惰松弛,从怠惰松弛到失去惩罚犯罪功能"的(6.5.
90)退化的进程。罗马的命运揭示了构成各类历史偶发事件基础
的长期力量的作用。尽管这些力量源于政体的一般原则——共和
制的美德、君主制的荣誉、专制的恐惧,但它们须顺应每个特定国
家的独特环境:"人受到许多事物的支配:气候、宗教、法律、政府的
准则、过去事情的榜样、风尚和习惯;结果一种普遍的精神(un
esprit général)形成了。在每个国家,设若这些原因中有某一个作用
更为强势,其他原因就会屈服于它"(19.4.310)。这些因素的每一
个都构成了一个"原因",它与其他因素的独特结合创造了一种独
特的普遍精神(esprit général):"无需赘言,道德品质根据与其相结
合的其他品质而具有不同的结果,因此,自大与一种巨大的野心、
伟大的理念等等相结合在罗马人中就产生了那些为世人所知的结
果(19.9.313)。"关系的见解因而揭示了各类事件流变之下潜在的
各种力量,它们是支配历史变化的重要程度和方向的矢量。依据
恩斯特·卡西尔的著名评价,《论法的精神》是启蒙运动时期"第一
个具有决定意义的确立历史哲学的尝试"(209)。

　　具有讽刺意味的是,这种历史哲学忽视了时间的维度。正如
F. T. H. 弗莱彻在其《孟德斯鸠与英国政治》一书中所说的那样,
"孟德斯鸠历史方法的新颖实际上就在于它对被认为是历史的最
根本的东西——时间的忽视"。(73)弗莱彻说,孟德斯鸠不是按年
代来观察人类的事件和实体,而是将它们并排在一起,"在他眼中,
历史是水平展开的,以某种特定模式组合在一起,这种模式的设计
者他称为'人类理性'。"(73)弗莱彻提及的"人类理性"在讨论法律
是关系的第一卷结尾出现,在那里孟德斯鸠申述道:"总体看,法就
其支配世界上所有民族而言,是人类理性;而每个民族的政治和民
事法律只应是(doivent être)人类理性在特定情形中的应用"(1.3.
8)。尽管弗莱彻将"人类理性"解释为一种为孟德斯鸠的"法的申

247

辩"提供形而上学的基础的不变的普遍性原则,但我们现在可以自信地确认其数学的因素。假如人类的法是人类的理性,且法属于关系的范畴,则理性亦如是。数字思维的原则为理解人类现实的多样性和复杂性提供了锁钥,揭示了各个历史单元之间存在的统一性。

当然,孟德斯鸠的思想显示出规范性与个体性两种趋势之间存在的一种紧张——"法应当适合它们由以创建的民族的需要,因而一个民族的法律肯定不可能适应另一个民族的需要(1.3. 8)。"——关系,且法的多样性常常掩盖了其原则的一致性。但他最终将个别民族法律的独特性归因于一堆因素——气候、宗教、风尚、习惯等等,它们之间独特的结合都以一种可以量度的方式对普遍精神(*esprit général*)起到了形塑作用。关系思维因而可以不借助时间,只通过从构成每个实体的关系角度对之进行描述来解释历史的多样性。且这些关系反过来又将这个实体与其他实体的关系固定下来,如此等等。通过这种方式,孟德斯鸠不仅在过去与现在之间(比如古代罗马和现代法兰西),且在不同种类的过去之间(比如古代罗马和古代希腊)保持了一种视角的距离,它们之中的每一个都为其自身的原因系列所定义和限定。 248

我们现在已经探讨了过去的诞生。它的诞生归因于将实体完全情境化的数字思维所特有的关系视角。(或许这一直截了当的断言仍然使人不快。)但我们尚未完全到达我们努力的终点。《论法的精神》展现了过去的观念分娩的瞬间,但有关这部作品的想法到底是如何产生的呢?有人可能会回答说,"它源自一种马勒伯朗士式的教育",但这种干巴巴的断言不能充分反映孟德斯鸠在错综复杂的事态之中对意义进行长时间探寻的事实,其中所遭受的挫折他在《论法的精神》一书的序言中作了详细说明,"这部作品我开始时多次写写又放弃了。数以百千次地我将我写好的稿子弃之于风;每天我都感到执笔的手抬不起来,我盲目地追寻着我的目标,既不知道规则,亦不知道例外;我找到了真理,最终还是与之失之交臂。但当我发现了自己的原则后,我所寻找的一切都出现在我的面前,后经过二十年,我的作品由开始到成长,到进展顺利,最后臻于完成(xlv)。"

他所遭遇的挫折如此之大,以至于他用维吉尔的诗句来纪念之。在这样一本经验色彩如此浓厚的著作中,这也是一个值得注意的诗意瞬间。在他最终发现了自己的原则后,证实它们却仍花了他二十年的时间。二十年!那个时间跨度使人回想起维科为破译荷马所历经的艰难,或者更形象地说,使人想起奥德修斯离开伊萨卡的时间长度。但是,不管数字具有何种神秘特质,我们可以这么认为,在孟德斯鸠发表第一部主要作品《波斯人信札》后不久,过去就开始在他的眼前闪现,且继续出现在他的第二部主要作品(尽管常常被人忽视)《罗马盛衰原因论》中。其实,他的三部主要作品基本相似,使我们能够在某种程度上近距离地见证过去的诞生,且(通过这种方法)缓解过去源于数字思维这一令人不快的断言。实际上,《波斯人信札》代表着过去诞生过程的中间阶段,弥补了蒙田《随笔集》中的定性观点与孟德斯鸠《论法的精神》中定量观点之间的鸿沟。

《波斯人信札》是保持了蒙田在《随笔集》中所依凭的那种共情手法的早期文学作品之一。孟德斯鸠从乔万尼·保罗·马拉纳广受欢迎的《土耳其间谍》一书汲取了很多灵感。该书第 1 卷问世于1684 年。马拉纳是居住在法国的意大利侨民,用法文写作小说,小说的体裁就是以一个想象中到访巴黎的穆斯林的名义写给苏丹的系列密信。正如书名所显示的那样,表面上该书处理的是政治问题,但实际上探讨的是东西方之间习惯和信仰上的差别。在《波斯人信札》中,孟德斯鸠进一步发展了这种书信体的手法,引入了更大的通信者群体来探讨范围更为广泛的主题。在所有 161 封据称是波斯人之间往来的虚构信件中,孟德斯鸠始终从想象的视角看待波斯人的风俗和信仰,又从想象的波斯人的视角看待欧洲人的风俗和信仰。

他保持一种波斯人视角的能力和意愿在一定程度上反映了 18 世纪开始兴起的对旅游和旅游文学的兴趣。笛卡尔早就在他的《方法论》(1637)的自传部分宣传了旅游对于增长知识的益处,他细数了对人文主义教育的不满,认为它使他放弃了世界这部卷帙浩繁的书籍而去追求书本。17 世纪和 18 世纪旅游文学的大量涌现使读者们能够足不出户就可领略旅游的益处。《波斯人信札》在很大程度上就是依靠让·夏尔丹(1643—1713)和让-巴提斯塔·塔韦尼埃(1605—1689)的游记,他们两人写了大量有关波斯风俗和信仰的作品。但马拉纳早期小说的广受欢迎以及对旅游日益增长的兴趣都不足以解释《波斯人信札》的根源或它作为文化相对主义的扩展运用所具有的独创性。

孟德斯鸠本意是打算通过该著作的形式和内容灌输一种分析的观点,尽管这部小说中的讽刺和情色成分掩盖了这一目的。1721 年,他首次将这部作品匿名在荷兰出版——或许是为了避免因其对当代法国社会和政治的讥刺而受到审查,声称(可能借用了马拉纳的做法)他只是将他所有的一些信件翻译过来而已。当时的读者不仅欣喜于小说的辛辣讽刺,且为其色情描写、对波斯国王的后宫声色犬马细节的关注所吸引,在那里,后宫的妃子们都为获得夫君的宠幸而相互激烈竞争着。这一危险的题材可能也进一步促使孟德斯鸠一开始想匿名发表。总之,《波斯人信札》从表面上看就是一本博人一笑的游戏之作,但实际上绝非如此。

小说的开首和结尾都是对专制的讨论,这一主题总是紧贴在看起来轻率的表面下隐藏着。乌斯别克——波斯宫廷中一个地位很高的贵族,不愿自己落到敌对一方的朝臣手中,被他们羞辱和处死,主动选择流放到西方。爱管闲事的里加——一个有些叛逆的年轻人,他还没有获得乌斯别克那样的身份和地位——陪他一起在西方游历。这个老人丢下那个他自认是"我在这个世界上所有的最有价值的东西"的后宫不管。(2.41)后宫似乎是一个壮年男性的绮丽幻想,这一点在第三封信——妻子扎西写给乌斯别克的信—— 250

中尤其得到情色缤纷的详述,但这个看起来是肉体享乐的场所实际上是政治变态的象征,证明了专制主义的专横任性及其骇人后果。

这种后果的可怖在第 2 封信——乌斯别克给他的宦官长,那位负责后宫事务的奴隶的信——中表现得非常清楚。在这封信中,乌斯别克将后宫描述为美德的堡垒,但(具有讽刺意味)却是一个既需要从内部又需要从外部加以防护的堡垒。这位宦官长监视着各位妻子的德行,既是她们的主子,又是她们的奴隶:"你负责看管我的众妻,你听命于她们,你要不加考虑地完成她们的每一个愿望,同样,也要不加考虑地使她们执行有关哈莱姆①的各种法律,你要欣于为她们做那些最贬抑人格的事情,你要以敬畏之心服从她们合法的指令;你要像她们的奴隶的奴隶那样为她们提供服务。但是一旦你担心有关贞洁和贤淑的法令有松弛的迹象,她们的权力就要让渡出来,而你如我一样,就成为她们的主人"。(2.42)乌斯别克在信的结尾命令那位宦官在那些女眷面前要"含羞忍辱",但同时要让她们意识到她们自身的"绝对的依赖性",归根到底,她们的地位就是乌斯别克的奴隶和所有物。其他信件进一步揭示了这个魔鬼社会的本质,它为一群纵情声色犬马的变态者所掌控;他们只能将这种对声色的感觉予以转化升华,从欺压他们所服务的对象中获得他们的主要快乐(像冷酷无情的官僚那样)。

压迫的氛围是如此浓厚,手腕是如此强硬,以至于它已经成为乌斯别克家庭内部公认秩序的一部分,由之营造出一种和平与和谐的幻象。妻子罗克珊娜——她被乌斯别克强奸后顺从了他——的默许被当作爱,至少在他的眼中如是,但她私底下却时刻不忘对他的恨。甚至风格更高一些的扎西也毫无诚意可言,尽管她看起来似乎喜欢这个她已经谙熟如何操控其运作的制度。她对爱的表白以及对远在他乡的乌斯别克的想念,令现代的读者想起听到斯

---

① harem,旧时穆斯林社会富人的女眷。——译者注

大林的死讯时在大街上哭泣的苏联公民,他们被压迫得太久了,以至完全感觉不出压迫者的存在。或许在第 62 封信中,妻子泽利斯恰当地表达了意志和情感的变态状况:"尽管你将我囚禁起来,我还是比你要自由,即使你为防备我也加倍地小心注意,我仅仅从你的不安中就能获得快乐,而且你的怀疑、妒忌和恼怒都是你对我依赖的诸多征兆。亲爱的乌斯别克,继续叫人日夜看管我吧。甚至一般的预防措施都不要相信。通过确保你自己的幸福来增加我的幸福,记住,除了你的漠不关心之外,我一无所惧(62.129)。"正如泽利斯所清楚地表明的那样,在这种制度下,乌斯别克恰如他的妻子和宦官那样,就是一个奴隶。

251

乌斯别克越往西行,就开始日益摆脱理智和道德上被奴役的状态。著名的有关穴居人寓言的第 11—14 封信,预示了他理智上的觉醒及其不可避免的后果。穴居人属于无政府状态的族群,他们相互之间以及对他们的邻人是如此冷漠自私,以至于到了濒临灭绝的边缘。只有两个家庭,他们的人道与公正远近闻名,在普遍的衰败中依旧繁荣。从这个仅存的硕果中,最终成长起一个人口众多而繁荣的穴居人民族,其成员自出生伊始就学习美德,并总是依据公共利益行事。(将这个社会与后宫的江湖相比。)哎,就在穴居人的天然德行已经使他们能够自发而随意地进行自我管理的时候,他们突然有一天决定要选举一个国王,认为应该由他们当中最有德行的人来领导他们。这个人因为知道他们的行为不可避免的结果,以悲痛的泪水回应自己的当选:"你们的德行已经成为了你们的负担,在当前没有统治者的状态下,你们就必须约束自我,做一个德行高尚的人……你们情愿臣服于一个国王,遵守他的法令,它们肯定没有你们自己的习惯那么严格"。(14.60)(回想一下孟德斯鸠在《论法的精神》一书中关于"每个政体的溃败几乎总是从其原则遭到破坏开始"[8.1.112]的评论。)寓言在这些哀叹声中结束,它们预示着穴居人民族的命运。

乌斯别克在游历过程中道德的发展历程遵循着与这个寓言相

同的弧线。抛却后宫的淫荡自私后,他慢慢地感受到法兰西社会的相对自由及其由之所培育的自由探究的氛围。里加也是如此,甚至表现得比乌斯别克还要明显,因为他有一个敏于接受而年轻的心灵。在游历中,他们一起成长,并且学会了像质疑西方的习惯一样,质疑他们以前视为理所当然的波斯风俗。通过比较法兰西和波斯之间的各种不同之处,他们学会了分析性思考——他们学会了一种观察问题的视角,它既非法兰西的,亦非波斯的,而是产生于对二者之间关系的一种聚焦。乌斯别克的判断更为呆板生硬,承载着比里加更大的精神包袱。相比之下,后者常常显得有点肤浅。然而,里加最终卸下了他习以为常的方式的负担,但乌斯别克最终却还是在它面前屈服了。乌斯别克在国外游历数年,在收到有关后宫忤逆和叛乱的报告后,还是决定回国。正如妻子泽利斯如此明确地预判的那样,他依然是妒忌的奴隶,即使可能会因此赔上性命也在所不顾。里加明智地拒绝陪他一起回来。小说在肆意的杀戮中结尾,乌斯别克命令宦官长让他的那些叛乱的妻子们为她们的忤逆最终付出血的代价。只有他钟爱的罗克珊娜表面看起来忠于他,但宦官长的最后一封信揭露了她表里不一的程度,在这部小说的最后一封信中,她自己也承认了此点,这封在她自杀临死前所写的信充满了对乌斯别克的讥笑和痛斥。

252

尽管在对专制主义的叙述中夹杂着诸多讽刺,但很难忽视小说终局令人心寒的凄惨景象:作为自我毁灭的序曲,乌斯别克摧毁了他所珍爱的一切。(回想一下孟德斯鸠在《论法的精神》一书中对专制主义的描绘:"当路易斯安那的野蛮人想吃水果的时候,他们就将树砍倒来采集水果。")在其迷人和色情的外观之下,《波斯人信札》实际上是对专制主义本质的首个延展性思索,这些思索后来在《论法的精神》一书中予以系统化了。其实,专制主义(despotism)作为一个贬义词在 17 世纪和 18 世纪才刚刚开始流行(注意:僭主制[tyranny]和独裁[dictatorship],还没有获得其现代的、具有压迫性质的含义,前者仍是指称不合法的统治——不管其性质如何,而后者则是指罗马共和国的一个官职)。在一定程度上(如马拉纳早前的小说所揭示的那样),对专制政体的兴趣源于人们察觉到土耳其人对欧洲构成了外在威胁,但在很大程度上也是其内在发展的结果——托马斯·霍布斯的《利维坦》臭名昭著,奥利弗·克伦威尔的护国主制的身败名裂,以及(对于孟德斯鸠至为重要的)路易十四绝对专制的不得人心,在其长时间的统治过程中变得越来越具有压迫性。《波斯人信札》不仅反映了由这个国王的去世所开启的一种新的自由精神,而且包含了一种预警——由穴居人的寓言和乌斯别克觉醒的弧线所体现:美德需要保持警觉,君主制总有可能退化为专制。

这部小说的通信体裁衬托出其政治主题。表面上看,本书像一本真正的通信集,一些通信者只出现了一到两次,且寄信人与收信人的关系就像现实中一样,常常是模糊不清的,尽管在乌斯别克与里加之间以及乌斯别克的众位妻子之间在语气上有些自然的区别,这些通信者的人格看起来都是单维的,他们在一些充满趣闻的信件中也是这样。绝大多数信件都很短,且一般都没有固定的主题或格式——穴居人系列和有关人口统计的一长列信件是显著的例外,但即使这些信件也是言简意赅,看起来像真的信件一样。总之,一些早期的读者将这些信看成是真的,似乎并不令人感到奇怪。

但孟德斯鸠在《波斯人信札》中,目的并非仅仅是为了写实。尽管表面上看这部通信集没有什么艺术性可言,实际上,他小心翼翼地将信件并置以突出某些主题。对此的佐证就是其有关后宫的一组信件(2,3,4,6,7,9),它们与有关穴居人的信件(11,12,13,14)形成强烈的对比,因而阐明了与共和制美德的性质相对照的专制恐惧的性质。为防止人们漏掉这一点,第15封信——波斯的一位宦官写给一位随乌斯别克游历的人的信——在其开首几行就将这一对比点明了:"尽管我实际上不熟悉他们称作友谊的关系,且完全沉浸于自我之中,但是你让我感到我的心仍然存在"(15.61)。

253

孟德斯鸠文学艺术的特质就是这样,这些主题似乎是自然出现的,似乎来自一封没有什么关联的通信。

信件之间互不关联与各个角色的平淡无奇,协力服务于一个理智的目的。通过仅仅是简要地处理绝大多数主题,且不断地从一个主题变换到另一个主题,孟德斯鸠有效地将读者调动起来,防止他或她在信件的特定内容上停留太久。这种效果被通信者是波斯人这一别出心裁的说法强化了,它使法国的读者与他们所说的东西保持了一种批判性的距离。角色的平淡无奇也是服务于同样的保持距离的目的,使读者难以和这些粗线条刻画的人物形象产生认同——这种效果伏尔泰在《老实人》一书中方达到炉火纯青的程度。而且和伏尔泰一样,孟德斯鸠意在于通过这些保持距离的方法在读者中建构一种哲学的视角,它既非法国的又非波斯的,而是一种比较的视角。这一立场提供了一种通过评估他们之间的关系来理解所有人类事务的一贯而持久的分析手段。

专制主义成为这种哲学观点不折不扣的对立面。其自私的本性否定了除统治者之外存在其他意志、其他愿望、其他观点的可能性;一句话,它否定了一种从关系角度看待问题的可能性。这种否定是如此彻底,以至于乌斯别克——在最原始的关系中——肆意践踏新娶的年轻妻子罗克珊娜的"贞洁"时,甚至不承认强奸的现实:"你过于顾忌贞洁:甚至在你被占有后,还拒绝服从;你用尽一切力量来护卫你濒临死亡的童贞,你将我看成是向你施暴的敌人,而不是一个爱你的丈夫。直到三个月后你才敢不害羞地看着我。"乌斯别克典型地将后者的反抗误认为是含蓄而非愤怒。在一封信中,他竟然还厚着脸皮盲目地表白着他的"爱",称法国妇女不成体统,而罗克珊娜运气好,生活在他的后宫,"处于清白之家,远离人类所有的罪恶"。(26.75—76)

专制的意志一旦受挫,就会直接摧毁冒犯者,就像(弗洛伊德心理学中)那个予求予取、处于婴儿期的本我盲目地试图消灭所有阻碍其快乐的东西。对死亡的恐惧——在乌斯别克以制裁手段强

254

行从他的妻子们那里索取来的诉苦信中就可感知到——因而是专制主义背后的动力,而宦官就是其便利的工具,为的是防止他们也会招致主子的不悦。在对各种关系完全彻底否定之后,所有意志经由恐惧都沦落为一个意志。《波斯人信札》的形式和内容的对比因而协力呈现出一种连贯的有关理智的启蒙和对其主要威胁的信息,相比波斯的威胁,这种威胁离家门口更近。

假如我们真的相信孟德斯鸠所称的《论法的精神》一书自开始动笔至作品问世花了他二十年时间,那么,直到1728年,也就是《波斯人信札》出版大约七年之后,他方才发现它的原则。然而,我们可以发现这部早期小说与出现在孟德斯鸠最后著作中的那种关系思考有着惊人的相似之处,此外,它也表现出一种类似的将专制主义作为一种新政治标尺的零点的兴趣。尽管如此(我作如是猜测),在《波斯人信札》中这些兴趣所采取的抽象和哲学的方式从长期来看对于孟德斯鸠在理智上并没有什么收获,他最后还是要寻找一种新的表达和阐述他分析观点的方法。

"数以百千次地我将我写好的稿子弃之于风;每天我都感到执笔的手抬不起来。"在他的文学笔记中,我们可以发现他那些挑选出来、后来又将之像弃儿一样抛弃的各类计划的痕迹。这里仅仅提及其中少数几个:他勾勒了古典人物之间的一些对话,做了一些研究"政治学基本原则"的笔记;想过写一部有关耶稣会历史的著作;且对西班牙的政治经济做过简略的研究。最后一项练习也是几次拿起又放下,最终出现于《论法的精神》一书中。1725年,他向波尔多科学院宣读了一篇尚未完成的"论责任"一文的部分,但我们除了其目录外一无所知。在此期间,他还发表了一些其他的学术文章,但除了期刊发表的两篇作品外,只有《尼德的神殿》(*The Temple of Gnide*,1724)——一部文体新潮但内容单薄且不实在的爱情故事——在他有生之年付梓。

依凭《波斯人信札》,他于1728年1月被选入法兰西科学院。此后,他开始了三年的欧洲游历,始于维也纳,终于伦敦,中途到过匈牙利、德意志和意大利，在意大利（大约十二个月）和英国（大约二十个月）待的时间最长。根据他自己的估算，我们可以得出他在此期间发现了其代表作的指导原则的结论，但我们无从知道旅游到底是赋予了他发现的灵感抑或仅仅对它们的发现起到了推动作用。我们确实知道在英国的停留对他影响至巨。沙克尔顿通过尽力还原孟德斯鸠在英国的行踪和社交圈，猜测他对英国政治家和他们的议会争论的直接体认有可能促使他尚住在英国的时候就开始着手写作有关描述英国宪制的文章。但到 1734 年，也就是他回到法国三年之后，对此的叙述方告结束，但他在那时没有将之发表而是对之进行多次修改，直到 1748 年它才作为《论法的精神》一书中著名的第 11 卷第六章问世。

令人奇怪的是，孟德斯鸠回到法国后第一部主要的智力成果是他的《罗马盛衰原因论》，自 1731 年到 1733 年他最为投入的就是该书（出于过分的政治谨慎，他于 1734 年在荷兰首次匿名出版这部著作）。沙克尔顿认为，在英国罗马历史的广受欢迎以及在议会演说中人们喜欢引用罗马史的习惯可能吸引孟德斯鸠去关注这一主题；这种说法有一定的真实性，因为英国的体制——非贵族、贵族和君主成分之间的平衡——可能使孟德斯鸠想起了共和制时代的罗马。然而在孟德斯鸠这部开创性历史著作的首行人们就注意到一种完全不同的对比，暗示着一种不同的灵感："我们不应认为创始时期的罗马城市与我们今天所看到的许多城市一样，或许那些克里米亚城市是例外，建造它们就是为了存储战利品、牲口和田野的果实"。（1.23）

孟德斯鸠的读者都清楚地知道（只要研读过李维的著作），罗马兴于蛮荒之地，但他们肯定还是震惊于他将早期的罗马比作土匪和农夫杂居的现代克里米亚城市。（在此时期，克里米亚的鞑靼组成了一个强大的伊斯兰国家，与奥斯曼帝国结盟，在整个乌克兰和俄罗斯都以劫掠者和奴隶贸易的名声而令人闻风丧胆。）这个比较标准令人震惊之处不仅在于其满是异国风味，且在于其现代性。

评注者们曾依据古代(如波利比阿之类)作家的做法,将罗马与其他古代城市进行对比,如:迦太基、斯巴达、雅典。然而,孟德斯鸠在他历史研究著作的第一行就自以为是地断言,只要看看克里米亚就能大致了解罗马早期的状貌。很明显,他已经将他的比较观点由《波斯人信札》中的跨文化视角扩展到跨越历史时代的视角了。

我认为,他的突破就在于此。跨历史视角实现了两个目的:第一,通过比较,它将早期罗马作为国家的一般形态——一种以掠夺代替贸易的掠夺性国家,纳入到现代人的想象范围;第二,通过对比将罗马与其他小的不光彩的国家区分开,突出其成就的绝无仅有和独一无二。这种二元性是马勒伯朗士的单位(unité)概念在历史学领域的必然推论,预示了孟德斯鸠的理想类型。罗马既是一个不可分割的单元,一个有其自身特点的国家,同时又是一个安排好的系列单元中的一员,这个序列是相类似的国家的集合体,包括克里米亚的那些汗国。它代表了一种政体类型,它成长于特定的环境,在追求一般目标的过程中,罗马逐渐超越了这种政体类型自身的局限性。《罗马盛衰原因论》的首行宣示了这种二元性如何从一种比较的方法论中产生,它能够运用任何可想象的历史实例——古代的、现代的、欧洲的、非欧洲的。当他开始着手分析罗马的历史——用一种比较换取另一种比较——时,孟德斯鸠创造了一种一直变换的视角紧张,它较少地聚焦于历史实体本身,而更多地关注它们之间的跨历史关系,这些关系使他能够将唯一性从典型性中分离出来,反之亦然。通过这种发现相关性的方法,他深入到各类事件的单调且看起来无序的表面——"此事发生了,然后此事,然后此事"——之下,去揭示那些根深蒂固的历史力量的存在。这些他称作"原因"的东西(像它们由之而来的"统一性"一样)既具有偶发性又不可改变。它们为一个民族所特有,同时在所有时空领域都发挥着同样的作用。在此,我们开始进入到孟德斯鸠对每个民族所具有的"普遍精神"(esprit général)的洞察,它集中体现了《论法的精神》一书的历史哲学之中。

或许旅行总体而言触发了从跨文化到跨历史这个小而细微、但其影响又如此巨大而深远的思维上的转变。当然,在《波斯人信札》一书中,我们已经看到这种新方向的一些方面。例如在第 83 封信中,他论述了正义的原则作为一种永恒不变的 rapport de conven-ance,一种"实际上存在于两个事物之间的适宜性关系",一种不管注意到它的是谁,它都保持不变的关系。《波斯人信札》总体来说就是一种从关系视角来进行的拓展性哲学练习,尤其是论述人口学的信件(112—122)似乎将这种练习放入现实之中,从历史和或然性角度对之进行描述。在此,他试图解释那个(错误的)自古代以来人口一直在减少的印象:通过将当代基督教和穆斯林的婚姻习俗与古代罗马相比,显示出罗马人的一夫一妻制的做法加上对离婚的容忍增强了他们的生殖能力。这种解释一开始就是跨文化和跨历史的,尽管当孟德斯鸠进而考察其他影响人口的因素时,后一方面的分析减少了,而且整个讨论本身被小说可怕结局的阴影所笼罩。总体看来,我们可以说通信的格式使得孟德斯鸠能够将读者引向关系思考的对立方面——显示其是如何在此展现了恒定性而在彼则展现了或然性——而没有倡导将这些对立方面合并为一种单一而整全的视野。

在《罗马盛衰原因论》中,孟德斯鸠以一种大不同寻常的方式——写了一部完全没有任何日期和计时体系的历史研究著作——显示出恒定性在或然性中的缠结。叙述还是依照事件发生的年代顺序来展开,但章节短小精悍,突出了一种强大的历史动力。例如,由七星文库(Pléiade)编辑的孟德斯鸠全集(*OEuvres complètes*)的基准版中,《罗马盛衰原因论》的第四章用不足 9 页纸的篇幅记述了与高卢人、皮拉斯人以及迦太基人的战争这个关键时期的事件——全部都没有具体时间。他不需要日期,因为根据他新的分析视角,事件反映了在所有时代都起着同样作用的"普遍原因"。在可能是《罗马盛衰原因论》一书最著名的段落中,孟德斯鸠

257

对这些一般原因和支配地方性事件的特殊原因作了区分：

> 支配世界的不是偶然性。问问罗马人吧,当他们为某个计
> 划所指引时,他们就取得了一连串的胜利,而当他们遵从另外
> 的计划时,就遭到一连串的失败。有着诸多普遍原因,既有道
> 德方面的又有自然方面的,它们作用于每个君主政体,提升
> 它、维持它,或将它推翻,所有的偶发事件都为这些原因所控
> 制。且假如一场战争的偶发因素——即某个特殊原因——毁
> 灭了一个国家,那是某个普遍性的原因要求那个国家一战而
> 亡。一句话,所有特殊的偶发事件服从于主要的趋势
> (18.169)。

尽管他将罗马历史的主要趋势归于恒定不变的普遍原因,但他
并没有将它们看作是与事件相分离的普适原则。反之,它们源自
可用经验加以识别的做法,这些做法反过来又是根据具体环境而
定的。

孟德斯鸠研究课题的经验主义特点自首先就表现在将罗马人 258
和克里米亚人作具体对比。他在第一章中对这一比较做了充分阐
述,揭示出罗马早期的地名是如何泄露出其农耕和劫掠的起源的,
由于总是与邻国处于战争之中,罗马人惯用纵情的欢庆来纪念掳
掠的敌方谷物和牲畜:“这就是凯旋式的起源,它们随后成为这座
城市成就伟大的主要原因。”(1.24)罗马还受惠于直到塔尔昆占据
王位并建立起自己的绝对统治以前连续出现的诸位杰出国王。根
据孟德斯鸠独特的评价,塔尔昆“不是一个卑劣的人,”但当他攫取
了绝对的权力时,他稀里糊涂地创造了一种革命的环境:“对于一
个骄傲、富有进取心且大胆的民族,一旦被禁闭在狭小的空间,必
然要么挣脱枷锁,要么在行为方式上变得更为雅致(1.25)。”早期
的国王塞尔维乌斯·图利乌斯以牺牲贵族的特权为代价来扩大民
众权力的做法已经预先注定了罗马人会依照第一条路径行事:“就

像英格兰国王亨利七世增加了下院的权力以削弱贵族院的权力那样。"(1.26)亨利的做法使英格兰人变得越来越大胆,最终在英格兰内战中推翻了君主制;同样,塞尔维乌斯的做法使得塔尔昆的绝对主义做法不会为一个变得大胆的民族所容忍,他们推翻了君主制,建立了共和国。因此,现代历史可以解释古代历史,"即使产生巨大变革的时机不同,但既然人在所有的时代都具有相同的激情,变革的原因总是相同的(1.26)。"

上面的话令人想起马基雅维利的《论提图斯·李维前十书》,该书对《罗马盛衰原因论》影响至深。在第一章开始,孟德斯鸠就从早期罗马历史中得出了和马基雅维利同样的规范性结论:"自社会产生伊始,共和政体的领导者们就创立了制度。因此,是制度产生了共和政体的领导者(1.25)。"诸如此类的格言在孟德斯鸠的著作中是如此普遍,以至于人们常常看不到他的研究的历史特质。然而,为防止有人会这样,我们应当想到孟德斯鸠可说是以描述表面上与罗马人相似的以劫掠为生的克里米亚诸民族来开启全篇的。这种比较更为突出地强调了罗马成就的绝无仅有,且仅仅参照不变的原则不可能对其加以解释。

孟德斯鸠所研究的课题的历史部分像马基雅维利那样严格依据罗马人的具体实际对其进行研究。在某种程度上,马基雅维利已经描述了罗马人如何通过遵循政治理性的要求,通过手段和目的之间的永恒一致,取得了伟大的成就。然而,他也从更深的层面展现了罗马人是如何在这种干巴巴的政治算计中注入一种对荣誉的渴求,一种要么全有要么全无的态度,使得他们一再为追求最终的胜利果实而不惜冒一切风险——为支配而支配。(任何时刻的失败都会使他们落到像克里米亚人那样相对默默无闻的境地——为人所惧怕但不受人敬仰——甚或更差。)在《罗马盛衰原因论》中,孟德斯鸠通过对罗马历史环境的细致考察,揭示了这种帝国主义冲动的真正鲁莽和自我毁灭的特质,说明了它如何得以生存下来以及正是它的那些成功导致了它的灭亡。[19]

259

像克里米亚人一样，罗马人对贸易一无所知，仅仅依靠劫掠作为自己致富的一种手段。当罗马成为一个共和国后，"劫掠的行为因此受到控制，受到纪律约束的程度大致与今天小鞑靼里亚的定居者中间所实行的制度差不多"（1.27）。罗马人依法规定了战利品的平等分配，以及现今被官方命名为"凯旋式（triumph）"的对每一次战争胜利的庆祝活动。罗马历史在此节点上开始与克里米亚模式分道扬镳。为了一场凯旋的荣耀，罗马的执政官以"巨大的狂热"从事着战争，这迫使他们更进一步去进行征服活动；纪律、坚定和勇气因而成为罗马人的标志，更不用说纯粹的体力和耐力。一而再再而三地与相同的敌人战斗的必要性磨炼了这些品质。假如罗马人有能力将他的敌人团团围住并征服他们而不是仅仅在战场上与他们厮杀，他们道德和体力上的优势必将会被奢侈所耗尽。因此对临近城市维依（veii）的成功围困标志着"一种革命"——罗马历史上一个具有决定意义的时刻，但其结果使罗马人的决心和资源倍增，因为国土面积的突然扩大使其邻国心生恐惧，使其盟友相背而行（1.30）。根据孟德斯鸠的记述，在此节点上，罗马人完全背弃了克里米亚人的强盗模式，走上了自己独特的征服世界之路。

整个第一章，孟德斯鸠都是运用比较的方法来析出一个小规模的掠夺性国家的属性特征，说明它们如何在罗马特定的情境之内发挥作用。在随后的几章中，他继续通过这种方法试图发现可变与不变之间的相互影响，运用章节的顺序来凸显在罗马历史中发挥作用的历史动力因素。因此，他将第二章全部用来研究战争艺术这个基本问题，它培养了罗马人的道德感和体能。第三章他从军事上将罗马人与现代欧洲人之间做了区分，与现代欧洲的情况不同——那里不同的民族都拥有同样的军事艺术，国家之间力量差异一直将比较弱小的国家置于相对默默无闻的境地，罗马与它的敌人相比占有优势，使其能够克服面积较小的劣势，不断增强自己的权力。第四章他描述了高卢人是怎样一个可怕的对手，在勇气和坚定方面与罗马人一样，然而他们却深受技术缺陷之苦，使他们

260

最终处于弱势地位："高卢人的盾牌小，剑的质量也糟糕，因此，他们就落到与近几个世纪被西班牙人征服的墨西哥人大致相同的处境"。(4.43)高卢人很像阿兹特克人，是罗马人现成的敌人，一次次地站到罗马的对立面，"从来就不去了解、探求或预见他们不幸的原因"。(4.43)当罗马人与皮拉斯这个力量和能力方面都占优势的敌人遭遇时，他们已经变得很难对付能自我战胜失败并从失败中学习，采用新的武器和战术使得他们能从这场痛苦中走出来，变得更为强大。换句话说，皮拉斯人对罗马人不能像罗马人对待高卢人那样，或西班牙人对待阿兹特克人那样。在他们和当时已经掌握了一种不为其所知的海战技术的迦太基人的殊死战斗中，罗马人得益于古代航海和船舶建造的原始状态，这些技艺能够被一个新来者相对容易地获取。这里，孟德斯鸠通过与现代——在一个拥有装备了罗盘和加农炮的复杂的远洋船舶的时代，即使是最大的欧洲大陆强国在掌握航海技术方面都有困难——比较，突出了罗马历史地位的独特性。

这些跨历史的比较有助于解释罗马令人瞠目的崛起，否则它似乎令人难以置信。孟德斯鸠宣称，没有一种跨历史的观点，"我们将会只看到事件的发生而不知其原因；而如果意识不到情况的不同，我们会认为我们所阅读的古代历史中的人与我们是完全不同的另一个种类"(3.39)。过去与现在之间的比较不仅揭示了有利于罗马兴起的独特环境，还揭示了将其引向其侵略的政策。在第六章，孟德斯鸠用一系列言简意赅的评说，勾勒出罗马帝国主义的蓝图："联盟是用来对一个敌人发动战争的，但随后摧毁者很快就被摧毁了"；"当罗马人同时要对付数个敌人，他们与最弱小的敌人签订停战协议"；"他们从来不信守和平条约"；"他们永远不变的座右铭就是分化"(6.67—71)。这些及其他的指导原则构成了罗马帝国主义的一种可识别的模式，它从其国家的最早阶段就可以很明显地识别出来，以此罗马人缓慢而（在某种程度上）不知不觉地取得了世界统治地位。相比之下，西班牙在新世界是一下子通过武力获得它的帝国的,这要求它"为保存一切而摧毁一切"(6.75)。

但即使政策也不能弥补无情扩张所固有的危险。假如希腊人意识到罗马帝国主义的现实,他们就能战无不胜(第五章),本都国王米特拉达梯就展示了一个死敌所能取得的战绩。(第七章)然而,帝国主义的真正危险只有在其达至顶点,造成共和制原则的溃败、缓慢而稳步地将国家拉入内战、由共和制转变为君主制、进而发展到独裁专制之后才会变得明显。两个原因侵蚀了罗马的立国基础:"假如帝国之大摧毁了共和制,城市之大也同样摧毁了它"。(9.92)为了征服并维持一个幅员辽阔的帝国,罗马创建了职业军队,它将士兵表达忠诚的对象由国家转变为他们的将军,从而耗竭了他们的公民精神。为了维持这个帝国,罗马将公民权扩大到意大利的各个族群,那些外国人曾在帝国的征战中提供了帮助,现在他们也要求分享其统治权,这进一步稀释了它的公民意识。"它失去了它的自由,因为它过早完成了它所着手的工作。(9.95)"这就是马基雅维利在《论前十书》中所追念的荣耀的代价。罗马历史因而不是一个可资模仿的样板,而是一个对应该规避什么的警示,是一个国家溃败的活生生的教训,它的短期政策侵蚀了其长期健康发展的基础。

构成罗马历史基础的一般原因来自于孟德斯鸠跨历史观点中所固有的视角紧张。罗马—克里米亚关系揭示了国家的劫掠特质;罗马—英格兰关系揭示了它的共和制冲动;罗马—欧洲关系揭示了对其扩张有利的环境;罗马—西班牙关系揭示了其帝国主义独特的品质。孟德斯鸠不是直接面对罗马历史,孤立地叙述其事件发生的过程——就像其自己的编年史家所做的那样,而是从多种多样跨历史的镜像中寻找其映像,每一个映像都揭示了这个国家的一个关键特征。通过这种方法,他重写了罗马史,就像时间的流逝使得现代的历史学家们能够从不断更新的视角来理解老问题。这项工作在那个仍将罗马历史看作是由罗马人写作的历史汇集的时代——尽管在古文物研究方面已取得诸多进步——是非凡的。

261

孟德斯鸠对过去的关系的观点因而使他能够设想"历史自身",它来自变与不变之间的相互影响。

在《罗马盛衰原因论》中,孟德斯鸠的关系观点已经超越了文学装饰或哲学训练的地位,成为一种揭示历史基本动力的持久的运算视角。他将构成事件基础的"普遍原因"等同于每个民族的"普遍精神",在倒数第二章他宣称,"在每个民族都存在着一种权力自身赖以为基础的普遍精神(*esprit général*),一旦它冲击了这种精神,它就打击了自身,必然会陷入停滞"。(22.210)这个普遍精神的观念在《论法的精神》一书中将更显重要,在该书中,他会对之进行尽可能细致的审视,揭示影响和形塑它的各式各样的因素——每个政体类型的原则和价值、气候和地形的影响、为一个民族所特有的经济活动的类型、他们的宗教、生活方式和风尚。实际上,《罗马盛衰原因论》中的跨历史观点与这种完全的关系观点只不过一步之差,在此,关系源自事物的本质,法是必然关系的体现,各种关系的集群构成"法的精神"。他所接受的马勒伯朗士式的教育使他倾向于采取这一步骤,因为它提供了将他运算的观点建立在与数字同样的确定性之上的可能性。从其文学和历史构思的具体情境来看,过去诞生于数字思维这一点现在看起来不是那么刺耳了,因为数字思维仅仅用来规范和确认一种特设的比较程序,其原则孟德斯鸠在《波斯人信札》中做了介绍并在《罗马盛衰原因论》中具体化了。

过去产生于一种视角的矛盾,它持续而系统地将之与现在区分开来。《罗马盛衰原因论》中跨历史的方法解释了这一矛盾。只要想想罗马与西班牙帝国主义之间的不同或(就此而论)高卢人与阿兹特克人之间的相似点就可以了。前一种比较清晰地表述了这种视角冲突,但后一种比较也同样做到了此点,因为二者都突出了罗马的历史独特性及情况的例外性。(有多少帝国主义国家在逆境中有像罗马和西班牙那样的幸运呢?)而独特性本身就与普遍性一直处于冲突之中,从而强化了孟德斯鸠的视角主义。像小鞑靼里

262

亚诸城市一样,罗马也属于一种劫掠性的国家,整个国家的组织都是着眼于战争和获取战利品。平等分配战利品的需要影响了其国内制度的发展,其最终呈现出一种与众不同的、融合了一个战士社会各种迫切需要和价值的共和制形式。共和政体加速了罗马独一无二的上升至帝国的进程,但却不能在其所创造的更为和平的环境——一种对劫掠不利的环境——中生存下去,而取代它的君主政体不再支持战士/共和的融合,因而使国家衰落不可避免。在此记述中,独特性与一般性之间的冲突解释了罗马历史的动力,其中,国家产生于一般的根源独特发展道路的追求,最终侵蚀了自己的根基。就孟德斯鸠通过跨历史比较方法来阐释这种动力而言,独特性和一般性的冲突有助于强调和维持过去与现在之间的区别,由此,过去被确立为一种持久的思考对象。

在《罗马盛衰原因论》和《论法的精神》中,孟德斯鸠都没有直接论述"过去"本身;在我论证的这个最后时刻,有人可能会有疑问,为什么孟德斯鸠没有意识到他的发现的完整本质并高呼:"啊,终于发现了,我发现了……'过去'!"在某种程度上,我在提出此问题的过程中,已经对之作了解答,因为我们很难期望他用我们现代的占位符号来描述他的发现,尤其是这样一个为俗语用法所包围的、其真正含义云遮雾绕的词语。然而,他理智的敏锐性是如此之高,以至于他决定性地固定住了这种对我们的占位符号进行定义并构成其基础的区分,这种区分我们自己都常常忘记——即过去本身并不仅仅是**先**于现在,而是**不同于**现在。在《罗马盛衰原因论》中,他将时间上占先看做微不足道之事,在书中他根本就不标注时间;在《论法的精神》一书中,他直接忽视了时间性。然而,在两部著作中,他不仅孜孜不倦地将过去与现在区分开来,而且在过去与过去、现在与现在之间也做了区分——罗马的"普遍精神"与雅典的不同,正如法国的普遍精神与西班牙的不同一样。实际上,《论法的精神》证实了一种对人类实体完全情境化的观点,其不是源自于对实体本身的研究,而是来自于将它们与其他类似和相异的实

263

体进行的比较。因此,对于孟德斯鸠来说,过去的发现与另一个更大的发现,即具体情境对于理解所有人类事务的重要性是密不可分的。

在《罗马盛衰原因论》中,孟德斯鸠运用跨历史的比较方法来证明具体情境的重要性,这些比较揭示了构成每个民族普遍精神基础的"一般原因"。在《论法的精神》中,他强调了内在于这些跨历史比较中的关系,将它们作为具体而微的分析的主题。他这样做,很大程度上是为这样一种确信所促动:人类实体的多样性存在于以数字思维(它像数学那样进展到更为抽象、更概括、更具包容性的程序)为特点的运算顺序而非物质思维的分类顺序(其经由一个排除的过程,从种到属——从特定到一般)。他使用理想类型作 264 为探索这种运算顺序的方法而不是将之强加于现实,它们使他能够将之看作源自兼具各种复杂性关系自身的本质,而非剥离那种复杂性去寻求某种深层次的物质或本质。在这方面由他的关系观点所揭示的情境可视为一种实体,一种以与事物的关系相契合的自然方式与其他实体区别开来的实体。

最后,我用《论法的精神》一书中的一个例子来结束我对孟德斯鸠的长篇论述,以显示关系视角是如何支撑起人类实体的情境化存在的。在至关重要的第 19 卷——在该卷中他认为每个国家都存在普遍精神——中,孟德斯鸠详细地论述了中国的某些特异之处,这个话题起自对西班牙人和中国人之间性格所做的初步比较。前者在经商方面审慎且懒惰;而后者勤奋但不择手段。由这种反比关系他进而(遵循关系的逻辑)评述中国人的习惯和风尚明显的不可破坏性,这又促使他进一步评述中国人的习惯、风尚、法律和宗教都是一模一样的。这种概括——对称等值的产品——解释了尽管中国一再为外国人征服,其法律却具有令人吃惊的持久性:"因为征服者的风尚不是他们的习惯,征服者的习惯不是他们的法律,征服者的法律不是他们的宗教,相比较而言,征服者更容易慢慢屈服于被征服的民族,而不是被征服民族屈服于征服者"(19.

18.319）。其他地方各个相别的关系在中国的等值有助于决定其普遍精神的性质，它为理解这个王国及其历史提供了具体情境。实际上，如果不能理解这种情境，人们就不可能正确地理解中国。

这种情境化的做法扩展了文艺复兴时期的时代错误意识并使之系统化，将之转变为人类理解力的一种全球性特征。14 和 15 世纪的意大利人文主义者已经发展出一种地方性的时代错误意识——对古代罗马和现代意大利之间的区别意识，他们试图以此来复兴古典的理想并将之应用于现代世界。当这种态度于 16 和 17 世纪向北扩展时，它开始包含一种对现代国家的独特性以及一般意义上的现代性意识，但情境化的冲动仍被古典理想的阴影所笼罩，得不到施展。孟德斯鸠通过一劳永逸地确立了文化情境对于理解任何人类实体的重要性，驱散了这个阴影。他通过将时代错误意识由意大利人文主义者狭隘的时间领域转换至一种更为宽广的文化领域，将之转变为理解力的一种持久而系统的特征。过去源自这种智识的转变，自此以后，任何脱离具体情境的事情就显得真正"可笑"了。

265

跋

过去的历史化

我们生活在一个我们自己创造的世界里。

——约翰·哥特弗雷德·赫尔德:《论人类灵魂的认识与感觉能力》

267 　《论法的精神》预示着法国启蒙思想中的一种比较的倾向,它随后集中体现为伏尔泰影响深远的文明史著作: Essai sur l'histoire générale et sur les mœurs et l'esprit des nations (1756),即《风俗论》。完成这部 7 卷本的论著,甚至对于像伏尔泰那样多产的作家来说,都是一项异常艰巨的工作。它改变了之前围绕圣经对人类的叙述来设计全球史的方式,将其置于一种比较的模式之中进行重写,将有关中国、印度、波斯和伊斯兰的历史置于开首几章。我们有一定理由将这部著作看作是依据年代顺序对应孟德斯鸠《论法的精神》这部更具分析性的成果的产物;伏尔泰曾批评过《论法的精神》,恰恰就是因为该书遵循了关系的逻辑:"我希望了解我们祖先生活于其中的法的历史,法被确立、忽视、推翻、恢复的原因。我在那个迷宫中寻找线索,(但)几乎在每一段这个线索都是断的。"[1]伏尔泰的全球史通过运用一种比较的框架来展现欧洲上升至文明的进程,提供了通向这个迷宫的线索。[2]

导言的开首几行——或许是献给伏尔泰的情人夏特莱侯爵夫人的——确定了它的总基调:"然后,你终于决定克服你对阅读自罗马帝国衰亡以来的现代历史的厌恶,去获得对居住并蹂躏(désolent)地球表面的各个民族的一般认识。"[3]绝大多数评注者认为这样明目张胆的蔑视与一个历史学家的身份不符,且根据卡尔·温特劳布的研究,他们将整个叙述看做"不过是一篇讽刺诗文,"但温特劳布自己却宣布这一宏大的综合体是"一篇惊人的作品,尤其是如果对标题文字'essai'(随笔、评论)作严肃思考的话"[4]。尽管该书绝大部分都是对自查理曼时代以来欧洲政治所做的一般性考察——伏尔泰重拾起他 17 世纪的前辈博须埃主教所落下的对全球史的叙述,但他认为欧洲人认为在文明程度上要逊于中国人、印度人、波斯人和阿拉伯人。伏尔泰通过时不时地追叙这些民族及其他非欧洲民族的事务,以及将欧洲的一个民族与另一个民族相比较来不断申述此点。直到 15 世纪,欧洲人才开始对文明史做出明显贡献,而对伏尔泰来说,其顶点就是路易十四的伟大时代(1756 年版的《风俗论》后面附上了伏尔泰之前发表的杰作《路易十四时代》,《风俗论》后来的版本将这部著作删去了,因而叙述到路易十三就结束了)。那种轻蔑的语调所体现的与其说是对欧洲人的一种轻易的揶揄,不如说是对其所做的一种历史评判:他们花了数个世纪方才达到和超过这个地球上其他部分文明的水平,而他们竟无知地将这些文明称为"野蛮的"。

因伏尔泰公开表示他所关注的是"文明"史而非"各种文明史",这种评判的激进特性被掩盖了,这样,人们似乎可以用同样的标准来衡量许多不同的民族。《风俗论》因而看起来确认了 R. G.科林伍德在其堪称经典的著作《历史的观念》(1946)中对启蒙运动时期的史学所下的结论:"启蒙运动的历史观不具备真正意义上的历史性,就其主要动机看,它是为了挑起辩论和反历史。"(77)根据科林伍德的观点,要正确地理解每一个民族,必须从其自身内在的情境来加以观察,这种视角使得任何包罗万象的"文明"观念都站

268

不住脚。伏尔泰坚持用启蒙时期的标准来衡量欧洲和非欧洲的各个民族。尽管他文化视野广阔——包括中国人、日本人、印度人、波斯人、鞑靼人、蒙古人、奥斯曼人和莫斯科人,更不用说那些欧洲中世纪和文艺复兴时期的各个不同民族,但在我们看来还是短视的。这种印象在很大程度上要归因于伟大的 18 世纪普鲁士哲学家约翰·哥特弗雷德·赫尔德(1744—1803)无所不在的影响,他(除其他诸多成就之外)对在科林伍德总结性评判中所证明的历史主义思维方式的形成有着决定性的影响。随着赫尔德历史主义的问世,在孟德斯鸠的著作中明显展露出的情境化冲动获得了一种强有力的时间推力,将过去置于时间上"回到那里"的地方,从而否定了启蒙运动历史学的跨文化成就,且掩盖了法国的唯理主义在过去的诞生中所起的作用。

赫尔德于 1760 年代就学于哥尼斯堡大学,接受成为路德宗牧师所需的训练。在那里,他遇到了伊曼努尔·康德和约翰·乔治·哈曼(1730—1788),他将他们看作他最伟大的老师。受康德影响,赫尔德深信理性分析具备理解自然和人类世界方面的能力,他最终将这两个世界看做一个统一的体系;而在哈曼的影响下,他对存在的理性和精神性方面给予同样重视,也就是说,重视情感创造力。他喜爱人类社会形态的绝对多样性,认为从中可以发现神性的痕迹。作为一位恰好处于德国的启蒙运动(Aufklärung)和浪漫主义"狂飙突进"(Sturm und Drang)运动之间的人物,赫尔德身上还体现出其他的影响。孟德斯鸠关于人类实体根植于复杂关系网络的观点,卢梭对启蒙运动进步信仰的摈弃以及对人类发展童年时期这个特殊阶段的显著特征的洞察,伏尔泰对路易十四时代独特性的再现以及更为负面的、从现时代的顶峰对过去进行评判的倾向等,所有这些,都对赫尔德有着深刻的影响。

所有这些影响(及其他影响)都对赫尔德的思想起到了形塑作用,具体体现在他的两部影响深远的论述历史哲学的著作——书名带有讽刺意味的概述性作品 *Auch eine Philosophie der Geschichte*

zur Bildung der Menschheit（《有关人类教育的另一种历史哲学》）
（1774）和具有丰碑意义的未竟之作 *Ideen zur Philosophie der Geschichte der Menschheit*（《关于人类历史哲学的思考》）（1784—1791）。尽管他本打算将第二部著作作为一种最终的哲学陈述，将人类历史与宇宙史放在一起进行考察，批评者们却将前面的概述性作品看作是"历史主义的绝妙宪章"以及"他对历史思想所做的最成功的综合"。[5] 围绕后记所确定的议题，我对赫尔德的历史主义的考察仅限于对这本已翻译成英文的著作的分析。它将多种多样且看起来互不相连的当代思想的各个部分组合在一起，把它们转变为一种完全历史化的人类图景。

　　正如其书的副标题——"本世纪的诸多（此类）文稿之一"所暗示的那样，赫尔德打算将《另一种历史哲学》作为对伏尔泰、罗伯逊和休谟之类哲学家的回应，他们坚持从当今据说是启蒙的视角来评判过去。相比之下，他将人类的发展比作个人的发展——从婴儿期、童年期到青春期最后到成熟期，每一阶段都必须从其自身内在的一致性和意义体系来加以理解。在人类社会的婴儿期是游牧式的，由东方式的族长（像旧约中的那些族长一样）统领，他们所说的话就是法律。从外部看，这些最早的社会可能看起来是专制的，为恐惧所主宰；但如果从其内部来加以观察，则又是另一种情形。在其中，尚处于婴儿期的人类——尚不能使用理性——通过榜样的力量来提升自己，被威权所滋养而非压迫。这样赫尔德利用卢梭对儿童教育的洞察将孟德斯鸠的一个关键理想类型历史化了。

270

　　就像婴儿期为童年期所取代一样，随着埃及王国的兴起，东方式的游牧生活方式让位于定居农业和法治。就像一个游牧者不可能生活于法律的束缚之下一样，一个埃及人也不可能忍受一个家长的权威。通过这样的比较，赫尔德证明了不可以从后一阶段的视角来对人类发展的早期阶段做出评价；反之，每一个阶段都有其自身独有的生活特质，必须依据其自身的环境来加以理解。随着童年期转入青春期和成熟期，埃及的勤勉就让位于希腊的创造力和罗马的沉稳。成熟之后就是死亡与新生,但随后的文明史并不是简单地重回婴儿期。

罗马的衰亡在决定性地终结了古代文明的同时,也为日耳曼各民族的兴起扫清了障碍,为一种野蛮的、使东方专制主义无法得势的新型生长准备了土壤。罗马帝国在其极盛时期的广阔疆域便利了基督教的传播,它现在与日耳曼文化融合起来,创造出中世纪的文明,中世纪并不是一个无知的"黑暗时代",而是"一个独一无二的世界环境"。(40)从这种独特性中产生了文艺复兴和宗教改革的双重更新,赋予艺术、科学和伦理以新的生机。赫尔德从整个人类历史进程中看到了天意的作用,它通过各种各样且常常看起来不可能的手段来培植人类的发展——罗马帝国主义为基督教的兴起提供了便利,对古典文明的毁灭性破坏有助于日耳曼各民族无阻碍地成长。历史的完整计划超出了我们的理解范围,但在人类发展的进程中可以发现其踪迹,那些看似非预期的结果的反讽揭示了神意之手的运作。

"发展"不是"进步"。一个时代并不代表着对其以前时代的"超越";每一个时代都是不同的,为其自身的环境所限定。对于赫尔德来说,随着"启蒙时代"的破晓,随之而来的是物质、道德和文化上衰败的加重。科学和技术的兴起缓解了对个体力量和勇气的需要;公民权利和义务的法典化取代了个人对伦理德性所承担的义务;普世性的唯理主义削弱了每个民族的独特性。在这方面——以及他坚持认为每个时代都应根据其自身的情况来加以评判——赫尔德对历史进程的描述与维科相似。这个那不勒斯人曾勾勒出一个以三个时代——众神时代、英雄时代和人的时代——为特点的历史循环周期,每个时代都有其自身独有的心态,而最后一个时代(理性的时代)会引发因道德弱化而产生的崩溃,将人类又打回到起源之处。然而对于赫尔德而言,历史进程的时间推力冲破了所有的循环观念,因为天意——从人自身所创造的物事中挑选它所需要的工具——导引着人类历史的进程。[6]

271

实际上,赫尔德思想中的发展要旨通过将时代错误意识历史化而掩盖了过去的诞生。回想一下,当文艺复兴时期的人文主义者利用此意识的时候,他们是以此来鼓励将过去与现在富有创造性地混同起来;法国启蒙运动的唯理主义使这种混同变得不合时宜,因其存在隐藏每个民族的精神的危险,只有通过考量其独特的情境、其自身特定的关系网络,这种精神方能显现。情境化的冲动尽管不断地将过去从现在分离开来,但并没有赋予时间性视角高于其他视角的地位。但当赫尔德将当代思想的诸多成分——康德、哈曼、卢梭、孟德斯鸠、伏尔泰、休谟、罗伯逊等等——整合在一起的时候,他将它们重新组合成一种新的模式,将人类社会形态的多样性描述为与其环境相关联的发展的结果。因此,时代错误意识就失去了纯粹比较的特征,获得了完全时间性的特征,由此产生的历史理解方式将作为一种不同于现在的过去与先于现在的过去不可分割地融合在一起。现在,过去变成了在时间上"回到那里"的时空领域。

卡尔·温特劳布对自传史的洞察揭示了这种从时间角度观察过去如何成为了我们的常识性标准[7]。自传(*autobiography*)这个词直到 1800 年左右方出现在英语(就此而言,或德语)之中,它的出现正好与一种区别于回忆录、往事记(*res gestae*)、通信体和日记的文学体裁进入兴盛期同时,在西方文学中此前只有少数孤立的作品可视为其先驱,譬如奥古斯丁的《忏悔录》和蒙田的《随笔集》。根据温特劳布的研究,在接下来的时期自传的大量涌现——从 19 世纪早期到现今持续增长——证实了一种自我观念的普及,它将个人的独特性解释为一种与其自身所处环境相关联的发展的结果。从这个角度看,某个人假如出生早十年或晚十年,他确实可以将自己设想为不同的人。这种认识对于我们来说是如此的平常浅显,以至于我们认识不到,在 18 世纪以前,人们并不这样看待自己。他们并不认为自己有一个发展的过程,而是认为自身存在某种不变的本质或内核,其完整的展现可能会受到阻碍或促进,但除此以外，各类事件不会对其产生形塑作用。自传作为一种文学体裁出现证实了赫尔德的人类发展观的影响，其为理解所有人类实体——民族、制度、国家、宗教、文明——的个别性提供了一种新的强有力的手段。

可以说，赫尔德的思想后来成为 19 世纪对启蒙运动唯理主义"浪漫的"反动的先导，而这种反动进一步掩盖了过去的诞生。浪漫主义者尊崇情感的内在世界，认为从中可以发现人类行为的主要动机。对于他们来说，伏尔泰的嘲弄语调代表着一种对其题材的冷漠超然，一种拒绝介入真实鲜活的历史的态度，因为那样就需要重新构想他先辈的生活而不是对他们的文明水平进行评判。更不用说（如马克·扎尔贝·菲利普斯所显示的那样）浪漫主义的共情可以追溯至 18 世纪对"情感"的浓厚兴趣，当时诸多虚构和非虚构作品所表达的都是私人情感。对于浪漫主义者来说，将所有的启蒙思想都痛斥为过于唯理主义就够了，因其自身的情感主义并没有上升至历史知识的原则。尽管启蒙学者们完全理解历史背景对于了解各种事件和实体独特性的重要意义，但浪漫主义者们还是看不起他们，认为他们不能从这种外在的现实推知内在的真实。

弗雷德里希·麦纳克的《历史主义的产生》（*Die Entstehung des Historismus*）是对历史主义兴起所做的最早和最有影响的叙述之一，该书就受到了浪漫主义观点的影响。这部经典研究著作首次出版于 1936 年，翻译成英文后书名改为《历史主义：一种新的历史观的兴起》。在该书中，麦纳克对这种历史化视角的产生过程做了一流的阐述。他恰当地将孟德斯鸠称为前历史主义者，体现了"在启蒙运动这个阶段所可能有的最高的历史意识"。（115）但他对情境重要性的强调尚不足以产生最终出现在默泽尔、赫尔德和歌德的浪漫主义思想中的"对完全和真正个体性事物的充分理解"。反之，孟德斯鸠以一种对多样性进行理性解释而非与之共情的抵消性倾向弱化了他的个体性意识。麦纳克认为，只有在德意志浪漫主义兴起后，方出现对历史实体个体性的一种不受阻碍的体认，它

273

与一种发展的观念结合在一起,产生了一种完全历史性的世界观,由此,每个实体的独特性看来就像它在不断变化的环境中历史发展的结果。个体性与发展观念的这种结合对于麦纳克来说,可以说是一次影响不断扩散的智识"革命",犹如一块石头扔进人类意识的水池,激起不断向外扩散的涟漪。

这一经典表述——它将复杂的历史主义简化为两个观念的结合——以其简洁与优雅轻而易举地解释了发展的思想如何为个体性的意识提供了一种时间的维度,自此以后就使二者看起来不可分割。如是构想的历史主义有一种放大我们关于过去处于时间上"回到那里"的直觉的自然倾向,即在先(priority)必然意味着不同(difference)。但当我们将这两个概念分开,我们发现历史主义自身却依凭于某种更为根本的东西,一种在过去和现在之间系统而又持久的区分,否则就不会有任何可以历史化的东西。麦纳克在德国的浪漫主义和法国的唯理主义之间所做的对比——其目的就在于凸显他的历史主义革命的见解——掩盖了关系思维在"过去"作为一种思考对象形成中的作用。

过去在 18 世纪的诞生不仅为历史主义所掩盖,且笼罩在人文主义长时期的阴影之下。麦纳克所称的个体性观念最早出现于文艺复兴时期,当时人文主义者们发现了古典拉丁文学的辉煌并面临如何模仿的挑战。在模仿的过程中,他们一贯而故意地使用一种此前只是零星而幼稚地表达出的时代错误意识。但最终时代错误侵害了模仿的基础,到 16 世纪和 17 世纪,人文主义开始屈从于语文学,刺激了一种对"古物"——古典(和中世纪)文化的人工制品——的兴趣,包括钱币和碑文,以及多种多样的世俗物品。当浪漫主义者欣然接受情感的内在世界时,他们常常会通过再现体现于古物之中的私人生活而接近它。近期学者们在找寻现代历史认知的根源时自然会求助于现代早期的语文学和古物研究,随着对古代的知识越来越深越来越广,就会越来越感觉它与我们是完全隔绝,不复存在的。这样,过去的出现,似乎是人文主义向语文学、

274

过去的诞生

古物研究最后到历史学术演化的自然结果。

阿纳尔多·莫米利亚诺可以说是这种解释的先驱。莫米利亚诺不相信麦纳克式的历史主义，认为其可能导致一种令人感到无力的相对主义，他将现代历史认知等同于历史学家的具体实践，即等同于现代历史学术本身，它起源于古物研究与启蒙史学的结合。在其影响深远的论文"古代史与古文物研究者"（1950）——以及诸多其他文章——中，莫米利亚诺叙述了 18 世纪的古物研究将史学从庇罗式的历史极端怀疑主义中拯救出来，从而愈合了古物研究与历史写作之间年代久远的裂痕[8]。为回应怀疑论者对历史叙述——其中的一些被暴露出是纯粹的捏造——可靠性的攻击，古物研究者们用钱币和碑文，以及其他种类的非文字证据作为所发生事件可以触知的明证来捍卫历史。根据莫米利亚诺的观点，吉本的《罗马帝国衰亡史》就集中体现了启蒙史学与古物研究的结合，将对"文明"的一种统摄性的叙述与对历史证据的严格分析结合在一起。（在《野蛮与宗教》中，G. A. 博考克进一步探讨了这种结合的不稳定性质，显示吉本在注释中运用的证据时时与他在叙述中所展示的辉格党式的自以为是相矛盾。）在 19 世纪，叙事模式和学术研究模式进一步融合成为现代历史学科，它通过将古物研究的方法占为己有，超越了启蒙运动的先入之见。

莫米利亚诺的阐述在其简洁与优雅方面足以与麦纳克匹敌，并激发起对历史主义近代早期根源——追根溯源至 18 世纪德国大学教授、17 世纪英格兰的古物研究家以及 16 世纪法兰西的语文学家等等——的广泛研究。这种研究对历史主义的描述不是将之看作一场革命，而是看作一种历史研究方法的演进，它最终产生了我们对历史实体高度情境化的观点。对近代早期语文学和古物学的研究，揭示了在一定程度上 19 世纪的发展"与其说是依靠突然的启示或任何从外面带入的宏大理论，不如说至少同样依靠信息缓慢而逐渐地积累和各个学科的正常工作"[9]。基于此认识，约瑟夫·M. 莱文在其引人注目的研究《伍德沃德博士的盾牌》中，考察了自然历史和古物学在近代早期相互交叉的一个实例,展示了科学和历史知识的进展不是通过革命性的范式改变,而是通过日常探索按部就班地运作。

或许该研究路径的最突出例证是安东尼·格拉夫顿为约瑟夫·斯卡里格尔(1540—1609)这位近代早期学问巨擘之一所做的两卷本详尽无遗的学术传记。尽管斯卡里格尔推出的古典作家著作的版本为资料考证确定了新标准,且他的年代学研究极大地拓宽了历史视野,但他的作品现今只为少数历史和文学领域的专家所知晓。然而,他所耕耘的领域曾是当时国际上处于学术前沿的学者们非常感兴趣且讨论热烈的领域。格拉夫顿以令人惊异的细致再现了这个被遗忘的世界,展示了斯卡里格尔是如何通过与前辈和当代人作品(常常是有争议)的互动获得关键性的进展。从这些学术潮流和学术争论的具体背景看,斯卡里格尔的创新看起来更具渐进性而非革命性;就它们接近19世纪学术的严格程度的标准看,其自身在现代历史认知——它源自评价历史证据的实际操作方法的逐渐转变——更广阔的发展过程中代表着递增的阶段(和失误)。[10]

到现在可以毋庸置疑地说,近代早期的语文学和古物学为18世纪和19世纪的历史写作提供了内在的确信,使其可以探讨"历史自身"的主题。然而,近期对历史学术兴起的关注趋于掩盖启蒙史学与古物学之间的结合所起的关键作用。所谓"启蒙史学"我指的正是伏尔泰所写的那种辉格党式自由主义的叙事作品,他的比较观点——尽管可能带有种族中心主义的意味——起到了将欧洲的过去情境化,因而将之作为一个永久的思考对象固定下来的效果。这一创新被过去是在有关它的越来越多信息不断累积的基础上一步步归纳而出的观点所遮蔽了,这种观点将情境化的冲动视为理所当然。通过蒙田运用阿兹特克人的视角来反西班牙、康宁从历史的角度摈弃中世纪的普世主义以及"古代人"同样会成为"现代"历史学究轻蔑嘲笑的对象这些实例,我已经证明情境化的

过去的诞生

价值与其说是被发现的,还不如说是被发明的。它在形成过程中,为赢得并占有阵地,从自身之外获得了支持。关系法则和数字思维的数学原则因而证明对现代历史知识的发展具有基础性的意义,它们保持了人类实体之间的距离,每个实体都生存于自己特定的背景之下,有其自身关系的特点。过去作为这种对事物更为广泛的关系观的一个方面而出现,其内在的确定性使从历史和文化的具体情境的视角看待实体的趋势得以固化,并避免了其本来有可能会助长的相对主义倾向。

提出此论点,我并不是要倡导一种基于数学原则的历史科学——这是孟德斯鸠的立场。我是作为一个人文学者而非社会科学家来研习历史,任何一个跟随我至此的读者都不可能质疑这一断言。然而作为一个人文学者,我最终却怀疑那个我长期研究的事物,即"过去"的客观存在。我的怀疑不是一种受某类新奇怪异的批判理论所引发的后现代的良心危机,而是对我以前一直视为理所当然、但现在开始感到陌生的某种东西的直接质疑。让我以一件趣闻来描述这种陌生感。

不久前,在我们街区由一家保险公司经理所主办的餐会上,东道主问我在研究什么,对此,我以一种轻率而笨拙的方式回答说,"啊,我正在写一部有关过去的观念史"。不出所料,东道主——一位长于分析不愿与傻瓜为伍的人——斜着眼瞟我。懊恼之下我很快找到了一个挽回他对我评价的方法。我们当时正坐在他精心修复的芝加哥平房——大约 1920 年代到 1930 年代建于"平房带"的数以千计的平房之一——的起居室。他的房屋是这种独特建筑式样的完美样板,在第二层上加了一个"西尔斯"(一种根据此类产品样本册购买的现成的屋顶窗设备);我们所坐的起居室堆满了工匠牌和德科牌的家具及各类物什;我们面前咖啡桌的玻璃底下是东道主收集的各式各样的老式打印机的色带盒;沿着起居室的墙壁,在一个高高的架子上放着他收集的草坪洒水器——真正早期的那种,做得像轮子很大的拖拉机;在通向二楼的狭窄楼梯的墙壁上挂

276

312

着收集来的 1930 年代弹球游戏的微型复制品;在厨房间,紧靠着白砖墙,放着一个黑白釉灶台(灶架很长的那种),其正对面就是一个老式独立的不锈钢工作台面。就像彼特拉克使自己成为一个活着的时代错误一样,我的东道主与他有得一比,他有意识地情愿生活在一种时代错误之中。当我向他指出,如果他没有一种过去的意识,他不可能这样做,而且构成这种意识基础的时代错误意识则源自文艺复兴时期,他的眼睛亮了。

我的东道主的例子充分证明了,在一定程度上,一种系统而又持久的时代错误观念已经成为我们的第二天性,即使我们在有意识地利用它的时候也不会识别出来。我们仅仅理所当然地认为,所有事物都存在于其自身特有的环境之中。不管对其性质和起源的争论如何,历史学家们坚称,每一个实体应该仅仅从其自身的独特背景来加以理解,任何超越这一背景的观点从根本上受到了外来先入之见的歪曲,没什么价值可言,从而强化了这种思维的习惯。历史主义的思维习惯已经成为常识性的准则,以至于我们都看不出它自身就是一个先入之见。康斯坦丁·法索在《历史的限度》一书中曾试图纠正这种疏忽。他的努力超越了此前结构主义和后现代主义者对历史的批评,因他们自己仍将情境化的冲动视为理所当然。例如,米歇尔·福柯一般都是通过精心恢复某种场景、文字或书籍的原初背景来开始他对历史认识及其分支的批评,以确立其原初的意义,然后再以之颠覆现代的臆断。正如福柯所明确地展示的那样,即使是对历史主义的后现代批判也牢牢地受制于其自身的情境化的理念。

这种对我们臆断的洞察帮助我证明了首次在三十多年前困扰我的那种对"过去"感到陌生的尚不成熟的直觉。我不仅从法索对历史认识限度的分析,而且从其有关"过去和现在之间的区分……可作为历史学的基础性原则"的断言——它促使我开始这项探究——中获取线索。我们现在可以看出,历史作为一种文体要远远先于这一区分,且过去的观念——出自过去与现在之间可感知的区

277

过去的诞生

别——本身也有一段历史。我的论证超越了有关不同的时代对过去的观念就有所不同的断言——这种说法合乎像麦纳克那样的史学家的观点,反之,我质疑是否总是存在着"过去"这个精神客体,对之人们可能持有各种想法。

我再也不能再将这个客体的存在视为理所当然。"过去"有其历史,直到它出现了,我们方才会有对它的看法,各种看法逐渐将之转变成一种理智上已知的事实。我试图讲述它的发展过程,从距其源头很久之前就开始,这样我们就可以将之与早前的思想形态区分开来,我们总是习以为常地将这些形态和过去联系在一起。古代的历史学所描述的不是"该"过去而是多重的、从本质上互不相连的过去。古代诸种过去和现代过去之间的区别不仅仅是量上的,即使将古代的各种过去加在一起,其总数仍不能成为"该"过去。古代所缺乏的是一种对人类活动的统一性构想,不管该活动的指导者是上帝还是人。基督教的"世间"(sæculum)——即神圣与世俗纠缠于一起的地方——提供了这样一个场域,而世间的神圣化将它由一个空间领域转变成一个时间领域,尽管在其中过去、现在和未来在上帝看来完全一样。文艺复兴的人文主义割断了这种借喻式的同一性,以一种谛听已经失去的古代文化——它首次被认为与现代完全不同——的范例理念取而代之。随着这一失去的文化得到越来越全面的复活,到处开始充斥着由此产生的无数榜样,它们大大限制了想象的空间。在如此拥挤之中,数字思维的原则出现了,它提供了厘清各种榜样性的实体之间的关系以及它们的关系之间的关系的分析手段。这种关系的观点最终被用来维持过去和现在之间的一种系统的区分——而余下的就是……历史自身。[①]

[①] 作者在此一语双关,The rest is history,意思原为余下的就是众所周知的了。但他在 history 后面加上了 itself,意思就有所改变了。——译者注

参考书目节选

导言

    The Anglo-Saxon Chronicle. Translated by G. N. Garmonsway. London: J. M. Dent, 1953.

    Bodanis, David. *E = mc2: A Biography of the World's Most Famous Equation*. New York: Walker, 2000.

    Fasolt, Constantin. *The Limits of History*. Chicago: University of Chicago Press, 2004.

    Machiavelli, Niccolò. Letter No. 140. Translated by Eric Cochrane. In *University of Chicago Readings in Western Civilization*. Edited by Eric Cochrane and Julius Kirshner. Vol. 5, *The Renaissance*, 182 – 85. Chicago: University of Chicago Press, 1986.

    Meinecke, Friedrich. *Historism: The Rise of a New Historical Outlook*. Translated by J. E. Anderson. New York: Herder and Herder, 1972.

第一部分　古代

    Adcock, F. E. *Thucydides and His History*. Cambridge: Cambridge University Press, 1963.

    Aristotle. *De Poetica*. Translated by Ingram Bywater. Oxford: Oxford University Press, 1946.

    Auerbach, Erich. *Mimesis*. Translated by Willard R. Trask. Prince ton, NJ: Princeton University Press, 1953.

    Barkan, Leonard. *Unearthing the Past: Archaeology and Aesthetics in the Making of Renaissance Culture*. New Haven, CT: Yale University Press, 1999.

    Boardman, John. *The Archaeology of Nostalgia: How the Greeks Re created Their Mythical Past*. London: Thames and Hudson, 2002.

    Cawkwell, George. *Thucydides and the Peloponnesian War*. London: Routledge, 1997.

    Cogan, Marc. *The Human Thing: The Speeches and Principles of Thucydides' History*. Chicago: University of Chicago Press, 1981.

    Collingwood, R. G. *The Idea of History*. Oxford: Oxford University Press, 1946.

    Connor, W. Robert. *Thucydides*. Prince ton, NJ: Prince ton University Press, 1984.

    Conte, Gian Biagio. *Latin Literature: A History*. Translated by Joseph B. Solodow. Baltimore: Johns Hopkins University Press, 1994.

    Cornford, Francis MacDonald. *Thucydides Mythistoricus*. London: Edward Arnold, 1907.

    Eliade, Mircea. *Patterns in Comparative Religion*. Translated by Rosemary Sheed. Cleveland: World Publishing, 1963.

Evans, J. A. S. *Herodotus*. Boston: Twayne, 1982.

———. *Herodotus, Explorer of the Past*. Prince ton, NJ: Prince ton University Press, 1991.

Finley, John H. , Jr. *Three Essays on " Thucydides. "* Cambridge, MA: Harvard University Press, 1967.

———. *Thucydides*. Cambridge, MA: Harvard University Press, 1942.

Finley, M. I. *The Use and Abuse of History*. New York: Viking, 1975.

———. *The World of Odysseus*. New York: Viking, 1965.

Fornara, Charles W. *The Nature of History in Ancient Greece and Rome*. Berkeley: University of California Press, 1983.

Gould, John. *Herodotus*. New York: St. Martin's, 1989.

Green, Geoffrey. *Literary Criticism and the Structures of History: Erich Auerbach and Leo Spitzer*. Lincoln: University of Nebraska Press, 1982.

Gross, David. *Lost Time: On Remembering and Forgetting in Late Modern Culture*. Amherst: University of Massachusetts Press, 2000.

Herodotus. *The Histories*. Translated by Aubrey De Sélincourt. Revised by John Marincola. London: Penguin, 2003.

Hobart, Michael E. , and Zachary S. Schiff man. *Information Ages: Literacy, Numeracy, and the Computer Revolution*. Baltimore: Johns Hopkins University Press, 1998.

Hopkins, Keith. *Conquerors and Slaves*. Cambridge: Cambridge University Press, 1978.

Hornblower, Simon. *Thucydides*. Baltimore: Johns Hopkins University Press, 1987.

Hunter, Virginia. *Past and Pro cess in Herodotus and Thucydides*. Prince ton, NJ: Prince ton University Press, 1982.

———. *Thucydides: The Artful Reporter*. Toronto: Hakkert, 1973.

Huxley, George. *Pindar's Vision of the Past*. Belfast: The author, 1975.

Immerwahr, Henry R. *Form and Thought in Herodotus*. Cleveland: Press of Western Reserve University, 1966.

Koselleck, Reinhart. *Futures Past: On the Semantics of Historical Time*. Translated by Keith Tribe. Cambridge, MA: MIT Press, 1985.

Kubler, George. *The Shape of Time: Remarks on the History of Things*. New Haven, CT: Yale University Press, 1962.

Lateiner, Donald. *The Historical Method of Herodotus*. Toronto: University of Toronto Press, 1989.

Lerer, Seth, ed. *Literary History and the Challenge of Philology: The Legacy of Erich Auerbach*. Stanford: Stanford University Press, 1996.

Levi, Primo. *Survival in Auschwitz*. New York: Simon and Schuster, 1996.

Livy. *The Early History of Rome: Books I—V of " The History of Rome from Its Foundations. "* Translated by Aubrey De Sélincourt. London: Penguin, 2002.

Luraghi, Nini. *The Historian's Craft in the Age of Herodotus*. Oxford: Oxford University Press, 2001.

Machiavelli, Niccolò. *Discourses on the First Ten Books of Titus Livius*. In *The Prince and the Discourses*. New York: Random House, 1950.

Marincola, Mark. *Authority and Tradition in Ancient Historiography*. Cambridge: Cambridge University Press,

1997.

———. *Greek Historians*. Oxford: Oxford University Press, 2001.

Mellor, Ronald. *The Roman Historians*. London: Routledge, 1999.

Miller, Joseph C. , ed. *The African Past Speaks: Essays on Oral Tradition and History*. Folkestone: Dawson, 1980.

Momigliano, Arnaldo. "The Place of Herodotus in the History of Historiography." *History* 43(1958): 1 – 13. Reprinted in Arnaldo Momigliano, *Studies in Historiography* (New York: Harper and Row, 1966).

———. "Time in Ancient Historiography." *History and Theory*, *Beiheft* 6 (1966): 1 – 23. Reprinted in Arnaldo Momigliano, *Essays in Ancient and Modern Historiography* (Middletown, CT: Wesleyan University Press, 1977).

Munn, Mark. *The School of History: Athens in the Age of Socrates*. Berkeley: University of California Press, 2000.

Murray, Oswyn. "Herodotus and Oral History." In *Achaemenid History II: The Greek Sources*, edited by Heleen Sancisi-Weerdenburg and Amélie Kuhrt, 93 – 115.

Leiden: Nederlands Instituut voor het Nabije Oosten, 1987.

Pearson, Lionel. *Early Ionian Historians*. Oxford: Clarendon, 1939. Reprint, Westport, CT: Greenwood, 1975.

Polybius. *The Histories*. Translated by W. R. Paton. 6 vols. Loeb Classical Library. Cambridge, MA: Harvard University Press, 1922 – 27.

Romilly, Jacqueline de. *Histoire et raison chez Thucydide*. Paris: Société d'édition "Les Belles Lettres," 1967.

Romm, James. *Herodotus*. New Haven, CT: Yale University Press, 1998.

Schiavone, Aldo. *The End of the Past: Ancient Rome and the Modern West*. Translated by Margery J. Schneider. Cambridge, MA: Harvard University Press, 2000.

Stahl, Hans-Peter. *Thukydides: Die Stellung des Menschen im geschichtlichen Prozess*. Munich: C. H. Beck, 1966.

Syme, Ronald. *Tacitus*. 2 vols. Oxford: Clarendon, 1958.

———. *Ten Studies in Tacitus*. Oxford: Clarendon, 1970.

Tacitus. *Complete Works of Tacitus*. Translated by Alfred John Church and William Jackson Brodribb. New York: Random House, 1942.

Thomas, Rosalind. *Herodotus in Context: Ethnography, Science and the Art of Persuasion*. Cambridge: Cambridge University Press, 2000.

———. *Literacy and Orality in Ancient Greece*. Cambridge: Cambridge University Press, 1992.

Thucydides. *The Peloponnesian War*. Translated by Richard Crawley. Revised by T. E. Wick. New York: Random House, 1982.

Trompf, G. W. *The Idea of Historical Recurrence in Western Thought: From Antiquity to the Reformation*. Berkeley: University of California Press, 1979.

Uhlig, Claus. "Auerbach's 'Hidden'(?) Theory of History." In *Literary History and the Challenge of Philology: The Legacy of Erich Auerbach*, edited by Seth Lerer, 36 – 49. Stanford: Stanford University Press, 1996.

Vansina, Jan. *Oral Tradition: A Study in Historical Methodology*. Translated by H. M. Wright. Chicago:

Aldine，1965.

———. *Oral Tradition as History*. Madison：University of Wisconsin Press，1985.

Walbank，F. W. *Polybius*. Berkeley：University of California Press，1972.

Waters，Kenneth H. *Herodotus, the Historian：His Problems, Methods, and Originality*. Norman：University of Oklahoma Press，1985.

Wilcox，Donald J. *The Mea sure of Times Past：Pre-Newtonian Chronologies and the Rhetoric of Relative Time*. Chicago：University of Chicago Press，1987.

第二部分　基督教世界

Althoff，Gerd，Johannes Fried，and Patrick J. Geary，eds. *Medieval Concepts of the Past：Ritual, Memory, Historiography*. Cambridge：Cambridge University Press，2002.

Auerbach，Erich. *Dante：Poet of the Secular World*. Translated by Ralph Manheim. Chicago：University of Chicago Press，1961.

———. "Figura. " In *Scenes from the Drama of Eu ro pe an Literature*，11 - 76. Minneapolis：University of Minnesota Press，1984.

———. *Mimesis*. Translated by Willard R. Trask. Prince ton，NJ：Prince ton University Press，1953.

Augustine of Hippo，St. "Acts or Disputation against Fortunatus，the Manichæan. " Translated by Albert H. Newman. *Christian Classics Ethereal Library*，www. ccel. org/ccel/schaff/npnf104. iv. vii. ii. html.

———. *The City of God*. Translated by Marcus Dods. New York：Modern Library，1950.

———. *The City of God against the Pagans*. Translated by George E. McCracken et al. 7 vols. Loeb Classical Library. Cambridge，MA：Harvard University Press，1957 - 72.

———. *Commentary on the Lord's Sermon on the Mount*. Translated by Denis J. Kavanagh. Washington：Catholic University of America Press，1951.

———. *Confessions*. Introduction，text，and commentary by James J. O'Donnell. 3 vols. Oxford：Oxford University Press，1992.

———. *Confessions*. Translated by R. S. Pine-Coffi n. Harmondsworth：Penguin，1961.

———. *Confessions*. Translated by William Watts. 2 vols. 1631. Loeb Classical Library. Cambridge，MA：Harvard University Press，1968.

———. *On Music*. Translated by Robert Catesby Taliaferro. New York：Fathers of the Church，1947.

———. *Retractations*. Translated by Mary Inez Bogan. Washington：Catholic University Press，1968.

———. "To Simplician—on Various Questions. Book 1. " In *Augustine：Earlier Writings*. Translated by John H. S. Burlegh. Philadelphia：Westminster Press，1953.

Barnes，Timothy D. *Constantine and Eusebius*. Cambridge，MA：Harvard University Press，1981.

Bede. *Ecclesiastical History of the En glish People*. Translated by Leo Sherley-Price. Revised by R. E. Latham. London：Penguin，1990.

———. *Opera historica*. Translated by J. E. King. 2 vols. Loeb Classical Library. Cambridge，MA：Harvard University Press，1971.

Bloch，H. "The Pagan Revival in the West at the End of the Fourth Century. " In *The Conflict between Paganism* and Christianity in the Fourth Century, edited by Arnaldo Momigliano, 193 – 218. Oxford: Oxford University Press, 1963.

Bourke, Vernon J. "The City of God and History." In The City of God: A Collection of Critical Essays, edited by Dorothy F. Donnelly, 291 – 303. New York: Peter Lang, 1995.

Brown, Peter. Augustine of Hippo. Berkeley: University of California Press, 1967.

———. Authority and the Sacred: Aspects of the Christianization of the Roman World. Cambridge: Cambridge University Press, 1995.

———. The Cult of the Saints. Chicago: University of Chicago Press, 1981.

———. The Making of Late Antiquity. Cambridge, MA: Harvard University Press, 1978.

———. "Saint Augustine and Political Society." In The City of God: A Collection of Critical Essays, edited by Dorothy F. Donnelly, 17 – 35. New York: Peter Lang, 1995.

———. The World of Late Antiquity, AD 150 – 750. New York: Norton, 1989.

Chadwick, Henry. Augustine. New York: Oxford University Press, 1986.

Coleman, Janet. Ancient and Medieval Memories: Studies in the Reconstruction of the Past. Cambridge: Cambridge University Press, 1992.

Courcelle, Pierre. Recherches sur les Confessions de Saint-Augustin. Paris: E. de Boccard, 1950.

Cullmann, Oscar. Christ and Time: The Primitive Christian Conception of Time and History. Translated by Floyd V. Filson. Rev. ed. Philadelphia: Westminster Press, 1964.

Dihle, Albrecht. The Theory of Will in Classical Antiquity. Berkeley: University of California Press, 1982.

Dodaro, Robert, and George Lawless, eds. Augustine and His Critics: Essays in Honor of Gerald Bonner. London: Routledge, 2000.

Donnelly, Dorothy F. , ed. The City of God: A Collection of Critical Essays. New York: Peter Lang, 1995.

Eusebius. The Ecclesiastical History. Translated by Kirsopp Lake. 2 vols. Cambridge, MA: Harvard University Press, 1965.

Fortin, Ernest L. "Augustine's City of God and the Modern Historical Consciousness." In The City of God: A Collection of Critical Essays, edited by Dorothy F. Donnelly, 305 – 17. New York: Peter Lang, 1995.

Foutz, Scott David. "An Attempt to Establish an Historically Accurate Definition of Typology." Quodlibet: Online Journal of Christian Theology and Philosophy, www . quodlibet . net/ typology . shtml .

Geary, Patrick J. Phantoms of Remembrance: Memory and Oblivion at the End of the First Millennium. Princeton, NJ: Princeton University Press, 1994.

Gilson, Etienne. The Christian Philosophy of Saint Augustine. Translated by L. E. M. Lynch. New York: Random House, 1960.

Goetz, Hans-Werner. "The Concept of Time in the Historiography of the Eleventh and Twelfth Centuries." In Medieval Concepts of the Past, edited by Gerd Althoff, Johannes Fried, and Patrick J. Geary, 139 – 66. Cambridge: Cambridge University Press, 2002.

———. Die Geschichtstheologie des Orosius. Darmstadt: Wissenschaftliche

Buchgesellschaft, 1980.

Goffart, Walter. *The Narrators of Barbarian History* (*A. D.* 550 – 800): *Jordanes, Gregory of Tours, Bede, and Paul the Deacon*. Prince ton, NJ: Prince ton University Press, 1988.

Grant, Robert M. *Eusebius as Church Historian*. Oxford: Oxford University Press, 1980.

Gregory of Tours. *The History of the Franks*. Translated by Lewis Thorpe. Harmondsworth: Penguin, 1974.

———. *Libri historiarum X*. Edited by Bruno Krusch and Wilhelm Levison. *Monumenta Germaniae historica: Scriptorum rerum Merovingicarum*. Vol. 1, part 1 Hanover, NH: Hahniani, 1951.

Hanning, Robert W. *The Vision of History in Early Britain: From Gildas to Geoffrey of Monmouth*. New York: Columbia University Press, 1966.

Heinzelmann, Martin. *Gregory of Tours: History and Society in the Sixth Century*. Translated by Christopher Carroll. Cambridge: Cambridge University Press, 2001.

Holmes, Oliver Wendell. *Holmes-Laski Letters: The Correspondence of Mr. Justice Holmes and Harold J. Laski*, 1916 – 1935. Edited by Mark DeWolfe Howe. Cambridge, MA: Harvard University Press, 1953.

Horn, Christoph, ed. *Augustinus, De civitate dei*. Berlin: Akademie, 1997.

Knuuttila, Simo. "Time and Creation in Augustine." In *The Cambridge Companion to Augustine*, edited by Eleonore Stump and Norman Kretzmann, 103 – 15. Cambridge: Cambridge University Press, 2001.

Koselleck, Reinhart. *The Practice of Conceptual History: Timing History, Spacing Concepts*. Translated by

Todd Samuel Presner and others. Stanford: Stanford University Press, 2002.

Manuel, Frank E. *Shapes of Philosophical History*. London: Allen and Unwin, 1965.

Markus, Robert. "Bede and the Tradition of Ecclesiastical Historiography." Jarrow Lecture, 1975. Jarrow: St. Paul's Rectory, 1976.

———. *Conversion and Disenchantment in Augustine's Spiritual Career*. Villanova, PA: Villanova University Press, 1989.

———. *The End of Ancient Christianity*. Cambridge: Cambridge University Press, 1990.

———. *From Augustine to Gregory the Great*. London: Variorum Reprints, 1983.

———. *Sæculum: History and Society in the Theology of St. Augustine*. Rev. ed. Cambridge: Cambridge University Press, 1988.

———. "Two Conceptions of Po liti cal Authority: Augustine, *De Civitate Dei*, XIX, 14 – 15, and Some Thirteenth-Century Interpretations." In *The City of God: A Collection of Critical Essays*, edited by Dorothy F. Donnelly, 93 – 117. New York: Peter Lang, 1995.

Marrou, Henri-Irénée. *L'ambivalence du temps de l'histoire chez Saint Augustin*. Paris: Vrin, 1950.

———. *Saint Augustin et la fi n de la culture antique*. 4th ed. Paris: De Boccard, 1958.

Momigliano, Arnaldo, ed. *The Confl ict between Paganism and Christianity in the Fourth Century*. Oxford: Oxford University Press, 1963.

———. "Pagan and Christian Historiography in the Fourth Century A. D." In *The Conflict between Paganism and*

Christianity in the Fourth Century, edited by Arnaldo Momigliano, 79 – 99. Oxford: Oxford University Press, 1963.

Mommson, Theodor E. "St. Augustine and the Christian Idea of Progress." In *The City of God : A Collection of Critical Essays*, edited by Dorothy F. Donnelly, 353 – 72. New York: Peter Lang, 1995.

Niebuhr, Reinhold. "Augustine's Political Realism." In *The City of God : A Collection of Critical Essays*, edited by Dorothy F. Donnelly, 119 – 34. New York: Peter Lang, 1995.

O'Connell, Robert J. *The Origins of the Soul in St. Augustine's Later Works*. New York: Fordham University Press, 1987.

————. *St. Augustine's Confessions : The Odyssey of Soul*. 2nd ed. New York: Fordham University Press, 1989.

O'Daly, Gerard. *Augustine's "City of God": A Reader's Guide*. Oxford: Oxford University Press, 2004.

O'Meara, John. *Charter of Christendom : The Signifi cance of the "City of God."* New York: Macmillan, 1961.

Orosius, Paulus. *The Seven Books of History against the Pagans*. Translated by Roy J. Deferrari. Washington: Catholic University Press, 1964.

Pontet, Maurice. *L'exégèse de Saint-Augustin, prédicateur*. Paris: Aubier, 1946.

Russell, Bertrand. *Human Knowledge : Its Scope and Limits*. New York: Simon and Schuster, 1948.

Sorabji, Richard. *Time, Creation, and the Continuum : Theories in Antiquity and the Early Middle Ages*. Ithaca, NY: Cornell University Press, 1983.

Spiegel, Gabrielle M. *The Past as Text : The Theory and Practice of Medieval Historiography*. Baltimore: Johns Hopkins University Press, 1997.

Stump, Eleonore, and Norman Kretzmann, eds. *The Cambridge Companion to Augustine*. Cambridge: Cambridge University Press, 2001.

Taylor, Charles. *Sources of the Self : The Making of Modern Identity*. Cambridge, MA: Harvard University Press, 1989.

Teske, Roland. "Augustine's Philosophy of Memory." In *The Cambridge Companion to Augustine*, edited by Eleonore Stump and Norman Kretzmann, 148 – 58. Cambridge: Cambridge University Press, 2001.

Thürlemann, Felix. *Die historische Diskurs bei Gregor von Tours : Topi und Wirklichkeit*. Bern: Herbert Lang, 1974.

Wallace-Hadrill, D. S. *Eusebius of Caesarea*. Westminster, MD: Canterbury Press, 1961.

Weintraub, Karl Joachim. *The Value of the Individual : Self and Circumstance in Autobiography*. Chicago: University of Chicago Press, 1978.

Wilcox, Donald J. *The Mea sure of Times Past : Pre-Newtonian Chronologies and the Rhetoric of Relative Time*. Chicago: University of Chicago Press, 1987.

Williams, Thomas. "Biblical Interpretation." In *The Cambridge Companion to Augustine*, edited by Eleonore Stump and Norman Kretzmann, 59 – 70. Cambridge: Cambridge University Press, 2001.

Wills, Garry. *Saint Augustine*. New York: Viking/Penguin, 1999.

Wittgenstein, Ludwig. *Philosophical Investigations*. Translated by G. E. M. Anscombe 2nd ed. New York: Macmillan, 1953.

第三部分 文艺复兴

Barkan, Leonard. *Transuming Passion: Ganymede and the Erotics of Humanism*. Stanford: Stanford University Press, 1991.

———. *Unearthing the Past: Archaeology and Aesthetics in the Making of Renaissance Culture*. New Haven, CT: Yale University Press, 1999.

Baron, Hans. *From Petrarch to Leonardo Bruni: Studies in Humanistic and Political Literature*. Chicago: University of Chicago Press, 1968.

———. *Petrarch's "Secretum": Its Making and Its Meaning*. Cambridge, MA: Medieval Academy of America, 1985.

Bishop, Morris. *Petrarch and His World*. Bloomington: Indiana University Press, 1963.

Blair, Ann. "Humanist Methods in Natural Philosophy: The Commonplace Book." *Journal of the History of Ideas* 53 (1992): 541-51.

———. "Reading Strategies for Coping with Information Overload, ca. 1550-1700." *Journal of the History of Ideas* 64 (2003): 11-28.

———. *The Theater of Nature: Jean Bodin and Re nais sance Science*. Prince ton, NJ: Princeton University Press, 1997.

Bodin, Jean. *Method for the Easy Comprehension of History*. Translated by Beatrice Reynolds. New York: Norton, 1969.

———. *OEuvres philosophiques de Jean Bodin*. Vol. 1. Edited by Pierre Mesnard. Paris: Presses Universitaires de France, 1951.

Bolgar, R. R. *The Classical Heritage and Its Benefi ciaries*. Cambridge: Cambridge University Press, 1954.

Bouwsma, William J. *The Waning of the Re nais sance: 1550-1640*. New Haven, CT: Yale University Press, 2000.

Boyle, Marjorie O'Rourke. *Petrarch's Genius: Pentimento and Prophecy*. Berkeley: University of California Press, 1991.

Brown, John L. *The Methodus ad facilem historiarum cognitionem of Jean Bodin: A Critical Study*. Washington: Catholic University of America Press, 1939.

Bruni, Leonardo. "The Study of Literature." In *Humanist Education Treatises*. Texts in Latin and En glish. Edited and translated by Craig W. Kallendorf, 92-125.

Cambridge, MA: Harvard University Press, 2002.

Burckhardt, Jacob. *The Civilization of the Re nais sance in Italy*. Translated by S. G. C. Middlemore. 2 vols. New York: Harper and Row, 1958.

Cave, Terence. *The Cornucopian Text: Problems of Writing in the French Renaissance*. Oxford: Clarendon, 1979.

Cochrane, Eric, and Julius Kirshner, eds. *University of Chicago Readings in Western Civilization*. Vol. 5, *The Re nais sance*. Chicago: University of Chicago Press, 1986.

Cornilliat, François. "Exemplarities: A Response to Timothy Hampton and Karlheinz Stierle." *Journal of the History of Ideas* 59 (1998): 613-24.

Couzinet, Marie-Dominique. *Histoire et méthode à la re nais sance: Une lecture de la Methodus de Jean Bodin*. Paris: Vrin, 1996.

De Vecchi, Pierluigi. *Raphael*. New York: Abbeville Press, 2002.

Durling, Robert. "The Ascent of Mt. Ventoux and the Crisis of Allegory."

Italian Quarterly 18 (1974): 7 - 28.

Eden, Kathy. *Friends Hold All Things in Common: Tradition, Intellectual Property, and the "Adages" of Erasmus*. New Haven, CT: Yale University Press, 2001.

Engster, Daniel. *Divine Sovereignty: The Origins of Modern State Power*. Dekalb: Northern Illinois University Press, 2001.

Erasmus, Desiderius. *On Copia of Words and Ideas*. Translated by Donald B. King and H. David Rix. Milwaukee: Marquette University Press, 1963.

Franklin, Julian H. *Jean Bodin and the Sixteenth-Century Revolution in the Methodology of Law and History*. New York: Columbia University Press, 1963.

Freud, Sigmund. *Civilization and Its Discontents*. Translated by James Strachey. New York: Norton, 1961.

Gilmore, Myron P. "The Re nais sance Conception of the Lessons of History." In *Facets of the Re nais sance*, edited by William H. Werkmeister, 73 - 101. New York: Harper and Row, 1963.

Goyet, Francis. *Le sublime du "lieu commun": L'invention rhétorique dan l'Antiquité et à la Re nais sance*. Paris: Honoré Champion, 1996.

Graft on, Anthony. *What Was History? The Art of History in Early Modern Eu rope*. Cambridge: Cambridge University Press, 2007.

Graft on, Anthony, and Lisa Jardine. *From Humanism to the Humanities*. Cambridge, MA: Harvard University Press, 1986.

Greene, Thomas M. *The Light in Troy: Imitation and Discovery in Re nais sance Poetry*. New Haven, CT: Yale University Press, 1982.

———. *The Vulnerable Text: Essays on Re nais sance Literature*. New York: Columbia University Press, 1986.

Hampton, Timothy. "Examples, Stories, and Subjects in *Don Quixote* and the *Heptameron*." *Journal of the History of Ideas* 59 (1998): 597 - 611.

———. *Writing from History: The Rhetoric of Exemplarity in Re nais sance Literature*. Ithaca, NY: Cornell University Press, 1990.

Hankins, James. *Plato in the Italian Re nais sance*. 2 vols. Leiden: E. J. Brill, 1991.

Hotman, François. *Antitribonian*. Paris, 1603. Facsimile ed. in *Images et témoins de l'age classique*, no. 9. Sainte-Etienne: Presses de l'Université de Sainte-Etienne, 1980.

Huppert, George. *The Idea of Perfect History: Historical Erudition and Historical Philosophy in Renais sance France*. Urbana: University of Illinois Press, 1970.

Janson, Tore. *A Natural History of Latin*. Translated by Merethe Damsgârd Sørensen and Nigel Vincent. Oxford: Oxford University Press, 2004.

Jardine, Lisa. "Lorenzo Valla and the Intellectual Origins of Humanist Dialectic." *Journal of the History of Philosophy* 15 (1977): 143 - 63. Revised as "Lorenzo Valla: Academic Skepticism and the New Humanist Dialectic." In *The Skeptical Tradition*, edited by Myles Burnyeat, 253 - 86. Berkeley: University of California Press, 1983.

Jeanneret, Michel. "The Vagaries of Exemplarity: Distortion or Dismissal?" *Journal of the History of Ideas* 59 (1998): 565 - 79.

Kahn, Victoria. "The Figure of the Reader in Petrarch's *Secretum*." *PMLA* 100 (1985): 154 - 66.

———. "*Virtù* and the Example of

Agathocles in Machiavelli's *Prince.*" *Representations* 13 (1986): 63 – 83.

Kelley, Donald R. *Foundations of Modern Historical Scholarship: Language, Law, and History in the French Renaissance.* New York: Columbia University Press, 1970.

Koselleck, Reinhart. *Futures Past: On the Semantics of Historical Time.* Translated by Keith Tribe. Cambridge, MA: MIT Press, 1985.

Lechner, Joan Marie. *Renaissance Concepts of the Commonplaces.* New York: Pageant, 1962.

Lyons, John D. *Before Imagination: Embodied Thought from Montaigne to Rousseau.* Stanford: Stanford University Press, 2005.

———. *Exemplum: The Rhetoric of Example in Early Modern France and Italy.* Princeton, NJ: Princeton University Press, 1989.

Machiavelli, Niccolò. *Discourses on the First Ten Books of Titus Livius.* In *The Prince and the Discourses.* New York: Random House, 1950.

———. Letter No. 140. Translated by Eric Cochrane. In *University of Chicago Readings in Western Civilization.* Edited by Eric Cochrane and Julius Kirshner. Vol. 5, *The Renaissance*, 182 – 85. Chicago: University of Chicago Press, 1986.

Marsh, David. *The Quattrocento Dialogue: Classical Tradition and Humanist Innovation.* Cambridge, MA: Harvard University Press, 1980.

Meinecke, Friedrich. *Historism: The Rise of a New Historical Outlook.* Translated by J. E. Anderson. New York: Herder and Herder, 1972.

Montaigne, Michel de. *Essays.* In *The Complete Works of Montaigne.* Translated by Donald M. Frame. Stanford: Stanford University Press, 1958.

———. *OEuvres complètes.* Edited by Albert Thibaudet and Maurice Rat. Paris: Gallimard, 1962.

Moss, Ann. *Printed Commonplace-Books and the Structuring of Renaissance Thought.* Oxford: Oxford University Press, 1996.

Nadel, George H. "Philosophy of History before Historicism." In *Studies in the Philosophy of History*, edited by George H. Nadel, 49 – 73. New York: Harper and Row, 1965.

Panofsky, Erwin. *Renaissance and Renascences in Western Art.* New York: Harper and Row, 1969.

Petrarca, Francesco. "The Ascent of Mont Ventoux." Translated by Hans Nachod. In *The Renaissance Philosophy of Man*, edited by Ernst Cassirer, Paul Oskar Kristeller, and John Herman Randall Jr., 36 – 46. Chicago: University of Chicago Press, 1948.

———. *Familiarium rerum libri.* Edited by Vittorio Rossi and Umberto Bosco. 4 vols. Florence: G. C. Sansoni, 1933 – 42.

———. *Letters on Familiar Matters.* Translated by Aldo S. Bernardo. 3 vols. New York: Italica Press, 2005.

———. *Opera latine de Francesco Petrarca.* Vol. 1, *Secretum: De secreto conflictu curarum mearum.* Edited by Antonietta Bufano. Turin: Unione tipografi co editrice torinese, 1975.

———. *The Secret.* Edited by Carol E. Quillen. Boston: Bedford/St. Martin's, 2003.

Pigman, G. W., III. "Versions of Imitation in the Renaissance." *Renaissance Quarterly* 33 (1980): 1 – 32.

Pocock, J. G. A. *The Ancient Constitution and the Feudal Law: A Study of English Historical Thought in the*

Seventeenth Century: A Reissue with a Retrospect. Cambridge: Cambridge University Press, 1987.

Polybius. The Histories. Translated by W. R. Paton. 6 vols. Loeb Classical Library. Cambridge, MA: Harvard University Press, 1922 - 27.

Quillen, Carol Everhart. Rereading the Renaissance: Petrarch, Augustine, and the Language of Humanism. Ann Arbor: University of Michigan Press, 1998.

Redig de Campos, D. Raphael in the Stanze. Translated by John Guthrie. Milan: Aldo Martello, 1971.

Rigolot, François. "The Re nais sance Crisis of Exemplarity." Journal of the History of Ideas 59 (1998): 557 - 63.

Saxl, Fritz. A Heritage of Images. Harmondsworth: Penguin, 1970.

Schiffman, Zachary Sayre, ed. Humanism and the Re nais sance. Boston: Houghton Miffl in, 2002.

———. "Jean Bodin, Roman Law, and the Re nais sance Conception of the Past." In Cultural Visions: Essays in the History of Culture, edited by Penny Schine Gold and Benjamin C. Sax, 271 - 87. Amsterdam: Rodopi, 2000.

———. On the Threshold of Modernity: Relativism in the French Re nais sance. Baltimore: Johns Hopkins University Press, 1991.

Skinner, Quentin. The Foundations of Modern Po liti cal Thought. 2 vols. Cambridge: Cambridge University Press, 1978.

Spini, Giorgio. "Historiography: The Art of History in the Italian Counter Reformation." In The Late Italian Re nais sance, edited and translated by Eric Cochrane, 91 - 133. New York: Harper and Row, 1970.

Stierle, Karlheinz. "L'histoire comme exemple, l'exemple comme histoire." Poétique 10 (1972): 176 - 98.

———. "Three Moments in the Crisis of Exemplarity: Boccaccio-Petrarch, Montaigne, and Cervantes." Journal of the History of Ideas 59 (1998): 581 - 95.

Struever, Nancy S. "Pasquier's Recherches de la France: The Exemplarity of His Medieval Sources." History and Theory 27 (1988): 51 - 59.

Trinkaus, Charles. "In Our Image and Likeness": Humanity and Divinity in Italian Humanist Thought. 2 vols. Chicago: University of Chicago Press, 1970.

———. The Poet as Phi los o pher: Petrarch and the Formation of Re nais sance Consciousness. New Haven, CT: Yale University Press, 1979.

Vasari, Giorgio. Lives of the Artists. Translated by George Bull. Harmondsworth: Penguin, 1965.

Weintraub, Karl Joachim. The Value of the Individual: Self and Circumstance in Autobiography. Chicago: University of Chicago Press, 1978.

Weiss, Roberto. The Re nais sance Discovery of Classical Antiquity. Oxford: Basil Blackwell, 1969.

Wilkins, Ernest Hatch. Life of Petrarch. Chicago: University of Chicago Press, 1961.

Witt, Ronald G. "In the Footsteps of the Ancients": The Origins of Humanism from Lovato to Bruni. Leiden: Brill, 2000.

Woodward, William Harrison. Vittorino da Feltre and Other Humanist Educators. Cambridge: Cambridge University Press, 1897. Reprint, New York: Columbia University Press, 1963.

Zarka, Yves Charles, ed. Jean

Bodin: *Nature, histoire, droit et poli-
tique*. Paris: Presses Universitaires de
France, 1996.

第四部分　启蒙运动

Auerbach, Erich. "Vico and Aes-
thetic Historism." In *Scenes from the
Drama of European Literature*, 183 –
98. Minneapolis: University of Minneso-
ta Press, 1984. First published in the
Journal of Aesthetics and Art Criticism 8
(1949): 110 – 18.

Baron, Hans. "The *Querelle* of the
Ancients and the Moderns as a Problem
for Renaissance Scholarship." In *Renais-
sance Essays*, edited by Paul O. Kristell-
er and Philip P. Wiener, 95 – 114. New
York: Harper and Row, 1968. First
published in the *Journal of the History
of Ideas* 20 (1959): 3 – 22.

Berlin, Isaiah. "Montesquieu." In
*Against the Current: Essays in the Histo-
ry of Ideas*, edited by Henry Hardy,
130 – 61. New York: Viking, 1980.
First published in the *Proceedings of the
British Academy* 41 (1955): 267 – 96.

―――. *Vico and Herder: Two
Studies in the History of Ideas*. New
York: Viking, 1976.

Blumenberg, Hans. *The Legitima-
cy of the Modern Age*. Translated by
Robert M. Wallace. Cambridge, MA:
MIT Press, 1983.

Burrow, John. *A History of Histo-
ries: Epics, Chronicles, Romances and
Inquiries from Herodotus and
Thucydides to the Twentieth Century*.
London: Penguin, 2007.

Carrithers, David. "Montesquieu's
Philosophy of History." *Journal of the
History of Ideas* 47 (1986): 61 – 80.

Cassirer, Ernst. *The Philosophy of
the Enlightenment*. Translated by Fritz
C. A. Koelln and James P. Pettegrove.

Prince ton, NJ: Prince ton University
Press, 1951.

Conroy, Peter V. , Jr. *Montesquieu
Revisited*. New York: Twayne, 1992.

Descartes, René. *Regulae ad direc-
tionem ingenii— Rules for the Direction
of the Natural Intelligence: A Bilingual
Edition of the Cartesian Treatise on
Method*. Edited and translated by George
Heff ernan. Amsterdam: Rodopi, 1998.

Durkheim, Emile. *Montesquieu and
Rousseau: Forerunners of Sociology*.
Translated by Ralph Manheim. Ann Ar-
bor: University of Michigan Press,
1960.

Erasmus, H. J. *The Origins of
Rome in Historiography from Petrarch
to Perizonius*. Assen: Van Gorcum,
1962.

Fasolt, Constantin. *The Limits of
History*. Chicago: University of Chicago
Press, 2004.

Fletcher, F. T. H. *Montesquieu
and En glish Politics*. London: Edward
Arnold, 1939. Reprint, Philadelphia:
Porcupine Press, 1980.

Frame, Donald M. *Montaigne: A
Biography*. New York: Harcourt, Brace
and World, 1965.

―――. "New Light on Montaigne's
Trip to Paris in 1588." *Romanic Review*
51 (1960): 161 – 81.

Goldmann, Lucien. *The Philosophy
of the Enlightenment: The Christian
Burgess and the Enlightenment*. Transla-
ted by Henry Mass. Cambridge, MA:
MIT Press, 1973.

Graft on, Anthony, and Lisa Jar-
dine. " 'Studied for Action': How Ga-
briel Harvey Read His Livy." *Past and
Present* 129 (1990): 30 – 78.

Hampton, Timothy. *Literature and
Nation in the Sixteenth Century: Inven-
ting Renaissance France*. Ithaca, NY:

Cornell University Press, 2001.

Hobart, Michael E. "The Analytical Vision and Or ga ni za tion of Knowledge in the *Encyclopédie.*" *Studies in Voltaire and the Eigh teenth Century* 327 (1995): 147 – 75.

———. *Science and Religion in the Thought of Nicholas Malebranche.* Chapel Hill: University of North Carolina Press, 1982.

Hobart, Michael E. , and Zachary S. Schiff man. *Information Ages: Literacy, Numeracy, and the Com puter Revolution.* Baltimore: Johns Hopkins University Press, 1998.

Hulliung, Mark. *Montesquieu and the Old Regime.* Berkeley: University of California Press, 1976.

Hume, David. *An Enquiry Concerning the Principles of Morals.* London: A. Millar, 1751.

Jacks, Philip. *The Antiquarian and the Myth of Antiquity: The Origins of Rome in Renaissance Thought.* Cambridge: Cambridge University Press, 1993.

Kaiser, Thomas. " The Evil Empire? The Debate on Turkish Despotism in Eighteenth-Century French Po liti cal Culture." *Journal of Modern History* 72 (2000): 6 – 34.

Levine, Joseph M. *The Battle of the Books: History and Literature in the Augustan Age.* Ithaca, NY: Cornell University Press, 1991.

———. *Between the Ancients and the Moderns: Baroque Culture in Restoration England.* New Haven, CT: Yale University Press, 1999.

———. "Giambattista Vico and the Quarrel between the Ancients and the Moderns." *Journal of the History of Ideas* 52 (1991): 55 – 79. Reprinted in Joseph M. Levine, *The Autonomy of*

History: Truth and Method from Erasmus to Gibbon, 127 – 53. Chicago: University of Chicago Press, 1999.

Macfarlane, Alan. *The Riddle of the Modern World: Of Liberty, Wealth, and Equality.* New York: St. Martin's, 2000.

Malebranche, Nicholas. *De la recherche de la vérité.* Edited by Geneviève Lewis. 3 vols. Paris: J. Vrin, 1945.

———. *Treatise on Nature and Grace.* Translated by Patrick Riley. Oxford: Clarendon, 1992.

Mason, Sheila Mary. *Montesquieu's Idea of Justice.* The Hague: Martinus Nijhoff, 1975.

Mattingly, Garrett. *The Armada.* Boston: Houghton Miffl in, 1959.

Montaigne, Michel de. *The Complete Works of Montaigne.* Translated by Donald M. Frame. Stanford: Stanford University Press, 1958.

———. *OEuvres complètes.* Edited by Albert Thibaudet and Maurice Rat. Paris: Gallimard, 1962.

Montesquieu, Charles de Secondat, baron de. *Considerations on the Causes of the Greatness of the Romans and Their Decline.* Translated by David Lowenthal. Indianapolis: Hackett, 1999.

———. *OEuvres complètes.* Edited by Roger Caillois. 2 vols. Paris: Gallimard, 1949 – 51.

———. *Persian Letters.* Translated by C. J. Betts. Harmondsworth: Penguin, 1973.

———. *The Spirit of the Laws.* Translated by Anne M. Cohler, Basia Carolyn Miller, and Harold Samuel Stone. Cambridge: Cambridge University Press, 1989.

Pangle, Thomas L. *Montesquieu's Philosophy of Liberalism: A Commentary on "The Spirit of the Laws."* Chicago: University of Chicago Press, 1973.

Pfeiff er, Rudolf. *History of Classical Scholarship*, 1300 – 1850. Oxford: Clarendon, 1976.

Phillips, Mark Salber. "Reconsiderations on History and Antiquarianism: Arnaldo Momigliano and the Historiography of Eighteenth-Century Britain." *Journal of the History of Ideas* 57 (1996): 297 – 316.

———. "Relocating Inwardness: Historical Distance and the Transition from Enlightenment to Romantic Historiography." *Proceedings of the Modern Language Association* 118 (2003): 436 – 49.

———. *Society and Sentiment: Genres of Historical Writing in Britain*, 1740 – 1820. Princeton, NJ: Prince ton University Press, 2000.

Pocock, J. G. A. *Barbarism and Religion*. 4 vols. Cambridge: Cambridge University Press, 1999 – 2008.

Riley, Patrick. *The General Will Before Rousseau: The Transformation of the Divine into the Civic*. Prince ton, NJ: Prince ton University Press, 1986.

———. "Malebranche and Natural Law." In *Early Modern Natural Law Theories: Contexts and Strategies in the Early Enlightenment*, edited by T. J. Hochstrasser and P. Shröder, 53 – 87. Dordrecht: Kluwer, 2003.

Sandys, John Edwin. *A History of Classical Scholarship*. 3 vols. Cambridge: Cambridge University Press, 1908.

Schaub, Diana J. *Erotic Liberalism: Women and Revolution in Montesquieu's "Persian Letters."* Lanham, MD: Rowman and Littlefi eld, 1995.

Schiff man, Zachary Sayre. "Montaigne and the Problem of Machiavell-ism." *Journal of Medieval and Re nais sance Studies* 12 (1982): 237 – 58.

———. "Montaigne's Perception of Ancient Rome: Biography as a Form of History." In *Rome in the Re nais sance: The City and the Myth*, edited by P. A. Ramsey, 345 – 53. Binghamton, NY: Medieval and Re nais sance Texts and Studies, 1982.

———. *On the Threshold of Modernity: Relativism in the French Re nais sance*. Baltimore: Johns Hopkins University Press, 1991.

———. "Re nais sance Historicism Reconsidered." *History and Theory* 24 (1985): 170 – 82.

Shackleton, Robert. *Montesquieu: A Critical Biography*. London: Oxford University Press, 1961.

Shklar, Judith N. *Montesquieu*. Oxford: Oxford University Press, 1987.

Sorel, Albert. *Montesquieu*. Translated by Melville B. Anderson and Edward Playfair Anderson. Port Washington, NY: Kennikat Press, 1969.

Vico, Giambattista. *The New Science of Giambattista Vico*. 1744. Translated by Thomas Goddard Bergin and Max Harold Fisch. Ithaca, NY: Cornell University Press, 1984.

Waddicor, Mark H. *Montesquieu: Lettres persanes*. London: Edward Arnold, 1977.

Woolf, D. R. *The Idea of History in Early Stuart En gland*. Toronto: University of Toronto Press, 1990.

———. *Reading History in Early Modern En gland*. Cambridge: Cambridge University Press, 2000.

跋

Burrow, John. *A History of Histories: Epics, Chronicles, Romances and Inquiries from Herodotus and*

Thucydides to the Twentieth Century. London: Penguin, 2007.

Collingwood, R. G. *The Idea of History.* London: Oxford University Press, 1946.

Fasolt, Constantin. *The Limits of History.* Chicago: University of Chicago Press, 2004.

Franklin, Julian H. *Jean Bodin and the Revolution in the Methodology of Law and History.* New York: Columbia University Press, 1963.

Graft on, Anthony. *The Footnote: A Curious History.* Cambridge, MA: Harvard University Press, 1997.

————. *Joseph Scaliger: A Study in the History of Classical Scholarship.* 2 vols. Oxford: Clarendon, 1983,1993.

Haskell, Francis. *History and Its Images: Art and the Interpretation of the Past.* New Haven, CT: Yale University Press, 1993.

Herder, Johann Gottfried. *Another Philosophy of History for the Education of Mankind: One among Many Contributions of the Century* (1774). In *Another Philosophy of History and Selected Po liti cal Writings.* Translated by Ioannis D. Evrigenis and Daniel Pellerin, 3 - 98. Indianapolis: Hackett, 2004.

Huppert, George. *The Idea of Perfect History: Historical Erudition and Historical Philosophy in Re nais sance France.* Urbana: University of Illinois Press, 1970.

Kelley, Donald R. *Faces of History.* New Haven, CT: Yale University Press, 1998.

————. *Foundations of Modern Historical Scholarship: Language, Law, and History in the French Renaissance.* New York: Columbia University Press, 1970.

Levine, Joseph M. *Dr.*

Woodward's Shield: History, Science, and Satire in Augustan England. Berkeley: University of California Press, 1977.

————. *Humanism and History: Origins of Modern En glish Historiography.* Ithaca, NY: Cornell University Press, 1987.

Meinecke, Friedrich. *Historism: The Rise of a New Historical Outlook.* Translated by J. E. Anderson. New York: Herder and Herder, 1972.

Miller, Peter N. , ed. *Momigliano and Antiquarianism: Foundations of the Modern Cultural Sciences.* Toronto: University of Toronto Press, 2007.

————. *Peiresc's Europe: Learning and Virtue in the Seventeenth Century.* New Haven, CT: Yale University Press, 2000.

Momigliano, Arnaldo. *Essays in Ancient and Modern Historiography.* Middletown, CT: Wesleyan University Press, 1977.

————. *Studies in Historiography.* New York: Harper and Row, 1966.

Phillips, Mark Salber. "Reconsiderations on History and Antiquarianism: Arnaldo Momigliano and the Historiography of Eighteenth-Century Britain." *Journal of the History of Ideas* 57 (1996): 297 - 316.

————. " Relocating Inwardness: Historical Distance and the Transition from Enlightenment to Romantic Historiography." *Proceedings of the Modern Language Association* 118 (2003): 436 - 49.

————. *Society and Sentiment: Genres of Historical Writing in Britain, 1740 - 1820.* Prince ton, NJ: Prince ton University Press, 2000.

Pocock, J. G. A. *The Ancient Constitution and the Feudal Law: A Study* of English Historical Thought in the Seventeenth Century: A Reissue with a Retrospect. Cambridge: Cambridge University Press, 1987.

————. Barbarism and Religion. 4 vols. Cambridge: Cambridge University Press, 1999 – 2008.

Reill, Peter Hanns. The German Enlightenment and the Rise of Historicism. Berkeley: University of California Press, 1975.

Voltaire. Candide and Other Writings. Edited by Haskell M. Block. New York: Modern Library, 1956.

————. Essai sur les moeurs et l'esprit des nations et sur les principaux faites de l'histoire depuis Charlemagne jusqu'à Louis XIII. Edited by René Pomeau. 2 vols. Paris: Garnier, 1963.

————. OEuvres historiques. Edited by René Pomeau. Paris: Gallimard, 1957.

Weintraub, Karl J. "Autobiography and Historical Consciousness." Critical Inquiry 1 (1975): 821 – 48.

————. The Value of the Individual: Self and Circumstance in Autobiography. Chicago: University of Chicago Press, 1978.

————. Visions of Culture: Voltaire, Guizot, Burckhardt, Lambrecht, Huizinga, Ortega y Gasset. Chicago: University of Chicago Press, 1966.

注 释

序

1 Jill Lepore, *The Whites of their Eyes: The Tea Party's Revolution and the Battle o-ver American History* (Prince ton, N. J. : Prince ton University Press, 2010).

2 参见, Zachary Sayre Schiff man, *On the Threshold of Modernity: Relativism in the French Renaissance* (Baltimore: Johns Hopkins University Press, 1991); Mi-chael E. Hobart and Zachary S. Schiff man, *Information Ages: Literacy, Numer-acy, and the Computer Revolution* (Baltimore: Johns Hopkins University Press, 1998).

3 重点参见, Ann M. Blair, *Too Much to Know: Managing Scholarly Information Before the Modern Age* (New Haven: Yale University Press, 2010), and compare to Zachary S. Schiff man, "Montaigne and the Rise of Skepticism in Early Modern Europe: A Reappraisal," *Journal of the History of Ideas* 45, no. 4 (Oct. - Dec. , 1984): 499 - 516.

4 Erwin Panofsky. "Renaissance and Renascences," *The Kenyon Review* 6, no. 2 (Spring, 1944): 201 - 36.

5 参见, Julian Franklin, *Jean Bodin and the Sixteenth-Century Revolution in the Methodology of Law and History* (New York: Columbia University Press,1963); Donald Kelley, *Foundations of Modern Historical Scholarship: Language, Law and History in the French Renaissance* (New York: Columbia University Press, 1970). Compare this to Schiff man's own *On the Threshold of Modernity: Relativ-ism in the French Renaissance* (Baltimore: Johns Hopkins University Press, 1991).

6 Reinhart Koselleck, *Futures Past: On the Semantics of Historical Time*, trans. Keith Tribe (Cambridge, Mass. : MIT Press, 1985); Peter Fritzsche, *Stranded in the Present: Modern Time and the Melancholy of History* (Cambridge, Mass. , and London: Harvard University Press, 2004).

7 参见, Daniel Woolf, *Reading History in Early Modern En gland* (Cambridge: Cambridge University Press, 2000), and *The Social Circulation of the Past: Eng-lish Historical Culture*, 1500 - 1730 (Oxford: Oxford University Press, 2003).

导言

1 参考《编年史》的 Laud 手稿。见 *The Anglo-Saxon Chronicle*, trans. G. N. Gar-

monsway (London: J. M. Dent, 1953), 59.

2 此例源自大卫·波丹尼斯的简明读本: $E = mc2$: *A Biography of the World's Most Famous Equation* (New York: Walker, 2000), 11-17。

3 Niccolò Machiavelli, Letter No. 140, trans. Eric Cochrane, in *University of Chicago Readings in Western Civilization*, vol. 5, *The Renaissance*, ed. Eric Cochrane and Julius Kirshner (Chicago: University of Chicago Press, 1986), 184.

第一部分　古代

1 John H. Finley Jr., Thucydides (Cambridge, MA: Harvard University Press, 1942); Erich Auerbach, Mimesis, trans. Willard R. Trask (Princeton, NJ: Princeton University Press, 1953). 当然,奥尔巴哈的著作依然是经典,尽管想解释甚至解构其观点的人越来越多。芬利对修昔底德的长篇研究值得嘉许的是它是尝试将修昔底德置于具体历史情境中进行研究的最早著作之一,尽管现在引用很少。构成该著作的大量基础文章仍是这一领域的标杆。参见 John H. Finley Jr., Three Essays on Thucydides (Cambridge, MA: Harvard University Press, 1967).

2 Finley, Thucydides, 291.

3 Virginia Hunter, Past and Process in Herodotus and Thucydides (Princeton, NJ: Princeton University Press, 1982).

4 Primo Levi, Survival in Auschwitz, trans. Stuart Woolf (New York: Simon and Schuster, 1996), 58, 87.

5 Jan Vansina, Oral Tradition as History (Madison: University of Wisconsin Press, 1985), 13.

6 M. I. Finley, "Myth, Memory and History," 见同作者: The Use and Abuse of History (New York: Viking, 1975), 16. My treatment of Greek historiography is heavily indebted to this version of Finley's article, a shorter version of which was first published in History and Theory 4 (1965): 281-302.

7 Aristotle, De Poetica, trans. Ingram Bywater (Oxford: Oxford University Press, 1946), 1451b5-11;又参见, Finley, The Use and Abuse of History, 11-12. 所有经典文本的附注都将标明卷和章节数,此后都将置于正文中。

8 Vansina, Oral Tradition as History, 17.

9 Jan Vansina, Oral Tradition: A Study in Historical Methodology, trans. H. M. Wright (Chicago: Aldine, 1965), 154. 尽管范西纳在其后来的著作《作为历史的口述传统》(*Oral Tradition as History*)中声称对这一研究进行了"修订",后者本质上是一本不同的著作,它对作者以前的研究是一种补充而非替代。

10 Vansina, Oral Tradition as History, 23, 168-69.

11 Vansina, Oral Tradition, 154.

12 Quoted in Lionel Pearson, Early Ionian Historians (Oxford: Clarendon, 1939; repr., Westport, CT: Greenwood, 1975), 26.

13 古代线性和片断时间概念的产生,我从唐纳德 J. 威尔科克斯的《过去时代的度量》The Measure of Times Past: Pre-Newtonian Chronologies and the Rhetoric of Relative Time (Chicago: University of Chicago Press, 1987)一书受益良多,在此深表谢意。

14 Arnaldo Momigliano, "The Place of Herodotus in the History of Historiography,"

见同作者 Studies in Historiography（New York：Harper and Row，1966），129.

15 我对埃及纪年以及希罗多德和古代时间框架的总体探讨,引用威尔考克斯《过去时代的度量》The Measure of Times Past 一书很多,尤其是该书第 60－64 页。

16 同样,这一分析也得益于威尔考克斯的《过去时代的度量》The Measure of Times Past；尤其参见第 54－55 页,以及他在该书第三章对片断时间的一般论述。

17 参见 W. Robert Connor，Thucydides（Princeton，NJ：Princeton University Press，1984），176－8 0 的分析；同时参见 Hans-peter Stahl，Thukydides：Die Stellung des Menschen im geschichtlichen Prozess（Munich：C. H. Beck，1966），chap. 1.

18 参见 John Boardman，The Archaeology of Nostalgia：How the Greeks Re-created Their Mythical Past（London：Thames and Hudson，2002），11－12. 在他的"Myth，Memory and History"（reprinted in his Use and Abuse of History)中,将修昔底德对早期海军史的处理与希罗多德(3.122)做一对比, M. I. 芬利 讨论了修昔底德用以说明希腊海军力量成长历程的各种年代顺序参考点,我在很大程度上借用了他的分析。

19 有关修昔底德受惠于希罗多德的详情,参见 Hunter，Past and Process。

20 在 The Measure of Times Past 一书中,威尔考克斯分析了"五十年间"这个片段时间的例证（69－74）。

21 我对修昔底德著作,尤其是对其第 3 卷的分析,借鉴康纳尔（Connor)的《修昔底德》（Thucydides)甚多。

22 我对波利比阿和世界时间的分析借鉴威尔考克斯《过去时代的度量》甚多,尤其参见该书第 4 章。

23 我对波利比阿的分析基于 F. W. Walbank，Polybius（Berkeley：University of California Press，1972）。

24 Niccolò Machiavelli，The Prince and the Discourses（New York：Random House，1950），271.

25 以上对李维的分析参考了 Wilcox，The Measure of Times Past，chap. 4.

26 Reinhart Koselleck，Futures Past：On the Semantics of Historical Time，trans. Keith Tribe（Cambridge，MA：MIT Press，1985），94.

第二部分 基督教世界

1 Reinhart Koselleck，"The Need for Theory in History，" in his The Practice of Conceptual History：Timing History，Spacing Concepts，by Todd Samuel Presner and others（Stanford：Stanford University Press，2002），7.

2 See Walter Goffart，The Narrators of Barbarian History（A. D. 550－8 00）：Jordanes，Gregory of Tours，Bede，and Paul the Deacon（Prince ton，NJ：Prince ton University Press，1988），174－8 2；我们在后面还会有机会谈到这一勾起回忆的说法。

3 Augustine，Confessions，附 William Watts（1631 年的英文翻译，2 vols. ，Loeb Classical Library（Cambridge，MA：Harvard University Press，1968），1.1. 在此我用的是 17 世纪由威廉·瓦茨翻译的版本,它最好地捕捉到开首章祈祷的特质。但以下所引除非特别标注,都是来自由 R. S. Pine-Coffin（Harmondsworth：Penguin，1961)翻译的更为现代的版本。

4 Augustine，Confessions，由 James J. O'Donnell 做引言、正文解释和评注，3 vols.

(Oxford: Oxford University Press, 1992), 2: 8 - 9。

5 Bertrand Russell, *Human Knowledge: Its Scope and Limits* (New York: Simon and Schuster, 1948), 123; and Ludwig Wittgenstein, *Philosophical Investigations*, trans. G. E. M. Anscombe, 2nd ed. (New York: Macmillan, 1953), 42.

6 Oscar Cullmann, *Christ and Time: The Primitive Christian Conception of Time and History*, trans. Floyd V. Filson, rev. ed. (Philadelphia: Westminster Press, 1964), 62; 我也受益于库尔曼(Cullmann)对原始和早期基督徒的时间观念的解释。

7 Augustine, "*Acts or Disputation against Fortunatus, the Manichæan,*" trans. Albert H. Newman, Christian Classics Ethereal Library, www. ccel. org/c cel/s chaff / npnf104. iv. vii. ii. html, 20.

8 Peter Brown, *Augustine of Hippo* (Berkeley: University of California Press, 1967), 165.

9 Maurice Pontet, *L'exégèse de Saint-Augustin, prédicateur* (Paris: Aubier, 1946), 171.

10 Ibid. , 177.

11 Oliver Wendell Holmes to James Laski, 5 January 1921, *Holmes-Laski Letters: The Correspondence of Mr. Justice Holmes and Harold J. Laski*, 1916 - 1 935, ed. Mark DeWolfe Howe (Cambridge, MA: Harvard University Press, 1953), 300.

12 詹姆斯 J. 欧多内(James J. O'Donnell)在对自己所出版的《忏悔录》所做的评注中频繁提到圣经的这些共鸣。

13 了解这个普遍性的观点参见庞蒂特(Pontet)(345 - 51),他同样注意到在约翰·卡蒂诺·纽曼在他著名的布道"显现于记忆中的基督"("Christ Manifested in Remembrance.")中对同样回溯性原则的表达。

14 See Thomas Williams, "*Biblical Interpretation,*" in *The Cambridge Companion to Augustine*, ed. Eleonore Stump and Norman Kretzmann (Cambridge: Cambridge University Press, 2001), esp. 65 - 6 6.

15 Donald J. Wilcox, *The Measure of Times Past: Pre-Newtonian Chronologies and the Rhetoric of Relative Time* (Chicago: University of Chicago Press, 1987), 124.

16 Robert Markus, *Sæculum: History and Society in the Theology of St. Augustine*, rev. ed. (Cambridge: Cambridge University Press, 1988), 133.

17 See, e. g., John O'Meara, *Charter of Christendom: The Significance of the "City of God"* (New York: Macmillan, 1961), 54 - 6 1.

18 我对借喻方法的分析主要受益于埃里希·奥尔巴哈的文章"象征"("Figura,"),该文收录于 *Scenes from the Drama of European Literature* (Minneapolis: University of Minnesota Press, 1984);此外还受益于斯科特·大卫·弗茨(Scott David Foutz,)的文章"象征论的历史精确定义试探"("*An Attempt to Establish an Historically Accurate Definition of Typology,*")Quodlibet Journal, w ww. quodlibet. net/typology. shtml (accessed 6 January 2011)。

19 Auerbach, "*Figura,*" 29.

20 Robert Markus, *The End of Ancient Christianity* (Cambridge: Cambridge University Press, 1990), 89.

21 Augustine, *City of God*, 17.8 (译文是奥尔巴哈所翻译的,摘自"象征"43);《上

帝之城》第 17 卷有许多奥古斯丁借喻分析方式的实例。

22　Quoted in Auerbach,"Figura,"43.

23　Ibid. ,41.

24　这些缺点在弗茨的"象征论的历史精确定义试探"中做了详细说明。

25　Goffart, *The Narrators of Barbarian History* (A. D. 550 - 800), 203.

26　Martin Heinzelmann, *Gregory of Tours：History and Society in the Sixth Centu-ry*, trans. Christopher Carroll (Cambridge：Cambridge University Press,2001), 104 - 7；我对格里高利的论述完全受益于亨泽尔曼以及哥法特。在接下来对格里高利的分析中,我提及他的历史著作时,以其英文译本的卷和章数来表示。参见,Gregory of Tours, The History of the Franks, trans. Lewis Thorpe (Harmondsworth：Penguin,1974).

27　对此关键点,参见,Heinzelmann, *Gregory of Tours*,103。

28　Heinzelmann, Gregory of Tours,76 - 87.

29　See, e. g. , ibid. ,143 - 44.

30　这个故事的借喻方面,参见 Robert W. Hanning, *The Vision of History in Early Britain：From Gildas to Geoffrey of Monmouth* (New York：Columbia University Press,1966),esp. 80 - 81。

31　Ibid. ,77 - 78.

32　Hans-Werner Goetz, *"The Concept of Time in the Historiography of the Eleventh and Twelfth Centuries,"* in *Medieval Concepts of the Past*, ed. Gerd Althoff ,Johannes Fried, and Patrick J. Geary (Cambridge：Cambridge University Press, 2002),160,164；同时参见加布里埃尔 M. 斯皮格尔对圣丹尼斯的编年史和中世纪历史学中普遍存在的预表观点的分析,具体见她的论文集：*The Past as Text：The Theory and Practice of Medieval Historiography* (Baltimore：Johns Hopkins University Press, 1997),esp. chap. 5。

第三部分　文艺复兴

1　Leonard Barkan, Transuming Passion：Ganymede and the Erotics of Humanism (Stanford：Stanford University Press, 1991), 11；我对拉斐尔以及(后来)对弗洛伊德的分析完全是巴坎(Barkan,10 - 19)的成果。对这些主题相类似的讨论见：Zachary Sayre Schiff man, "Jean Bodin, Roman Law, and the Renaissance Conception of the Past," in *Cultural Visions：Essays in the History of Culture*, ed. Penny Schine Gold and Benjamin C. Sax (Amsterdam：Rodopi, 2000), 273 - 75。有关 Giorgio Vasari 对壁画的描述(不是很有条理)参见他的著作：*Lives of the Artists*, trans. George Bull (Harmondsworth：Penguin, 1965), 291 - 93；对人物形象的识别(见下面)是依据传统看法,最早可以追溯到瓦萨里的叙述。拉斐尔利用了当时可以看到的最近的学者来刻画壁画中的人物形象。因为这些学者绝大多数现今已不为我们所知,我们还有很多人物辨认不出来,而传统的看法则常常引发争论。

2　对这种解释文艺复兴方式的简要评述参见：Zachary S. Schiffman, ed. , Humanism and the Renaissance (Boston：Houghton Miffl in, 2002),尤其参考我对该书整体及各部分的介绍。

3　参见：Thomas M. Greene, "History and Anachronism," in his *The Vulnerable Text：Essays on Renaissance Literature* (New York：Columbia University Press,

1986), esp. 220 - 22.

4 Ibid. , 219.

5 Niccolò Machiavelli, Letter No. 140 (see introduction, n. 3).

6 该信的文本及其接收者的大致身份,参见: Francesco Petrarca, Letter 4. 15, in Eric Cochrane and Julius Kirshner, eds. , *University of Chicago Readings in Western Civilization*, vol. 5, *The Renaissance* (Chicago: University of Chicago Press, 1986), 37 - 41。

7 我对人文主义的这种理解路径以及以下对彼特拉克的解释,完全来自于 Carol Everhart Quillen, *Rereading the Renaissance: Petrarch, Augustine, and the Language of Humanism* (Ann Arbor: University of Michigan Press, 1998)。

8 James Hankins, *Plato in the Italian Renaissance*, 2 vols. (Leiden: E. J. Brill, 1991), 1: 18 - 26. 汉金斯是最早相对比较深入地探讨文艺复兴阅读主题的学者之一,他所做的分类对于我们来说仍然有用且具有启发性。但应当注意的是,后来的学者们已经开始揭示其他的阅读种类,参见,诸如: *Journal of the History of Ideas* 64 (2003), 上面好几篇文章就是探讨"近代早期信息过量"的主题。尤其值得注意的是 Ann Blair 在"Reading Strategies for Coping with Information Overload, ca. 1550 - 1700,"一文中所做的透彻分析,详细叙述了在 17 和 18 世纪常用的一些稍微有所不同以及不那么正规的阅读策略。

9 Timothy Hampton, *Writing from History: The Rhetoric of Exemplarity in Renaissance Literature* (Ithaca, NY: Cornell University Press, 1990), 12 - 13.

10 有关范例的问题以及在文艺复兴时期是否存在一个范例的危机的讨论,参见发表于 *Journal of the History of Ideas* 59 (October 1998)上的系列文章。

11 总体参见: Ronald G. Witt, "*In the Footsteps of the Ancients*": The Origins of Humanism from Lovato to Bruni (Leiden: Brill, 2000).

12 Thomas M. Greene, *The Light in Troy: Imitation and Discovery in Renaissance Poetry* (New Haven, CT: Yale University Press, 1982), 35.

13 Francesco Petrarca, *Letters on Familiar Matters*, trans. Aldo S. Bernardo, 3 vols. (New York: Italica Press, 2005), book 24, letter 4 (hereafter, 24. 4); also see the Latin edition, *Familiarium rerum libri*, 4 vols. , ed. Vittorio Rossi and Umberto Bosco (Florence: G. C. Sansoni, 1933 - 42).

14 Greene, *The Light in Troy*, 8.

15 Charles Trinkaus, "*In Our Image and Likeness*": Humanity and Divinity in Italian Humanist Thought, 2 vols. (Chicago: University of Chicago Press, 1970), 1: 27.

16 我对这封信的解释借鉴了 Quillen, Rereading the Renaissance; 和 Robert Durling, "The Ascent of Mt. Ventoux and the Crisis of Allegory," *Italian Quarterly* 18 (1974). 这封信的所有翻译都出自 Francesco Petrarca, "The Ascent of Mont Ventoux," trans. Hans Nachod, *in The Renaissance Philosophy of Man*, ed. Ernst Cassirer, Paul Oskar Kristeller, and John Herman Randall Jr. (Chicago: University of Chicago Press, 1948)。

17 17. Greene, *The Light in Troy*, 46。

18 除了 Quillen 对彼特拉克极具价值的研究之外,还要(在此语境之下)参考 Victoria Kahn, "The Figure of the Reader in Petrarch's Secretum," *PMLA* 100 (1985)。所有的译文都来自 *Secretum*,所有的页面参考都出自 Francesco Petrar-

ca, *The Secret*, cd. Carol E. Quillen（Boston：Bedford/St. Martin's，2003）；拉丁版本在 *Opera latine de Francesco Petrarca*, vol. 1：*Secretum*：*De secreto confl ictu curarum mearum*，ed. Antonietta Bufano（Turin：Unione tipografi co editrice torinese，1975）。

19 Anthony Grafton，*What Was History? The Art of History in Early Modern Europe*（Cambridge：Cambridge University Press，2007），208.

20 以下论点大多源自我以前对该主题的讨论，见：Zachary Sayre Schiffman，*On the Threshold of Modernity：Relativism in the French Renaissance*（Baltimore：Johns Hopkins University Press，1991），尤其是第 11 - 17 页。我也从 Ann Moss 的著作中借鉴很多，参见：，Ann Moss，*Printed Commonplace-Books and the Structuring of Renaissance Thought*（Oxford：Clarendon，1996）。Moss 的著作远远超出了对印刷好的通用部本的研究，将整个思维的通用部目构架也包括进来，从而弥补了我们在这一关键主题上的诸多知识空白点，尤其是那些在我早期作品中明显表现出来的不足。

21 转引自 Moss，*Printed Commonplace-Books and the Structuring of Renaissance Thought*，77；my analysis of Agricola is based on her perceptive treatment of him.

22 引自 Schiffman，*Threshold of Modernity*，14.

23 译文出自 William Harrison Woodward，*Vittorino da Feltre and Other Humanist Educators*（Cambridge：Cambridge University Press，1897；repr.，New York：Columbia University Press，1963），106.

24 Grafton，*What Was History?* 130. 关于帕特里齐参见：Julian H. Franklin，*Jean Bodin and the Sixteenth-Century Revolution in the Methodology of Law and History*（New York：Columbia University Press，1963）；和 Giorgio Spini，"Historiography：The Art of History in the Italian Counter Reformation," in The *Late Italian Renaissance*，ed. and trans. Eric Cochrane（New York：Harper and Row，1970）.

25 Spini，"Historiography," 102.

26 Jean Bodin，*Method for the Easy Comprehension of History*，trans. Beatrice Reynolds（New York：Norton，1969），8；拉丁文版在 *Œuvres philosophiques de Jean Bodin*，vol. 1，ed. Pierre Mesnard（Paris：Presses Universitaires de France，1951）. 所有对《方法》一书的引用都出自英文译本。

27 引自 J. G. A. Pocock，*The Ancient Constitution and the Feudal Law*（Cambridge：Cambridge University Press，1987），11.

28 下文对霍曼的叙述主要引自我之前对这一主题的讨论，见：Schiffman，*On the Threshold of Modernity*，20 - 23；还可参见 Pocock，*The Ancient Constitution and the Feudal Law*，chap. 1，该书引用了新巴托鲁斯主义这一术语并将之用在霍曼身上。

29 François Hotman，*Antitribonian*（Paris，1603；facsimile ed. in Images et temoins de l'âge classique，no. 9 ［Sainte-E tienne：Presses de l'Université de Sainte-Etienne，1980］），150 - 59.

30 参见 Koselleck 富有创新的论文：，"Historia Magistra Vitae：The Dissolution of the Topos into the Perspective of a Modernized Historical Process," repr. in his *Futures Past：On the Semantics of Historical Time*，trans. Keith Tribe（Cambridge，MA：MIT Press，1985），26 - 42。

31 Bodin，*Method for the Easy Comprehension of History*，8. 以下对博丹的分析主

要引自 Schiffman，"Jean Bodin，Roman Law，and the Renaissance Conception of the Past，"特别是第 278 - 287 页详述了博丹试图通过通用部目的分类来对历史信息进行组织。在此方面同样可参见 Ann Blair，"Humanist Methods in Natural Philosophy：The Commonplace Book，"*Journal of the History of Ideas* 53 (1992)：541 - 5 1；以及 Ann Blair，*The Theater of Nature：Jean Bodin and Renaissance Science* (Prince ton，NJ：Princeton University Press，1997)，esp. 65 - 77.

32 Barkan，*Transuming Passion*，14.

33 Grafton，*What Was History*? 220.

第四部分　启蒙运动

1 Michel de Montaigne，*The Complete Works of Montaigne*，译者：Donald M. Frame (Stanford：Stanford University Press，1958)，*Essays*，bk. 3，chap. 6，p. 694，此后就称为 3.6.694；也参见 Montaigne's *Œuvres complètes*，ed. Albert Thibaudet and Maurice Rat (Paris：Gallimard，1962)，887 - 88. 对该文本的分析我完全得益于 Timothy Hampton，*Literature and Nation in the Sixteenth Century：Inventing Renaissance France* (Ithaca，NY：Cornell University Press，2001)，chap. 6。

2 对笛卡尔的深入透彻的分析见 Michael E. Hobart，*Science and Religion in the Thought of Nicholas Malebranche* (Chapel Hill：University of North Carolina Press，1982)，尤其是该书的第 2 章。亦可参见 Zachary Sayre Schiffman，*On the Threshold of Modernity：Relativism in the French Renaissance* (Baltimore：Johns Hopkins University Press，1991)，第 5 章以及 Michael E. Hobart and Zachary S. Schiffman，*Information Ages：Literacy，Numeracy，and the Computer Revolution* (Baltimore：Johns Hopkins University Press，1998)，尤其第 5 章。

3 参见，Michael E. Hobart，"The Analytical Vision and Organization of Knowledge in the Encyclopédie，"*Studies in Voltaire and the Eighteenth Century* 327 (1995)：147 - 75；Hobart and Schiffman，*Information Ages*，chap. 6；and Robert Shackleton，*Montesquieu：A Critical Biography* (London：Oxford University Press，1961)，尤其参见第 11 章。

4 Charles de Secondat，baron de Montesquieu，*Persian Letters*，译者：C. J. Betts (Harmondsworth：Penguin，1973)，letter 83，p. 162，此后在文本中插入引用标注为 83.162；Montesquieu *The Spirit of the Laws*，译者：Anne M. Cohler，Basia Carolyn Miller，and Harold Samuel Stone (Cambridge：Cambridge University Press，1989)，bk. 1，chap. 1，p. 3，此后在文本中插入引用标注为 1.1.3。除了这些作品外，我还会引用 David Lowenthal 翻译的孟德斯鸠的《罗马盛衰原因论》(*Indianapolis*：*Hackett*，1999)；引用该书将按章和页码标注出处。这些著作的法文版参见 Montesquieu，*Œuvres complètes*，2 vols.，ed. Roger Caillois (Paris：Gallimard，1949 - 51)。除非专门指出，孟德斯鸠的其他著作都是我自己翻译的。

5 该引用来自孟德斯鸠的一篇札记："De la politique，"in *Œuvres complètes*，1：114。

6 甚至有人坚持认为文艺复兴后期的人文主义者是完全的历史主义者，16 世纪的法兰西学者(尤其)已经掌握了 19 世纪的浪漫主义者所特有的情境化的观点。对这一说法的批评见：Zachary Sayre Schiffman，"Renaissance Historicism Recon-

sidered，" *History and Theory* 24（1985）：170‑82。

7　总体参见：Zachary Sayre Schiffman，"Montaigne and the Problem of Machiavellism，" *Journal of Medieval and Renaissance Studies* 12（1982）：237‑58.

8　对现代历史意识所特有的情境化方法的总体把握，我完全受益于 Constantin Fasolt's *The Limits of History*（Chicago：University of Chicago Press，2004），该书参考17世纪德意志博学者赫尔曼·康宁的生平与著作探讨了这一历史思考的维度。

9　我对法兰西和英格兰"争论"阶段的述评主要依据 Joseph M. Levine' 的杰出分析，*The Battle of the Books：History and Literature in the Augustan Age*（Ithaca，NY：Cornell University Press，1991）。

10　Ibid.，65.

11　Giambattista Vico，*The New Science of Giambattista Vico*，译者：Thomas Goddard Bergin and Max Harold Fisch（Ithaca，NY：Cornell University Press，1984），paragraphs 34 and 338（all further references will be to paragraph numbers）. 对该著作简要分析参见 Schiffman，*On the Threshold of Modernity*，129‑39。因为在一本探讨过去诞生的著作中不可能忽视维科，但同时也不可能在不另写一本书的情况下充分地探讨这个如谜一样复杂的人物，我在此仅仅解释一下我为什么将他一笔带过。希望有其他人能弥补此缺憾。

12　伏尔泰的评论引自 Sheila Mary Mason，*Montesquieu's Idea of Justice*（The Hague：Martinus Nijhoff，1975），197；休谟的评论，参见 David Hume，*An Enquiry Concerning the Principles of Morals*（London：A. Millar，1751），54‑55。

13　有关马勒伯朗士对孟德斯鸠的影响见 Patrick Riley，*The General Will Before Rousseau：The Transformation of the Divine into the Civic*（Princeton，NJ：Princeton University Press，1986），139‑40；Patrick Riley，"Malebranche and Natural Law，" in *Early Modern Natural Law Theories：Contexts and Strategies in the Early Enlightenment*，ed. T. J. Hochstrasser and P. Schröder（Dordrecht：Kluwer，2003），77‑78；Mason，*Montesquieu's Idea of Justice*，8‑9，113‑42；and Shackleton，Montesquieu，5‑8。

14　Nicholas Malebranche，*De la recherche de la vérité*，3 vols.，ed. Geneviève Lewis（Paris：J. Vrin，1945），bk. 1，chap. 2，p. 10（此后标注为 1.2.10；注意第一卷没有划分成部分，而后面又做了划分，因而导致引用时在卷数后面又多了一个数字标记。）这个文本都是由我自己翻译的，尽管我常常从 Hobart 的 *Science and Religion in the Thought of Nicholas Malebranche* 中寻求指导。

15　以下的分析完全得益于 Hobart，*Science and Religion in the Thought of Nicholas Malebranche*，尤其是第3章。

16　René Descartes，*Regulae ad directionem ingenii— Rules for the Direction of the Natural Intelligence：A Bilingual Edition of the Cartesian Treatise on Method*，编辑和翻译者：George Heffernan（Amsterdam：Rodopi，1998），Rule 14，p. 192。

17　参见 1.3 的结尾部分，其对整个著作实际上做了一个概括。

18　Hobart，*Science and Religion in the Thought of Nicholas Malebranche*，66.

119　我在此对马基雅利和孟德斯鸠的解释在很大程度上受益于 Mark Hulliung，*Montesquieu and the Old Regime*（Berkeley：University of California Press，1976），尤其是第6章。

过去的诞生

跋

1 引自 Karl J. Weintraub, *Visions of Culture*：*Voltaire*，*Guizot*，*Burckhardt*，*Lambrecht*，*Huizinga*，*Ortega y Gasset*（Chicago：University of Chicago Press，1966），38.

2 有关最近对伏尔泰作为一名历史学家的一篇生动评价——对《风俗论》作了特别强调——参见 J. G. A. Pocock 对吉本具有里程碑意义的研究著作，*Barbarism and Religion*（Cambridge：Cambridge University Press，1999）的第 2 卷，72 - 159。

3 Voltaire, *Essai sur les mœurs et l'esprit des nations et sur les principaux faites de l'histoire depuis Charlemagne jusqu'à Louis XIII*, ed. René Pomeau, 2 vols.（Paris：Garnier，1963），1：195；the translation is from Voltaire, *Candide and Other Writings*，ed. Haskell M. Block（New York：Modern Library，1956），313.

4 Weintraub, *Visions of Culture*, 42.

5 参见 Friedrich Meinecke, *Historism*：*The Rise of a New Historical Outlook*, trans. J. E. Anderson（New York：Herder and Herder，1972），340.

6 没有任何迹象表明维科对赫尔德有直接的影响。一些学者猜测在 1770 年代早期，即他写作《也是一种历史哲学》之前，可能会哈曼介绍阅读了维科的《新科学》，但没有这种可能性的任何证明。赫尔德在大约 1797 年阅读过《新科学》后，从维科那里找到了对自己想法的肯定，这时他已经完成其历史梗概很久，且已经将未完成的历史论文丢在一边。

7 参见 Karl J. Weintraub, "Autobiography and Historical Consciousness," *Critical Inquiry* 1（1975）：821 - 48. 该文是其完整研究著作 *The Value of the Individual*：*Self and Circumstance in Autobiography*（Chicago：University of Chicago Press，1978）随附的概念篇。

8 该文在 Arnaldo Momigliano, *Studies in Historiography*（New York：Harper and Row，1966）中重印。除该文以外，还应参考同书中以下文章："Gibbon's Contribution to Historical Method"（1954），"The Place of Herodotus in the History of Historiography"（1958），and "Historicism in Contemporary Thought"（1961）. 另参见："Historicism Revisited," in Arnaldo Momigliano, *Essays in Ancient and Modern Historiography*（Middletown, CT：Wesleyan University Press，1977）.

9 Joseph M. Levine, *Dr. Woodward's Shield*：*History*，*Science*，*and Satire in Augustan England*（Berkeley：University of California Press，1977），292. 莱文在 *Humanism and History*：*Origins of Modern English Historiography*（Ithaca, NY：Cornell University Press，1987）进一步探讨了历史认知由语文学和古物学逐渐演化的过程。论述此主题的作品已经很多且仍在不断增加；若仅仅是看代表性著作，参见（除莱文的著作之外）J. G. A. Pocock, *The Ancient Constitution and the Feudal Law*（Cambridge：Cambridge University Press，1987）；Julian H. Franklin, *Jean Bodin and the Revolution in the Methodology of Law and History*（New York：Columbia University Press，1963）；Donald R. Kelley, *Foundations of Modern Historical Scholarship*（New York：Columbia University Press，1970）；Peter Hanns Reill, *The German Enlightenment and the Rise of Historicism*（Berkeley：University of California Press，1975）；Francis Haskell, *History and Its Images*：*Art and the Interpretation of the Past*（New Haven, CT：Yale U-

niversity Press，1993）；and Anthony Grafton，*The Footnote：A Curious History* (Cambridge，MA：Harvard University Press，1997）。

10 有关另一部再现现已遗忘的近代早期学术世界的研究著作，参见 Peter N. Miller，*Peiresc's Europe：Learning and Virtue in the Seventeenth Century*（New Haven，CT：Yale University Press，2000）. Miller 还编辑了一本论文集，其书名——*Momigliano and Antiquarianism：Foundations of the Modern Cultural Sciences* (Toronto：University of Toronto Press，2007)——恰当地表述了近代早期古物研究的实践、对这种实践的现代研究与文化研究（Kulturwissenschaften）之间的复杂关系。该书中特别值得注意的是 Miller 的文章："Momigliano, Benjamin, and Antiquarianism after the Crisis of Historicism，"该文展示了莫米利亚诺和本杰明如何将古籍研究的精确性作为一种消除历史相对主义的解毒剂使用。

索 引

（所标注页码全部为原书页码）

Achaean League（亚该亚联盟），64,65

Aemilius Paullus（埃米利乌斯·保禄士），64

Aeneas（埃涅阿斯），164

Aeschylus（埃斯库罗斯），57

Agamemnon（阿伽门农），51 - 52,68

Agricola, Rudolph（鲁道夫·阿古利可拉），175 - 76,177,193

Agrippa, Cornelius（科尼利厄斯·阿古利巴），181

Alban, St.（圣阿尔班），129

Alciato, Andrea（安德烈·阿尔恰托），186 - 87

Alcibiades（阿尔西比亚德），30,56,58

Alexander the Great（亚历山大大帝），63,204,211

allegory（讽喻），93,113,114,150,159,160 - 63

alphabetic literacy（字母识读），31,34

Alypius（亚吕皮乌），84,160

Ambrose, St.（圣安布罗斯），92 - 93,94,103

Ameinocles（阿美诺克利），52

anachronism（时代错误），3 - 6,31,78,220,229,271,276 - 78; in antiquity（古代），5 - 6,22 - 23,56,71,146,178; birth of（诞生），8,144 - 52; and histori-cism（历史主义），7 - 8,209; history of（历史），3 - 4; in Renaissance（文艺复兴时期），4,8,10 - 11,140,144 - 52,191,209,264 - 65,271,273; types of, 145 - 46; and Whig history（辉格史学），22. *See also under* Augustine of Hippo, St.（还参见希波的圣奥古斯丁）; Petrarca, Francesco（弗朗西斯科·彼特拉克）

Anaximander（阿那克西曼德），34 - 35

Anglo-Saxon Chronicle（盎格鲁-萨克逊编年史），2 - 3

antiquarianism（古文物研究），13,182,209,261,273 - 75

Antony（安东尼），118,156

Apelles（阿培里兹），139,142,170

Aquinas, St. Thomas（圣托马斯·阿奎那），231

Archimedes（阿基米德），139

Arion（阿里翁），45,48,49

Aristarchus of Samothrace（萨莫色雷斯的亚里达古），146

Aristotle（Aristotelianism）（亚里士多德［亚里士多德主义]），30 - 31,36,40,58,88,138,174,175,184,185,192,193,231,238,241 - 42

ars dictaminis（公证艺术），147

ars historica（历史艺术），179 - 82,188 - 89,191 - 92

Astyages（阿斯提阿格斯），46

atavism（返祖），140,182

342

译后记

　　近十数年来，一直企望以一己之力拨开笼罩法治的层层迷雾，从理论和实践两个层面探寻法治的真谛，但始终如盲人摸象，不得要领。近两年，系统研读了柏拉图全集、亚里士多德的相关著作以及一些解释、论述柏拉图思想的名家之作，期冀从中找到返本开新的蛛丝马迹。通过学习发现，从某种意义上说，法律的统治是贯穿柏拉图作品的一条主线。在柏拉图看来，法律的重要性是无需证明的，它是正义和节制的具体体现，法律的统治是实际可能达到的最好的统治。但随着阅读的不断深入，我日益感到柏拉图所讲的法律的统治与我们现代意义上的法治并不是一回事，明显区别有三：首先，柏拉图眼中的法，实际上相当于中国古代"道、法、刑、礼"的综合，并不单纯是现代意义上的法律；其次，柏拉图眼中的法律，或者至少立法的基本原则是预设的，对法律的了解和把握同样要服从"知识就是回忆"的原则；第三，柏拉图眼中理想的法律是万古不变的，也就是说是超越时间限制的。将柏拉图的思想放入他所处的时代进行考察，我还发现，柏拉图的这些看法，与其说是他自己的创造，不如说是他所处时代的世界观和宇宙观的集中反映。那么，这种世界观和宇宙观的具体表现到底是什么样的呢？

　　通过翻译扎卡里·赛尔·席夫曼教授《过去的诞生》一书，我欣喜地发现，席夫曼教授通过探讨"过去"作为人为建构观念的诞生过程，对此提供了独到而又精彩的解释。

　　扎卡里·赛尔·席夫曼 1980 年毕业于芝加哥大学历史系，获

过去的诞生

博士学位。1987年至今一直任教于美国东北伊利诺伊大学历史系,现担任该系伯纳德 J.布勒梅尔杰出研究教授。他的研究重点是文艺复兴和近代早期欧洲历史,在法国启蒙运动史方面尤其着力甚多。先后出版四部著作,其中影响最大的就是《过去的诞生》。可以说,这本书奠定了席夫曼在美国史学界的地位。

"过去"从表面看来是一个即使蒙童也能理解的简单词汇,但实际上,如何定义过去、如何理解过去与现在的关系是历史认知的基础。席夫曼在前人研究的基础上,紧扣过去的时间和空间两个维度,以"时代错误"意识的产生为锁钥,结合对经典文本的独到解读,认为那种将过去看作既在时间上居先,又与现在不同的观念,到文艺复兴时期方才真正发轫,到启蒙运动时期才基本告成。在此基础上,他提出:(1)古代历史学家并未撰写有关"过去"的书籍;(2)总体而言古代人没有时代错误观念。具体说来,古代希腊人眼中的世界是"扁平的",荷马史诗中不存在任何时间维度,其在演进的过程中不断改变自身的形态以顺应听众的要求;希罗多德虽创立了"历史"一词,且"以一种时间呈线性、朝固定方向流逝的过去,取代史诗诗人和说书者的不受时间影响的过去,从而为他的那部大制作提供了组织原则"。但《历史》一书中,充斥着各种道听途说、互无因果关联的片断叙事;修昔底德的《伯罗奔尼撒战争史》虽以严谨、准确、简练著称,但其为不同的叙事建构的不同时间构架,以及大量的回转写作和离题叙述,表明他并未形成单一的过去观念,而是多种"过去"并存,这些"过去"与现代意义上的过去观念完全不同。总之,在古典时代,现在与过去是杂糅一处的,过去造就了现在,历史叙述和神话传说的意义在于宣示共同体现时的抱负及其认可的德行。

以上论述,从一个侧面为我们更好地认识希腊乃至整个人类社会早期的思想提供了一种新的视角。从这个角度,我们就不难理解柏拉图"知识就是回忆"及法律永恒不变的观念了。因为在那个时代,根本就不存在"进步"和"发展"的观念,现在只是过去不同形

4

式的再现,克服时弊,拯救危亡的不二途径就是恢复上古的律法,重树古老的道德。这一点,在中国古代早期思想中不难找出诸多类似的例证。

席夫曼进而认为,在欧洲中世纪,圣奥古斯丁根植于"当下"的"世间"观念影响了整个欧洲历史叙述的基调,使之沦为对圣经的预表解释。人类社会当下的生活只不过是在耶稣再临之前的痛苦煎熬,"过去、现在、未来在此时此地交汇"。比德通过剥离对现实世界预表解释的圣经依据,将世间由一种空间的实体转变为时间的实体。从而使其由一个共时性的空间逐步转变为一个历史的空间。

文艺复兴时代对古典时代文明的发现激发了当时思想家们强烈的失落感和恢复古典文明的愿望,由此产生了"活着的过去"观念和时代错误意识。"文艺复兴时期对过去与现在之间区别的感知催生了一套旨在恢复过去生机的模仿计划。实际上,这种活着的过去成为各类实体不加区别的汇集,它们全部与现在发生着关联。"彼特拉克首次在"黑暗时代"和古典时代做出区分,人文主义者试图通过模仿"范例"的方式恢复古典文化的辉煌,于是,建立在古典修辞学对一个问题进行正反两个方面论证基础上的通用部目成为对知识进行重新组织的新方式。随着印刷术的兴起和古典书籍的大量问世,以及语文学和古文物研究的进展,通用部目越编越长,"活着的过去"慢慢失去了其原有的活力。让·博丹为建立一部取代《民法大全》的普适法对"活着的过去"的共时性空间进行重新组织的努力,最终消解了这个共时性空间所具有的象征意义,凸显了历史"统一性"的需求。

到启蒙运动时期,文艺复兴时期通过共情的方式恢复古代文化的努力开始让位于一种对世界的理性分析视角。笛卡尔学说通过马勒伯朗士的系统阐发,促使法国启蒙主义将关系的思考方式扩展到人类知识的所有方面,"他们所描述的各种关系开始成为一种历史距离感的表达,它为过去与现在之间的区分提供了系统的支

208 撑。"正是通过将数字思维和关系分析方法运用于对人类社会的分析,孟德斯鸠《论法的精神》一书为一种"持久的时代错误观念"奠定了坚实的基础。自此以后,过去的观念以及作为其主要内涵的

277 时代错误意识开始成为人的第二天性。

277
xv 　　虽然席夫曼在"构思"中说,本书是他三十多年阅读的成果,是一本合成的作品而非学术著作,但该书不仅构思精巧,论述严密,再加上独特精到的文本解读,虽有许多颠覆之论,有些观点读者也不一定会赞成,但相信每一位细读此书的人都会被作者别具一格的分析方法和新颖的见解所折服,并从中受到启发。从某种意义上,席夫曼教授为我们提供了一种新的思考历史的路径,一种具有鲜明个人特色的历史哲学。

　　感谢学友上海师范大学陈恒教授为本人提供这样一个难得的机会。虽然翻译在时下已经成为一项充满悲情色彩的工作,评职称不算成果,以此为生亦不足果腹。但如果能发现一本好书,在仔细揣摩阅读之余,将之翻译出来,呈现给读者,未尝不是一件乐事。此外,还要感谢本人的爱人和女儿对本人在工作之余贪夜秉笔的体谅和容忍。没有她们的支持,本人不可能如期完成这部相对艰深著作的翻译工作。

　　虽译者感到已尽自己之力,但由于霍夫曼教授独特的用词习惯和文本解读方法,再加上译者学力的不足,译文肯定存在诸多错误。诚望读者能及时提出,以便日后改进。此外,还需着重申明的是:作者引用的大量经典文本,都是译者自己翻译的,有些参考了国内现有的译本(参考的都有注明),有些则没有。读者如果认为译者翻译有误,请务必先参考本书的英文原文后再做定论。

梅义征
2017 年夏末于上海

上海三联人文经典书库

已出书目

1. 《世界文化史》(上、下) 〔美〕林恩·桑戴克 著 陈廷璠译

2. 《希腊帝国主义》 〔美〕威廉·弗格森 著 晏绍祥 译

3. 《古代埃及宗教》 〔美〕亨利·富兰克弗特 著 郭子林 李凤伟 译

4. 《进步的观念》 〔英〕约翰·伯瑞 著 范祥涛 译

5. 《文明的冲突：战争与欧洲国家体制的形成》 〔美〕维克多·李·伯克 著 王晋新 译

6. 《君士坦丁大帝时代》 〔瑞士〕雅各布·布克哈特 著 宋立宏 熊莹 卢彦名 译

7. 《语言与心智》 〔俄〕科列索夫 著 杨明天 译

8. 《修昔底德：神话与历史之间》 〔英〕弗朗西斯·康福德 著 孙艳萍 译

9. 《舍勒的心灵》 〔美〕曼弗雷德·弗林斯 著 张志平 张任之 译

10. 《诺斯替宗教：异乡神的信息与基督教的开端》 〔美〕汉斯·约纳斯 著 张新樟 译

11. 《来临中的上帝：基督教的终末论》 〔德〕于尔根·莫尔特曼 著 曾念粤 译

12. 《基督教神学原理》 〔英〕约翰·麦奎利 著 何光沪 译

13. 《亚洲问题及其对国际政治的影响》 〔美〕阿尔弗雷德·马汉 著 范祥涛 译

14.《王权与神祇:作为自然与社会结合体的古代近东宗教研究》（上、下）［美］亨利·富兰克弗特 著 郭子林 李岩 李凤伟 译

15.《大学的兴起》 ［美］查尔斯·哈斯金斯 著 梅义征 译

16.《阅读纸草,书写历史》 ［美］罗杰·巴格诺尔 著 宋立宏 郑阳 译

17.《秘史》 ［东罗马］普罗柯比 著 吴舒屏 吕丽蓉 译

18.《论神性》 ［古罗马］西塞罗 著 石敏敏 译

19.《护教篇》 ［古罗马］德尔图良 著 涂世华 译

20.《宇宙与创造主:创造神学引论》 ［英］大卫·弗格森 著 刘光耀 译

21.《世界主义与民族国家》 ［德］弗里德里希·梅尼克 著 孟钟捷 译

22.《古代世界的终结》 ［法］菲迪南·罗特 著 王春侠 曹明玉 译

23.《近代欧洲的生活与劳作(从 15—18 世纪)》 ［法］G. 勒纳尔 G. 乌勒西 著 杨军 译

24.《十二世纪文艺复兴》 ［美］查尔斯·哈斯金斯 著 张澜 刘疆 译

25.《五十年伤痕:美国的冷战历史观与世界》(上、下) ［美］德瑞克·李波厄特 著 郭学堂 潘忠岐 孙小林 译

26.《欧洲文明的曙光》 ［英］戈登·柴尔德 著 陈淳 陈洪波 译

27.《考古学导论》 ［英］戈登·柴尔德 著 安志敏 安家瑗 译

28.《历史发生了什么》 ［英］戈登·柴尔德 著 李宁利 译

29.《人类创造了自身》 ［英］戈登·柴尔德 著 安家瑗 余敬东 译

30.《历史的重建:考古材料的阐释》 ［英］戈登·柴尔德 著 方辉 方堃杨 译

31.《中国与大战:寻求新的国家认同与国际化》 ［美］徐国琦

著　马建标　译

32.《罗马帝国主义》　[美]腾尼·弗兰克　著　宫秀华　译

33.《追寻人类的过去》　[美]路易斯·宾福德　著　陈胜前　译

34.《古代哲学史》　[德]文德尔班　著　詹文杰　译

35.《自由精神哲学》　[俄]尼古拉·别尔嘉耶夫　著　石衡潭　译

36.《波斯帝国史》　[美]A.T.奥姆斯特德　著　李铁匠等　译

37.《战争的技艺》　[意]尼科洛·马基雅维里　著　崔树义　译　冯克利　校

38.《民族主义:走向现代的五条道路》　[美]里亚·格林菲尔德　著　王春华等　译　刘北成　校

39.《性格与文化:论东方与西方》　[美]欧文·白璧德　著　孙宜学　译

40.《骑士制度》　[英]埃德加·普雷斯蒂奇　编　林中泽　等译

41.《光荣属于希腊》　[英]J.C.斯托巴特　著　史国荣　译

42.《伟大属于罗马》　[英]J.C.斯托巴特　著　王三义　译

43.《图像学研究》　[美]欧文·潘诺夫斯基　著　戚印平　范景中　译

44.《霍布斯与共和主义自由》　[英]昆廷·斯金纳　著　管可秾　译

45.《爱之道与爱之力:道德转变的类型、因素与技术》　[美]皮蒂里姆·A.索罗金　著　陈雪飞　译

46.《法国革命的思想起源》　[法]达尼埃尔·莫尔内　著　黄艳红　译

47.《穆罕默德和查理曼》　[比]亨利·皮朗　著　王晋新　译

48.《16世纪的不信教问题:拉伯雷的宗教》　[法]吕西安·费弗尔　著　赖国栋　译

49.《大地与人类演进:地理学视野下的史学引论》　[法]吕西安·费弗尔　著　高福进　等译

50.《法国文艺复兴时期的生活》　[法]吕西安·费弗尔　著　施诚　译

51.《希腊化文明与犹太人》 〔以〕维克多·切利科夫 著 石敏敏 译

52.《古代东方的艺术与建筑》 〔美〕亨利·富兰克弗特 著 郝海迪 袁指挥 译

53.《欧洲的宗教与虔诚:1215—1515》 〔英〕罗伯特·诺布尔·斯旺森 著 龙秀清 张日元 译

54.《中世纪的思维:思想情感发展史》 〔美〕亨利·奥斯本·泰勒 著 赵立行 周光发 译

55.《论成为人:神学人类学专论》 〔美〕雷·S.安德森 著 叶汀 译

56.《自律的发明:近代道德哲学史》 〔美〕J.B.施尼温德 著 张志平 译

57.《城市人:环境及其影响》 〔美〕爱德华·克鲁帕特 著 陆伟芳 译

58.《历史与信仰:个人的探询》 〔英〕科林·布朗 著 查常平 译

59.《以色列的先知及其历史地位》 〔英〕威廉·史密斯 著 孙增霖 译

60.《欧洲民族思想变迁:一部文化史》 〔荷〕叶普·列尔森普 著 周明圣 骆海辉 译

61.《有限性的悲剧:狄尔泰的生命释义学》 〔荷〕约斯·德·穆尔 著 吕和应 译

62.《希腊史》 〔古希腊〕色诺芬 著 徐松岩 译注

63.《罗马经济史》 〔美〕腾尼·弗兰克 著 王桂玲 杨金龙 译

64.《修辞学与文学讲义》 〔英〕亚当·斯密 著 朱卫红 译

65.《从宗教到哲学:西方思想起源研究》 〔英〕康福德 著 曾琼 王涛 译

66.《中世纪的人们》 〔英〕艾琳·帕瓦 著 苏圣捷 译

67.《世界戏剧史》 〔美〕G.布罗凯特 J.希尔蒂 著 周靖波 译

68.《20世纪文化百科词典》 〔俄〕瓦季姆·鲁德涅夫 著 杨明天 陈瑞静 译

69.《英语文学与圣经传统大词典》 ［美］戴维·莱尔·杰弗里（谢大卫）主编 刘光耀 章智源等 译

70.《刘松龄——旧耶稣会在京最后一位伟大的天文学家》 ［美］斯坦尼斯拉夫·叶茨尼克 著 周萍萍 译

71.《地理学》 ［古希腊］斯特拉博 著 李铁匠 译

72.《马丁·路德的时运》 ［法］吕西安·费弗尔 著 王永环 肖华峰 译

73.《希腊化文明》 ［英］威廉·塔恩 著 陈恒 倪华强 李月 译

74.《优西比乌：生平、作品及声誉》 ［美］麦克吉佛特 著 林中泽 龚伟英 译

75.《马可·波罗与世界的发现》 ［英］约翰·拉纳 著 姬庆红译

76.《犹太人与现代资本主义》 ［德］维尔纳·桑巴特 著 艾仁贵 译

77.《早期基督教与希腊教化》 ［德］瓦纳尔·耶格尔 著 吴晓群 译

78.《希腊艺术史》 ［美］F·B·塔贝尔 著 殷亚平 译

79.《比较文明研究的理论方法与个案》 ［日］伊东俊太郎 梅棹忠夫 江上波夫 著 周颂伦 李小白 吴玲 译

80.《古典学术史：从公元前 6 世纪到中古末期》 ［英］约翰·埃德温·桑兹 著 赫海迪 译

81.《本笃会规评注》 ［奥］米歇尔·普契卡 评注 杜海龙 译

82.《伯里克利：伟人考验下的雅典民主》 ［法］ 樊尚·阿祖莱 著 方颂华 译

83.《旧世界的相遇：近代之前的跨文化联系与交流》 ［美］ 杰里·H.本特利 著 李大伟 陈冠堃 译 施诚 校

84.《词与物：人文科学的考古学》修订译本 ［法］米歇尔·福柯 著 莫伟民 译

85.《古希腊历史学家》 ［英］约翰·伯瑞 著 符莹岩 张继华 译

86.《自我与历史的戏剧》 ［美］莱因霍尔德·尼布尔 著 方

永　译

87.《马基雅维里与文艺复兴》　［意］费代里科·沙博　著　陈
　　玉聃　译

88.《追寻事实：历史解释的艺术》　［美］詹姆士　W.戴维森
　　著［美］马克　H.利特尔著　刘子奎　译

89.《法西斯主义大众心理学》　［奥］威尔海姆·赖希　著　张
　　峰　译

90.《视觉艺术的历史语法》　［奥］阿洛瓦·里格尔　著　刘景
　　联　译

91.《基督教伦理学导论》　［德］弗里德里希·施莱尔马赫　著
　　刘平　译

92.《九章集》［古罗马］普罗提诺　著　应明　崔峰　译

93.《文艺复兴时期的历史意识》　［英］彼得·伯克　著　杨贤宗
　　高细媛　译

94.《启蒙与绝望：一部社会理论史》　［英］杰弗里·霍松　著
　　潘建雷　王旭辉　向辉　译

95.《曼多马著作集：芬兰学派马丁·路德新诠释》　［芬兰］曼多
　　马　著　黄保罗　译

96.《拜占庭的成就：公元330～1453年之历史回顾》　［英］罗伯
　　特·拜伦　著　周书垚　译

97.《自然史》［古罗马］普林尼　著　李铁匠　译

98.《欧洲文艺复兴的人文主义和文化》　［美］查尔斯·G.纳尔
　　特　著　黄毅翔　译

99.《阿莱科休斯传》　［古罗马］安娜·科穆宁娜　著　李秀
　　玲　译

100.《论人、风俗、舆论和时代的特征》　［英］夏夫兹博里　著
　　董志刚　译

101.《中世纪和文艺复兴研究》　［美］T.E.蒙森　著　陈志坚　等译

102.《历史认识的时空》　［日］佐藤正幸　著　郭海良　译

103.《英格兰的意大利文艺复兴》　［美］刘易斯·爱因斯坦　著
　　朱晶进　译

104.《俄罗斯诗人布罗茨基》 ［俄罗斯]弗拉基米尔·格里高利耶维奇·邦达连科 著 杨明天 李卓君 译

105.《巫术的历史》 ［英]蒙塔古·萨默斯 著 陆启宏 等译 陆启宏 校

106.《希腊-罗马典制》 ［匈牙利]埃米尔·赖希 著 曹明 苏婉儿 译

107.《十九世纪德国史(第一卷):帝国的覆灭》 ［英]海因里希·冯·特赖奇克 著 李娟 译

108.《通史》 ［古希腊]波利比乌斯 著 杨之涵 译

109.《苏美尔人》[英]伦纳德·伍雷 著 王献华 魏桢力 译

110.《旧约:一部文学史》[瑞士]康拉德·施密特 著 李天伟 姜振帅 译

111.《中世纪的模型:英格兰经济发展的历史与理论》[英]约翰·哈彻 马可·贝利 著 许明杰 黄嘉欣 译

112.《文人恺撒》[英]弗兰克·阿德科克 著 金春岚 译

113.《罗马共和国的战争艺术》[英]弗兰克·阿德科克 著 金春岚 译

114.《古罗马政治理念和实践》[英]弗兰克·阿德科克 著 金春岚 译

115.《神话历史:现代史学的生成》[以色列]约瑟夫·马里 著 赵琪 译

116.《论人的理智能力及其教育》[法]爱尔维修 著 汪功伟 译

117.《俄罗斯建筑艺术史:古代至 19 世纪》[俄罗斯]伊戈尔·埃马努伊洛 维奇·格拉巴里 主编 杨明天 王丽娟 闻思敏 译

118.《论革命:从革命伊始到帝国崩溃》[法]托克维尔 著 ［法]弗朗索瓦丝·梅洛尼奥 编 曹胜超 崇明 译

119.《作为历史的口头传说》[比]简·范西纳 著 郑晓霞等 译 张忠祥等 校译

欢迎广大读者垂询,垂询电话:021－22895540

图书在版编目（CIP）数据

过去的诞生/（美）扎卡里·赛尔·席夫曼著；梅义征译. —
上海：上海三联书店，2022.10
（上海三联人文经典书库）
ISBN 978 - 7 - 5426 - 7771 - 6

Ⅰ.①过…　Ⅱ.①扎…②梅…　Ⅲ.①欧洲-古代史-研
究　Ⅳ.①K502

中国版本图书馆 CIP 数据核字（2022）第 142480 号

著作权合同登记号：09 - 2020 - 226

过去的诞生

著　　者 / ［美］扎卡里·赛尔·席夫曼
译　　者 / 梅义征

责任编辑 / 殷亚平
装帧设计 / 徐　徐
监　　制 / 姚　军
责任校对 / 王凌霄

出版发行 / 上海三联书店
　　　　　（200030）中国上海市漕溪北路 331 号 A 座 6 楼
邮　　箱 / sdxsanlian@sina.com
邮购电话 / 021 - 22895540
印　　刷 / 上海展强印刷有限公司
版　　次 / 2022 年 10 月第 1 版
印　　次 / 2022 年 10 月第 1 次印刷
开　　本 / 640mm×960mm　1/16
字　　数 / 330 千字
印　　张 / 25
书　　号 / ISBN 978 - 7 - 5426 - 7771 - 6/K·676
定　　价 / 98.00 元

敬启读者，如发现本书有印装质量问题，请与印刷厂联系 021 - 66366565